健康管理 10

楊氏太極拳・一代宗師

李雅軒珍貴遺著

太極拳學論

目　錄

陳序
珍貴拳學心法・永世流傳

　　先師李雅軒遺著稿共是五大部分，第一部分爲「楊氏太極拳練法詳解」，書中包括了拳式的練法和用法，以及推手的多種形式的練法內容。第二部分爲「楊氏太極劍練法詳解」。第三部分爲「楊氏太極刀練法詳解」。第四部分爲「楊氏太極槍練法詳解」。第五部分爲「太極拳練習談」，「太極拳練習談」這一部分是他幾十年練功的隨筆，其中有練拳的心得、推手的發勁、散手的運用。但這些資料比較零亂，很多是他偶有所思、偶有所得則隨手記之，不成系統，所用紙張也是隨手拈來，五花八門，有記在報紙上的，有記在女兒李敏弟廢棄的作業本背面的，字跡潦草，難以辨認，這是在整理他老人家遺稿中最重要、最艱難，也是工作量最大，費時較長的工作。

　　遺稿第一部分「楊氏太極拳練法詳解」，據師兄張義尙介紹爲先師1939年撰寫，後又經劉仲橋、黃星橋兩位師兄幫助整理過。解放後，先師又多次修改增刪，並於1964年，先師70歲高齡時，由我師兄何其松爲他重新拍攝全套拳照300餘張及全套推手照片，以備配書文字用。至1975年經張義尙、張義敬兄弟努力，在重慶刻成油印本，黃星橋師兄爲此寫了簡介，張義尙師兄撰寫了整錄後記，作爲內部資料寄回成都。但當時限於條件無法出版，而且此油印本上

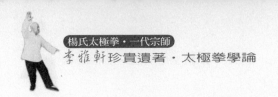

沒有留下貼拳照的位置，也沒有附上拳照，且多錯別字，而且敘述拳照的次序也沒有一個統一的編號，使人看後一頭霧水，無法參照學習，所以先師當時也不滿意，曾囑我等以後要重新整理，爭取出版。但當時「文革」尚未結束，先師整日在憂患中度日，直至1976年4月逝世，出書的願望竟成了他永遠的遺憾。

遺稿的劍、刀、槍部分，先師撰寫於40年代，初稿於50年代初期，後一直在不斷的修改增刪。書稿中的劍、刀、槍照片則是攝於40年代後期，大概是1948年至1949年間，其中劍的照片缺幾張，在1964年由何其松師兄幫助重新拍拳照時補齊，還算完整，全套共計96張。槍的照片由於戰亂損失較多，殘缺不全，後又沒有補照，現只剩槍法單練12張，對練8張，共計20張，十分可惜。只有刀的照片基本保存完好，共是62張，這是十分值得慶幸的。先師的遺著遺稿，這些珍貴的資料是他數十年精研太極拳的心血結晶，特別是他的數百張拳照、劍照、刀照、槍照、推手照、散手等照片，更是栩栩如生，架勢氣魄雄偉、舒展大方，正氣凜然，不怒而威，令人有神威不可逼視之感，彌足珍貴。他的拳架是後人的楷模，他的拳論是後人習拳的指南，這些資料是與他同時代的太極拳名師中唯一保存下來的最完整、最系統的太極拳系列精華，可謂絕無僅有。這是一筆寶貴的民族文化遺產，這是先師對傳統太極文化的重大貢獻。

先師自1938年入川傳播太極拳，整整近四十年為太極拳事業的開拓和發展嘔心瀝血，貢獻卓著，培養了整整一代太極拳人才，譽滿中華，名揚海外。

今天李雅軒流派風格的太極拳已經頗具影響力，已經成為弘揚太極拳事業的重要力量，李雅軒遺著的整理出版則更是錦上添花，是太極拳發展史上一件可喜可賀的大事，具有非凡的意義。行

文至此，回首往事，感慨良多。歲月不居，時節如流，先師離開我
們已經整整三十年了，過去曾爲他老人家整理過遺稿的老師兄如劉
仲橋、張義尙、何其松等人都已前後作古，現健在的黃星橋師兄也
已是九十四歲高齡。想我自己跟師學拳時才八、九歲，可謂齠齔之
年，童稚無知，先師耳提面命，教拳身影歷歷在目，宛然如昨。不
覺現在已屆耳順之年，眞是時不我與！光陰雖快，出書卻遲，整整
過去了三十年。個中有說不盡的曲折和辛酸，但書總算是出版了，
了卻了我的一大心願，我想先師英靈有知，一定會含笑九泉矣，已
故的眾師兄弟英靈有知，也可以寬懷矣，是爲序。

　　　　　　　　　　　　　　　　　　　陳龍驤

　　　　　　　　　　　　　　　　　　　四川・成都

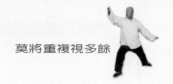

莫將重複視多餘

　　我在拙作《李雅軒楊氏太極拳精論（四十三式太極拳圖解）》書中針對四十三式套路爲什麼沒有把所有的重複動作都刪掉，再把所有不同的動作都編纂在一起的問題曾寫過這樣一段話：『「有人說，這既是精簡套路，何不把所有重複的動作都刪掉，再把所有不同的動作都包括進去，豈不更完美？」我認爲，傳統的楊氏太極拳，是經過前輩幾百年的精心研究而成，其套路的結構，姿勢的銜接，無不幾經推敲而後定，套路中所有重複的動作，都有重複的道理。若不是對太極拳深有研究者，很難有其切身體會，反而會誤認爲重複的動作太多，是傳統太極拳的缺點。我們的先輩既能闡述和創編出博大精深的太極拳理論和太極拳套路，不會連刪繁去簡這一簡單的道理都不懂，該簡化處早就簡化了，豈能待到今日？如果把所有不同的動作都包括在內，勢必打亂原套路的結構，動作的銜接就會生拉硬扯，演練起來氣機不暢，動作勁力不順，心裏的彆扭和難受感自不待言。太極拳界的老拳師們，爲什麼對傳統太極拳那麼鍾愛，那麼一往情深，一輩子爲太極拳的傳播生死依之，自有他的道理。所以決不是他們思想保守，不知創新，不懂發展。』這段話說明瞭太極拳重複動作的作用和意義。

　　最近我整理完畢先師在世時留下的全部「練功隨筆」有幾十萬

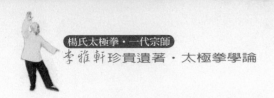
字，這是他老人家六十年對太極拳深研的成果，是他一生心血的結晶。這些文字有書信、有日記，信馬由韁，信手拈來，有感而發，隨手而記，對太極拳用神、用意、用氣，大鬆大軟、虛無的氣勢、神明的感應、莫測的變化……更是反復強調，不厭其煩。青年時代如是說，中年時代如是說，到了老年更是如是說，不知者以為重複囉嗦，多次建議我整理出版時將多次重複處刪掉一些，我都態度堅決，斷然拒絕。他們不知先師寫這些文字時，大多是在他自己練功後或教學生時有感所記，每次的感悟從文字上好像都一樣，卻不知這裏面對拳理的真諦體悟每次都有新的深入。譬如說老師每次講到要虛靈頂勁，要鬆，要鬆，要大鬆大軟，他所表現的神意內涵每次都有新的深入的變化。我們受教於他，每次聽他講解改拳，每次都有新的感悟，新的收穫。隨著時間的推移，老師的感悟加深，其行拳神意更好，功夫更精妙，我們跟隨左右練功，也隨著時間的推移，對老師講的同樣話也會體會加深，受老師神氣的薰陶，自己也在不斷進步中。所以說老師中年講的鬆，到老年講的鬆是有質的變化的，我們讀他的精論，十年前一個感覺，十年後又是一個感覺，也在發生質的變化，所以反復、重複讀他寫的東西，不僅不會感到多餘、重複，而且反復咀嚼，越來越感到有味，每次讀後好像老師親臨一般，心理沉穩之氣勢由然而生，愈練愈覺得拳味濃厚。

當然，這些話只有對太極拳有認識的人講才明白，而對那些對太極拳沒有認識，沒有得到過真正太極拳老師指導，自以為是，買幾本書看看理論，以為自己就懂太極拳的人則不足與其道也。

陳龍驤
四川・成都
2011年8月

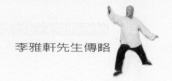

李雅軒先生傳略

　　李師椿年，字雅軒，河北北京人，生於1894年，自幼嗜武，初識少林名武師陳殿福習長拳，1914年拜楊氏太極拳宗師楊澄甫先生為師，專攻太極拳術，時年20歲。

　　1928年，澄甫先生應南京國術館館長張之江先生之聘，赴南京任教務處長，李師因家務羈身，未能隨行，是年冬天，李師拼當一切毅然南下，不料澄甫先生已先一月辭事他往矣。時南京國術館招考教授班學員，李師報名投考，李師身材雄壯，氣宇軒昂，表演之太極拳術和太極大槍技藝精純，不同凡響，滿座皆驚，以第二名之優異成績錄取入學，爾後探知澄甫先生受浙江省府之聘於杭州組織省國術館，請假赴杭，晤澄甫先生於西湖之畔，旋任杭州省國術館太極拳社主任教員，朝夕追隨，不離澄甫先生左右，口傳心授，深得太極要領，技藝日精，曾以太極散手驚服長拳名家周聲供。1933年，澄甫先生應廣東省府禮聘，赴粵提倡太極拳術，命李師留杭負責太極拳事，未能同行，1934年，南京組織太極拳社，李師至京就任太極拳社社長之職，1935年任國民體育學校同上校國術組長，1937年「七七」事變，抗日軍興，南京垂危，李師退至武漢，翌年至重慶，旋至成都，繼任四川省國術指導及四川省體育委員設計，1946年任原國民黨二十八軍軍官總隊同上校教官，1947年任陸軍大

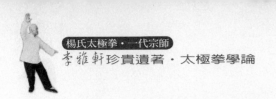

學軍簡教官，以精湛之太極技藝，收服原國民黨騎兵師師長「猛張飛」徐俊。解放後李師被聘爲四川省成都市政協委員，成都市體委太極拳教練。李師追隨楊澄甫先生十餘年，相知最深，關係最切，親如父子，以畢生精力致力於太極拳之研究，六十年如一日，深得楊家太極拳之神髓，在太極拳、刀、劍、推手、散手方面，技藝全面，造詣甚深。1953年，李師代表西南區參加第一次全國民族形式的武術表演大會，榮獲優等獎，當時天津日報稱讚他的太極拳「姿式雄偉、舒展大方」。1956年、1957年全國武術表演賽，李師受聘擔任大會裁判工作。李師尤精於太極拳之技擊術，在推手、散手方面，化勁無形，發勁巧妙，冷快脆彈，驚心動魄，達到了拳來不知，腳去不曉，打人於不知不覺之中的上乘境界，李師自入川以後，對四川太極拳的傳播開展作出了積極的貢獻，桃李盈門，全國馳名。堪稱四川太極拳事業的開拓者，李師對人和藹可親，教拳嚴謹有法，循循善誘，有長者風，1976年病逝於成都，終年83歲，留有楊氏太極拳、推手、刀槍劍等器械等練法遺稿，正待刊行。

學生　陳龍驤

四川‧成都

2013年4月

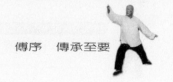

傳序
傳承至要

　　一項專長、一門絕學如未適時上承下傳，讓先賢的智慧與親身歷練所彙集而又珍貴的練功過程及心法口訣失傳的話，當然也就談不上發揚光大了，且得背負失傳內疚，即如鄭曼青先生喻：「得而不傳是爲失道，獨善其身，歸於塵土，漫泄天寶也」（鄭曼青爲李雅軒同門師弟）。

　　陳龍驤老師，八歲即隨其父摯友李雅軒先生習拳，除經年累月，得李雅軒的眞傳外，成年後並於其師愛女李敏弟成親而傳爲佳話，更彌足珍貴的是李雅軒平時有寫筆記良好習慣，練拳每有所得，既以筆記方式記述留存，內容含括楊氏太極拳之拳、劍、刀、槍、推手等，幾乎巨細無遺將練習心得詳加記載保存。陳龍驤老師得此機緣收藏了全部手稿，同時亦體認此一絕藝傳承的重要，不敢私秘據有，整理出最後一版，也是最重要的一版：『李雅軒—太極拳心法秘傳』，爲此陳龍驤老師並囑咐後學爲序，雖習練鄭子太極拳近四十年，但哲人日已遠，對前輩認知多係傳聞，後學實才疏學淺勉力爲之。既爲之序，必須將寄來約四百頁初稿詳讀。

　　楊氏太極拳自第一代祖師楊祿禪起，廣爲流傳，遍及王公侯爵及河北京城一帶，至第三代楊澄甫將此純屬中華文化結晶所孕育之太極拳，傳入江南「上海、蘇杭、南京、廣東、香港」等地，當時上述各處亦是對外通商經貿的門戶，這對後來太極拳傳向海外居

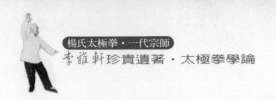
功厥偉，在楊澄甫諸多弟子中能人輩出，李雅軒於1914拜楊氏太極拳宗師楊澄甫先生為師，時年20歲， 1928年起南下追隨老師楊澄甫於杭州、南京各地，並受命負責太極拳事，至1937年七七事變入川止，前後十年間耳濡目染，躬親授教，對拳藝之領悟除受益良多外，並對教學、處事、傳承之重要性銘記在心，定居於成都後，開拓培植了眾多優秀種子教練與廣大太極拳愛好者，使楊氏太極拳代代相傳。

鄭曼青宗師於民國三十八年，在當時局勢極度動盪不安下，專程由重慶急赴成都與師兄李雅軒晤面，研習太極拳藝，後隨國民政府來台。

後學機緣巧合，於民國九十八年赴成都隨陳龍驤老師習練武當及三才對劍，有一天陳龍驤老師有感而發說：「崑鶴：怎麼這樣巧，六十年稱「一甲子」，算起來你師爺鄭曼青六十年前來成都，六十年後你到了」，就因為此層關係在留成都期間，得以見物思懷，親自體會一代名師李雅軒先生練功所使用之器械，如刀、劍、大杆等，不但保存完好如初，亦是陳龍驤老師日常練功的兵器，尤其是大杆，手握觸及之處光如鏡面，透體成烏黑通亮，可聯想到當年其練功之勤奮，也驗證了楊氏太極先輩們所說：「架子天天走，杆子不離手」的口訣，更可貴是陳龍驤老師將李雅軒書寫已經泛黃之隨筆，從使用不同紙張隨想隨記可看出李雅軒對太極拳熱愛程度之深，陳龍驤老師不厭其煩，逐一翻閱詳加說明，並將李雅軒記錄鄭曼青推手運用技術之段落指出與我分享，雖然時空背景已不復存在，人事已非，但觀之實令後學感佩不已，從立志、修身、規矩、練功、推手、散手、發勁、歌訣、拳照等分成十二章節，詳細刊出，實可做為練習太極拳最佳指南。

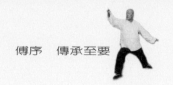

　　序言至此，對陳龍驤及李敏弟老師以無私奉獻的精神，將李雅軒前輩寶貴的練拳手稿公諸於世，嘉惠太極拳廣大愛好者致上十二萬分謝意。

中華民國鄭子太極拳研究會第六任理事長

傳崑鶴　敬筆

2013年6月

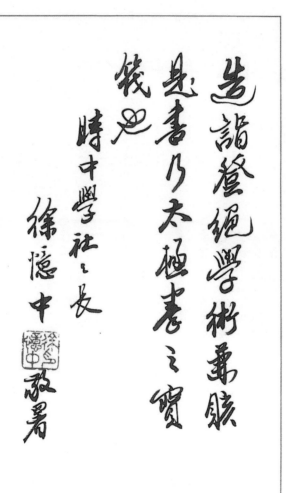

先詣登絕學術勇脈

思書乃太極書之寶

錢也

時中學社之長

徐憶中敬署

號八弄十巷七十五街溪豫市和永縣北台
三七五二一二九二〔二〇〕：話電

13

楊氏太極拳當代名家
鄭子太極拳一代宗師

鄭曼青

極力推崇

龍驤大師精心彙編
當代太極拳前輩大師李雅軒遺著

桃李春風化太極
風雅英姿冠群雄
氣軒寰宇勁勢揚
墨筆拳話千古傳

金大鼎文化出版社 社長 曾文龍

2014年1月

⑮

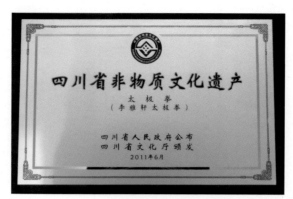

▲四川省非物質文化遺產

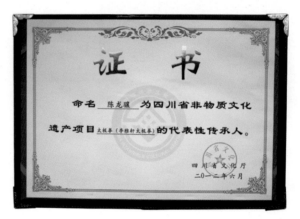

▲李雅軒太極拳傳人—陳龍驤

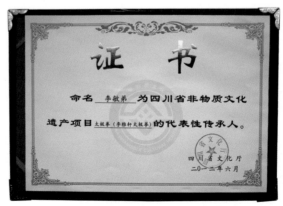

▲李雅軒太極拳傳人—李敏弟

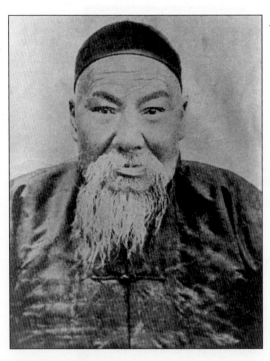

◀楊氏太極拳宗師楊健侯先生
　（楊澄甫先生之父）

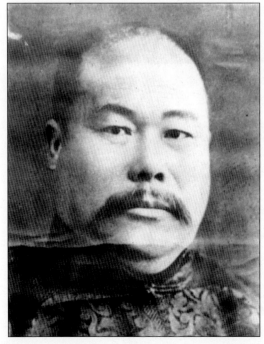

◀楊氏太極拳宗師楊澄甫先生
　（李雅軒先生之師）

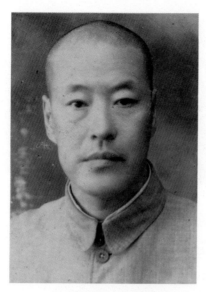

▲1945年南京照

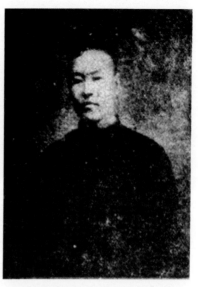

▲李雅軒先生年輕時的照片

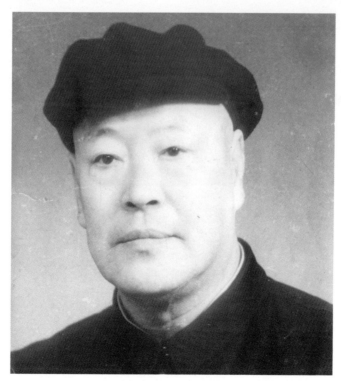

▲李雅軒先生像

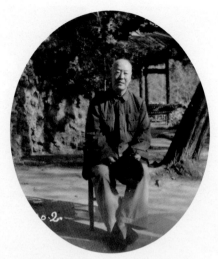

▲李雅軒先生珍貴歷史照片
（1956.10.2）

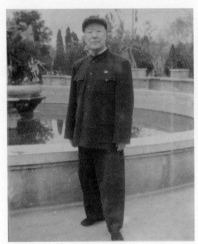

▲英姿風發
（1969年3月攝於成都人民公園）

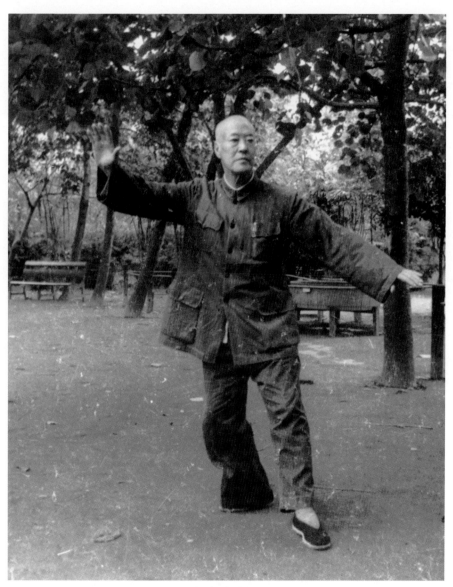

▲退步跨虎拳照

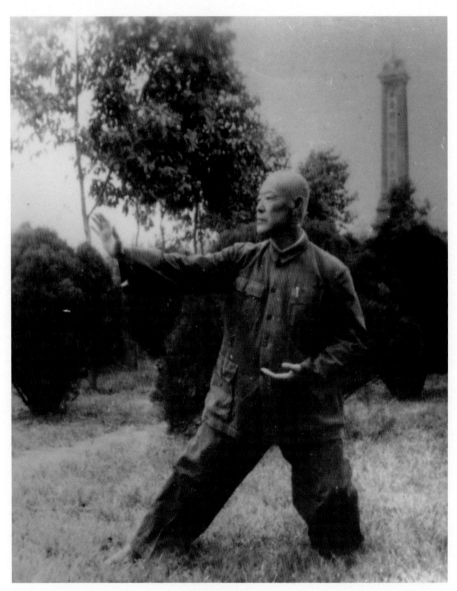

▲例攬猴拳照

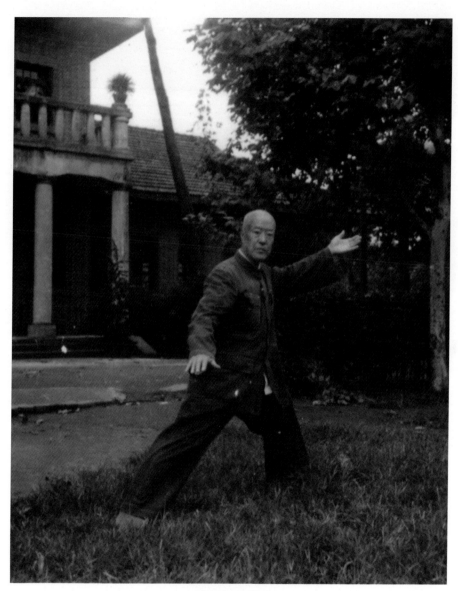

▲擺蓮腳拳照

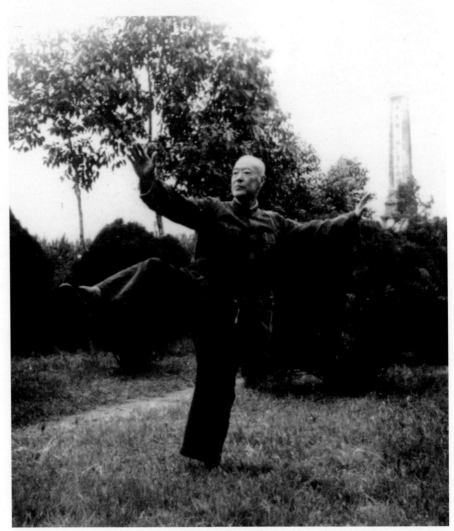

▲左右分腳拳照

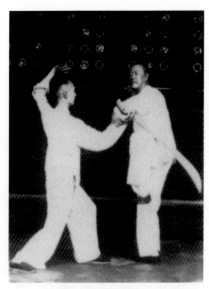

▲空手奪刀1

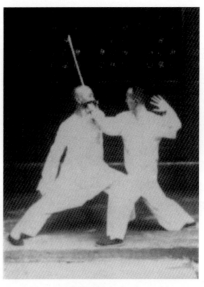

▲空手奪刀2

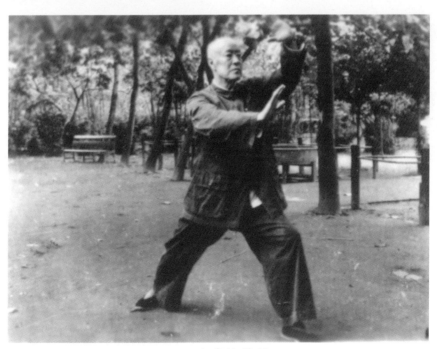

▲玉女穿梭拳照

李雅軒先生和弟子黃星橋演示空手奪刀。

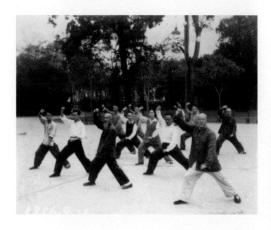
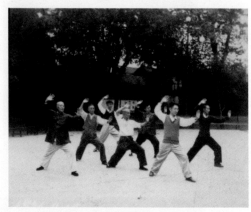
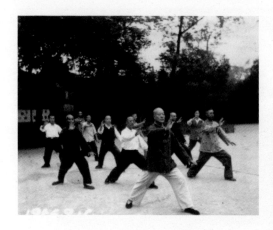
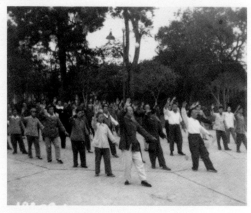

▲1956年李雅軒先生在人民公園教拳時留影

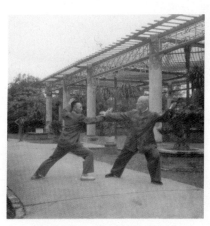
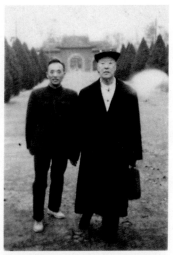

▲與弟子付如海打散手　　　　▲與弟子付如海合影

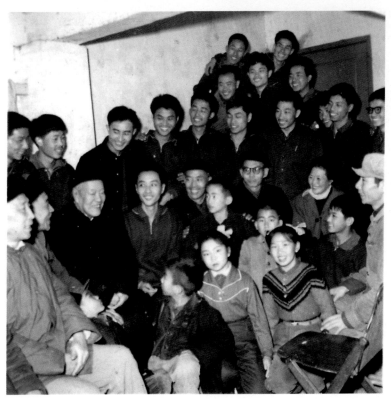

▲1974年與學生合影

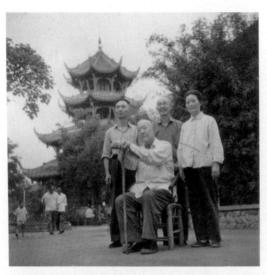

◀與弟子們合影
　後排 右一 尹俊文
　（陳龍驤的母親）
　右二 黃星橋
　右三 魏琦

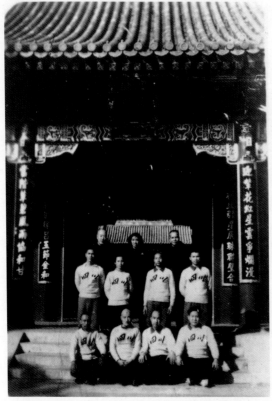

◀1956年11月　擔任全
　國12單位武術表演觀
　摩大會評判時，照於
　北京頤和園（右三）
　右一爲鄭懷賢先生

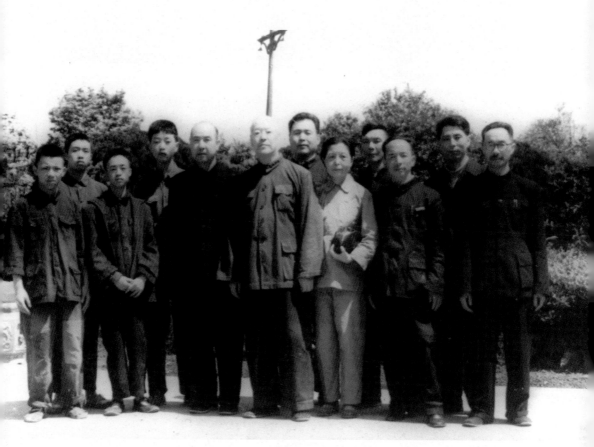

▲與學生們合影（前排右一爲寇煜光，右二爲栗子宜，左三爲周子倫，左二爲崔新恒，後排右一爲趙凱，右二爲陳萬川，右三爲趙清溪，左二爲陳龍驤，時年16歲）（1964年攝）

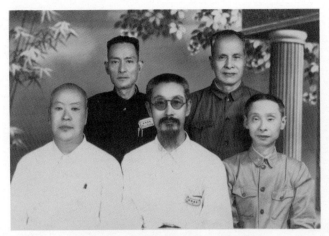

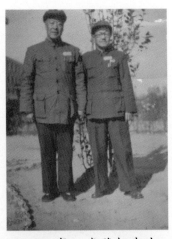

▲1957年北京合影留念。後排鄭懷賢
　（右）前排李雅軒（左）吳圖南（中）

▲1956年，李雅軒先生
　和王新午先生合影

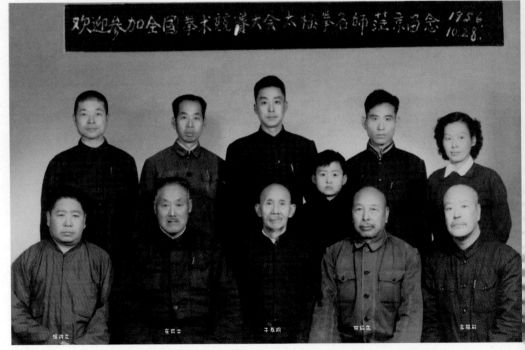

▲1956年參加全國拳術競賽大會太極拳名師合照
前排爲李雅軒先生（右一），田紹先先生（右二），
牛春明先生（中），崔毅士先生（左二），傅鐘文先生（左一）

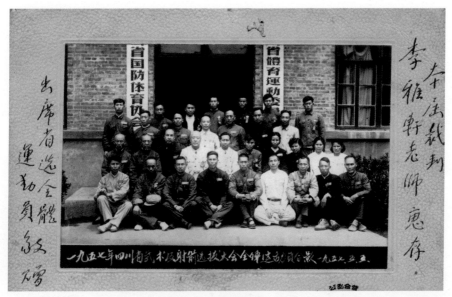

▲1957年李雅軒先生擔任四川省武術比賽裁判時與運動員合影

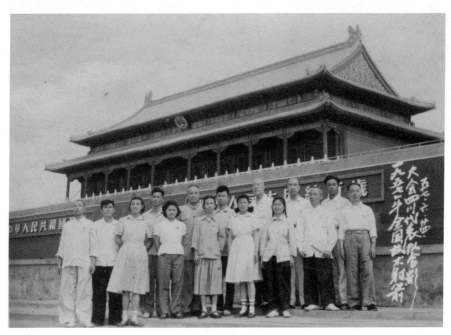

▲1957年全國武術大會合影

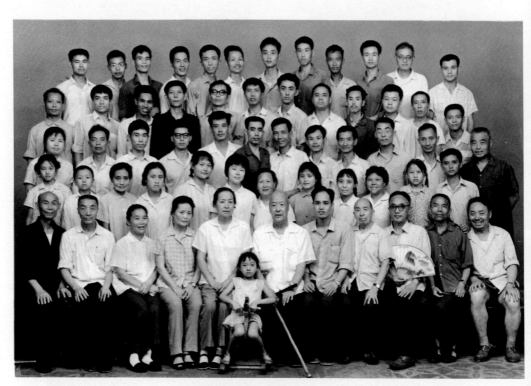

▲李雅軒先生80壽辰紀念

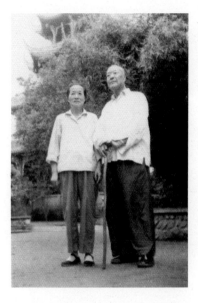

◀李雅軒先生與夫人劉書賢
　合影。

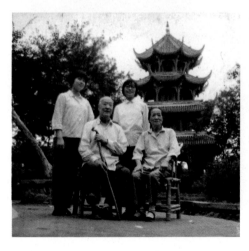

◀李雅軒先生與夫人劉書
　賢、女兒李惠地、李敏
　弟合影

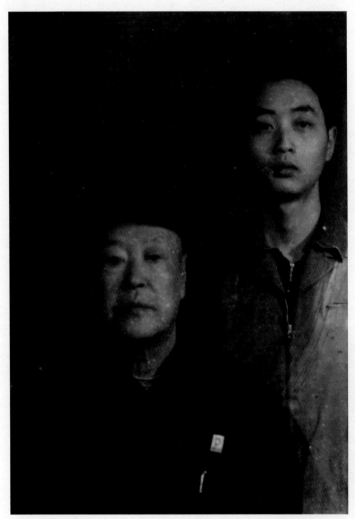

▲李雅軒先生與弟子陳龍驤先生合影(1974年)

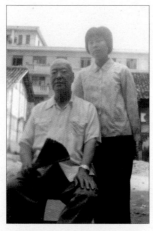

▲與女兒敏弟合影

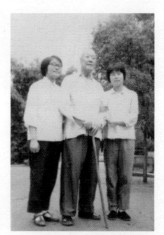

▲與女兒們合影

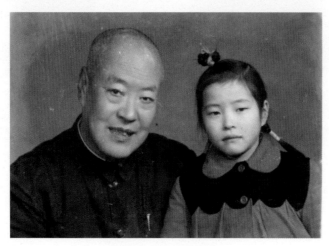

▲與女兒敏弟合影

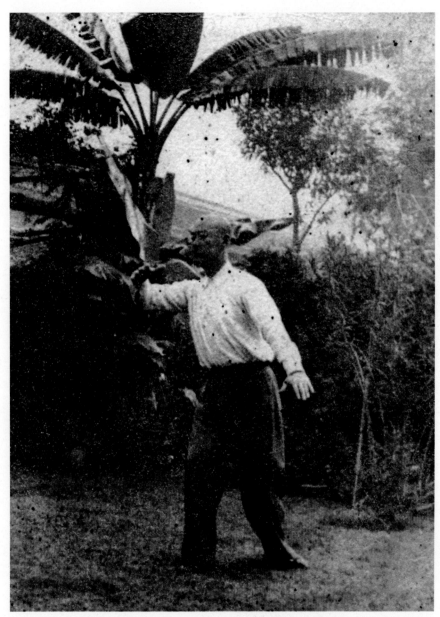

▲李雅軒先生於此照片後注：「態度甚好」

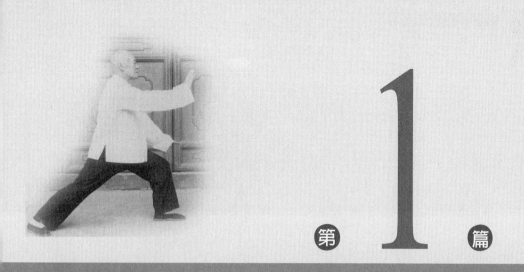

第 1. 篇

太極拳練習談

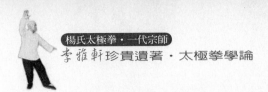
　　未從出勢，先將腦筋靜下來，摒除雜念，身心放鬆，去掉拘束，如這樣子才能恢復人在未被事物纏繞之前的自然穩靜及天生具有的靈感。穩靜之後而後出動，並要在動時仍保持其穩靜，不可因動將身心的穩靜分散了，這是需要注意的。

　　按人之身體，本有天然賦予的健康功能，所以未能人人健康者，是因未能鍛鍊身體，以培養這種天生的健康，而且被些事物的纏繞，將這些自然健康功能給摧毀了，所以不能人人身體健康，今要達到健康，就必須先將身心放鬆，靜下腦筋來，以恢復身心的自然。恢復自然之後，也自然會有天生的健康功能，不能只是一味的操練身體的外形，也不能像和尚道士之只修煉內部靜坐養神，必須動靜參半，身心兼修、內外並練而後可。

　　太極拳的練法，其最重要的是身勢放鬆，穩靜心性，修養腦力，清醒智慧，深長呼吸，氣沉丹田等。這些規矩，每練時要想著這些，日久才能起到健康身體和治養疾病的作用。假如練時動作散漫，氣意上浮，那就對身體無甚補益，所以太極拳的功夫，對氣沉丹田這一規則是很重要的。然而太極之氣沉丹田怎樣可以作到呢？那就必須先鬆心，後鬆身，心身俱鬆之後，其意氣便可自然的沉到丹田了，而不是使硬力將氣意壓到丹田去的。如是用硬力將氣意壓下去，那就會弄得周身不舒服，甚至身體發生疾病，這是一件很重要的事，學者應當多加注意。此外，尚須平時注意精神上的修養，以作功夫的輔助則更好。

　　在練時，先將全身放鬆，尤其是兩臂，要鬆得如繩兒拴在肩上的一樣，不可稍有拘束之力。如此當稍待，以俟身心穩靜下來而後出動。出動時，仍用一點點思想上的意思鬆鬆的將兩臂掤挑起來，以腰脊之力牽動兩臂，穩靜地出動，將一趟拳演變出來，非四肢之自動也。每見練者，不知本此意思用功，渾身扭扭捏捏，零零斷斷，浮浮漂漂的局部亂動，以為這是太極拳，這是大錯，以致長時

間練不出一點太極拳味來，未免可惜。

　　練拳時當細細體會，找它的要領。找著要領之後，經常練習，不數月兩臂便有鬆沉的感覺，兩肩有些酸痛的情形，這倒是很自然的，以後拳意就會達到手上來了。如再有明師指點，對太極拳的道理也就會一點一點的領悟，身上的靈覺也將會慢慢地充實，如此則不但在修身方面有顯著的功效，即在應用方面也會有巧妙的動作，這全是由於在鬆軟的基礎上著手練功作出來的。如果只是散漫飄浮的練法是不行的。

　　太極拳在初練時，是感覺不出什麼味道來的。但是只要有耐心，有恒心，細細地體會，時間久了，便會感覺趣味濃厚，使人百練不厭，愈研究愈有味道，愈體會愈有興趣，甚至形成一種癖好，一輩子離不開它，其終身健康也就在不知不覺之中得到了。

　　為了功夫的增進，要經常不斷的思悟其中的道理。每練功時，如何有虛無的氣勢，如何才有鬆軟沉穩的情形，如何才有丹田之沉勁，如何才能有綿綿不斷的味道，如何用意不用力，如何身勢經常保持中正，如何有「滿身輕利頂頭懸」的意思，如何才有入裡透內之勁道，如何打鬆淨之勁，如何以心意之去，如何以神經之動，如何能來之不知，去之不覺，打人於不知不覺之中，如這樣練下去，以後就有好的進步了。

　　平時要在出動時，心裡應如何作想，如何形態，如何神氣，如何出手若無所為而又有包羅萬象、無所不為之氣勢，這也是很要緊的。假若是出手有所為，心裡先有一個主觀的定見，那就恐顧此失彼，挂一漏萬，流於外功之明勁，成了多着多法之硬功拳的情形了，此理不可不知。

　　在練時，穩靜安舒，心神泰然，反聽觀內以審身心之合，這才是練太極拳功夫的態度，否則雖表面似太極拳，實則非太極拳功夫

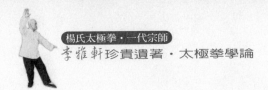

也。

太極拳功夫，不外乎是動靜開合而已，但一切要在穩靜的基礎上作，不可有慌張冒失的現象。它雖是靜，但靜中藏動機；雖是動，但動中存靜意，一動一靜，互爲其根，此太極拳之道理也。

其健身方面，全憑呼吸深長，氣血暢通，頭腦安閒，心神穩靜。其應用方面，全憑虛無的氣勢，沾粘跟隨，在幾跟幾隨之中，我之身勢早已吃進彼身，一切的機會自會送上手來，在這個時候，我的神氣一動，早已如觸電樣將其打出矣。

在練功時，要以神走，以氣化，以腰領，以意去，內外一體，心神合一，神氣貫串，上下一致，久而久之，便會養出非常的靈覺來，以這種靈覺用之於推手，體會對方之來勁，是百無一失的。既已知道對方之來勁，便可順其來勢，隨其方向，而作跟隨沾粘之動作，他身上之缺點，便會自然的發現出來，我趁勢擊之，則自無不中之理也。

練體以固精，練精以化氣，練氣以化神，練神以還虛，這是太極拳的四步功夫。學者宜本此方向細細體會，才能練到妙處。

人身之靈機，最爲寶貴。凡一切處事接物，皆全賴於此，不獨打拳推手也。但靈機是出於大腦神經，所以太極拳的功夫，首要在穩靜的基礎上練功，以養其大腦中樞神經。但所謂穩靜者，是心神泰然之後，自然之中出來的眞穩靜，而不是強制著不動作出來的表面上的穩靜，這種強制著身體不動，表面上是穩靜，而心性方面仍是不靜的。如果這樣，就不是眞靜，不是眞靜，就不能養大腦中樞神經，也就出不來特殊的靈感，此理又不可不知。

練太極拳的功夫，在預備勢時，就一定要使身心穩靜下來，眞穩靜下來之後再行出動。尤須注意的，是在動的時候，更要保持其

穩靜，不要將穩靜的情形分散了，這更是最重要的一回事。切記切記。

在動時，要以心行氣，以氣運身，以腰脊率領，牽動四肢，綿綿軟軟，鬆鬆沉沉，勢如行雲流水，抽絲掛線，綿綿不斷，又如長江大河滔滔不絕的將一趟太極拳形容出來，不是四肢局部之動，練後有甜液生於口中，便是練之得法處，身心已感泰然。如此可堅持日日按時練功，不要間斷，以後就會有顯著的進步。假如練後口中沒有甜液出現，這便是練之不得法，心神未靜下來，在這種情形下，就不必按時練功了，當速請太極拳明師指正之，否則毛病暗出，則更不易改正。

在呼吸方面，務須深長，使呼吸趁著緩和的動作鼓蕩，又要使緩和的動作趁著呼吸的鼓蕩開合，並須要作得自然而順隨，這才是正確的練法。穩靜安舒可以蓄神，呼吸深長可以養氣，久而久之，則神氣自能充實，身體健康也自然增進。太極拳所講的柔軟，是指的周身均勻，配合一致合度。在生理上、在健康上、在技擊上所需要的柔軟，而不是腳翹得特別高，腰折得特別彎，這樣失掉了靈感性，不合生理的局部的特殊的柔軟。因為這些不合生理的柔軟，只是好看而已，但在技擊和健身方面，都沒有什麼好處的。

在太極拳的功夫方面，只是有些軟活柔動還是不夠的，需要在這些軟活柔動中作到均勻有沉著的心勁和雄偉的氣勢才夠味。以上這情況，是要在練拳日子久了，功夫有了基礎之後，再經老師詳細的口傳面授，說些比喻，作些示範，形容其氣勢，慢慢地悟會才會有的，而不是一言兩語可以了事的，也非筆墨所能描繪。這種雄偉的氣勢及沉著的心勁，是在身勢氣魄之內含而不露的，不是擺在外面的。以上這些情況，要有真的太極拳傳授而又有功夫的人，才能鑑別出來的，如那些毛手毛腳的太極拳家，是看不出來的。如他們看了，反以為是不好，或出些反對的言語，如說什麼太慢了，或說

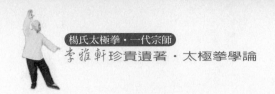
架子太大了，或說太神化，太迷信了云云。所以說，凡是對某一項學識沒有研究的人，就會發言不當。

　　練剛勁不如練柔勁，練柔勁不如練鬆軟，練鬆軟不如練輕靈，練輕靈又不如練虛無。虛無的氣勢，才是太極拳最上層的功夫。其主要的練法，是以心行氣，以氣運身，以意貫指，日積月累，內勁自通，拳意就能上手。四肢是外梢，不可自動；胯爲底盤，務須中正。以思想命令於腰脊，以腰脊領動於四肢，尚須以神氣相配，上下相隨，完整一氣，否則非太極拳功夫。

　　鬆軟沉穩的形勢，如載重之船，沉沉穩穩地蕩於江河之中，既有沉重而又有軟彈之力。

　　凡是一舉一動，是以意爲主使，以氣來牽引，無論伸縮開合，或收放來去，吞吐含化，皆是由意氣的牽引爲主動，由腰脊來領動，此是太極拳與他種拳不同之處。如一勢之開，不但四肢開，而心意胸脊必先爲之開；如一勢之合，不但四肢合，而心意胸脊必先爲之合，凡一切動作必須由內達外，所以稱爲內功。

　　找上下相隨，是初步之練法。找輕靈綿軟，是中乘之功夫。找虛無所有，才是最後的研究。蓋輕靈仍有物也，如到虛無則無物也，則一切無不從心所欲，以達通玄通妙之境界。

　　太極拳之虛無氣勢，在技擊方面，其變化作用，其妙無窮。如遇剛勁來犯，可以使其捕風捉影；遇柔勁來犯，可以化之於無形，使對方找不著實地，摸不著重心，英雄無用武之地。

　　太極拳在前清咸豐時代，有些人稱它爲「神拳」。余以爲這個名稱很有道理。稱神拳者，並非指神怪之神，而是神經之神，神氣之神。一者是因在練功時不是用力，而是用意，用神用氣；二者是在對手時，其動不是專靠肌肉的伸縮爲主，而是以神經之動爲主，

其變化運用巧妙神奇，有令人不可測度之處，故稱之爲「神拳」。每練功夫，要細細的體會功夫中的精微奧妙。這種精微奧妙，是在思想之內心，而不在身勢之外面，所以太極拳的功夫，只靠操練還不行，需要用悟。用悟就必須緩慢，必須穩靜，如不緩慢穩靜，就悟不進去，悟不進去，就找不著太極拳的味道。學者須特別注意。

澄甫先師每作推手發勁時，只見其眼神一看，對方便覺驚心動魄，有頃刻生死之感，此乃體態與精神合一，能在極短之時，將全身之力量集中而發，能起在突然之間，迅雷不及掩耳，令人不可抵禦，亦無從抵禦故耳。平時練功所以穩靜緩慢者，正爲蓄養此精氣神，即內外各部配合之妙用也。

如練時太快，非但不能蓄神養氣，即內外各部之配合亦必難作到恰到好處，故發勁不充實，氣勢亦不驚人。

周身鬆開，上下完整，是太極拳必須之條件。我過去練功夫的經驗，只要周身鬆開了，氣自會沉下去，日久則內勁自生，腳下也會沉穩。如動作不整，整而不鬆，或只兩肩鬆而腰腹胯背不知如何爲鬆，或肘腕指節等處不知如何爲鬆，或練後掌心無鼓脹之意，此皆因無正宗老師傳授，內勁則永遠不會有，愈練愈離太極拳遠矣。

按太極拳功夫，有很好的道理值得鑽研。有些人練拳，竟不知在深細上鑽研功夫，從品質上以求躍進，而只是在編些套子，弄些花樣，圖外表所謂好看，一身搖搖擺擺，零零當當，神氣活現，自以爲太極拳講柔，講軟，講不用力不過如此。其實不知太極拳有些道理，須有傳授方可得知，以致練功多年，對於推手，著手就胡頂亂撞，瞎撥強搬，一點味道沒有，無怪太極拳有十年不出門之說。

察當先楊祿禪先生在北京教拳，號稱「楊無敵」。楊班侯先生在北京與很負盛名的武術家劉某比手等事，證明太極拳的功夫是有很好的技擊功能，並非十年不出門。爲何竟有「太極拳十年不出

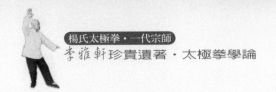

門」之傳說?蓋練太極者雖多,卻未經眞的太極拳教師指教,以爲有其他拳的功夫底子,再弄本書看看就算會了。這是妄作聰明,閉門造車,所以難成。此非太極拳本身之咎,而是學者擇師不愼之過也。

練太極拳神氣內斂,收藏入骨,虛靈之神氣佈滿周身,要輕有輕,要重有重,輕者如百無所有,重者似泰山立崩,此言其虛靈之妙用也。但虛靈必先從實在處做起,輕快亦必在沉穩上著手,功夫日久,始能得到眞正的輕快虛靈。若初學即講輕快,必致一身零亂不整。若初學即講虛靈,必致流於漂浮,毫無作用。所謂太極拳十年不出門,漫說十年,苟無眞傳,則一生亦出不了門。

太極拳是無爲無不爲之功夫,出手虛妙無比,包羅萬象,無論對方如何來手,我有此虛靈之氣,自能隨機應變,無不恰到好處。萬不可專於一手一勢之作用,否則必挂一漏萬。蓋大道一以貫之,得其一而萬事畢。若想一着一勢之用,雖千着萬着總有窮盡,故智者不取也。

神意內含,以存靜養,勁道始有收藏,一舉一動不忘鬆淨,靈慧才能生長也。

切忌劍拔弩張,咬牙瞪目,緊張之現象,或以爲練時毫不緊張,臨事何能致用!豈不知練時是蓄神養氣之功夫,以俟神氣蓄養充實,臨事自有好用。若練時劍拔弩張,神氣外露,則神氣耗費,焉有充實之日,用時焉能有驚人之動作!

上有虛靈之神,中有腰脊之勁,下有丹田之氣,三者合一,內外一體,動作無不適宜矣。然一切皆由自然中求之,不可在局部上找,若專想沉氣必爲氣滯,如專想提神必爲神拘,非大道自然之功矣。

虛靈頂勁者,是身勢端正、穩靜舒適之後,虛靈之氣自然上升之謂,非頭部強力上頂之謂耳。如強力上頂,則有挺硬性而無虛靈

性，乃爲太極功夫之最忌者。

　　練太極功夫者，一方面依老師教導去用功，一方面本三豐祖師以及王宗岳先師太極拳論中去悟。練時不可參雜外功之思想，否則必流入歧途。練此功不可與外功拳兼行並練，否則徒勞而無功。蓋此是鬆靈勁，發出時無聲音，被打者雖外面無青紅傷，但勁已透入內部。彼是緊硬勁，發出時咚咚有聲，被打者雖外面現青紅傷，但內面未必透也。

　　有謂太極拳功夫非參雜其他門功夫並練不能應用云云，此足見其無太極傳授，尚不知太極拳的道理。

　　練太極拳功夫有五忌：

（一）擇師不慎，誤入雜門外道，養成習慣，日後雖遇眞傳，亦難改正。

（二）對老師信仰不堅，不本老師所教之道理用功，自作聰明，東想西想，參入其他道理，以致心神雜亂，暗病百出，若藏若露，此毛病最不易改正的。

（三）有不良嗜好，如煙、賭、色等，將人身三寶精氣神已耗費枯竭，昏頭脹腦，不能悟道矣。

（四）平素曾練外家硬功太過，如吞氣努力，咬牙瞪目，鼓肚子打肚皮，以及排打周身，油槌貫頂等等，已將身體最寶貴之神經練死，成爲麻木狀態，毫無靈感，不能操太極功夫。

（五）入道未深，離師太早，即想在人前顯能，致被外門功夫引誘，走入歧途而無法糾正。

　　以上五者，皆不能悟道。

　　練太極拳應以澄心定性爲主要功夫。但澄定之功夫，須在穩靜上著手，以俟靜極默篤之後，才能澄得下來，定得下來，良知始現，而後隨良知之覺察悟之，此覺察才是準確之覺察。

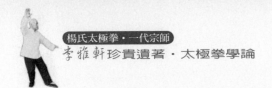

其所以澄，所以定者，是想恢復心無思想，身無作爲，無爲之身心也。無爲之後，心性始能光明，光明之後，自然之中發出來的知覺，便是儒家所謂良知。良知是在靜極默篤之後發現，非在窮思極想之中得來。心硬想等於壁上無門，出入硬要碰壁而過。又如於荊棘坎坷之地本無路可走，而硬要通過。如此練法，必致愈練愈離太極拳功夫愈遠，學者不可不知。

養虛靈，生智慧，以悟拳道，用於防身，則能自衛禦侮；用於處事，則是非分明；用於養身，則延年益壽。

功夫不外神、氣、體三者之修練，然以練神爲主，練氣次之，練體爲初步。所謂神者，周身虛靈之氣勢，莫測之動作，輕快變化之謂也。非咬牙瞪眼，努力使氣之說。所謂氣者。呼吸沉著之氣，非青筋暴露，鼓包起塊，強行呼吸之謂。所謂體者，穩靜安舒，動作輕靈之謂。非打椿，打沙包，排打周身，以及碰胳膊，撮手指，捶肚皮一般麻木神經之謂。

練神者，不離氣，不離體，不過以神爲主。練氣者，亦有神，亦有體，不過神的成分較少。練體者，亦有神，亦有氣，不過不知神之妙用耳。

如練時拳意不上手，是身勢不鬆，上下不隨，內外不合，呼吸不舒故耳。一心想鬆，久之身勢自能鬆，動以心氣爲主，四肢跟隨自然勁整，呼吸純任自然，內外自能合一，而後拳意自能上手。默識揣摩，可達隨心所欲境界，一切總在穩靜上找，如粗心浮氣，雜念繁興，必致愈練愈離拳意愈遠，一生也不能上手。

有恒心，有天才，有眞傳，三者俱備，尚須勤修武德，尊師重道，三二年可成。但在將成未成之際，如離師太早，毛病最易發現，而自己並不知覺。避免之法，常常體會身心之合，靜靜思悟老師以前所說的道理，老師練拳時的氣勢，慢慢形容之，則毛病不致

太深，否則一變無邊，如脫韁之馬，不可收拾矣。

　　毛病有明者，有暗者，明者易改，暗者難除。手足高低不稱，方向不正，腰胯不端，脊背不舒，爲之明病易改。心意思想不對，動作神氣不隨，身心內外不配，爲之暗病。此病若藏若露，摸不著，拿不著，口裡說不出，故不好除。

　　患內病者，無論如何苦修苦練，其功架氣勢總感美中不足，此皆由於不本師命用功，個人東想西想而來，以致走入歧途，學者不可不慎。每見用功多年內勁不生，應付不靈，臨事手忙腳亂，呆眉瞪眼，慌慌張張，胡頂亂撞，瞎撥亂扯，皆此病也。

　　動須趁著呼吸，以呼吸來促使開合，所以謂之以氣運身也。每動須掛拳意，如一勢之出，須以意思送到，如一勢之回，亦須以意思收回，如練刀、槍、劍亦須如此。不可丟掉意思而四肢自動。內功之動作，是以心使身，身使手之動作。凡腳手之動，係發源於心，由內達外者也，故曰內功。如功夫高深之後，只要意思一動，其勁無不到達，但無眞傳者不能也。

　　外功注意着術上之操作，是外面之動作，是走外盤，形跡太大，雖表面快而實際未必快。內功講究懂勁上之感悟，懂勁是內裡之覺察，是走內盤，形跡似慢而實際未必慢，且能臨事時，若須要勁之大小，時間之早遲，來去之快慢，攻守之部位，所去之方向等等均有估計。此估計即是聽勁之功夫，皆由平素鬆軟沉靜，緩慢練功之中得來的。

　　拳術是個人徒手戰術，心、腦爲司令，胸腰如大本營，肩胯如師旅，腿臂如團營，手足爲連排，皮膚如哨兵，神經如電話，一旦與敵人接觸，神經立可傳達消息於心腦，由心腦因事制宜指揮身腰，領動四肢手腳，予以適當之應付。苟無神經之傳達，無以知對方之來去，則一切無從措手足，雖有天大之力量，用之不當亦必敗

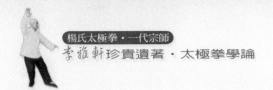

也。手足以保護身心，非有適當之動作不濟事。腰脊爲使用手腳之樞紐，苟無巧妙之轉運不爲功。心腦是全身之發令官，非有極其清醒之靈覺，難以指揮適宜也。在爭鬥之際，當快則速，當緩則慢，不可稍有差錯，進退左右不可稍有早遲，否則必致全盤失敗，神經之清醒重要可想而知。故太極之功夫，首要在靜心定性，以養神經清醒也。他家不察，一味在肌肉堅硬上操作，將人身最寶貴之神經損傷，殊爲可惜。

　　練堅硬肌肉功者，其理想有以下兩點：一在攻打時，無論進退皆非快不能濟事！然苟無靈覺之感應，快不得其時，徒增忙亂，有何益處！二在打人時，非硬不能打得人疼，在挨打時，非硬不能乘得著，然攻非其時，不能生效用，妄費氣力必致捕風捉影。如防非其時，反以隙示人，爲害更大，硬有何爲！又對方打來，必在迅雷不及掩耳，陡然之間我之硬力尙未運到，如何能乘得著，況對方如奔我之要害而來，又焉能運勁以乘之！

　　太極拳是有形無形的功夫，雖有形式在，如對方來犯，身勢含蓄，即爲百無所有，令其捕風捉影，無用武之地。如認爲他是虛來，卻會陡然而到，迅雷不及掩耳，使其驚心動魄，不可抵禦。太極拳是機變難測的功夫，如認爲他不來，而神經一動會早已打上；如認爲他必來，他會無形化解如百無所有，所謂忽隱忽現者也。

　　練架子以養心氣，推手以學聽勁，散手以練手眼身法步，比拳是練心膽精氣神。

　　練功時是沉氣，但不可勉強去沉，要用眞元之意，在呼吸之間順其自然引之，虛而若實，實而若虛，有而若無。

　　放鬆軟以長虛靈之氣，智慧自生，正身心以立根本之源，莊嚴自有。如身心不正，必有輕薄之態。定遭人輕慢侮辱之。「尾閭中

正神貫頂，滿身輕利頂頭懸」，這是練功夫最重要的規則。虛靈為功夫第一要訣，認清此理，如天分高者，一二年可通；如愚笨者，一生難成，豈僅俗語所云「太極十年不出門」而已！蓋成就之深淺，全在個人用功，天分如何，不可一概而論。

功夫宜在清晨或靜夜無人之際修練，不可專在人前顯能賣弄，否則難於進步。

行功歌曰：大道不離方寸地，非存心兮非有意，更非胸中運精氣。居心純泰然，百體自相依，不著意兮不著心，無心之中是真心，無心之中無有形，虛無養成真虛靈，宇宙渾一體，皆從自然生。

拳術一道，派別雖多，然皆不外乎練硬，練快，努力使勁，鼓氣提神，講狠毒，講厲害而已。但快硬者，心性難靜；努力鼓氣者，呼吸不舒；狠毒厲害者，更難養中和之氣。以上皆苦筋肉，耗神氣，害虛靈之功夫，非延年益壽之道。

練時穩靜安舒，以養虛靈之氣。用時冷彈脆快，以吐丹田之勁。多多體會虛靈之氣勢，用時對方來力無不盡悉，取勝之道在其中矣。

苟無虛靈之氣勢，對方來手情形無從知曉，動時必致胡頂亂撞，不成太極功夫矣。

有虛靈之氣勢，有腰腿之輕妙，有神氣之充實，有氣派之莊嚴，有動作之冷快，用之修身，則延年益壽；用之自衛，則防身禦侮。

在初學拳時，就須對於教者的每手每勢動作及神氣，要切實注意，並須細細地體會自身上的感覺，以打下良好的基礎，不宜貪多學快。如這樣子學法，能學一年，瞭解一年，雖是學得很慢，但在實際上卻是很快的。假如貪多學快，一切都不注意，到學會之後，

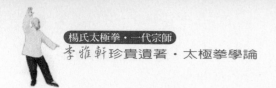
一經檢查，全不對路，尚須從頭細改。這樣子的學法，雖是會得很快，反而是慢了。關於這一點，學者須注意。

在一套拳學完之後，還不能就算會了，尚須反覆地多練些日子，細細體會其味道，並須要將它連貫起來，使其上下相隨，內外相合，心神意氣成為一個整體，然後身心就會感到愉快，這才算是學會一趟拳。但是這也不過是在大體上算是會了，至於細微的道理，還有待於天長日久地鑽研。蓋學問是無止境的，不能以此就滿足了。

在練拳有了以上基礎之後，就可進一步學習行氣運氣的功夫。這種功夫，是在練拳時以心行氣，以氣來運身，以心意牽動著氣息作深長的呼吸，以鼓蕩著身體來作拳勢動作。一切開合的動作，使其如長江大河之水，有滔滔不絕之勢；又要有如抽絲掛線，行雲流水，綿綿不斷之形；又要邁步如貓行，舉動輕靈，圓滿無缺。

在行功動作的穩靜上，這一步功夫要好好地用心將它作好，不可稍有馬虎，這是要緊的。其要領是先以心意來作想，如何才能作到穩靜，如何才能作到清醒，如何才能使智慧澄清，如何才有虛無靈機的氣勢。

先師楊澄甫先生曾說：古人練拳，是分四步功夫。
1. **練體以固精**。即是練架子的功夫。在筋肉方面，使其增強彈力。在關節方面，使其增強活動。在骨骼方面，使其堅實，精髓充滿。
2. **練精以化氣**。即是行功養氣之功夫，使其飽滿之精髓，化成充實之中氣。
3. **練氣以化神**。即是養氣藏神之功夫。在練得氣足精滿之後，再朝夕鍛鍊下去，即會發現神明的靈智。有了這種靈智，無論用之於任何事務，都可以達到適當之處，不獨是打拳推手而已。

4. **練神以還虛**。即是在靜極默篤之後，養虛靈之功夫。在練出了神明靈智之後，又將它藏之於內心骨骼之中，含而不露，從表面看來，似乎什麼也沒有，然而在實際上，它是包羅萬象的，無所不有的，無所不為的，無所不然的。如以絹裏明珠，光澤內藏，能普照一切。

　　練功其主要者，是在於蓄氣養神上下功夫。心存靜養，形如半睡，從表面上看來，像是無聊，然而卻內藏無限的動機，精微細奧，普照全身，有令人無處可以侵犯之感，也非此不能養出清醒之頭腦，養出靈覺的智慧，養出充實的中氣和療養疾病的效果，才能悟會其中的道理。其好處甚多，不必一一去談。從技擊方面來說，必須先養出神明的靈智來，然後才可以無往而不利。有了此靈智之後，在技擊應用時，只要意念一動，其身勢氣意精神無不隨之而到，身上的一切神經命脈無不相應而來。

　　練太極拳的功夫，最重要的一件事，就是先要內心放鬆，身勢就會自然地隨著內心的思想而全部放鬆，到了心身俱鬆之後，所有一切的動作也就無往而不利。如果不是這樣，不但在技擊方面沒有作用，就在健身療病方面也不能收到什麼效果。

　　在練功上，如果將全身上下內外放鬆，周身作到一致了，而後以心神氣意去緩緩地命令著腰身脊樑，使其帶動四肢胳膊臂腿，作出如江河之水勢整個的動盪的樣子。要絲毫的不自動，不零斷動，不局部動，不多動，不妄動，不少動。如果四肢自動，多動，妄動，冒失動，或不動，或快慢不勻的動，這都是錯誤的。它只有太極拳之名，而無太極拳之實。關於這一點，學者需要注意。

　　太極拳的動作，是要以心意為主，以思想來命令腰脊，由腰脊來領動四肢，這樣有系統、有主動、有被動的一個整體的「一動無有不動」的動作，而不是上也動，下也動，左也動，右也動，前也

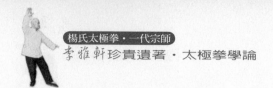

動，後也動，各方面部位一齊動，就算一動無不動了。因為這種動雖是各部位一齊動，卻沒有以心行氣，以氣運身的完整，而是零斷自動。

練太極拳時，應當是有太極拳教師教導，才能懂得這些道理，否則是不行的。有些人練太極拳，只是買了幾本太極拳圖說，看了看其中動作，以參上自己的外功拳的勁道，練了練就到處教起拳來了。在練時扭扭捏捏，零零當當的上下左右一齊動，以為這就是太極拳一動無有不動了。在練時懈懈怠怠的，以為這就是太極拳了。其實這些都是練太極拳的毛病，這種練法不但是找不到太極拳的身心穩靜安舒，而且也練不出太極拳在技擊推手方面的功夫。

太極拳的要求是要放鬆，並且要鬆得很鬆，完全以意識鼓勵著身勢來動，絲毫不用一點力。如這樣子的練法走出勁來，味道才厚。如不是這樣，就作不出太極拳的味來。

太極拳要內外都放鬆。所謂內者，即心性思想意識。所謂外者，即五官面目，腰身四肢，所有的內外這些部位，如有一處不鬆，或鬆的不均不勻，不整不圓滿，也就作不到好處。

在健身方面，身勢放鬆了，氣血循環才能暢旺，神經命脈才能舒適，在身體方面才能轉弱為強，這是很自然的。在技術方面，身勢放鬆了，頭腦才能清醒，神經感覺才能靈敏，動作才來得輕便。隨機應變方面，才能來得迅速，氣意才能沉下，氣意沉下，發勁才能來得充實。所以說太極拳無論是在健身方面或是技擊方面，都是要身勢放鬆了，才能作到好處。

每見些自稱為是太極拳的權威們，每每不是按上面所說太極拳的規則去鍛鍊，而是千方百計的添些花樣，以練些套子為能，絲毫沒有太極拳的道理，以為這就是他的發明創造了，其實這是大錯特

錯的。

　　太極拳的練功，應是將身心放得虛無，反聽觀內，以體會身心之合，若有爲若無爲，以修練身心的靈覺。蓋觀內者，才能作到身心泰然；無爲者，則方能作到無所不爲；虛無者則才能含藏萬機。有的人每練拳緊著氣勢，瞪著眼睛，兩目死死地盯著一個指頭，或是專注意哪一部分，這完全不合乎太極拳的道理。有的人正在練拳的時候，忽地握緊了拳頭，咚咚哈哈的捶打，以爲這就是太極拳的發勁了，這更是脫了太極拳的本質。他的理想是太極拳是講究發勁，將對手打出去的，如無力何能把對手打出去呢？豈不知這種硬勁，並不能將人打出的，他是將其他外功拳的一些發勁安在太極拳的功夫上，並且教了好多的人，這眞是千古奇聞，誤人誤己也。太極功夫，是應本著太極拳的規則，細細地去練去悟，日子久了，就一定會奧妙發現。在健身方面、應用方面都有了。如果硬手硬腳的亂動，多動，快動，妄動，冒失動去練太極拳，可能一生也摸不出太極拳的味道來，愈練離太極拳功夫愈遠。希望學者不要亂去學，學壞了糾正不過來。

　　每練功夫，要留有餘興，不要過於勞累。如果筋骨皮肉過分疲勞，就會減少神經方面的靈感性，在將來學推手時，就會聽勁不靈。

　　如練功夫日久，應感到有神清骨爽、精神愉快的情形，這便是功夫已找到要領了。如練日久尚無這樣的感覺，或甚至感到口乾舌燥，心煩意亂，這便是功夫練錯了，應該馬上請人指點，否則會愈練，離太極拳功夫愈遠。

　　太極拳功夫，不是只會趨套子就算會了，而是要經常看看太極拳的老論中的一切道理，時時刻刻的思想思想，若只憑苦練，使筋骨吃些苦頭，是不行的。如對老論中有不懂的地方，可請別人指

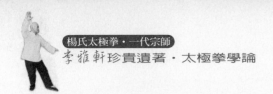
點，不要弄了些其他拳中的話，或是自己亂編些話安在太極拳上來說，這是誤人誤己的。

練太極拳最好是跟著練太極拳的人練，本著太極拳老論去用功。如跟著練雜拳的老師去學太極拳，那是南轅北轍，必致愈走愈遠。

練拳練功應在健康身體、療養疾病方面去研究，其次在推手技術提高方面去體會。如在這兩方面有了顯著的進步，這就等於有了創造發明工作躍進了。如只是多編些套子，練些花樣，而對健身療病和技擊推手方法等弄不好，反而不如舊的好，這不算是什麼發明創造，更談不上什麼躍進，而是有名無實的。

吾們太極拳功夫是內功，是氣功，是柔功，是靜功。在練太極拳時，應當本著這個道理練，要用內勁，不用外勁；要用暗勁，不用明勁；要用鬆軟沉重之彈勁，不用剛硬之僵勁。

按太極拳的道理本來是很簡單，只要是把身勢放鬆下去，頭腦穩靜下去，調勻了深長的呼吸，身樁坐得穩穩靜靜的，本著老論一手一勢的去用功，經過老師的指點，日子久了就成了。但是近有些人練拳胡思亂想，參上些其他的道理，又添上些外功的勁道，弄得心裡思想亂了，神氣不能集中，就進步慢了。

太極拳根本就是一個養心定性的功夫。所以在練時，要靜下心來，緩緩地審查著勁道去練，萬不可心煩意亂的，慌慌忙忙的著手。

按以上規則練下去，日久才可打下良好基礎。有此良好基礎，才可以學好以下各方面的功夫，如穩靜調息方面，呼吸配合動作方面，精神集中方面，意識守竅方面，空虛方面，靈感方面，如推手、散推、散打方面，都可以逐步的學會。如在打基礎功夫方面打

得不夠，那就一切功夫也學不到好處。

其他方面，前面已略爲言之，不難慢慢的悟解。今將調氣方面談論如下：調氣這步功夫，最主要的是先將呼吸作到深長，其次找呼吸的順隨，使其能配合著身勢的動盪形勢而作到自然舒適，不要有勉強有拘滯之處，這樣才是正確的。但這樣細緻的功夫，在初學時不易做到。蓋初學這個時期，每練穩靜調息這步功夫，最容易心煩意亂，煩躁不安，以致悟不下去。如發現這種情形，仍要努力克服，耐心緩緩的去找，心中不要急，日子久了，自會找到。如不能耐心的去找，或是粗心浮氣的用壓制的辦法，將氣硬壓制下去，去作深長呼吸配合動作，那就始終找不到身心的舒適自然，這是很要緊的，不然就走錯了路，弄得一身皆不舒適。

在呼吸與動作配合方面，每逢架式的開大宜呼，每逢架勢的收小宜吸，但這是大致的情形，如必要時須有變通。假如在練功時，爲了細緻的體會勁道的所在，重心的端正，身心的安適，這需要很慢的動作才能體會得到。如果快了，是不行的。動作既如此緩慢，在呼吸方面不可能也隨著慢到這步情形，這就須採取加一口氣的辦法，以作到呼吸與動作的相配。萬不可使呼吸之氣閉在胸部，以等待著動作去作配合，否則會全身不舒服，如長期不舒服，或生病亦未可知。如以單鞭掌這個動作來說，往左邊一帶這個動作，應是吸；第二個動作往右邊一掛，這應是呼；但往下的第三個動作，是開單鞭掌，這又是須呼。在這個時候以前，氣已是呼出去了，不可能還有氣再往外呼。在這種情況下，就要採取加一口氣的辦法，在完成往右掛的動作之後，將要往左開步之時，需要身勢往下一沉，就在這往下一沉的時候吸一口氣，在打單鞭掌的時候，就又可以隨著開勢作出呼氣的配合，以作到身心舒適自然。所謂加一口氣的辦法，就是這樣。以後凡有呼吸趕不上動作的時候，就採取這種辦法，不要用閉氣等待的辦法。在練功時，如一時找不到舒適自然的

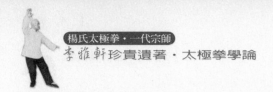

配合辦法，要有耐心的靜下心去想，身勢放鬆了去體會，就一定會找到味道。萬不可以求之太急，而在心忙手亂之中，硬要一下子強制著將氣意壓下去，以作到呼吸深長配隨。

　　守竅之說，是在練功未出勢之前，在作預備工作時，就要作靜心的功夫。先以意將散在外面的思想，把它收攏來，使其集中在印堂間安定下來。俟其集中安定之後，又要意識自印堂徐徐下到鼻端，到達準頭間，而後又由準頭順著承漿下到心間，它在心部要多守一個時間，等到雜念摒除了，心裡一點往外想的意思也沒有了，完全將在外散著的思想統統收回來了，身心也舒適了，在這個時候，口中定有甜液生出，身心感覺非常的暢快。有了以上這種情形之後，再將思想意識徐徐的將它放下去，到達丹田，從此就以丹田為家，思想意識在丹田裡主宰一切，所有的動作與呼吸，無一不是由丹田裡主宰，丹田裡牽動，丹田裡供給的。如此，則一切動作和呼吸才有底勁，才有根基，不然一切全是浮的，全是漂的，全是零亂的，切記。意識是在丹田作為主宰，但是呼吸之氣，不是死死的壓在小腹內不動，而是深長的上下牽動的，是有換發的，是有靈感的。如不是這樣，對身體就一定有害。因為人是秉氣血而生，如氣血暢通舒適，人身即健康。如氣血凝滯了，日子久了，就會發生疾病，所以太極拳老論上教人「氣以直養而無害，勁以曲蓄而有餘」之說。由此可見，氣之到達丹田，不是就死死的壓在小腹，一點也不動，而是有收放，有鼓盪。蓋氣行則血通，血通則人健，這是有一定道理的。

　　天天作氣血貫通的功夫，久而久之，氣血能隨著人的意識而走，意識到哪裡，氣血就到那裡；氣血到哪裡，力量就到那裡，無論意是用在何處，用在身上的哪一部分，氣血勁道就會很自然地隨之而到達那一個部位，其應如響，百無一爽。

在練功夫方面，一要有恒心，不因有困難就間斷；二要不貪多學快，不要以會的多為能，而是要徐徐地吸取滋味，細細地思悟，如日子久了，萬無不進步之理。如其只圖學快，描畫其表面，不體會內容，就不容易學好。

太極拳的功夫，不是只吃些苦操練，叫筋骨皮肉受些痛苦，就會學好功夫的，而是還要思悟，還要體會才行。操練是外面的功夫，思悟是內裏的功夫。太極拳是內外兼修，身心並練才行，不然就對身心的健康效果不大。練出來的姿勢，也不夠優美，外行看到還可以，但內行看到就沒有味了。

每練功時，要先以心意作想，使身勢全部關節放鬆，並且要鬆得很鬆，要將身勢鬆得如軟若無骨樣。然而它不是死巴巴的軟，而是以神氣將身勢鼓勵起來的。使它動盪起來，有強大而又靈敏的彈力。假如發出去時，它有很強大的入裡透內性，頭部虛靈上頂，不是僵直上頂，要有活動虛靈的氣勢。兩臂鬆得又沉又重，似鋼鐵樣的重，而不是似鋼鐵樣的硬。兩拳如軟巴巴的鐵之重，而不是拳頭握緊，如握緊就鬆不下來，打出去就不能入裡透內了。兩臂如軟節鋼鞭，又軟又重，而不是挺硬。兩腿上之軟彈力很強，將身上的體重負著，如火車車箱下之大盤簧，將火車箱托著一樣，又如河水之托著重載之船舟，又活動又沉重，其道理勁道可想而知之。其他如頂頭拔背，垂肘鬆肩，沉氣坐胯等規矩，前面已說過。總之，練功是要本著規矩去練去想，就很容易進步。如不按規矩，胡思亂想，就必致耗時費力，是不可能進步的。

有些人練功，不以老論上的規矩，而自己心裡東想西想，以為太極拳是用意不用力，於是乎他浮浮漂漂、零零亂亂的動；或以為太極拳講究發勁，把人發出去，沒有力量，不能發出人去，於是乎又用些力去練，弄得兩臂僵硬異常，如此便造成了一時零亂無章，一時又死硬不靈。如此反反覆覆，自相矛盾，胡思亂想，拿不定一

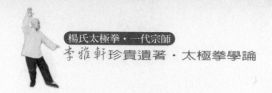

個決定的主意，日積月累，非但不進步，反而將拳架子弄成了一個
奇形怪狀，那就不好辦了。雖有張三豐在世，也是教不好的。

　　要知太極拳之不用力，有不用力的道理。不是將身體弄成了懈
懈怠怠，而是要有意識的沉著，精神的貫注，氣勢的鼓蕩。它的能
發出人去的用力，是有它的用力道理，不是將筋肉弄硬、弄僵、
弄死、弄緊，而是以柔、以彈、以有意識的挪動性。

　　太極拳功夫在初著手時，就要在穩靜上用思想，養精神，養中
氣，養靈智，養清醒，養良知，養悟性，養靈感，以俟將這些東西
充實起來，身體的健康和技術的技擊方法也就自會有良好的效果，
不待謀求也。就算在一切日常事物上的處理，也不難達到適當的境
地。如不是在穩靜安舒上去用功夫，而只是妄動盲動，快動冒失
動，添些花樣，只圖表面上的好看，那是毫無道理的。

　　太極拳的練法，其主要是把身心放穩靜，放舒適的問題，而不
只是在四肢、胳膊、胯腿一些外面的形勢高低長短大小的問題。如
太極拳只求外面，那是練不好的，此可斷言。

　　吾們看過太極拳的老論，知道練太極拳是要將身心放穩的。身
心放穩、放鬆及舒適之後，才能將散在外面的神經思想收得回來，
才能作到了真靜。真靜，氣意才能沉得下去。將氣意沉下去了，再
穩穩靜靜的去行運，才能體會到太極拳的味道。如是慌慌張張地著
手去練是不行的。身勢既穩，腦筋已靜，然後再緩緩的往鬆肩垂
肘，含胸拔背，虛靈頂勁，氣沉丹田這些規則上去用思想，如此日
久，才能將一趟拳很自然的作好，而後研究推手，也就不難逐步地
瞭解了。

　　在沉氣方面，雖在平素行住坐臥之間也要注意沉氣，這是對練
功夫一個很好的補助。老論中說：「以心行氣，務令沉著，乃能收
斂入骨。以氣運身，務令順遂，乃能便利從心。」以上這些論述，

應當好好地體會。

　　拳是基本的功夫，是一輩子不能間斷的，功夫之基礎是要天天培養的。如果基礎打得好，以後推手散手就很容易學好。如基礎打得不好，推手散手發勁等也會學得不太好，這是可以斷定的。

　　練拳日久，有了功夫之後，就將架子收斂一些，不宜太散漫擴大。在練功時，不一定要架子多麼大，多麼低下，主要還是練出手上的拳意來，有了靈感為第一，進一步要這種靈感練得充實起來。要心存靜養，聚精會神，保精養氣，調呼吸，靜腦筋，澄清智慧，增長靈機，如此日久，內勁、心勁靈感就自然會有了，以後蹬腳、分腳就會穩了。李香遠之功夫，就是這樣子有的。

　　如這樣的練功，手的拳味就自然會有了，拳意就會上手，凡是一舉一動，都會充滿了拳意，等於讀書多了，出口就能成章，下筆便可成文，這是一樣的道理也。有了這種功夫，自然就會行氣運氣，用神用意。

　　有了以上功夫，勁去無往而不利，無堅而不摧，打人如透紙紮人一樣，一鼓而透也。這全是由於平素練功，以神行，以氣化，以意去的練功中養出來的。

　　以後練拳，再不能練那無意義、無神氣、無聊的手法動作了。要叫他出手就有拳意，叫他愈來愈濃厚，這才是老拳術家的樣子。如再動哪些無聊的動作，那太不像話了。

　　在初練功時，架子是宜下得大點，如功夫久了，就不宜太大太伸展，如架子太伸展了，要點緊湊含虛收藏才行。

　　練太極拳，心裡要平靜舒適泰然，把氣息調得舒舒服服的去練，不要滿身帶勁，滿臉的神氣，只是身心放鬆、放穩、放靜就行了，如是滿身帶勁，滿臉的神氣，這是練外功拳的形態。練太極拳的人，看來只是平淡無奇，就是對的，如是滿臉神氣，滿身勁頭，

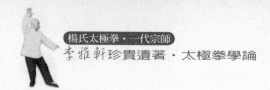

這就錯了，如這樣就一輩子也找不著拳意，拳意不上手，是一輩子瞎胡鬧。

按我今日之練法，是鬆淨的運動，心想內部，心裡才感覺有些意思，如往日練功，多在表面上用功，未往內心裡去體會，那是不對的。

在初練功時，一定要按規矩，每練必須頂起頭來，拔起背來，塌下肩去，垂下肘去，周身佈滿意思，五指貫上意思，氣勢充滿佈勻，日子久了，就可打下基礎，李香遠就這樣練出來的。

第二步的練法，是注意周身關節的放鬆放軟，無論是腰膝或肩肘，甚至指節、腕節、脊骨的每一節部，都要以思想之力慢慢的將其鬆開了來，這步功夫不易作到，但如日子久了，以思想力慢慢灌輸，是絕對可以作到的。

每練功務要以腰脊爲軸，帶領著四肢而動，如感覺兩臂、兩手鬆軟軟沉甸甸的，才是練對了，在這個時候，兩腳兩腿是很柔彈的，很扎實的踏在地面上，這樣子才對。

在練時要隨時體會腰脊上的源動力，它是以如何的勁帶動，挑動著兩臂兩手而動轉的。是柔勁，還要有彈力。

練功夫第一要緊是提起虛靈的神氣來，一身的神氣要充滿，但又要收藏在內心不使外露鋒芒，又要以靈機貫注，不能呆板，神氣極穩，渾身是意，這才是好的練法。

一定要在大鬆大軟上，兩臂如像掉下來一樣沉甸甸、重砣砣的一手一勢去練，否則就練不出好的身勢來。

在練時，氣宜鼓蕩，神宜內斂，舒舒暢暢的去用功，如長江大河之水滔滔的不絕之勢，如不如此，練不出好身法來，此道理要好好想想。

最上乘的練法，是練神，練意，練氣，練虛無，不能死死的練筋骨肌肉為主也。

如發勁不入內，這是未放鬆的關係。如在對手時拳不管用，這是動作無變化的關係。

無論練拳或推手，總要以腳下鬆沉穩固踏實為第一，否則一切全談不到。千要緊，萬要緊，是身勢鬆軟，腳下有根為最要緊。

太極拳也要有些基本的力量，但這種力量是柔的力量，而不是僵的硬力。有了基本上的力量，再有柔軟，再有鬆沉，再有靈巧，再有輕妙，這才夠完全，如是腳下浮漂的，那就練不出實用的功夫來。

有了基本上的力量，然後注意練靈感，一步一步的把靈感充實起來，然後在推手時才能作到蠅蟲不落，寸草不粘的地步。

太極拳的功夫，還不能死死的在沉勁上下功夫，因為有沉勁，只可是用於友誼的推手沾粘，如是用之於對付比鬥，是非有蠅蟲不落、寸草不粘，輕妙絕倫、變化神奇的功夫才行。所以說太極拳總要在輕靈變化、神氣靈感等方面下功夫才對。

練柔是初步的功夫，然這種初步的功夫的練法很要緊，因為柔是練筋骨上的力量的，這是根本上的東西，有了這種東西，然後才能練大鬆大軟，以達到輕靈虛無等上層的功夫。

如是再深進一步的練法，是找緊湊，不宜在大伸大展找了，因為緊湊才能含蓄，才有收藏，才長內勁。

鬆是緊湊的鬆，不是以放大、放長、放伸、放遠叫鬆，切記。

每練功一定要把勁沉在丹田，如能丹田沉下勁去，人的氣度一切就要改變，如沉不下去，那一切的神態氣度都是浮的，所以練功須練到氣沉丹田這一步。

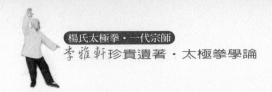

無論如何說，練拳的功夫是在鬆軟沉重，舒適大方上以心行氣，以氣運身，勢如長江大河滔滔不絕的練法上下功夫才行。

練功夫必須刻刻留意在腰隙，也要刻刻留心是在用意不用力，如到了最上乘的功夫，是要純以神行。

練功以鬆沉軟彈爲對，每練時要細細的思悟這個味道。李某某的練法，我認爲沉著有餘而軟彈不夠，他是柔而不靈的功夫。以這種功夫練出來的手，只可對付初步或中乘的功夫人，而不足以對付高手上乘功夫的人，因爲上乘功夫的人，其動作是用神，用神的動作才來得快，才能打人於不知不覺之中。靈機的動作，是用神意修練出來的，如只是用氣用柔，就練不出輕快靈機的功夫來。

在練功時，全身各部如鬆得均勻舒適了，便會感到掌心指肚之間發泡發脹，泡鬆鬆、脹鼓鼓的感覺，靈覺無比，清醒無比。如此天天用功，把這種靈感清醒充實起來，以後在推手打手之中，它這種靈感就會發揮極好極妙的作用。

當然老論上所說的主宰於腰，形於手指，這是練太極拳功夫的至理名言，不過要參加上每練功細細的體會掌心指肚之間的這種鬆泡泡、脹鼓鼓的靈感味道，其功夫的進步當更迅速些。以上這些道理，是要靜下心來練功，才體會得到，如粗心浮氣的著手是體會不到的。

練太極拳其最重要的，是要穩靜，在靜極默篤之後，才能體會到很多的道理，如粗心浮氣，多動妄動，那就錯了。怎樣才能作到靜？一要身樁中正，二要呼吸舒適，三要心性放穩，四要一身鬆淨，鬆勻。如能長久持此思想，就能一點一點的作到眞的穩靜了。太極拳是內功，什麼是內？筋骨肌肉統統是外，人的性靈才是內。人穩靜著練拳，就是爲了培養這個性能，如忙練、快練、多動、妄

動是不能培養人的性靈的。人的性靈培養好了，就一切修身致用皆有之。

虛靈頂勁往上擔，鬆沉穩固座下盤，腳下沉穩，是以氣沉於丹田，注力於兩腳兩腿，達於地下，如地下有電吸著於兩腳兩腿，使腳腿地三者成為一個整體也。就在練拳的時候，頭腦裡思想中也要常想著這個問題，使頭腦神意虛靈上頂於空中，與空中電子分子合為一體，使腳腿注於下層，透於地宮，同地球粘成一體，如這樣子才能叫整個的一身體在宇宙之間。

總之，是氣意要往下沉，神意要往上頂，一身完整，這才是練太極拳的味道。又須有含藏，有收斂，不能用明勁，不能太敞太放散，此太極拳之所以很難也。

楊澄甫先師每練拳推手時是個什麼樣子，要時常想想進步才快。每練時，穩靜方面是如何，沉著方面是如何，丟鬆方面是如何，是如何的沉甸甸的，是如何軟彈彈的，掌心是如何的鬆泡泡的，指肚方面是如何鼓脹的，是如何神意顧到全身，是如何的靈機含藏。

楊師在推手時，其氣勢是如何虛無的，如何巧妙的，如何有靈機的。在找勁方面，他雖是輕輕的一摸，我就感覺抵抗不行，不抵抗不行，使大勁不行，使小勁不行，動不行，不動也不行，如這點奧妙究竟是如何有的，我平時要多用腦筋思悟思悟，在攻擊人時，令人不能躲掉，其冷快絕倫處，人如放電樣崩出，令人驚心動魄，以上這種情形，究竟是怎麼一回事，以後要時常想想。

修煉功夫，最要緊是在靜上多多用功。如能作到靜極默篤的時候，好像是頭腦中有一種靈感，這種靈氣好像是要出離軀殼，起於空中，與宇宙萬物合體，未來未見之事，若有所知，恍然若明，如這種情形，不知是什麼道理，是人的靈機充實了之後，自然而產生

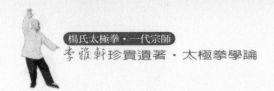

的嗎?是以已往情形事蹟而推斷出來的嗎？不得而知，我說不出它的所以然；然而，我既有這種感覺，今也大膽的寫下來，以便將來證明其是對還是不對。

每練功意念要想到腹下丹田的部位，意思要使靈機出現在手上。

立志要把太極拳練好，不能以現在的成就爲滿足，一定要練出神妙的沾粘手法來，如只是一般的功夫，那就稱不起什麼專家。要有一與對方接觸就使其跑不了，在幾跟幾隨之中，內勁一鼓，則透進彼身，使其外面不見什麼情形，而內裡已熟爛矣。要想達到如此境界的功夫，就必須天天思想老師當先練功的情形。

太極拳穩靜鬆軟著練功，可以練成五種功夫：

1. 穩靜鬆軟著練拳，可以長靈機，練到蚊蟲不能落，寸草不能粘。
2. 鬆軟著練拳，可以練成一身柔軟，百折若無骨，無論對方如何來，我都能毫不抵抗的隨機應變的給走化過去，乾乾淨淨地將其化掉，絕不拖泥帶水。
3. 鬆著勁練拳，可以使腳下鬆沉穩固，腰腿上有彈性的力量，無論對方用多大的勁沖來，我可以柔動之力給其化掉，我的兩腳是有根的，絕不會被其衝動。
4. 鬆軟著練拳，可以有丹田的沉著之勁，可以無論在任何形勢之下，我的氣意始終是沉著的，絕不會使氣意浮起。
5. 鬆沉著勁練功，可以使膽力充實，無論在任何情形之下，我的心膽是堅強有力的，無論對方多麼兇惡，我總有辦法將其降伏的。我有沉著之心勁，有冷狠快準，入裡透內之心勁，一定可以將其打服，將其摧毀。

如真的沉下心氣練功夫，其身勢就特別的莊嚴偉大，其五官面目就顯見一種非常莊嚴的氣派，正大的神氣，有令人感到神聖不可

侵犯之威勢，此所以自古以來，練武的人士多有忠直俠義之風也。

假如說功夫到了上乘是講究輕靈虛妙，如沉著勁穩重去練功，這不是矛盾嗎？不，因為輕靈虛妙的功夫，是穩重沉著的功夫中出來的自然輕靈虛妙，而不是初練時就找輕靈虛妙的。如是沉著穩重的功夫尚未練到成功就找輕靈，那就成了浮漂，而不是真正的輕靈了。

老論云「極柔軟然後極堅剛」，這就是說在不發勁時是百無所有，也就是極柔軟也。在發勁時，可以在極短的時間內集中所有之勁打來，這就是所向無敵，極其堅剛也。

練太極拳的功夫，如能每早晚靜坐一下以養虛靈，是最好的。在練功時，一定要摒除雜念，鬆腰坐胯，沉氣頂頭，塌肩垂肘，動以腰帶領，這雖是初步的規矩，然無論功夫進步到如何階段，也是要刻刻注意的。

每練功，一手一勢要作到好處，要作到優美，這樣子就進步快，如偷工減料的練法，是自欺欺人也。如能練到優美，別人看見也感覺一身舒適，精神愉快可愛，否則看的人也感覺不舒服，感覺討厭。

初學時，其呼吸是要舒適自然，不必注重配合動作，否則必致周身不安，甚至胸部痛，氣受拘束，久之面黃肌瘦。在初學時，只是身放鬆軟，心放穩靜，呼吸任其自然足矣。以俟架子找順打熟，其呼吸自然就會自己找配合了去，如以水潑在地上，水自然的就會往低處流去也。斯時若不自然的呼吸配合動作開合，就不舒適、不自然、不順勁，故不要去注意。

呼吸配上了動作是一個什麼情形呢？在姿勢的放大開展伸長時，是呼出氣的時候。在姿勢的收回縮小時，是氣吸入的時候。說沉氣，不是用壓制的辦法，將氣壓到丹田去，而是將身勢放鬆，使

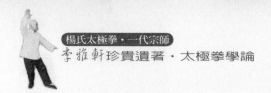

氣自然而然的自己落下去到丹田的。

不但如此，就算是精神意思也要安定於丹田，蓋腹部是全身的發力源動處，所有各種的發動全賴於腹部的氣的鼓蕩，如腹部丹田的源動力不鼓動，身上便無力量發出也。然而注意是注意，又不可以拘束，否則，一身動作不靈。

總之，將精神放在丹田，又要由丹田發佈於全身各部，不過以丹田爲主宰也。

今夏以來，每當練拳轉換身勢，由腿擔負重心時，感到內氣完全沉充於腳脖到腳掌部分，膝蓋以上大腿部分已不再感到緊張吃累了，因而上身內外五臟六腑都能塌實鬆淨，穩靜虛靈，毫無緊張之意了，概括的說，腳部裡沉著充實，腰腹內騰挪活潑，臂手部分虛空靈敏，發則如晴空霹雷，收則如電光一閃，來無形，去無蹤，鬼神難測，發人於不知不覺之中，蓋此之謂也。現在檢查過去與人交手時，一出手就是防拒，現感到出手防拒非能手也，防手有形易爲人察覺，暴露重心，受人支配，而且防手偏於成見，失去機動靈活之敏捷感，亦爲受制之由也。蓋防拒之手是內心懷恐懼而生，恐懼又生於內部空虛，無所依憑也。練功夫應先練形體，形體基礎好了，自然能掌握內氣之運行，內氣之運行練好了，自然而階及神明，以神練氣，以氣役形，神氣形三者合一，自能隨心所欲，積漸成至強，水到自渠成，循序無礙，自然會矣。歸根結底，功夫在百煉，百煉眞金金自光，捨此別無捷路，如專想投機取巧，偷工減料，不勞而獲，如何能成。

太極拳的功夫是走輕靈虛無、穩靜鬆軟的勁，其他拳門多是講神氣活現、剛柔相濟的勁，太極拳是神意內斂，外家拳是精神外露，內外功之區別也就在於此。

剛柔相濟並不是說它不對，而是要看它怎麼一個剛柔相濟法。太極拳之剛柔相濟，是在技擊中有忽剛忽柔，要輕則百無所有，要

重則無堅不摧，這是虛實變化、剛柔輕重互化的意思。而他家之剛柔相濟，多是說身體又剛又柔，是剛柔相組合的一種僵勁存在於他的筋骨肌肉之中，如這樣就形成一個剛柔輕重、虛實不分的情形了。

　　吾輩練拳，以全心全意地去想鬆，而尚不能將身勢鬆得乾淨。如在練功時，心中先存著一個剛柔相濟的思想，哪還能將身勢鬆得乾淨，而沒有一點拘滯彆扭之力了嗎？如這樣的剛柔相濟的練法，我相信一輩子也將身體鬆不純粹了。如這樣的剛柔相濟的練法，又剛又柔，日子久了，會將身體練成為一種僵肉力，在筋骨肌肉之間也起了一種僵肉的胚胎，有了這種胚胎，就一輩子去不掉了。有了這種情形，他的神經感應也必然非常遲鈍。練太極拳全憑神經感應靈敏，如靈機性少了，那太極拳還練什麼！靈機是出於神經，神經的靈敏是人身之至寶，所以太極拳練法在未出勢之前，預備式中就先要鬆身心、靜思想，以養神經上的虛靈為第一要著。

　　有些人練了其他家拳勁功夫後，又轉練太極拳，多年不大進步，就是他們將身上寶貴的神經靈敏給練死了，加之思想方法不對頭。所以不要兼練他家的功夫，有的人以為練幾種拳，會的多，總會有好處，其實這是錯誤的。

　　練拳應本王宗岳老論用功，又要本著我教你們的情形去思悟，就不會走錯了路，如心下時常思想些他門違背太極拳的原理，那與功夫是有很大的影響。

　　要聯絡些有真太極拳功夫的人為友，互相切磋，對提高功夫才有益處，否則是不會進步的。

　　在過去把太極拳稱為「神拳」，意義有二：一是太極拳在練時是用神用意，於藏而不露之中，主要是用神，所以稱為「神拳」；二是太極拳在對手時變化神奇，冷快絕倫，能打人於不知不覺之

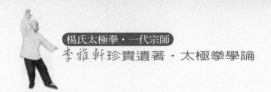

中，有時神氣一動，對方就驚心動魄，不知所措，所以稱之爲神拳。當先，楊祿禪稱「神拳楊無敵」，就是這個道理。一般拳術家多在筋骨肌肉上練些剛柔伸縮的動作，而不是以神、以氣、以意爲主。如練太極拳只是用這種筋骨伸縮動作爲主，那功夫就練不好。如定要兼練些其他的功夫，那勢必將身體弄成混濁僵肉的勁道，那在輕重虛實變化上就感應不靈了。練太極拳要時時刻刻保持它的純潔性，如不注意就會變成不似正宗太極拳了，此不可不慎也。

太極門中拳刀槍劍皆有，可以健身，亦可以有技擊的作用，只要將太極拳練好了，就不容易了，如再兼練他門的功夫，難免技多而不精。

太極拳是聰明人練的拳，如無練拳的天才，就練不好。既要有眞的太極拳老師傳授，又要捨得下苦功學習，尤其要有聰明智慧，不然就成不了好手。王宗岳老論云：「非有夙慧，不能悟也。」又云：「先師不肯妄傳，非獨擇人，亦恐枉費功夫耳。」有練太極拳的天才，正好以求，但必須專門研究太極拳的道理，如兼練些雜門的東西，那就練不好了。

揣思摩像，我當先也常有之，要想起楊老師打拳推手的神氣，便覺功夫有進步，如長久不見老師了，練拳就找不到味道了。近有人竟不知思念教者的意思，肯定是不對的。

對太極拳的體會：鬆腰塌胯、虛實分明，一吐隨起，一納即伏，手領神到，意氣佈滿，一動全身隨，眞氣內鼓蕩，身如輕舟走，腳與地面通等等皆對。不過在練架子時，身勢應如載重之船行於江河之中，又有動盪之形勢，是非常的沉穩。起，不離水的托力；下沉，不能觸到河底，船身始終是由水的浮力托著的，也就是說人練拳的身體，是在腳腿上之彈動力托著的，既不能浮起，又不能生到硬根上。如只說如輕舟走，怕是不懂悟解的人，把意思錯

解，將身體氣勢練浮起來，胯以下應以氣使其下沉，腰以上、背項、頂部分應是以神往上提起的，往下去的是全身重量落於腳底，與地面過電打通。如這樣子一沉一拔，將胯以上拉成一個整體，再與腳腿通，然後以神領動，並且以氣鼓盪著，來使身體作拳勢的一些動作，這叫作用神、用意，不用力。如專用筋骨肌肉有形之體做動作，那就忽略了神、意與氣勢在練拳上的作用，只是一個肉體在蛹動，那有什麼味道呢？關於這點要注意，切切。

在練拳時，身體如火車的車箱，腳腿如火車廂下之大盤絲簧，車廂是托在盤簧上的，不使車廂上起離開盤簧，也不使車廂下觸著硬的鐵輪，如這樣，我以為才對。

談太極拳對人身體的好處，太極拳是一種柔軟緩和的運動，是以無論男女老幼無不適宜。以表面看來雖是無什麼精彩好看的地方，可是它對健康身體確有很好的效果。體育運動貴在上下相隨，發育平均，如果只圖有局部的奇特好看，那就不能得到平均的運動，使發育不夠全面。

太極拳在練習的身勢方面，是周身俱要柔軟鬆開，這種柔軟鬆開的好處，可以使呼吸自然地深長，氣血流行自然地暢通，所以有袪病健身的功效。

其動是在穩靜上作出發點，動是靜中之動，雖動仍保持其靜，所以每練之後感覺心身舒適，非常愉快。

這種運動能促進血液迴圈、強筋壯骨，並且有穩靜神經、修養腦力、消除疲勞、增長靈慧的效能。練後無面青氣喘、血氣閉塞之害，所以對身體有百益而無一害，殊非外功專從事於筋肉的鍛鍊運動所可同日而語也。

其動作是一致的、是整個的，先由思想發動腰脊，由腰脊達於肩胯，帶動四肢，這樣有系統有先後的整個的運動。每動時，一動全身沒有不動，要靜時全身沒有不靜。全身各部位沒有哪一部

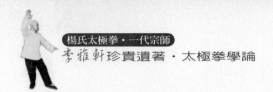
分自動，沒有哪一部分不動，或者妄動、遲動、早動之弊。勢如長江大河滔滔不絕，又如抽絲掛線、行雲流水綿綿不斷。無凸凹處，無斷續處，穩靜安舒、慢而無間、緩緩而行，故可使神經命脈各得其所，得著適合的修養，使身上的細胞血球等自然發揮它的健身功能。

　　其氣的出入是隨著緩和的動作而運行的，所以能呼吸深長直達腹部，所以非常順隨。其動作是趁著呼吸而伸縮鼓蕩的，所以非常的協調。這叫做動作與呼吸互相為用，身體與心神內外兼修。

　　太極拳是穩靜柔軟和緩而又有彈性的一種運動，如練之得法可以強筋壯骨，增長氣力。又可以使呼吸深長，無疑對人身各部、血液迴圈有很大的幫助。又可修養心性、調劑腦力、增長智慧，腦力勞動和體力勞動者練之可消除疲倦；如身體多病之人練之可以轉弱為強，所以它在醫療體育上有很高的評價。如經常練習可以養中氣，使之充實，可以轉變氣色使之紅潤，可以頭腦清醒，使思想銳敏，氣血舒暢，精神飽滿。故不練力而有力，不練快而能快。蓋從未見氣血衰弱、精神不振而能有力而靈快者也。

1. 如伏案辦公用腦過度，以致神志不清，精神倦怠，日久必得神經衰弱失眠等症，如經常練太極拳者可免。

2. 如勞動太過、疲倦不堪，日久必大受虧損，如經常練太極拳者可免。

3. 思慮過多，憂鬱填胸，久必成病，如經常練習太極拳者可免。

4. 性情粗暴，舉動狂妄，久必違法亂紀之人，如經常練習太極拳者可免。蓋太極拳有陶冶性情之功效也。

5. 事務煩多，應接不暇，心神忙亂不得安定，久之必精神恍惚，如經常練習太極拳者可免。

6. 先天不足，身體瘦弱，每辦事精力不支，久則恐成勞疾，如經常練習太極拳者可免。

7. 氣血不和，血壓過高，或充血、或貧血等症，久恐發生危症，如

經常練習太極拳者可免。

8. 血管硬化，有中風之危險，關節硬化，步履維艱，久必不堪行動，如經常練習太極拳者可免。

　　然以上所言，是指由眞太極拳傳授的人的所教導方可收效，如是由練硬功夫的人指導，則無益矣。

　　推手一定要放鬆軟，但也要提起虛靈的精神來，蓋有虛靈之氣勢，才能應付不測之來手。此在初學推手時就必須養成者也。

　　務要在這個「靈」上注意。如有充實的靈感，雖在未接觸以前，只用眼神一望，就以神氣與其接觸上了，與其粘在一起、就不必一定等對方的手接觸上再粘也。

　　蓋如在眞的比鬥時，彼此之動作很快的，如等接觸上再拿主意，那就晚了。因爲在比鬥的時候，不會有那麼充足的時間、很好的機會的。

　　柔柔化化走走的推法，是平素練推手的基礎的練法，如比推手時的推法就不夠用。

　　與對方推手，如其根基穩固，手上又有柔勁力支著，不讓進身，如在這種情況下用些硬勁、發勁打他決不行，就必須以腰脊之動爲主的動作大輪大轉地動。

　　如某某之推手，就是用這種有根基的勁。但是他這種勁，只是與他自己教的人推有效，如與生人推手，決不適用。因爲他是要將人拿著再發，或是將人閉著再發，如與生人推手，就決不會給你這麼好的機會也。

　　未從出手，要持以虛無的身勢，然後以輕妙的手法虛虛地找他幾個。如對方有高深的功夫，我還不容易走，那就用鬆沉的手法，丹田沉甸甸的勁道打他幾下，或是用大開大耍大輪轉的勁道將其要

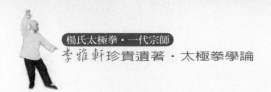
動，再以沉彈之力找他的肩部將其彈出，蓋大鬆大軟大輪轉的動作能將其根基搖斷，故可將其打出也。

在推手方面，化勁爲第一要緊。高深的走化功夫，是以神走，以氣化，是虛無的氣勢，不是有絲毫的實質的力量。用虛無的走化功夫。使對方找不著實地，他雖有好的發勁，也打不出效果來。如此，則我的兩手兩臂有鬆軟沉重的彈力，就一定可以將其打出去。

在發勁之前，身勢要虛靈起來。萬不可呆板，以虛靈的身勢去試探他，見可發勁時發之，不可冒失發勁。

凡推手，如對方又硬又固又支，當以如何的力量打之？要用揉措之力將其揉散，使其重心不穩時找側面打之，則一定有效。

無論推手或練拳，都必須在輕妙上、虛無上、用神用意用氣上下功夫，不能長期地找柔扭的初步功夫。

我在1962年，在體育場司令臺上與各人推手的方法，效果很好，以後要好好地記著。這個方法是兩臂大鬆大軟著，以腰身大開大散的身勢去推。這種方法，可以使對方站立不穩，重心失掉，而後打彈力將其彈出。這種打法，將對方打出並不費力，以後可往這上頭用功研究。

在發勁之前，胸中先要有一急，先要有一豪橫的氣勢。在蓄勁時要滿滿的吸一口氣，發時心中一急，陡然將勁打出，這樣子勁去才充實，不然就效果不大。

鬆勁、丹田勁、冷彈勁、陡然勁，這些勁打去能入裡透內，能使對方跳出、蹦出，能入其內透其裡，能打遠、打毀，頃刻致命，能使其驚心動魄。這種勁又鬆又沉，又冷又快，來之不覺，去之不知，能打人於不知不覺之中，非一般之發勁也。

之所以能發出這種勁來，是因爲平素練功是鬆著勁練的，是鬆

著勁拳意練上了手的關係，否則是打不出以上的勁來的。

所謂鬆，是自然地鬆，而不是故意用壓力。在練功時，全心全意地想這個鬆字。天長日久地想，眞正的鬆了，才能做出眞的鬆來。有眞的鬆，才能打得出以上的勁來。如練功時，心裡先存著一個剛柔相濟的觀念，那必一輩子也練不出眞的鬆來。蓋全心全意想鬆，天天用功，還不能將身體練鬆，如心裡時常想著一個剛柔相濟的觀念，那保證一輩子也練不到眞鬆了。

拳不管用，是無變化。勁不入內是鬆得不淨。勁去不充實是無丹田氣。勁去打不出人去，是打的方向部位問題。勁去先被人知，是明勁未去淨。勁去被人化掉，是去的不陡然不冷快。勁去威力不足，是內勁不夠。

在發勁時，要冷快，要有決斷，要充實，要沉彈；在動作時要有靈機，要有心勁，要有豪氣。

然而雖有這些勁道，如遇有好的柔化力的對方，還往往勁去打不出效果來，何況無之。這必須臨時以冷快的沉勁打之，方可使其化不掉。

發勁的時機，是在二人互動之中趕送到手上來的，而不是如某之發勁硬拿，硬逼強著作出來的。

楊家太極拳推手，是鬆鬆的、輕輕的、虛虛地去跟之隨之而動，不是如某之推手硬拿硬卡的。

在對方尚未覺察之中，已經造成發他的機會了，如對方想脫開這種形勢，已是不可能矣，如此就非打出去不可也。這種勁是我自己找出來的。在推手互相周轉中，已找到發他的機會，順其來勁一動，便可將其發出，這不是硬捉硬拿。如某之發勁將對方拿著再發，是不夠好的。

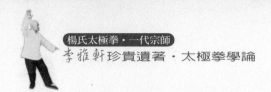

在推手基本的功夫上，是一定要注意不丟不頂，但不丟不頂不是一件容易的事。這得一要身腰氣勢有大的伸縮性，二要手上有靈機，聽勁準確，有未來先知之感，有此才能做大走大化，絲毫不丟不頂，如做不到這些了便是胡頂亂撞，那就無太極拳意義了。

在發勁時，一定要將兩臂鬆得沉甸甸鬆軟軟的，如這樣才能打出鬆沉入裡透內之勁來。不只是鬆沉，而且還要配合沾粘手的靈機，如無靈機。那就成某之發勁，只可是友誼地推，不可以見眞仗，眞比眞打也。

在發勁時，務要注意叫腰脊上的力量往上擁、往上送，不只是在接觸點上那一點的力量。在發勁時，一定要全身上下內外一體繃開、撐勻，成爲一體。

每出手，兩臂兩手要極其輕妙柔軟，靈感虛無，不能有絲毫的笨滯傻呆氣象。

見手來，順勢而走，玩弄身腰，以做到絲毫不丟不頂，微屈宛轉；利用呼吸以做出虛無走化。以心行，以氣化，以神走，無論對方以什麼手法來鬥，我都可以順其來勢，以虛無身勢將其化掉。以後可放開心膽在這上頭下功夫吧，這種功夫百試百驗，不要再有任何懷疑了。

太極拳是無形的功夫，練太極拳應在虛無上，無形上找，意思上找，方是太極拳的眞味。如在形式上找，明勁上找，招法上找，必致愈找離太極拳的味道愈遠，此學者不可不知也。今有些太極拳家，自以爲是老底子，老架子，但在練功時，跺腳蹦蹦的，打拳咚咚的，總之是一時的用勁、硬勁、明勁，沒有一點柔軟的味道何也？！

有了練拳的功夫，有了推手的功夫，還不夠用。還要經常地練

習散打，練習比手，練習動作靈快，練習眼神銳利，練習冷、狠、準的發勁。不如此不足以對付惡毒的壞人。

● 關於勁去效果問題

有時用勁不大，反而把對方打出去了；有時用勁很大，反而把對方打不出，是何原因？

關於這個問題，可見用勁不是大小的關係，而是用的早遲或長短，或是方向，或打的部位的問題。如以上這些問題都適當了，雖是用勁不大，也可以把人打出，否則用大力也是白費也。

這和用兵一樣，在於主將有奇特的計畫，不在於兵力的多少。

今日與陳龍驤打手，我完全是用輕妙靈機，虛無變化的方法，講虛無氣化，效果很好。

以後與人推手要注意今日的情形，萬萬不可再講蠻幹硬力笨力了。

以上這些問題，要很快的傳給別人，但是很不容易有適當的人也。一要對方有適當的功夫。二要有悟性有靈感。三要口傳心授，耳提面命，心領神會，而不是幾句話，或是筆墨可以表達出來的。

無論練拳或發勁，均須先把身勢放得一鬆百鬆，不這樣子，身勢就不能隨心所欲。意念去了，氣就去了，勁就到了。使對方在不知不覺之中就已打上了，其輕快適時之處可以想而知之。如這樣的快，皆是身放鬆軟而有的，否則辦不到。

發勁要先有聽勁的功夫，聽勁全靠手上的靈機，這個基礎，是在平素練拳時養出來的，如無此基礎，就做不好聽勁的功夫。聽勁靠靈機，發勁靠丹田，靠脊背，靠心意氣，要用丹田之勁打周身之勁。在不發時，身勢是虛靈的，在發勁時，腳要踏實在。

如在不發勁時，兩腳死死地踏在地上，那身勢就不活動，不活動就不能隨心所欲的變換身勢步法了。

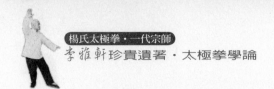

　　如在用時，勁要一下子沉到腳下，這樣子勁去才充實。

　　身勢有時靈活，有時實在，這就是虛實的變化，不然就是虛實不清。李某某的功夫，有一種腰腿上的柔扭勁。這種勁也很有用，很沉著。但是只可打初學的手，如對有靈感的手是一下子也用不上，因爲武術貴在靈敏輕快，如只憑點沉勁，那就不夠用也。

　　太極拳的發勁，要緩有緩，要快有快。緩時來得非常合適，要快能在一秒的百分之一的時間中可以令人在不知不覺中被打出，這謂之來不知去不覺，打人於不知不覺之中。使對方無法防備，這不是一般的筋骨肌肉收縮得快，這是神經靈感機動，故而能如閃電樣奇快無比也。

　　在不發勁時，輕妙虛無，若無所爲；在發勁時，驚然勁到，令人驚心動魄。冷狠脆準，無堅不摧，才算太極拳。輕如鴻毛，重似泰山，虛實變化，莫能想測。

　　不要忘記吾們是輕捷的功夫，絕不可與人抗頂力，無論在什麼情勢之下，吾們不要忘記用輕靈軟彈之冷勁，用虛無的氣化功夫。這是要緊的。

　　在推手時，要輕輕地拿，輕輕地摸，輕輕地對正，對端對準。發勁時要以腰上的力往前縱，往前放，絕不可以硬勁去捉拿，如崔某某的手法是不對的。

　　崔某某之手法是拿好發勁，董某某的發勁是揉搓的手，此兩種均不好，只可以友誼推手，不可以見眞比鬥。

　　我的推手，是大走大化，在虛無走化中，用腰用胯用冷彈，可以隨時隨地變成散手，比較實用。

　　每出手要有虛無的氣勢，但這種虛無的氣勢，不是以兩手兩臂做出來的，而是以腰身和神氣做出來的。

　　就算比手時，也是這樣的出手，有虛無的氣勢。不過在比手時，動作要冷快，要狠、準、脆、穩，心中要有必勝的決心。

　　既名之爲武術體育，是除健康身心之外，尚有自衛禦侮的技擊打鬥方法在，否則就無武之可言。此技擊打鬥的方法是爲了開闊心胸、增長智慧，以有隨機應變的靈覺，好引起廣大群衆習武的興趣，不能以好勇鬥狠論，若是此技擊的方法，只是些挨板的動作就無意思了。當知練習此技擊打鬥的意義，是與蘇聯提倡拳擊崇尚比賽是一樣的道理，其中有智巧、有勇敢，同時也可以增強身體的健康也，用之在國防上短兵相接之時，則可以增加戰鬥力量，一舉兩得，有何不可也？

　　太極拳所以能健康身體者，因其有內外並練、身心兼修之功夫，在內者有穩靜安舒的養心性之靈，在外者有呼吸深長以助氣血之行，以性靈則能覺察事物，氣血行則少生疾病，且其運動和緩可壯筋骨，舉動穩靜可養腦筋，如持之以恆而身不健康者未之有也。至於打鬥技擊之方法，講以靜制動、講以柔克剛、講以逸待勞、講以巧勝拙、講以四兩撥千金、講尙智巧而不尙力，此尤非他家功夫所可同日而語也。

　　或云手快可以勝手慢，力大可以勝力小，此未明拳術之道理也。蓋拳術一道，貴在有精細的靈覺，機智的變化，苟無此，快不得其時，徒增手忙腳亂，反示敵以可乘之機，力量不能適時而到，則白費力氣。所謂將在謀而不在勇，兵貴精而不在多者也。然則靈智是發於腦筋，發於神經，所以說腦筋、神經是人身之至寶，故太極拳之練法，首要是在穩靜上著手，以養其腦力神經也，以俟腦筋清醒、神經靈敏、智慧充實之後，一切感應必靈，臨事時，審情度勢隨機應變，則無不恰到好處矣。

　　提倡太極拳，要保持太極拳的眞味，不要弄雜了。在學習時候，必須向練太極拳的老師去學，學會之後要練個時期，等到練出一點太極拳味道來，瞭解太極拳的意思了，而後再去教給別人，這樣子才不會誤己誤人，不然的話就會把初學拳的人教壞了，如此以

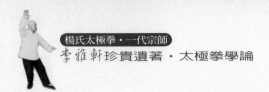

誤傳誤，將來太極拳就有失傳的危險。

我所以如此說法，是因爲有一些練硬功拳的人，鑒於太極拳受到社會上一般人士愛好，買了些太極拳書看了看，又東張西望的模仿人家練拳樣子，也就到處教起太極拳來，這樣一來，那就給太極拳遺留的害處不淺。蓋學太極拳的人不知何者爲對，何者爲不對，如學了不對的太極拳，不但本身收不到太極拳的好處，並且他教給別人又把別人給誤了。若爲避免這種危險性，請政府注意：

1. 將散佈在全國各省教太極拳的人瞭解一下。

2. 是將其全數調到北京去考試一下，好的發給證明文件，不好的令其加緊用功學習。

有此證明文件才准其教太極拳，無證明文件的不准其教太極拳。如此以來，便可避免太極拳以誤傳誤的危險，這就等於一位學醫者一定要等到他醫理明白了，才准他給人看病一樣，否則就恐藥死人是一樣的道理。

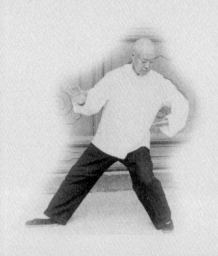

第 **2.** 篇

立 志

立志要把太極拳練好，不以現在的成就。懂那點粗淺的發勁，不精細的粘連比一般的人妙些就算滿足？要找神妙的粘連，使人無法跑。奇特的動作令人不知，輕妙的變化使其不覺。神經動的發勁，令其逃不了。往他身上一攔就使他出去，或是往他身上一挨，就使他沾著無論如何動彈不了。要有以上這種本事，才不愧爲太極拳專家。要想達到這些目的，必須多想老師的神氣，動作的味道，否則不成也。

老師練拳時，兩臂是如何沉甸甸的味道要多想。

● 論學習不懈

觀女運動員跳水電影片段有感一人之一生要想學成一種技術：
1. 要有志氣，堅持不懈，不成名手不止。但不可求效太急，用功太過。
2. 要有心勁，有豪橫氣，有勇敢大無畏精神，無此，什麼也學不好。
3. 要學習學習再學習，能虛心，不自滿。

（一九六五年四月十六日）

● 說發奮用功

以後無論多忙，也要抽暇練點功夫，不要以精神不旺而懶練也。每逢身體懶動，精神不好時，馬上練半趟拳，精神會好起來的，這是太極拳的奧妙，已百試百驗，不可忽視也。

● 苦學常練

功夫要苦苦學，天天練，不達妙手不止。

你看這些壞蛋風言風語，說長道短，驕傲狂妄，如不與其比鬥一下子，我心何甘也。吾們的功夫豈可一旦停止不前也。功夫練好，等著他們，有機時與其較量一番，否則枉稱拳術家也。

（一九六八年六月卅日）

● 武術家精神

1. 練武術一定要起早,如睡懶覺不行,睡懶覺是沒出息,甘拜下風的。
2. 練武術的人,無論在什麼時候,也要有威風,有豪氣,有英雄氣概,越是在非常時期,越要有英雄氣概,豪橫的氣勢,拿出勇氣百倍,不能示弱。
3. 無以上的精神,那是軟骨頭,丟了武術家的人!
4. 病好點了,堅持天天研究。

● 說立志氣、下功夫

1. 既為拳術家,就一定要練,不然非拳術家也。
2. 有名無實是羞人的事,沒出息。
3. 從此下功夫,要緊要緊,否則非人也。

　　無論如何忙,也要苦苦練、苦苦想也。

● 早晚練功

1. 如不下功夫,力求上進,則非人也。
2. 每天早晚兩次練功,在用法上狠下功夫。

● 立志打法

1. 要有天才,有真傳,苦學苦練,多打多鬥,不怕挨打,才能談得上比手。

　　如無以上的情形,徒有虛榮心,好強好名,這是丟人丟臉難看的因素,不可不知也。
2. 打出勁去不充實,不冷不狠不透不入,怎能制伏人。
3. 手法變化不豐富,怎能比鬥。
4. 虛實不講,靈機不快,怎能戰勝敵人。

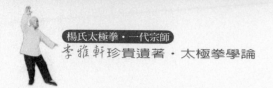

以上要天天看看想想，很好研究。

5. 功夫要苦練，對人要謙虛，勝敗輸贏，不足在意也。

6. 不圖僥倖成功成名，要有真才實學為基礎，則胸中有物，確實不慌，否則心裡不落實也。

7. 要泰山崩於前而不驚，豺狼視於後而不懼。要有無堅不摧之手法，要有靈機萬變之虛實。雖有猛虎野獸環困，何足懼也。

8. 他是鐵打的壯漢，只要有充實的內勁，他不能不怕打。他是大力士，只以冷快如電戰術攻之，不怕摧他不毀。以上全憑心志堅，決心強，百折不撓也。若心志不堅，必全面垮臺，此任何事也是如此也。

9. 手去一定要出其不意，攻其不備。如其有備，要作虛實以晃之，作驚手以嚇之，使其精神一散，然後下手，必勝無疑也。

（一九六九年六月十一日）

● 用功發奮

用功應發奮，不過因病不能用力，但也要輕緩的練功，不能因病停止練功。

● 立志

1. 拳功要在打鬥發勁上下苦功夫。

2. 超過崔武趕上楊，不成妙手不止。

3. 一定要征服這幫散神碎鬼，這些小丑跳樑，碰壁的蒼蠅。

● 立志求學

1. 看書長學問，打拳增功夫。當以全身精神貫注之，精神不作其他使用。

2. 有了知識，有了學問，才算一個完整的人。

（一九七〇年六月十一日）

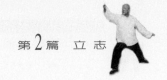

● 說立志

　　練一種學問，一定要叫他出色，出類拔萃，與眾不同，如只是普普通通的毛手毛腳弄幾下子，怎能稱得是專家妙手！

● 說立志用功

1. 既練武術，應天天研究用法，如不知用法，被人輕慢，切記之。
2. 你看鄭、李、林等等這些壞人，如無對付他們的手法功夫怎能行。故而要天天研究用法，多下功夫，庶幾才不是一個嘴上的把式。

● 說立志

　　若天天睡懶覺，弄得身體虛胖，還算個什麼人！自今日起，每天下午睡覺起來，要練拳刀槍劍各一趟，以免體力衰弱，要緊要緊。

（一九七〇年七月廿四日）

● 天天練功長本事

1. 人要不服老，稱雄的心氣不可衰，還要天天練功長本事，鎮壓這些張牙舞爪的跳樑小丑。
2. 為人哀莫大於心死，我決不能就此衰老下去，要學黃忠八十不老，刀劈夏侯淵的英雄氣概。

（一九七〇年九月十一日）

● 苦練

1. 既為武術人員，應有雄心壯志，應有神聖不可侵犯的氣勢，要有戰勝對方的剛強，不畏強暴的精神，如遇事不敢爭鬥，怕事偷生，俯仰一世，還算什麼人！

2. 然戰勝一切的力量技術，是自苦練功夫中來，否則心有餘而力不足，遇事豈不白白的丟了面子，有何意思！如此，功夫是非練不可，否則只有安心處下，這樣子貪生怕死，豈不丟盡一生的臉面。

● 說立志

1. 為人要有英雄氣概，豪橫的骨頭，敢為真理而鬥爭，敢與壞人交手，如唯唯諾諾的甘心在壞人面前低頭，還算什麼人！
2. 要學五虎上將關張趙馬黃。黃忠刀劈夏侯之狠，關公之冷快，趙雲的變化，黃天霸之膽量，竇爾敦之英雄氣概。
3. 要學楊班侯之手辣，藐視強敵的精神。
4. 要學霍元甲的擺擂不論中外的豪氣。
5. 要學馬英圖之不畏權勢的英雄膽量。

　　如發出勁去打不出個樣子來，還算什麼武術家！

● 說立雄心壯志

1. 既為武術家，應有堅強的氣節，應有神聖不可侵犯之勢，應有戰勝一切敵人的精神，應有不畏強暴的膽氣。若遇事不敢比鬥，偷生怕死，如這樣子萎萎縮縮俯仰一世，還算什麼人！
2. 然戰勝一切的力量根本，全由平素的苦練功夫中得來，否則心有餘而力不足，遇事不敢鬥，任其猖狂，丟了面子，這豈非是人生一世的奇恥大辱，故此事要天天想想。
3. 人生應要有膽氣，要有氣節，要有鬥爭精神，天行健，君子自強不息。哀莫大於心死，如在思想上就先退化了，甘心處下，那是最可恥的事情。
4. 戰鬥全靠先有堅決的拼鬥決心，無此，不能取得勝利。
5. 戰鬥全靠技術精良，無此，不能有虛實巧妙的變化。戰鬥全靠充實的發勁，無此，不可以制伏敵人。戰鬥全靠拼鬥的精神，無

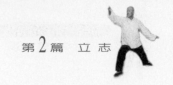

此，不可取得勝利結果。

如此則平素多練功夫，豈非最要緊的事乎？以上要多多的思想。

● 立志

看書報以長知識，寫字以養心性，打拳以強身體，勞動以增生產，精神不作其他用。

（一九七一年元月四日）

● 說立志

光陰是寶貴的，不可虛度，不作無意的荒廢。不是看書學習閱報，就是打拳練功，鍛鍊體力。切不可浪費時間，浪費精神，要緊要緊。

● 說用功練拳

拳要經常練，在無精神練拳時也要勉強練，練著練著就會有了精神了。如因無精神不練，那愈是懶惰，就愈無精神，這種道理應當知道。

● 說每日生活

1. 打拳、寫字、看書。
2. 不生氣、不著急、不煩惱、不動怒。
3. 養心養氣養神，靜心性。
4. 調呼吸。

切記切記。

● 說用功

每用功的動作，必想著楊師之精神味道。

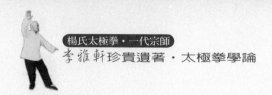

● 說立志練功

　　要在夜靜無人之處，細細的練，不要在人庭廣眾之處顯弄本領，否則不是練功的人。

● 立志練功

1. 不想那麼多，今後耐心的輕靈著摸拳吧。
2. 輕鬆摸拳，久而久之，才可發現奧妙的體會。
3. 多練化勁，並練找勁、發勁，化勁爲首要第一也。
4. 平常練功，意在以下幾個方面：
　　一調呼吸；二靜思想；三養靈機；四生智慧；五養清醒明白，以待天機發現。
5. 以心行氣，以氣運身，收斂入骨，鬆軟順隨。

（一九七二年十月廿二日）

● 說立志

1. 功夫要多練，又要多想才行，如只想不練不行。
2. 拳要天天練，每練要多練一個時間，日子久了，自然會有好的境界發現。如怕勞力不練，或練不多久，如此體驗不出境界來，切記切記。

（一九七二年十一月廿五悟）

● 說立志

　　大丈夫要有雄心壯志，憑一身的拳腳功夫，戰勝一切臭美的牛頭馬面，顯示太極的功夫，否則偷生怕死，俯仰一世，有何意思！

● 練功須立志

1. 練功貴在有恆，要天天摸、天天想、天天練。日子久了，神妙的

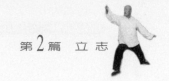

手法，自會出現。

2. 如練不出奇特功夫來，決不停止。

3. 如只是這樣普普通通，那就太無意思。

● 說苦用功

1. 太極拳的奧妙還多得很，要細細靜下心來找。如只是打得過幾個
毛娃娃不行，要練出奧妙來，才足以自安。

2. 如就這兩下子，不能敵高手，豈不叫人笑話。

3. 每天晚上靜更深了，自下功夫。

（一九七三年一月廿日悟）

● 心靜練拳

1. 功夫要苦練，乃成妙手不止。

2. 晚上心靜，晚上練拳，細細體會掛拳意。

● 立志

　　人老了，功夫要退化，要想維持戰鬥力，須勤練功夫，否則身
為太極拳專家，何以維持其名譽哉！如聲名一敗，生不如死也，自
己要常想想。

● 立志

1. 如我在四川待了近四十年，憑著學了楊澄甫先生的一點太極拳，
論功夫，說著也只有楊老師的十分之三。

2. 因為有這點太極拳功夫，現在的人稱我為太極拳專家，其實我很
稱不起這樣的稱呼。現在我已八十一歲了，無能為了，就會名不
符實，停止了嗎？我實不甘心。

3. 現在我不過是普普通通的，比一般練太極拳的稍好一點，若這樣
滿足於現在情形，是太沒意思了。

4. 我雖八十一歲，從今日起，我要發奮用功，對太極拳要往深細處去鑽研，要往神妙處去追求，要練到只要粘上手，就叫對方無處逃脫。

5. 憑我的技術奧妙，不怕他是山中野獸式的野性漢子，幾下子管叫他五臟熟爛，張口結舌摧毀在面前，若無這種神妙功夫，那是空有名，是可恥的。

6. 如就這樣庸庸碌碌地練皆不行，要真正的鬆開軟開，兩臂鬆鬆的，兩拳重重的、沉沉的，打出勁去冷冷的、脆脆的、狠狠的，入裡透內，如這樣神妙奇特，出類拔萃的功夫，才算太極拳專家也。

（一九七四年十一月六日至九日，看了外國拳擊小說的感悟）

● 說發奮用功

1. 功夫不能自滿，要深刻研究，細緻的摸索，天天思想。
2. 不研究就要退化，如驕傲自滿，更要退化，切記切記。

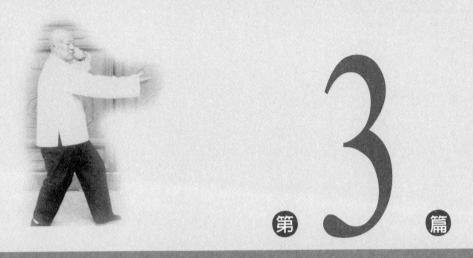

第3篇

談太極拳與修身養性

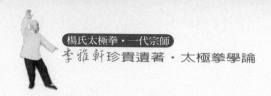

● **說健康**

　　平素好上火，好心煩亂，只要多打拳，出身汗，新陳代謝一旺，經絡一通，就會好的，不要動不動就吃藥，切記切記。

（一九六六年七月十九日）

● **說身體保健**

　　關於身體修養方面：

1. 在平素行走坐臥之間，也要不斷地思想楊老師在時打拳推手的一切情形。

2. 無論在任何時間，也別忘了心神氣意的舒適愉快，神清骨爽的精神。假如不心神愉快，神清骨爽，天天在精神萎縮、抽抽縮縮的日子中過生活，那非但在功夫上不能進步，身體的健康方面也必大受影響。練功夫有了鬆軟輕妙、虛無的氣勢，推手時才能隨機應變。如沒有這種鬆軟虛無的氣勢，出手時就必致楞楞坷坷，頂頂撞撞，沒有太極拳的味道了。

● **說修身**

1. 心平氣和，要刻刻注意，才好養病。

2. 一切任命，不要強爭，否則生氣煩惱傷神，於事無益，切記切記。

● **說養性**

1. 調氣、服氣、養氣、養心、養性。

2. 不能努氣、不能傷氣、不能憋氣。

● **說養身**

　　練功要以意運氣，使其深長，使其通達全身，這樣子有病可以練好。

● 說修養

平日生活，要神清骨爽，心情愉快，刻刻不忘神氣自若，舒適自然。

● 修身

1. 練拳要在養心、養性、養氣、養靈上用意。
2. 要在鬆軟筋骨肌肉上用意，其他不想為宜。

● 說理論與用法

1. 練功也好，應用也好，總以找輕靈為第一，不在練力上著想。
2. 若以用力上找作用，如黃星橋之功夫尚且不容易以力勝他，何況他人。

　　如此看來，練太極是專想在巧上、在輕靈、在虛妙、在鬆彈上用苦功夫去思考才是正路，若在用力上下功夫，如遇妙手，就不管用，且用力太累身體，太苦筋肉，則有害身體健康也。

3. 不只是打拳要在精巧靈妙上用功，就是寫字，就是處事，也應在精巧靈動上去應付也，不應用力也。
4. 為人應學魯仲連的神清骨爽，飄飄乎猶如神仙之風度。
5. 行住坐臥都要學魯仲連的風度。

（一九七○年八月十四日）

● 說練拳為了修身去病

1. 練拳主要是為了養靈感、養清醒、養心性、養中氣、養天眞。如此，在練時就要在靜字上多下功夫，如靜不下心來不行。
2. 又要在呼吸深長上注意，如不知利用呼吸深長，就不能養充實的中氣。

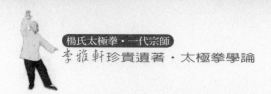
3. 鬆軟穩靜要緊的方面也要顧著。

4. 塌肩垂肘，含胸拔背，虛靈頂勁，氣沉丹田，身勢撐圓，意識佈滿，也是不可忽略的。

5. 靜下心來練功，日子久了，一切疾病都好了。不要專吃藥過日子，不然的話，藥會把身體上天生的生活功能給克制了，如此反而損壞了自己的生命。以後練拳要常看這一段記載。

（一九七○年八月廿九日悟）

● 說修身養氣

氣是人修身的根本，每練拳平時都要注意養氣。

● 說修身

1. 照鏡自看，滿臉的悲苦樣，如這樣子老得快了。

2. 以後要少焦慮，少操心，多修心，多養性，面孔會養過來。

3. 以後要舒適自然，無憂無慮，所謂君子坦蕩蕩是也，夫逆來順受，聽命由天可也。

（一九七一年二月九日悟）

● 談做人

不起邪念，不說人短，不誹謗人，不談己長，不貪便宜，不做壞事。

知足常樂，能忍自安，樂莫樂於爲善，苦莫苦於多怨。

安貧樂道，勤儉爲先，修身養性，早晚練拳。

心神愉快，大道自然，身體靈便，益壽延年。

● 療養疾病

　　人的老年來疾病是很多的，如只靠吃藥，不能全部解決問題，不能長期解決問題，主要是靠太極拳鍛鍊才是靠得住的，以後要注意練功打拳，大多的病可以解決。在練拳的時候，一定要將身體鬆鬆的、軟軟的、粑粑的，靜下心來，調舒服了呼吸，靜靜的、緩緩的、穩穩的做。在做時，以心行氣，以氣運身，以心氣爲主的緩緩而動，如按以上的練法，大多數的病是可以練好的，不要輕視了。

● 說修身養病練法

1. 練拳可以恢復疲勞，心裡要想著這樣情形。
2. 修心養性調呼吸，穩靜安舒清醒頭腦，穩定心神等等。每練心裡要想著這些情形，要緊要緊。

（一九七二年三月八日）

● 說修身

1. 修心養性，保重身體爲第一，其他都是身外之物。
2. 不食燥火之物，不生氣著急，早睡早起，清心寡欲，否則吃什麼靈丹仙茶也無用也。

● 穩靜之道

　　如在養生方面著想，就不能專在丹田內勁上注意。

1. 注意穩靜清醒，以養性情。
2. 調氣須靜思想，以安神靈。
　　以上是延年益壽之道也。
3. 穩靜之道，可以應付萬事，蓋穩靜之後，能體會萬事萬物，得到它的先後緩急之道理。
4. 在應付的時候，必能動得不早不晚，不先不後，恰好適當也。

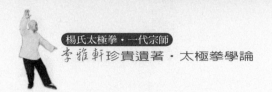

5. 尤其是在對打對鬥之時，以此穩靜的方法，必能應付得至當耳。
　　初學拳的人，以爲靜穩怕是應付不快，這是他還不明白這個道
　　理。

● 說做人態度

　　練拳的人，平素要神清骨爽，瀟灑以極，神態自若，不受半點
拘束。

● 說鍛鍊身體

1. 腰腿活軟，四肢靈動，神經靈感迅速。
2. 折疊轉換，如若無骨。
3. 妙處在來去，發勁於無形。
4. 打人於不知不覺之中，要緊要緊。

● 說用功練拳修身

1. 關於練功，今後決心在輕靈上找拳中奧妙，一定要把拳中的奧妙
　　體會到爲止，以上尤其是要靜下心來細細發覺，如粗心浮氣的找
　　不著。
2. 關於做人，要正直無私，中道而行。如是不合理的事，規勸之，
　　規勸不聽任之，蓋我年老氣衰，沒有精神和其鬥爭也。
3. 關於修養，平素少說話，少著急，少生氣，以養虛無靈感爲第
　　一。
4. 關於練拳，要能鬆軟空虛的耐心的摸，時間久了，奧妙會發現。
　　這種奧妙，忙了不行，用勁不行，性急了不行，快了不行，一定
　　要靜下心了，鬆靈著耐心的摸才行。

（一九七二年十月八日）

● 說打拳

1. 打拳當學習楊澄甫先生之神氣味道的深厚，不應只圖表面的漂亮。

2. 行事作事亦應如此，講用意深遠，不在短期間叫人說好，要在久後叫人稱讚。

3. 練拳只要有功夫，勤鑽細研，有心得功夫，也足自慰，不要顯達於一二貴人之前。打拳意在修身，不求顯達於諸侯，就算一輩子未遇知己，而自身有道，亦足娛快，何在於揚名也。如本身未悟道，雖有外行稱讚，而內心也自慚愧也。

● 說練功修身養性

1. 每練功心裡要想著，如何使心腦氣意得到了休息？如何能使心神養出靈性，養出清醒明白？如何能使全身得到舒適自然？

2. 不要心神忙亂，這是很要緊的，否則不能延年益壽。

（一九七二年十一月廿八日悟）

● 說養身

1. 今天講拳說的話太多了，精神氣力大損。

2. 要刻刻注意保養身體，不說話太多，不勞累過多，不談拳過多，不用思想過多，不推手過多。

3. 養靈機、養智慧、養清醒明白、養眼力、養神經。

（一九七二年十二月二日）

● 惜言

教拳多，說話多，過後就感覺累，以後注意注意。

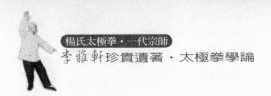
● 說健身

每練要行氣運氣，動盪身勢，深長呼吸，穩靜心性。如此則四肢百骸，關節鬆軟，五臟六腑安適舒靜，百病不生了。

● 說養心性

1. 每天家中煩雜的事物，不要操作太累太忙，一切要有穩靜的有條理的做下去，如忙亂了，就要影響神經的安靜，這是值得注意的。
2. 練拳要養清醒明白，以此清醒明白等它的自然發現道理，不去強找，不去硬鑽，否則所找的道理，不是眞的道理，這如清靜打坐是一樣的。

以上要好好注意這一規則。

（一九七三年二月十三日早四時悟）

● 說少言

1. 少說話，多忍耐。
2. 率眞，誠實。

● 說養生修身

1. 靜靜的打拳，打拳時不想其他事。
2. 我這一向來焦煩苦臉，面容不舒服，就是因爲一天事好管，不息心打拳，也亂想了的關係。若不改正，一定不能延壽。
3. 操勞煩神，生氣著急，焦苦滿面，豈能久乎！自己要想一想。

（一九七三年三月一日悟）

● 說做人的操守

1. 以練拳功來說，莫妙於多盤架子，多想用意。
2. 以寫字來說，莫妙於學錢豐字體漂灑。
3. 以做人來說，莫妙於心地光明，行為正大。
4. 以處事對人來說，莫妙於不亢不卑、不諂不驕。
5. 以修身來說，莫妙於心地和平，安心靜養，清心寡欲。
6. 以求知來說，莫妙於多看書報。
7. 以衛生來說，莫妙於身心安舒，不生氣，不起急，不責怪人，得過且過，不必認真，過去了的事就如此，則可以少生病，少吃藥，身心泰然，延年益壽。

（一九七三年十一月八日）

● 養病、養志、養浩然之氣

1. 常練拳就會把病練好，不必吃藥花錢。
2. 行走坐臥，要氣勢壯壯的，精神旺旺的。
3. 如扭扭捏捏地拘拘緊緊，怕神怕鬼，空有一身的好功夫，豈不慚愧！
4. 把關夫子斬顏良文醜精神拿出來。
5. 做人要學關夫子，不怕困難，不畏強敵，不怕危險，不怕寒冷，不怕炎熱，不怕苦，不怕死。一切由命，吉凶憑天，凡事當放心大膽作去。

（一九七三年十一月十二日十一時悟）

● 說為了保衛身體不生病的練法

1. 練功時要注意順隨、自然、舒適，鬆軟。精神舒適，尤其是呼吸深長的自然舒適，如此則未病可以不病或少生病，已病可以早早好病。

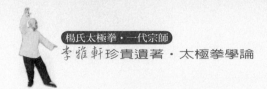
2. 所以太極拳可以延年益壽，非空談也。

3. 要想不生病，無時無地都要叫身心舒服。

一身心鬆軟的舒服，二呼吸深長的舒服，三精神愉快的舒服，四練拳輕妙的舒服，五寫字微妙的舒服。

4. 五臟六腑各得其位，各得其所，放自然、鬆垂，如此自然而然的就舒服了。其延年益壽必矣，尚有何疑也！

5. 打拳要學楊澄甫，一定會舒服。寫字要學麻姑壇，一定會舒服。行事要光明正大，順其自然。修身養性，調氣養神，如此則必健康矣。

（一九七四年三月六日悟）

● 說養病

只靠吃藥不行，要靠打拳練功可以好病。但要練到肩酸腿痛，出一身汗，又要持之有恆，不能間斷才行。

● 太極拳可以療病

1. 有了病吃藥，有好處亦有壞處，還是堅持練拳，自力更生為對。

2. 尹老師有嚴重的腎炎，堅持練拳數年而全部好完了。（注：尹老師即陳龍驤的母親）

3. 我也決心練拳萬望全好，何必求醫也！

● 說練身體

1. 要練體，太極拳。

2. 要寫字，麻姑壇。

3. 推手粘連綿。

4. 對人處事要和緩，不要激烈冒火焰。

5. 每日要早起，體育場上走一番。

● 說練功夫

1. 這幾年來因害病，練功夫退化了。把以前練功夫兩臂感覺軟軟的、沉甸甸的，掌心指頭指肚之間感覺鬆泡泡的、鼓脹脹的，拳意十足的味道統統找不著了，這是練功心不靜、身不鬆的關係，所以就是退化了。

2. 但今天在感冒初癒、身輕氣爽的情形下，這種過去的味道又有了，不過不像以前那樣的味道十足也。然而我心中萬分的愉快，特記數語，以志練功的過程。

3. 練功有了這種感覺再努力下去，靈機就會充實起來。有了充實的靈機，以此應敵，無論是比手或推手，會有神妙的聽勁。有神妙的聽勁，則百戰百勝必矣。

（一九七五年四月廿六日晚十二時）

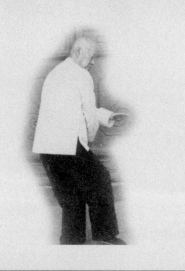

第 4. 篇

修煉架子功夫

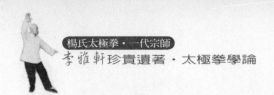

練架子是基本之功夫，是沉氣之功夫，腳下穩固之功夫。定步推手是沾粘綿隨之功夫，及腰腿轉變之功夫。活步、行步推手、大捋推手是練身勢活潑，腳步輕快，進退跟隨之功夫。散手是練手、眼、身法、步功夫。比手是練心、膽、精、氣、神功夫。

守以虛靈之氣，走化巧妙；攻以奇特之動，冷快絕倫。功夫要脫俗，不要柔柔扭扭的動。如交手時胡撥亂拉，是功夫尚未成熟，不可與人較勝負，尚須按規矩細細地用功。如有外家的底子，明勁未退淨者，均須細細研求方可。

以神走，以氣化，勁去令人如觸電之感，突然已到令人無從抵禦，所謂來之不知，去之不覺，打人於不知不覺之中也。推手時，要輕輕的、軟軟的、虛虛的、靈靈的去找，發勁才能打得充實，打得乾脆，才能深深地透進彼身，若只憑柔柔扭扭的這些粗俗動作，是不行的。

按武術的規則來說，一不可專在勞動肌肉上下手，二不可專在弄些花樣上注意，三不可專在力大勁硬上著想，須要細細的體會拳中的機智奧妙，才是主要的問題。怕的是身手練硬了，感應不靈，在推手時就要吃虧。過去曾有一位練形意拳的專家某某，就可以作為典型，他是專找力大勁硬的功夫的，出拳時如放炮一樣崩崩作響。出腳時如山崩地裂一般，身上的肌肉起疙瘩。此人好勝，性子粗暴，動手就要拼命、惱臉，所以一般的人都不敢惹他。然而在民國初年時間，馬良在濟南提倡武術，某某與一位山東回教彈腿專家楊洪修者當場比武。楊則手法輕快，某某則力大手遲、防衛不靈，走了幾個回合，就連被楊洪修打了幾個嘴巴子，因而失敗，一怒回家，氣病而死。以上證明專注意力大勁硬，必致感應不靈，此所以失敗也。我本身的缺點，是對手時心軟手善，變不下臉去，打不出手來，雖有十成功夫，臨事也不過只拿得出三四成來；我的優點，是身勢能夠大鬆大軟，大空大虛，如長江大海滔滔不絕之勢，這種

情形是太極拳最好的身勢。我以後用功，也當向著我的優點方面發展，並本楊老師當年打拳推手的情形多思悟，多回憶。練這種大鬆大軟、大空大虛的氣勢，是完全用神、用意、用氣，使每手每勢都要掛著拳意，使拳意送到手上、指上，以達到思想上的目的地，不是無目的的多動、妄動也。

我對太極拳的練功，經過長年累月的思想，認為如果只是為了健康身體上的要求，那麼無論如何動作，總不致於對身體有任何的壞處，但要想在太極拳方面取得些技擊功能，必須有真的太極拳先生教導，自己有些聰明，不斷練習和研究才行。假如擇師不慎，走錯了門路，把身體弄僵了，或弄零散了，那功夫下得愈大愈久，反而離太極拳的技擊功能愈遠，學者不可不慎。

總之，練真的太極拳功夫要有機緣、有福份，否則碰不見正宗的太極拳老師；或碰見了失之交臂，自己也不知道；或者自己不識真假好壞，遇著雜門左道的老師反以為是好，傾心學之，日子久了，錯誤愈深，雖遇正宗老師，也難糾正，本有練好拳的決心，反而練不成了，這真是一件令人痛心的事情。所以說練好拳，是一件很不容易的事。

人人都知道，要想在技擊方面收效，是離不了快。但是快是要實際之快，而不是形勢之快，表面之快也。

如動得冒失，動得慌張，形跡過大，神氣外露，非早則遲，這是形勢之快，表面之快。這種表面之快，形跡很大，效果很小。如動得恰當，意思走在前頭，動心動意，動神動氣，來得小巧，運用於無形，來得不早不遲，恰到好處，這就是實際之快。這種實際之快，雖是看著很慢，則收效很大。

形勢之快，全憑蠻力，動得冒失，動得慌張，動得形跡大，所以容易被人感覺，外面看著雖快，但收效不大。實際之快，其動作是精細、恰當的，是在平素鬆軟、虛靈、穩靜上練拳，以養出來沉

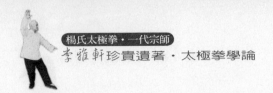

著的內勁,因其動之於無形,均不易被人察覺,故收效很大。

太極拳的功夫,是要靜靜地悟,緩緩地練。推手的功夫,要聽勁準確、發勁起於陡然,出其不意。

練功夫,走架勢,細細審察自己身上各部的勁道,謂之知己的功夫。推手聽對方之來勁大小、快慢、軟硬、方向,這謂之知彼之功夫。有了知己知彼的功夫,推手時才可以取勝,所以說太極拳的功夫,不是一味練些蠻力氣就可以了事。今將聽勁的情形寫之如下:

1. 以眼神觀察對方之情形,得到的認識,謂之視覺。
2. 以耳官聽聞對方之聲音,得到的認識,謂之聽覺。
3. 以皮膚接觸對方身體、神經的感應,得到的認識,謂之觸覺。
4. 以情理判斷對方之情形,得到的認識,謂之理覺。

有以上四種覺察,以判斷對方之情形,而定應付之策,則百不爽一。但這種聽勁和知己知彼這種審察對方的功夫,是出於平素穩靜緩慢練功中修養出來的。練拳時要鬆,要穩,要靜,就是這個道理。這種覺察,是出於腦力的清醒,神經的感應,因此太極拳的練法,首要身心放鬆,以養其腦力也。

太極拳的應用,大部分是以化人的來力,來力被化落空後,其身勢的缺點必畢露。這便是自然送到我手上來的機會,我的神氣一振,早已將其打出矣。所以說,對打時不必找機會去打,只是虛無著跟隨便可,如找人去打,趕著人去打,那反而打不脆也。然化人之力全憑神經的靈覺,所以在平素練功時,首要在修養神經,養其虛靈為主。或以為太極拳的練法既不用力,又動作很慢,在對打時恐沒有什麼用處,這種看法是無太極拳認識的疑惑。

太極拳在練功時,所以慢而又不用力者,是為了修養腦力,

修養神氣。以俟腦力清醒，神氣充實，其感應必靈，發勁必快；道理找得精細，勁去可起於陡然，來得奇快；可以攻其不備，出其不意，以四兩可以勝千斤之力也，這是技擊最高深的道理。如神氣不足，腦力不清，勁必先爲人知，如此則力雖大也必無用處。蓋從未見有精氣神萎靡不振者，而能感應靈敏、發勁能快而有力。

在運用技術方面，大致離不了以下兩種方式：一種是在對方之手將來未來之際，我先出手給他堵上，使其勁出不來；一種是任他之手發來，我以虛妙的身勢使之落空，同時找他的側面或缺點制之、打之、發之，則無不中矣。但是以上這兩種打法，全憑有好的腰腿身手，好的靈覺才行，否則是不管用的。

● 李雅軒先生談太極拳的鍛鍊方法及其主要說明

太極拳運動的特點，是靜中之動，雖動猶靜。動所以活氣血，靜所以養腦力。動靜結合，身體皆練，內外一體，剛柔相濟，所以同時能充分發揮醫療體育的作用。太極拳的創造，原爲一種武術體育，包括高深的技擊作用。它無一動不有技擊方法的用意，即是一抬頭，一舉目，都有一定的意義，並沒有絲毫丟了技擊作用的妄動。所以當動則動，不當動則不動。凡練習精熟之後，每一動，其身勢腰腿氣息神識，無不配合恰當。如應用在推手上，對方來力進攻時，便可以運用四兩拔千斤的方法，順勢借力，化之於無形。其運用不尙力，而用智巧，以柔克剛，逆來順受，故可以變化自如。此皆由粘連綿隨，不丟不頂，故可以隨心所欲，功至極深，能使對方來力蕩空，如捕風捉影，無有用武之地。到了這個境界，可以說對懂勁已有相當認識了。像這種情形，當然不是一朝一夕所能達到的。但是只要堅持勤學苦練，不斷地用功，必能豁然貫通，貫通之後，不獨技擊精妙，可卻病延年，兼而有之。

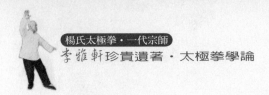

太極拳之鍛鍊方法，約分兩步：

1. 掌握一般規則

(1)**學習動作**：初學時，從學動作入手，在教者的指導下，以其示範爲榜樣，細心模仿，一式一式的學會。此時對一般的必不可少的規則，如立身中正，安舒鬆靜，虛靈頂勁，氣沉丹田，鬆肩垂肘，含胸拔背，鬆腰斂臀，呼吸自然，動作和順，用意不用力，上下相隨，內外相合，邁步如貓行，運勁如抽絲，分清虛實，連綿不斷，舉動輕靈，運行和緩等，必須要求逐漸的能夠完全掌握。

(2)**糾正姿勢**：四肢的部位距離，身勢的重心，所向的方向，進退轉換的姿勢，拳掌肘腕，肩腰胯膝腳，頭頂脊背的規矩，俱要要求正確。凡有不對的地方，必須仔細加以糾正，以求打下良好的基礎。

2. 緊抓重要點

功夫到了一定程度，一般規則已能全面掌握時，必須突出的抓住下面幾個重要環節：

(1)**靜柔軟**：在練習的時候，周身關節和肌肉務須放鬆，由手腕肘臀肩腰胯膝以至全身，無一處不放鬆，不可留有絲毫的拘束之力，以自其身，須全身鬆軟到「柔曲百折若無骨」才對。

(2)**行氣用意**：練時，須順勢貫以意識，雖鬆而不懈，不能丟掉了意識而自動。每一動作到均勻合度，以意氣貫注到每手每勢的動作上爲準則。呼吸要深長，而且要是在自然舒適的原則下作到的，不可稍有勉強。即是一舉手，一動腳，都要神氣的嚮往，並配合以呼吸的鼓蕩，使動作隨著呼吸的鼓蕩以開合，使呼吸順著動作的開合而吐納，如此練習日久，其中氣自然會充實，身體也一定會健康。

(3)**穩靜安舒**：練拳時，要先將身勢立穩、放鬆，頭部上頂，尾閭中正。不但身勢放鬆，而內心也須放鬆，摒除一切雜念。如此稍待片刻，身心穩靜下來而後出動。一手一式，穩穩靜靜，舒舒適適，如長江大河，滔滔不絕，如抽絲掛線，綿綿不斷，一趟太極拳練習完畢後，感覺渾身非常舒適，精神非常愉快，口中唾液回甜，這便是身心泰然，已有穩靜的功夫了。如練完一趟拳後，非但無此感覺，反而口乾舌燥，面青氣喘，這便是心神浮躁，未能達到身心泰然的境界，那就須細心的體會，或請教師指正方可。

　　如此經過一定時間的鍛鍊之後，在身體方面有了適度的柔軟，在中氣方面增大了內部的力量，在腦力方面有了清醒的靈覺，以後自然而然的產生一種鬆沉的氣勢，靈覺的感應，以及柔軟而有彈性的力量。由於以上這些情形而發生出來的作用，就太極拳的術語來說，是謂之「勁」。體驗到這種勁而後學習各種推手，進一步研究「懂勁」的功夫，就不難豁然貫通了。

主要說明

1. **關於拳式中的陰陽**：陰陽是談手式動作正反兩面的一個代名詞。在拳式中，手心向上為陽，手背向上為陰，手心稍向上尚未到正面時為少陽，超過正面為老陽。手背半面向上為少陰，手背向上超過了正面為老陰。

2. **關於太極拳式中的身樁**：胯宜坐正，不前出，不後突，脊樑拔直，肩宜空，肘宜垂，切忌揚肘聳肩。

3. **每逢弓步式**：在前之腿，小腿宜垂直，腳尖向前方；在後之腿宜伸直，但不可過挺，以稍有含蓄為對；腳尖宜往裡扣轉約45度，重心落在前的是七成，落在後腳的三成。

4. **每逢馬步式**：是川字步。兩腿距離為三腳長，合適為度，其重心

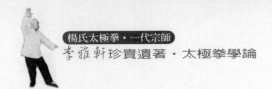
在兩腿當中是平均的。

5. **每逢半馬步式：** 如倒攆猴等，其在前之腳是擔負全身重量三四成，在後之腳是擔負全身重量六七成。

6. **每逢虛步式：** 是全身重量落於實的一腳，虛的一腳等於虛設。無論是在前或在後，無論腳尖著地或腳跟著地都是非常的虛靈，如同有螞蟻也踩不死，有雞蛋也踏不破爲對，其兩腿部分是有彎曲的。

7. **每逢仆步式：** 在前之腿伸直，與地面平行，腳掌平觸地面，腳尖微向內扣；在後之腿下蹲，如拳式中抽身下勢。

8. **關於頭部：** 頭宜虛靈著上頂，下顎含垂，舌宜自然舒適的附於上顎，不要以舌尖用力去抵上顎爲宜，否則神意不舒，唾液不生。因爲太極拳以自然爲原則，作到大自然、大舒適，心神泰然之後，口中方有唾液回甜，故特宜留意。

9. **關於呼吸：** 在初學時，只宜找呼吸舒適，自然深長即可，不必找以呼吸配合動作。因在初學時，動作尚未純熟，還不能隨便的作到上下相隨，快慢均勻，身心相合，動作鬆柔，心神愉快。如在這個階段就想以呼吸去配合動作，往往使呼吸受到拘束，那就不自然了。如長期的不自然下去，就會影響到身體的健康。所以在初學拳時，不必使呼吸去配合動作，這是練太極拳很要緊的一件事，必待動作純熟，養成習慣，雖在不注意之中，也能作到身心安舒，而後再逐漸地試探著以呼吸去配合動作，才能配合恰當，身心舒適。

10. **呼吸配合法：** 呼吸配合動作的情形，凡是動作的開展或放大或伸長，這是氣呼出的時候；凡是動作的收回或縮小，這是氣吸進的時候。但這不過是一個原則，如練拳既久，功夫增長，其動作必定緩慢，才能體會到深厚的意思。因動作緩慢，其呼吸就不能慢到那個程度，這就必須用加一個呼吸的辦法，也就是在動作的中間加一口氣。比如開展的動作，在其初開時是呼，

在開到中間時加一個吸，在回到中間時加一個呼，在回到終點時仍用吸。如此練法，仍算是以呼吸配合動作，但雖配呼吸，還是要以舒適自然爲準則，不能勉強機械的去運用。

11. **關於用意**：太極拳一再強調「要用意，不要用力。」又說「用力則笨，用氣則滯」，所以入手功夫，就要把意識貫注到每一個動作上去。後來到了最高境界，則是完全以鍛鍊神經的清醒靈感爲目的。其主要方法，以穩靜安舒爲基礎。在動作過程中，全神貫注，不稍疏忽。但又切忌專注一面，防止有所照則有所不照。更不宜用意過度，致精神外露，需要做到有意無意，無意之意，要彷彿像一盞燈置於密室之中，自然無處不照一樣。

12. **關於推手**：學推手時，更須按規矩練習，對於掤履擠按，如實作好，務要粘連綿隨，不丟不頂，以打下基礎，然後再學行步推手、大捋推手、以至散手等等，逐步深入，逐步提高。比如寫字，先學楷書，如何下筆，如何住筆，如何出筆，橫平豎直，有了筆力基礎，然後學行書，行書學好，再學草書，如此作書，雖快而法不亂，否則草出來的字，就會令人認識不清楚，學太極拳亦然。

13. **關於拳譜**：太極拳用功要領，在太極拳老譜中，已有概括的說明，只要有教師指導，按規矩練習，久而久之，就會有相當的進步。所以十三勢歌說：「歌兮歌兮百四十，字字眞切意無遺，若不向此推求去，枉費功夫貽歎息。」如今有些人將非太極拳的東西合併在太極拳裡，還說是他老師代代相傳的秘訣，這與太極拳本質不相干，希學者注意。

14. **關於擇師**：學習太極拳，首先要選擇好的老師，其次要聽老師的指導，有耐心，有恒心，不貪多，不虛假，一式學好，再學一式，認眞將一趟太極拳學會，這樣學習對身心才有益處。如師資不好，如走錯路，或者心性浮躁，貪多不精，將思想練浮

了，將動作練流了，日久成爲習慣，其錯誤的用勁，在筋骨肌肉之間，已長成胚胎，難以化掉，就會愈練愈離太極拳功夫愈遠。如要想把拳練好，又須從頭返工，那比起初學拳還要困難。由於功夫的錯誤或不踏實，對療養疾病和健康身體的效果也要差些了。

太極拳需要說明的很多，今不過擇其主要的說明一下。學者只能按照太極拳老論中的道理默認揣摩，並有眞正太極拳老師的指導，一定能學有所成。

● 李雅軒先生談太極拳的手形、步法和眼神

關於太極拳對拳掌的手形要求及眼神面部步法情形的要求：

㈠**握拳**：太極拳的握拳是鬆軟的，拳心虛空不可握緊，此謂自然拳，其意義是爲了感覺靈敏，便於變化。

㈡**出掌**：太極拳的出掌，掌心也是空的，五指略舒不可挺直，掌意含虛，以有靈機性爲宜，其意義是爲了便於變動，此謂之自然掌。

㈢**肩背胸腹，頭頂面部，各處之情形**：肩宜塌，脊背拔，胸略含，腹部要自然舒適的放鬆，頭部虛靈上頂，面部肌肉放鬆，不可有撐眉瞪眼的情形。

㈣**舌部**：舌宜舒適自然的附於上顎，不可以舌尖用力抵上顎，否則不自然，影響身心的舒適，如不舒適，口中甜液不生。

㈤**眼的情形**：眼的情形是在練習的時候，眼要隨著動作的情形而示意。假如動作的開展時，眼神要隨著動作而前望示意，假如動作收回時，眼神也要隨動作而回顧，但是這不過是稍微有一點的意思而已，不可使神氣鋒芒外露，因爲太極拳是修心養性的功夫，一切的意思要有含藏，又因爲太極拳的功夫是渾然一氣的，要使神氣普照全身，不能專注意哪一部分，但也不忽略哪一部分，以免有掛

一漏萬，顧此失彼之情形。

　　有的人說：練太極拳的規矩要「眼觀食指虎口圓」云云，但我以為這是練其他拳的一些規則，如安在太極拳上是不合宜的，因為眼神要是專看在食指上，對其他部位就難免忽略，那就與太極拳渾然一氣的道理不相合了。又如虎口撐開的太圓了，就不免手上要用上勁，用上了勁，就又與太極拳要周身放鬆的道理不相合了，故我以為以這些規矩安在太極拳上是不相宜的。

　　㈥按太極拳來說，它是一種身心兼修的運動，有與其他運動不同之處，它的每動是先由思想為主，由思想命令於腰身，由腰身來牽動四肢，這樣整體而動的，沒有哪一部分單獨的自動，它是一動無不動，一靜無不靜，全身相配，神氣相隨，心平氣和穩靜安舒，心情非常愉快，這種運動不能有專注意身上哪一部分的情形，也不可有冒冒失失、楞楞坷坷的動作才為正理。

　　㈦**太極拳步法的情形：**假如出右腳時，必先將全身之重量徐徐移於左腳，然後徐徐提右腳，在提右腳的用勁，是如腳腿在水裡泥裡抽出來的情形一樣，如這樣子的將右腳右腿提了起來，而後虛虛落地，慢慢踏實，其落地踏實用勁的情形，是如將腳腿徐徐插在地下去的一樣。如這樣子的練法，日子久了，腳步才來得柔彈而穩固有力，身體才能經得起衝撞，不至被人推出或打倒。如想提左腳時的情形就又如提右腳時的情形同。在身勢與步法動作的形式上，是要有龍行虎步、身形相配的神氣，這就是說身心內外要全部完整，全身力通、氣通的道理，否則就不是練太極拳的意思了。

● 說練勁法

1. 身勢放鬆，如擔起千鈞重擔，才能練出腰腿上的柔功勁來。

2. 鬆軟沉著腳下穩，頭頂背拔，兩臂沉沉甸甸，在發勁時，只要意念一動，兩臂一縱，勁就去了。

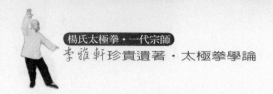
● 說練功夫的步次

1. 練柔，練軟，將身上的韌帶拉長，又要有伸縮力，雖是這樣的練筋骨肌肉有點痛，當克服之，不如此，練不出好的功夫來。

2. 練鬆淨，要將身上、腰腿上、兩臂上一切的拘束力，全部放開了。

3. 要練上下相隨，內外相合，動作一致。

4. 要練輕快，練靈機。

5. 要練神，練意，練氣，練心勁。神是人身上的電，如神的力量充實了，每發勁可以令對方不知不覺。

6. 神氣充實了，每發勁，無形無蹤，如虛無所有，此所以練拳首先要鬆著勁，緩緩的摸以養神，俟神充實了，一切功夫自會神而明之。

7. 一些外功拳家，不懂這個道理，一味的在練力量上、硬上著手，所以他是徒勞的。

8. 如按此規矩鬆著勁，慢慢地練功夫，久而久之，身上手上會有奇妙的發現。這種奇妙的發現如體會到了，就等於得到了法寶，得到之後可保持著用功，否則這個法寶會又跑了，千萬記著。

● 按規矩多練功

1. 練功夫以養靈機為第一，練體力以長大勁也是要緊的，不可忽略。所謂大力者，是要有柔性的大力，如只是手上、臂上的大力不行。

2. 練功夫腳下要認端的，全身的力是由腳下升上來的，而不是上身局部之力，關於這一點，要特別注意。

3. 總而言之，是要在多練拳架上下功夫。自然就會全有了，而且是必須按規矩練才行。

● 有關練功夫的感想

1. 過去老先生們練拳都是講究鬆軟沉彈，所謂沉者不是用力往下

壓，而是兩手兩臂本身之重量往下沉墜的意思。如加以用力往下壓，這就大錯特錯了。

2. 鬆軟要鬆軟乾淨，要如同兩臂掉下來一樣的鬆，否則又鬆又不鬆的，那是未鬆淨。如那樣的鬆，則一輩子練不好太極拳，而不如練長拳。

3. 兩手兩臂叫它鬆沉，肩腰叫它鬆沉，兩手叫它鬆沉，總而言之，一身都要叫它鬆沉。惟有脊背是上拔的，頭是上頂的，上拔上頂是以意識氣意往上去的，而不是硬性的上挺，這務要弄清楚。

● 說太極拳

1. 太極拳是氣功，練時別忘了行氣。行氣者何？即慢慢深長呼吸也。

2. 太極拳是靜功，在練時別忘了穩靜。穩靜者何？即舒適自然，不多動，不妄動者是也。當動者不多動，不當動者不妄動，舒適自然穩靜，把自己的身體在宇宙開放合適之謂也。

3. 太極拳是鬆軟輕靈之功夫，在練時別忘了把身勢放鬆軟輕靈。

4. 太極拳是沉著的功夫，在練時別忘了鬆軟沉著。沉著者何？即在練時，先將心氣放鬆，則全身各部無不鬆矣。全身俱鬆，則身勢自然會沉著也。

● 身勢舒適以養靈性

　　有些人說練拳要將全身精神氣力集中於下丹田，因爲腹部是發動的中樞，無論任何事都要用腹部之力才能事半功倍云云。但是我以爲練太極拳的人，如專門注意將氣集中於下丹田裡，身勢便呆板感應不靈敏了。練拳的人，應當是把身勢放舒適以養靈性，而不專注意於丹田，也不是不注意於丹田，要練精神氣均勻於全身，渾然一體，皆有感應。如到發勁之時，全身之力自能隨著意識而打去，恰如其分，這才是對的，如一切專注意於丹田，則板矣滯矣，學太

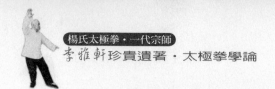

極拳人應當注意這種道理，否則仍入於歧途，悔之晚矣。蓋太極拳是無爲無不爲之道，無爲則無不爲，一切順勢而應，自然就會恰當好處。

不要特別注意這一部分，也不特別注意那一部分，只是將全身放舒適就行了。

（一九六三年八月廿三日悟）

● 說鬆

一鬆百鬆處處鬆，動作靈活，出勁迅速，如神出鬼沒，變化無窮，無論是練功或是打手，都須這樣，千萬不要忘記這個道理。

● 說各拳的手法

1. 其他拳在練時是講好看精彩花梢有力，在用時是講硬打硬上，硬碰、硬撞、硬幹，他們打主動，打主觀主義，唯心主義，誰的力硬力大力猛，誰就勝了。
2. 太極拳是在練時講穩靜舒適，養靈機，養腦力，在用時講不丟不頂不抗，順勢借力，以柔克剛，以靜制動，以巧妙贏人，以靈機體會，誰的靈機充實，誰就勝了。

● 說練拳

練拳要空空的摸。空空的摸，才容易捉著拳意，萬不可在手法上去找。蓋太極拳是個虛無的，是靈通的，是個玄妙的，須空空的去找，不可以手法去找也。

其妙處全在虛無，如用實質手法去找，必致愈找離太極拳愈遠也。有形的功夫不是高手，無形無蹤的功夫才是上乘。

（一九六四年六月四日星期四悟）

● 練功夫的檢查

神氣欠收藏，意念不專不正，鬆靜還不夠。

在發勁方面，欠冷勁、欠決斷，欠充實，欠鬆沉軟彈，欠靈機，欠心勁，欠豪氣，欠陡然。

如遇對方有柔軟的腰身化勁，就往往打不出效果來。以上這些缺點要切實的改正。如果有突乎其來的冷沉彈力，對方化不出去了。蓋他之化勁，只可以化長勁，不可以化冷勁，如其勉強要化，那其胸部內部一定要受傷。

（一九六四年十一月十九日悟）

● 論太極拳

講實用總須多打散手，無論如何忙，天天要擠出時間來練練功夫，想像功夫。加強努力，不成妙手不止，奮發圖強，積健為雄。

功夫要大大躍進，否則就不配稱什麼專家，徒虛名而已，實際最可恥也。

南京張某，以這些冒牌東西張牙舞爪，多麼可氣，若不能克服他，還算什麼楊家拳！

向愷然說按太極拳這個名詞，本是一個古老的名字，大概是宇宙的代名詞也。

在易經上曾有這麼一句話，大概的意思是說宇宙之體有陰有陽，有無形變化，有萬物化生，也有萬物消逝。一批又一批不停地演變著，這就是宇宙萬物之陰陽變化之謎。都存在有形無形之間，頃刻不斷地進行著，這趟拳亦有反正俯仰開合之變。圓圓轉動不停，變化於無形之間，按這些情形與宇宙之變化有相似之處，所以這趟拳就命名太極拳。

太極拳之練法，本體是寓剛於柔，說動作是動內不動外。外非不動，是由內命意腰脊，由腰脊牽動四肢而動。四肢絕不先動，譬

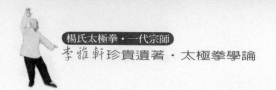

如兩手兩臂兩腳如要伸開或是收回，不是腳腿臂手自回自收，而是由心意命令腰脊，由腰脊帶領伸開或是收回，但現在這些評判員不懂這種道理，胡亂評判，以致有好的太極拳功夫人取不上，只是有點外功精彩熱鬧好看等反而取上了，以這樣開展太極拳法，豈不白白花費國家的錢財！

● 練功夫的方向

功夫之鍛鍊，因個人的身心性格不盡相同，所以所找的道理也不一樣。

我練功夫的方向，是找大鬆大軟，是找虛無的氣勢，是找神明的感應，是找莫測的變化。不停留於筋骨肌肉的初步鍛鍊過程中。我以為，這種大鬆大軟、神明感應、莫測變化，妙處無窮，我不以為它大鬆大軟了就不能抵抗對方之來手。

古人云：能得天下之英才而教之，乃人生之至樂也。

（一九六四年十二月廿八日）

● 拳理

柔軟是初步功夫，以接觸上的粘連也是初步功夫，以硬力的動作那更是初步的初步。用氣的功夫，如崔是中等功夫。用體的功夫，如傅某某，那更下層了。

真正的高手是用神，以神去粘，不一定與對手接觸上，以神發勁，不一定與對方挨上。這種發勁，好似神經一動，在不知不覺之間已打上，此所謂好手打人，能在對方不知不覺之中，來之無形，去之無蹤，打人與不知不覺之中才算高手。如李某的功夫，只憑肉體，則談不上也。

也不練接觸的粘黏，這種接觸上的粘黏，只能防推，不能防打，不能真正比手，不能真拼鬥。

如勁來不以化勁的方法去化掉，而依腳下穩、對手推不動，如

這樣子，就一定被對方打成內傷，所以對方勁來，總以化勁去化，才是太極拳的正當功夫。

（一九六五年二月廿九日悟）

● 練勁與輕靈

練勁是基礎，是基本功，但勁是沉著的鬆沉勁，而不是僵硬勁，僵硬不是太極拳的勁。

輕靈是在用時使用，不然在用時不輕快，不靈感，所以非有不可。

如此說來基本功也好，輕靈也好，都是非有不可的功夫，如此就從今日起，本著這兩個目標用功前進，千萬千萬。

● 練拳功課

自六十五年二月二十日起，天天要好好練功：

一、拳半趟，二、槍三十抖，三、劍一趟，四、刀一趟。

最重要的是將勁沉在丹田，有丹田的氣度，這是最要緊的，無此一切全談不到，要緊要緊，千萬千萬。

大鬆大軟的練法，無論在修身上或應用上都是非常有效的，不可忽略。

（一九六五年三月二日）

● 說靈感

在練功時，不要一定要架子多麼大，多麼低下，主要仍還是練出手上的拳意來，有了靈感為第一，進一步要這種靈感練得充實起來，養這種靈感主要的練法，是在穩靜上練功，如不穩不靜，那就絕對練不出靈感來，如手上身上腦筋裡沒有靈感，那就不能算太極拳的功夫。

（一九六五年四月一日悟）

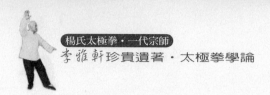
● 拳意

練太極拳主要是找拳意，如找著拳意就算入了門了。拳意如何找？在鬆軟穩靜上去找，放清醒，放靈感，放舒適去找，穩穩的，靜靜的，日子久了，拳意自會到了手上。如滿身帶勁的去硬找，必致愈找離拳意愈遠，這句話很要緊，要好好相信，如不相信這句話，那就練不好拳了。

（一九六五年四月五日）

● 說靈機

太極拳之寶貝是靈機，尤其是兩手上的靈機，如只知練勁，不知練靈，那就不是太極拳。所以在練拳時，要切實體會手上這個靈機，養這個靈機，練這個靈機。如對方來勁，毫不頂抗，我就以手上的這個靈機寶貝，聽他的來勁，走他化他，絲毫不要頂抗他，用吾們的巧妙動作來走化他，要動作敏捷，神態英俊。

一定要講輕靈敏捷，動作冷快，千千萬萬。如無此敏捷冷快，雖有天大的力量也不行，不要走錯了路。

但是快要有靈機的快，不是冒失的快。在快時快，不要亂快亂忙，如亂快亂忙，反而出些疏漏，給對方以機會。

在推手動作中，要有忽隱忽現的神奇變化，令敵無從捉摸，如果呆呆板板的萬不行。

練靈機、練快、練變化、練巧妙，練忽隱忽現、神出鬼沒、冷快絕倫，令對手驚心動魄。

推手要以觸覺靈，視覺靈，聽覺靈，理覺靈，這四個靈的方法去對付對方。

須知這個快是要在平素練功，多多在穩上靜上下功夫，有了穩靜的功夫，漸漸養出了靈覺來，這樣出來的快才適用；不然的話，是亂快，無理智方法不適當的快，它是有損無益的。所以說，每練

功，必須在穩靜養靈上下功夫，靈是太極拳的基礎，無論功夫到了什麼程度，都要在這個靈的基礎上下功夫。

養靈的練法，必須先穩靜、先鬆軟，如此身心鬆開了，身體沒有拘滯之力來縛著了，靈機才能慢慢地發覺出來。如拘拘謹謹的去練，靈是練不出來的，切記切記。

打手全靠冷動冷變、冷變冷打，否則就無法取勝。每發勁心中要想勁打去如何能入內透裡才有功夫的進步。

打手要有思想、有意圖、有計畫，如盲目的動鬥不行。

（一九六五年四月十九日）

● 論鬆重

以後練功要專門在兩臂鬆沉上下一段時間的功夫，看看如何，以後再練靈機萬變的身手動作。

勁去鬆重，才能打人入內，如硬浮，不可能入內也，以上要知道。

以後要專門注意鬆重，看看在推手效果上如何，千萬千萬。

兩臂鬆下來，兩臂如九節軟鞭，如有千斤重挑不起來的樣子才對味。

這種功夫對友誼推手好，靈機應變脆打，對比手好。

比手全憑膽氣，有大無畏精神才行，如無膽氣就什麼也不行了。

崔的蓄勁還好，他的蓄勁是利用身軟、利用呼吸氣。

少侯的蓄勁味道也好，要想想為對。

推手打鬥功夫無他，主要是身體練得壯起來。

神氣壯起來，一切的打鬥方法就會全來了。如身體不好，精神氣力不壯，無論如何總是不行。

總要將神氣壯起來，充實無比，一定可以發揮效果，這叫做積健為雄。

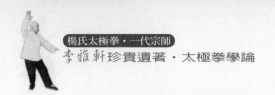

　　拿人也要以心、以意、以氣、以靈機，不能以硬勁，不能以死手，切記切記。

　　動手要不丟不頂，就算揉攏了貼近逼緊，還是要以不丟不頂爲法寶，萬不可以就用勁去抵，用勁抗頂，切記切記。

　　要變要化，一化再化，化之無窮，變變不已。

　　功夫只憑一時的雄心壯志不行，要臨事時有心有膽才行，記著吧。

● 關於練拳及推手的體會

1. 在練拳時，一定要作到用神用意用氣，萬不可心裡存著一個剛柔相濟的思想，否則一輩子練不好，白費功夫。

2. 推手要以神推，以神粘黏，如以肉體粘黏，不是高手。

3. 每見一般的人練拳埋頭架肩，推手時以兩臂籠著勁將對方夾著，或以兩臂自動的弄些方法，弄些作用，這全是初學。蓋太極拳比手無論是練功或是推手，都是要以神動、以意動、以氣動，不多動、不妄動，不可以四肢自動，有些人練拳推手以兩臂用力去籠著對方，這是其他武功的方法，是不對的。

● 自警

　　這幾天打拳，又忘了兩臂兩手放鬆，以後要切實注意，要緊要緊。

● 丹田氣・沉固勁

　　太極拳在推手打鬥的戰術，是在未動手以前，就先持以快靈虛無的氣勢，才能作到來無形去無蹤，但淺識者往往以爲神話迷信。

　　平素練拳時或推手時，都不要忘了凝神於丹田。關於推手，我十年前與子宜推手我的所謂沉固，即是此勁。在初發時，無一定去的方向，到勁與對方促時，才臨時很快的變化去的方向打去，這謂

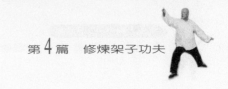

之沉固勁。

　　只是用思想不行，一定要每靠每打一趟拳，無此不能在功夫上打下基礎。切記切記，要緊要緊。

　　功夫沒有白費的，沒有白練的。好逸惡勞就不行，那就經不起試驗，一驗就會垮臺，就會丟人現眼。

　　平素對功夫求進步上沒有堅決的志氣，沒有堅決的心勁，以後要改過了這一點，不然是虛有其名。

　　唱歌講究丹田氣，打拳更要講究丹田氣，一切運動也要講究丹田氣，一切事物之也要講究丹田氣，如無此就找不著要領，以上務要記著。以吾們的功架練出來的鬆沉穩固的下身根基力量是非常有根基的，是使對方難以推動了的。

　　吾們應當從這種下身鬆沉根基的腳腿步法，天天往上用工夫。

　　練功要練鬆沉，全身鬆沉，尤其下身腰腿腳步要鬆沉。這種鬆沉可以使下身樁步特別穩固，在推手時好處很多，好好的練吧。

　　　　　　　　　　　　　　　　　　　（一九六五年五月六日悟）

● 論打法

　　拿著了再打，沉著了再打，是太極拳好的打法，不是呆板的打法，當往這上頭用用功夫，切記切記。

　　不沉著不拿好就發勁，就不是太極拳的打法，我些年以為這種挨上打拿著打拉上打的發勁不好，所以不往這上頭下功夫，這是大錯誤。

　　能殺敵的本領就是發冷勁，冷要冷打，能夠一下將其打毀，解決其戰鬥力。

　　　　　　　　　　　　　　　　　　　（一九六五年五月十四日）

● 採勁

　　今天我在推手發勁方面的思想作得很好，以後要記著就這樣

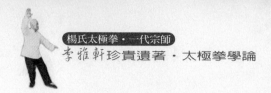

用，切記切記。

要練採勁，能把對方採趴的勁，要緊要緊。這個勁要往斜下去，如平去採不出效果來，切記切記。

練功一定要天天練，日久天長，有了功夫，在推手發勁上就自然會起作用了。如無功夫，心氣是浮的，在推手上一定也起不著作用，關於這一點，大家要注意。

（一九六五年五月十六日悟）

● 練拳神氣

在練功時，要時常想早先老先生是如何一個練拳的神氣，今多久不想這些事，所以練拳不進步。

楊師練拳時，其全身及兩臂是如何鬆沉的樣子，要時常多想想。他是如何的又穩又靜又鬆又沉，又軟又彈，又靈動的樣子，要時常多想。

在老先生與人推手時，對方感覺非常恐懼，時時有驚心動魄之感，這是如何一回事，要時常想想，如此功夫久了，就會大進步的。

（一九六五年五月十八日晚）

● 手上靈感

練功最要緊是體會手上的靈感，養這個靈感，充實這個靈感，妙在這個「彼不動，己不動；彼微動，己先動」這個功夫上增強作用，要緊要緊。

● 說養靈

平素練功最重要是在養靈上下功夫，此養靈辦法，首要是在穩靜安舒，自然清醒上去體會。心性要放鬆，身體要放鬆。無論如何，說練太極拳的功夫，如不在鬆軟、沉重、穩靜安舒上著手，是

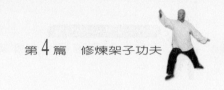

不可能有大的好的進步的。

（一九六五年八月十三日）

● 說練拳

　　有人練太極拳如其他門拳一樣，弄些着法招法，想些用法，這是大錯特錯的，因爲練太極拳的，胸中是渾然一氣的，是無所爲的，是泰然的，不能專想某一手一勢的作用。如一想每手每勢的作用，那就用意不均勻了，那拳意也就始終不會上手了，不會發現了。拳意不上手，靈感沒有，將來在用的時候，就不能聽勁，聽不了勁，也就取不了勝。

（一九六五年八月九日悟）

● 說練功

　　無論練拳或是推手，總以腳下鬆沉踏實爲第一，否則一切全談不到。千要緊，萬要緊，身勢鬆沉，腳下有根爲第一要緊。尤其在發勁時腳下要認端的，要緊要緊。至於手法，是要冷冷的、狠狠的，冷快絕倫最要緊，不然，一切全不管用了。

（一九六五年十一月廿日）

● 練功

　　練功夫一定踏踏實實的沉下氣去，沉下勁去，鬆腰坐胯，拔背頂頭，拿出氣壯山河的神氣出來，這樣子才長功夫，如只輕輕浮浮的練，是瞎鬧一參夥也。切記之，千萬千萬。

（一九六六年二月四日）

● 神經靈快

　　其次神經靈快，也是要緊，如沒此就動不夠快，切記切記。

（一九六六年二月八日）

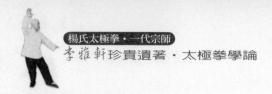

● 勁法

發勁腳下認端的，用勁時是由腳下翻上來的。

以上三點，要好好的想老師的味道，細細的找，要緊要緊。

無論是往前打，或是往後探，或是往左右偏打，或是以柔挫的手法往前鑽，這都是要以腳下認端的，腳下認端的了，脊樑和頭部就一定虛靈的頂起來了。如是脊背尚未拔起來，頭部的神氣尚未頂起來，這證明他的腳是認不端的，只是用力往下踩這種勁也是不對，如腳下未認端的，其上部就升不起這種虛靈的勁來，關於這點，要再三的思想之。

無論什麼發勁什麼動，都要以腳下認端的，一切的勁，一切的動作，都是要以腳下升上來勁才對，如像何其松一樣，身不整，上下分幾節，那是不對的。

頭上的虛靈頂勁的神氣，這叫作「威」。人的威自始至終是不叫他倒的，如人的威倒了，那就會一切失敗。這種道理，不止是限於打拳、推手也。

（一九六六年二月十三日）

● 思悟楊師練拳神態

楊師一切推手找勁、發勁、練功的神態，神氣味道，務要好好的思悟，這是很好的辦法。

（一九六六年七月十四日）

楊師打拳、推手練功的一切神氣動態細微的味道，要平時多多的想想，多多的悟會，功夫就會大大進步。

（一九六六年七月二十四日）

● 說練功

平素練拳，第一要緊是提起虛靈氣勢，使全身靈機貫注，一手

一勢的練下去，這樣進步才快，如是鬆鬆散散的，或是呆呆板板的沒有神氣貫注，那是不能進步的。

有人不聽老師指教，在練功時，氣勢萎萎縮縮，頭縮著，肩架著，自以為對，那真是太蠢了。如這樣練出來的功夫，一旦與人對手，那就感應不快，動作不敏，非敗不可。

（一九六六年七月廿六日悟）

● 說練法

要鬆開腰胯，塌下肩肘，沉下身勢，以腰脊為軸，去領著肩臂胯腿四肢，沉下心氣去，如此穩穩重重沉沉甸甸去練習，要整個的大鬆大軟的氣勢，腳踏實地的滔滔不絕的練下去。

1. 要氣下沉　　2. 要腰胯正　　3. 要垂肩肘
4. 要身勢鬆　　5. 要含藏　　　6. 要腳步靈
7. 要呼吸靈　　8. 要心為主　　9. 要一身鬆

● 練法

練柔力是初步的練法，然這種初步的練法很要緊，因為柔勁是練筋骨上力量的，這是最根本上的基本東西，有了這種最基本上的東西，才能再練大鬆大軟以及輕靈虛無等等更上一層的功夫。

（一九六六年九月十四日）

● 初步的練法

初步練功的方法，出勢就要頂頭拔背，塌肩垂肘，胸背開闊，合一抱圓，五指上意，使氣勢充滿一身，這樣去練，功夫就非常進步。李香遠有點這種練法，以上要切實注意，要緊要緊。

（一九六六年九月十四日）

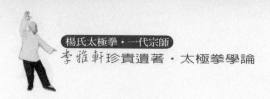
● 高級的練法

最要緊的是每練功要注意想著各關節之放鬆，放軟，腰脊、膝節、肩節、肘節、腕節，以至指節，都要放鬆放軟，以思想上的力貫輸到放鬆放軟上，如此進步就快了。要軟得靈瓏透體才夠味，無論練拳推手皆然。

（一九六六年十月六日）

● 練法

今晚在龍驤家教他的舉動輕妙，手如摸魚盜物，步如臨深淵履薄冰，如這樣的舉動靈妙，我過後感覺是非常好的，以後我應當時常思想思想這種情形。

（一九六七年四月五日）

● 說練法

以練神、練意、練氣、練虛無、練空虛為主，不要死死的抱著練筋骨、練肌肉的功夫不放，因為我現在已找到了上層的階段，而不是在初練功夫的階段了。切記切記。

練神、練意、練氣、練靈、練巧妙、練虛無、使空虛，要緊要緊。

每出手要逮這個拳意，捉這個拳意，找這個拳意，如找著了，就不丟它，要玩著這個拳意。

只要去玩弄，以意思去玩弄，不如此就到不了最上層的功夫。

（一九六七年六月十九日早悟）

● 說練法

每練要細細的體會脊樑腰部上的意思是如何當領動力（原動力）的味道，又要體會運用丹田的思想。

（一九六七年八月廿六日）

● 說用法

太極拳即初步在打鬥用時候，應仍以柔化爲主，不以硬抗爲主，因爲太極拳是講柔的講彈的，柔的成分有軟，彈的成分有剛，這說明太極拳是講柔軟講彈性的，那麼在用的時候，就不要忘了柔軟，也不要忘了冷彈。

所謂柔軟者，不是無意義的軟，而是有靈機的軟；所謂彈者，不是一味的剛，而是有彈性的剛。所有的這些有意義的柔軟、有彈性的剛勁，綜合在一起，就成爲有剛有柔、有軟化、有掤力、有冷彈的一套的整個的一身，有此一身精粹的功夫，在用時窺著當時對方的客觀的情形而用之，則無不百戰百勝矣。不過以上說的是一種普通的功夫。

如到上層的功夫，這就完全不以此軟彈剛柔爲能了。上層的功夫，是純粹以用神用意，用氣爲主，輕妙的動作虛無走化爲用，這些無形的上層功夫，它能動作神奇，來之不知，去之不覺，打人於無影無蹤不知不覺之中。

● 感想

非有聰明人作不到好處，所以老論云：「非有夙慧不能悟也，先師非獨擇人，蓋恐枉費功夫耳」云云。一位老師教一輩子拳，碰不見一個好的學生，蓋言人才之難得也。

每推手勁大勁小，勁剛勁柔，勁虛勁實，或早或晚，或動或靜，這些事要好好的掌握相配爲用，絕不是空用些蠻力氣就可以解決一切者也。

（一九六七年十月十七日悟）

● 練法

1. 初步練功，虛靈頂勁，含胸拔背，塌肩垂肘，鬆腰坐胯，氣沉丹

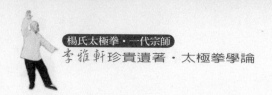

田，舒適均勻，氣勢佈滿。

2. 二步要練鬆、練沉、練軟，要使兩臂重砣砣的、沉甸甸的，如同繩兒拴在肩上的一樣，使其叮鈴鐺啷的樣子才爲對。

3. 三步要練輕靈、練虛靈，要使整個的一個身體虛靈起來。

4. 四步要練虛無，要使整個一個身體如同虛無所有。

● 練法

要只按著規矩練拳，每動手上一定要掛著拳意，不要沒有拳意的動作，功夫就會大進步，這是很要緊的。

● 論練功與用法

1. 功夫要鬆著勁耐心的體會，穩穩的、慢慢的摸索、思想，日子久了，拳意方可以上身上手。

2. 拳意能夠上身上手來，不是急而暴性，用大勁、使暴力而來的。

3. 用大力死下苦功，徒使筋骨肌肉受苦，拳意不會上身上手的，關於這一點，要好好思想思想。

4. 拳意上身上手，是在有意無意之中體會悟出來的，而不是靠死用氣力而來的。切記切記。

以上是說的功夫有好的基礎後的話。如是初學或是一二年之中，還是要在腳踏實地，一手一眼一步一腿的使筋骨肌肉吃點苦來，打了基礎才好。

總之是初步或中步（乘）要按規矩練功。到了後步功夫，那就是照我前說的情形去練，就不必在筋骨肌肉上苦下功夫了。

拳意上身上手之後，滿身都是靈機在動，無論對方如何來力來手來快來慢，我都可以感覺得清清楚楚的，本其順勢而應、不丟不頂的道理，一發便可將其打出，毫不猶豫（費力）也。

● 說練功

練功時時將手放靈覺，等於提高警惕時時注意看，要把手掌練得萬分靈感，沾著了就隨他走，不丟不頂，沾粘不放。

● 說用功學習楊師的打拳推手情形

楊師打拳推手的情形要天天思想。

（一九六八年四月）

● 說練功

每出勢要心裡想著軟，軟肩、軟肘、軟腿、軟脊樑、軟胸腰，要將一個整個的身體用氣勢將它鼓勵起來。

軟須先軟心，要先將思想放軟，然後全身各部定能跟隨著思想統統軟起來，否則不均勻、不全面。

要將思想持均持勻，放軟、放鬆，不能忽略了哪一部分，這是很要緊的，切記切記。

● 說練功養病

1. 平素練功，以養心養性養氣為主。如此放軟心放鬆身，叫它穩靜為第一。
2. 照此方法練功，有病不必吃藥會自好。
3. 專門作穩靜鬆軟的練拳功夫。
4. 要鬆的如一攤泥一樣，可是乃以神氣意識將身體鼓勵起，如這樣子的練法，是有鬆軟而又有騰捌之挑彈力，就如鋼條一樣的彈力，而不是一味的癱軟也。

● 太極拳練及用

1. 太極拳之練法，是要穩靜安舒，用意不用力，它是為了養清醒，

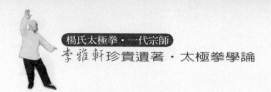
養心勁，養沉著，養智慧，養靈感，養神妙的變化，養奇特的發勁，養冷快的發勁以及丹田的作用。

如有了以上的功夫，就算有基礎了。

2. 太極在對手時，是以清醒勝人，是以靈感勝人，是以感應靈敏勝人，是以虛無變化勝人，是以奇特的發勁勝人，是以來不知去不覺、打人於不知不覺之中的手法勝人。

不以大力、硬力、盲動、妄動去勝人，因為這種冒失的多動盲動，只可以暴露自身的破綻，不足以勝人，故智者不取也。

● 說練功

1. 要鬆軟，但是要叫他本身的鬆軟，而不是假作出來的鬆軟。
2. 要穩靜，但是要在內心裡的穩靜，而不是勉強著不動作出來的假穩靜。
3. 要調呼吸使其深長，但是要使其自然舒適的呼吸深長，而不是勉強作出來的不自然不舒適的呼吸深長。

● 說練功

1. 一定要將兩手兩臂放得鬆軟軟的，沉甸甸的，不然不長進也。
2. 無論是練功，推手比鬥，其氣度一定要嚴肅莊重起來，否則是滑的、浮的，其氣度沉不下來，很難看也。
3. 無論是打拳是說話是行事，其內心思想一定要莊重起來，這為之正人，否則是小人，關於這一點，做人不可不知也。

● 說練法

有功夫之後的練法是：每出手是輕妙以極，虛無以極。每出腳動步也輕妙以極，然又沉穩以極。這種沉穩仍是有知覺有靈敏的，故而也是輕妙之中出來的，不是笨重沉穩也。

● 說練功

平素練功無論練拳或推手發勁都是找得不夠細緻。

一在練功時，一定要將身勢放鬆軟，放穩靜，放虛靈，提起靈覺來。

二在推手時，要將身勢放虛靈，提起靈感來，以體會對方之來意。

三在發勁時，一定要找準摸好再打，勁去要使其防守不了才對，萬不可忙撞亂碰。

四妙在以意氣吃著進勢。

以上要有虛無的功夫，又要有沉著的功夫，又要有靜的功夫，又要有動的功夫，又要有輕靈的功夫，又要有鬆透的功夫。如用虛無的功夫時，就一下子成虛無以極的虛靈，將身勢來得非常迅速。如用沉著的功夫時，就一下子來了非常沉重。如用柔軟時，就一下子成柔軟若無骨了，隨曲就伸，無微不至。如用定勁時，一下子如焊上了一樣，令其抽不出手去，但說沒就又沒了。如用回收的時候，就一下子抽回勁去，使對方還不知道就軟下來了。如用發勁時，一下子勁就到了，使對方不能抵抗，也無法抵抗，打人於不知不覺之中，使如觸電樣跳了出去，有驚心動魄之勢。這種快如電一樣的快，令人不能察覺。如用粘連時，虛靈的跟隨，使對方不知怎的一回事。

（一九六八年七月二日）

● 練功

1. 全身鬆沉下來，尤其是兩臂鬆沉下來。
2. 動以腰脊帶，兩臂不自動，此是要緊的事。

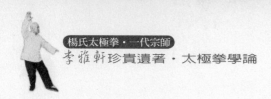

● 說練功及推手

1. 練拳以養靈爲第一，但養靈須將身體放鬆才行，如不放鬆，拳意就不上手，不上手就養不出靈來。

2. 推手以腳下沉著有根爲第一，如腳下無根，一推就倒了，還成什麼推手！所以在練功夫或推手中，第一就講究腳下有鬆沉的根基爲最緊要也。

（一九六八年七月十九日悟）

● 說練法

1. 未從出勢就先要把心氣沉下去。
2. 把身勢鬆下來。
3. 把腦筋靜下來。
4. 面目莊嚴起來。

以這樣十分注意的以心行氣，以氣運身，牽動往來氣貼背的找太極拳的味道去練，胸中若有惱怒，若有奮發，又若有深思，又若有愉快，以這樣的神氣，一手一勢，沉沉著著的以呼吸鼓動著身勢去練功夫。

（一九六八年七月廿日）

● 說練功的方法

1. 一心在修養腦神經上，穩靜心性上著想，不要淨想些用法，這樣子可以起著療養疾病的良好作用。

2. 鬆開腰胯，坐下身勢，沉下心氣，頂起頭來，拔起背來，把胸背肩膀撐開闊大起來，使整的身勢氣派叫它莊嚴偉大起來。這樣子練功，可以打下很好的太極功力的基礎。

3. 出手輕妙無比，靈機含藏，若有千千萬萬的機智藏在裡邊，有使人有神聖不敢侵犯的樣子，這樣的練可以生長無限的靈機，有利

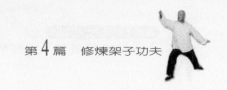

於對打變化。

（一九六八年七月卅日悟）

● 說練法

　　未從出勢，就要先將心身自然的放舒服，身勢放舒服。然後出動，在動的時候，仍要保持心身的自然舒服，不是個勉強作的舒服。放穩放靜，不是勉強作的穩靜。放鬆軟，是全身一致的鬆軟，是由內心裡放出來的鬆軟，不是局部的鬆軟，是由內心裡作想的全身鬆軟，如此心身都自然放舒服了，其心氣身勢就會自然沉靜下去，這是練太極拳最要緊的。

（一九六八年八月五日悟）

● 練功夫

1. 一心一意的想著全身各關節的鬆軟靈動，全心全意的慢慢細細的體會拳意的味道，如此日久，拳意就會上手了。
2. 主要是鬆，如不鬆就不能靈，不靈，就找不著拳的意思味道。
3. 如這樣的練法，練出正確的太極拳功夫，又能養病，又能健身，養智慧，這是最正確最妙的辦法。
4. 要天天的練，才能練得出來。
   找鬆軟、找靈動，最要緊要緊。
   找關節上的鬆軟靈動。
   找拳意上手，如拳意不上手，練不好拳。
   如無鬆軟靈動，就找不著拳意，逮不著拳意。
   這樣子練，才是真的用意不用力。

● 練功推手

1. 平素練功要注意周身的柔軟，所謂「柔若百折若無骨，撒去全身皆是手」。

❀ 97

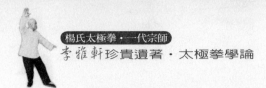

2. 要注意行氣如九曲珠，無微不至。

3. 要注意粘連跟隨，不丟不頂，不只是伸手的粘連跟隨，並且要以精神思想上的粘連跟隨，不丟不頂，要在這上頭苦練功夫，一定要把它練好。要作到動急急應，動緩緩隨，適合恰當才行。如只是有幾個手法，就找人顯弄，實在不好，如此年多日久了，太極拳就有失傳之可能。

4. 如能把粘連跟隨、不丟不頂、神氣虛靈的功夫練成之後，還是要輸給對方，那是粘連跟隨、不丟不頂、虛無輕妙的功夫還未作到細緻，而不是粘連虛無的跟隨功夫不管用，以後當多多下功夫。

5. 其粘連跟隨、不丟不頂，不但是以身手去做到，而是要以虛無的神氣去做到，否則用時不快也。

6. 既練太極拳，就要把以上的功夫練好，否則虛有其名也。一定要把巧妙地粘連跟隨、不丟不頂的神妙功夫練出來，才不愧為練太極拳的人。

7. 只要有了這種功夫，在對手時無論對方如何來，出什麼樣的手法，我自然能應付自如。

8. 粘連跟隨不丟不頂，這是一個太極拳應用的一個方法（根本規律），有了這個方法，無論對方如何來，亦只是用這個方法，這是萬法歸一，得其一則萬事畢矣。

   如以各種的比鬥手法裝滿了腦子，在用時也不知用哪個手法，如等拿定了主意，對方之形式又變了，就拿出去也不適用也。況這些手法裝滿腦子裡，未免給心身增添麻煩也。今我只記一法，心身既無有負擔，精神自當愉快也。

9. 道理只有此一個，吾人練此功夫，既省體力，又省腦力，心身愉快，周身舒適，養身養氣，增強精神，抵抗百病，此太極拳所以能醫好多種疾病，轉弱為強也。

10. 太極拳在強身方面，養氣養神，鍛鍊筋骨。在應用方面，柔軟百折，粘連跟隨，順勢走化，不丟不頂，逆來順受，而變化無

窮。如這些情形練好，就能應付一切，這是一個根本的道理。
若不在這個道理上用功，只記些手法，那是捨本逐末也。

11. 不只是以身手去作粘連跟隨，不丟不頂，並且要用心意神氣去
做到不丟不頂，才能作爲巧妙細緻，否則就不夠快也。

有了這種功夫，在推手時，無論對方如何來手，他是跑不出我
的範圍去，在幾跟幾隨之中，他的缺點必露，我的心意一動就
可將其打出去。

但打是以心意打的，巧妙打的，不露形跡，亦要靠平素自己的
功夫造詣之如何也。

● 說練功

1. 在平素練習，不要東想西想，要以靜坐一樣的養靈性、養腦筋，
使腦子穩靜清醒。有此清醒的腦力，作什麼事什麼事好，不只是
練拳這一事也。在練出勢時，表面上無所爲，要先將身心清醒穩
靜下來，以此清醒穩靜的身心去慢慢的體會全身內外的知覺感
應，要使其無論是在體格方面或是性靈方面，都有非常清醒透明
的靈覺才對，這才是太極拳的本質，如是蠻練，就失去了太極拳
的眞意了。

最要緊的是清靜二字，清靜能養靈，靈氣充實起來，能通神明，
有了神明，可以體察萬事萬物，可以作到正確，這皆是由於清醒
練拳而得的效果也。

2. 功夫不能一天不練，每天拳劍刀槍各練一遍，否則腰腿生疏不好
用，要緊要緊。

● 丹田勁

1. 每練拳，氣度務要沉下，心勁務要沉著，要有莊嚴的氣概，如氣
度不沉不莊嚴，心勁不沉，這是丹田勁未找到，可多想想。

2. 如找到丹田的勁時，無論練刀練劍練拳，在預備勢時，心內一

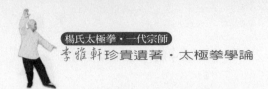

想，其面孔就變得下臉來，這是很要緊的。

3. 一定要態度莊重嚴整、氣勢沉著，不可有一點的輕浮氣，如端正不著個態度就不好。練功氣度非常要緊要緊，莊嚴端正，要學關雲長之氣勢才對。

（一九六八年六月十一日悟）

● 練功

在練功時，往往因身體無力，懶於動，所以身上老是不好過。如用精力提起神去練，一出汗，身體就精神百倍，就很好過了。

● 說練功

1. 關於行功方面，要以心行，以氣運，以腰帶領，以神意含藏著慢慢體會。如這樣的將全身一致鬆開了，以牽動往來氣貼脊背的慢慢的行動。務使兩臂兩肩鬆重沉甸，兩肩酸軟才行。

2. 神要含藏著，意要默會，這樣心領神會的去行動。

3. 或動作以心領以意會，或叫作心領以神會，或叫做以心領氣運，或說是神意要含藏，或說是神氣要收斂，或說是要含虛，或說是要含蓄，神要內斂。以上種種說法雖不一致，其意思是大致差不多的，要自己領悟去好了。

4. 拳總要多打多練為是，練多了就可悟好多的道理來，如練少不行。

（一九六八年六月廿六日悟）

● 說練功

1. 未出氣勢，就要沉下心氣，搭下臉子來，以這樣的莊嚴風度氣概、穩穩靜靜的去練功夫。胸中要好似有一種忠勇奮鬥之氣勢，不可以浮浮飄飄的心氣著手練習，切記切記。

2. 平素注意養神蓄氣，藏精保銳，如此才可能功夫練得好。蓋所有

的打鬥比武，是非有極其充沛的神氣不可也。

3. 無論是練拳、練推手、練散打，都要虛靈，不可稍有僵硬，此是最重要者也。

4. 找虛無，找奧秘，找靈機，找感覺，此最要者也。

（一九六八年六月二十八日悟）

● 練拳

1. 練拳一定要靜下心來，按規矩練，並且要天天多練多想。

2. 無論學什麼功夫，作什麼事，都必須腳踏實地，認真按規矩下功夫，方能事半功倍，如偷工減料，馬馬虎虎，求其速成，是自己害自己，一輩子學不好。

3. 拳要空時就練，多練多想才行，否則不進步。

● 說拳理

發勁一定要將腰上的力填上，不如此勁不充實。

發勁一定要腰上的勁，如只是兩臂之力萬不行，但是你無論如何腰填上，如你與對方的接觸發勁點，人家是柔軟活動的，你打實際上是不可能打得人去的。要有實功，可見太極拳之功夫不能在紙上談兵，否則一切的空洞理想，什麼旋胯轉腰，都是白費。

太極拳的丹田勁，冷打冷變，才是最主要的東西，切記切記。要講比手的話，是要充實的冷快的技術，能夠出手將對方的力量打垮、打痛，如打殲滅戰一樣，不然是白白消耗自己的體力，總之是要冷冷的勁，要緊要緊。

好，還想練肢體的功夫嗎？

以後別開倒車！

（一九六八年九月八日早十時悟）

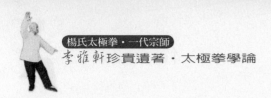
● 說練功夫

平素練功，是養大腦的清醒，養神經的靈感，不是一味的練大力，因爲大腦是支配全身的主宰也。

● 說練法

1. 無論練拳推手，練一會兒就感覺腿酸肩酸，這就證明是練對了，鬆開勁了，這是對的。
2. 如練半天腿不酸肩不酸，這是未練對，應趕快請名師指教，否則愈練愈壞，一輩子練不出太極拳功夫來。

● 說練功

1. 要鬆沉、撐開、圓滿、均勻，又要有虛無靈感，氣意不斷的這樣牽動往來氣貼背，舒舒適適、穩穩靜靜的這樣打下去，不數月就可大大進步了。
2. 要沉著、要慢點，如每個姿勢站一會兒，體會身上手上的勁道，也是很好的，雖停不是錯，因爲意思未斷也。
3. 千說萬說，練功總以鬆沉爲第一要領。如不是以鬆沉的勁道、鬆沉的身勢去練，絕練不出好的功夫來。既如此，以後就不要胡思亂想。
4. 歌曰：鬆勁一身整，沉氣丹田中，胸內豪橫勢，莊嚴氣度雄。

● 練功夫

1. 一定要兩臂兩肘如同斷下來一樣，要鬆的一點力也沒得。就這樣子練下去，不要再想其他。
2. 以這樣鬆軟到了極處的樣子，去慢慢的想著拳味去練功夫。
3. 要眞正的用意不用力，不是一般的用意不用力，要緊。

　　如這樣的用功下去，就會走到了一個拳的新境界，也就進步了。

● 說練法

　　要一手一手細找，要重複的練，多體會拳的味道。

● 太極拳的功夫

　　太極拳的功夫，只可以用心、用意、用神、用氣、用虛無的精神，才可以練得好，如一用拙力硬力僵力，那就一輩子也練不出太極拳功夫了。老論云，凡此皆是意，用意而不用力云云，這句話可以再三思想之。

● 說練功夫

1. 內練是為了養精神氣充實，外練是練腰腿四肢各關節的靈感、軟彈勁。以上內外的功夫如練好，就一切的健身和應用全有了。

（一九六九年七月六日悟）

2. 如臨深淵，如履薄冰，如盜物、如竊取，仔仔細細，小小心心，手手有虛實，每動有知（靈）覺，這種虛實靈覺的練法，是很好的，不要忘了，千萬千萬。

3. 在用時以走化為第一，用粘連綿隨、不丟不頂，用虛無，用空虛，使對方找不著實地，摸不著實地，使其英雄無用武之地，到處捕空捉影。其身勢是穩如山嶽，動若江河。

● 說練法

　　練拳要注意：

1. 穩靜安適以養腦。
2. 呼吸深長自然以養氣。
3. 全身放鬆以養軟彈。

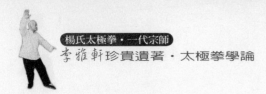
4. 無爲以養靈感。

5. 靜悟默想以悟天機。

● 說練功

四肢百骸要完全鬆開如一絲不掛，不要有絲毫的拙力。

要純粹的用意不用力，不要有所牽扯，進步就快了，否則不進步。

● 說練功

1. 注意養腦，使其心性穩靜，自然的生長靈機。

2. 深長呼吸，下達丹田，以充實中氣。

3. 鬆軟肢體，使其動作靈活，能微曲婉轉。

4. 心靜，氣意沉著，使其下盤穩固有力。

（一九六九年四月三日悟出）

● 說練功

對自己的功夫有自信力，心意要堅定，功夫要苦練， 只是理想不行。

● 說練法

心想軟，滿身是靈，神舒體若，精神內藏。

● 說練功

1. 平素練功， 要注意養腦，如腦力聰明靈感 ，就一定管用，如腦筋反應不靈，就一定不行，蓋人身一切動作全由腦的支配也。

2. 注意鬆沉，如眞鬆了，自然的就沉了。

沉是由鬆而有的，如不鬆的沉是壓力，不是眞沉。

3. 不鬆不能沉，不沉不能打入內，不入內不是太極拳的勁，練拳者

要知道這一個道理。

4. 如此每打拳時要切實體會是鬆了還是未鬆。

要注意養腦養心，腦健康心健康了，身體自會健康，身體健康了，自會有打鬥的能力，不待窮極思想也。腦心是人身的主體，我們練拳，只是想著養心養腦就行了。

（一九六九年五月十一日）

● 說用法

1. 我雖有力量，不以力量去抵抗對方。如其來力，我要乾乾淨淨的，絲毫不頂的順勢將其來力走開。
2. 我只是提起精神來走他化他，就足之夠也。
3. 如有機會發勁時，這時再將我的全部力量拿出來以鬆沉的勁彈之。

● 說發勁化勁

1. 化勁如一絲不掛，發勁如炮彈之出炮口，鬆重沉彈，打去入裡透內以極。
2. 鬥的是神經靈快，打的是冷彈脆狠，不鬥拙力，不鬥柔扭勁。
3. 鬥神、鬥意、鬥氣、鬥輕妙、鬥冷快、鬥變化、鬥狠脆，如柔柔扭扭的是俗手也。

● 說練法及用法

1. 平素要練柔勁、內勁、氣勁、鬆沉勁，此李香遠之練法。
2. 用時不丟不頂，靈機萬變，順勢走化，順勢借力打之。

李香遠的練法再摸幾天，有時沾粘，有時冷打，變化莫測，才是太極拳。

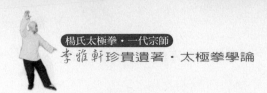

● 說練法

1. 在初步時，每練要身勢佈滿，氣意佈滿布勻，心氣沉著，神氣頂起，一手一式的紮紮實實的去練功夫，日久一定可以進步。

2. 如到上乘的功夫時，就不找這些東西了，所找的是虛無奧妙。

● 說練法和用法

1. 如以為太極拳以腳下穩固為第一，如此就拼命地沉氣沉勁，如以為太極拳以柔錯轉扭為第一，如此就天天練些柔勁。但是這些方法都是有形有物的東西，非高手也。

2. 太極拳的最高功夫，是虛無所有，靈妙以極，無論在任何形勢之下，都是以虛無的手法應之。無論形勢如何緊張，也是以虛無的方法對付，自有奧妙無不勝之理也。

   能沉能柔扭，能轉化，是一般的手，不及虛無多多矣。

   李寶玉專用內勁。

   崔毅士專打鬆沉勁。

   陳發科專打柔措、裏纏勁。

   董英傑專用柔措勁。

● 練法

上層的練法，真正的用意不用力，用思想，用意思，用鬆軟靈彈。

虛虛的靜靜的思想著去，軟下來練。

以上最高的練法，比用力用勁那些初步練法妙得多。

練神、練意、練氣、練思想、練虛無、練氣化，不練肢體的拙力。

又說：練法要虛虛的摸、想著摸，用心用意、用神用氣。

用法，手一去要令人心驚膽怕，神鬼莫測。若打不出喜怒哀樂

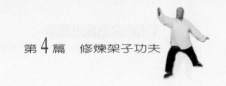

等面部表情的樣子來，是太極功夫未到家。

● 說練法

1. 要先沉下氣去靜下心來，將全身四肢百骸放得舒舒服服，鬆軟鬆軟，沉甸甸的。
2. 氣度莊嚴了，然後才出勢練功爲對，否則不是味。

● 說練功夫

1. 練功是爲了修身養性，每出勢前，先要靜下心來。
2. 每出勢先要在養腦靜心上多注意，蓄養精神，穩靜身心，這是最要緊的。

● 用功

　　無論是練功比手推手，都要發狠練，立志氣、狠下功夫。無此不長進也，要緊要緊。

　　要有英雄骨頭，要有決鬥的精神，不在氣，有氣者無力，無氣者純剛也。

　　說道九九歸一，還是要有勇氣，無勇氣則非人也。

　　　　　　　　　　　　　　　　　（一九六九年六月六日悟）

● 練功夫

　　拳不離手，歌不離口，算盤子要撥拉，拳腳要踢打，太極拳要下苦功練習，不如此不行。

● 說練功

　　拳要天天練，每練要多練個時間，如此日子久了，自然會有好的境界發現，如發懶不練，或練也練不久，這樣子就不會發現好的境界。

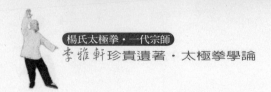

● 說練功

1. 要體會用勁用意的均勻，要體會用意用心用氣的舒適自然。
2. 用丹田用意思布均布勻，內外舒適，找味道。
3. 如尚未找均找勻，內外舒適，不要亂練力，否則越找不著味道。
4. 問應如何找？答：要穩靜舒適、身心放鬆去找，要緊要緊。

● 練功

　　要細緻的找，輕靈著找，慌了不行，用力不行。如何調氣，如何用神、用意、用思想，如何靜心神氣意，要在穩靜鬆軟上去找。

● 說鬆軟

　　練功：非軟不能鬆，非鬆軟周身不能上下相隨，非鬆軟氣血不能流通，非鬆軟沒有靈感，非鬆軟周身不能一致，非鬆軟不能養心養性養腦。

　　用法：非鬆軟不能有彈性勁，非鬆軟不能有周身各節的用法。非鬆軟不能有隨心所欲的變化。非鬆軟打不出入裡透內之勁來，非鬆軟不能發冷快脆穩的勁來。非鬆軟靈機感應不快，非鬆軟變化不靈，非鬆軟不能有隨機應變的打法。非鬆軟不能有神出鬼沒的手法。非鬆軟不能發驚心動魄、冷快絕倫的勁道。

　　故鬆軟是太極拳中的寶貝，無論使用及養身都是非常的必要，可千萬不能忘記這個鬆軟。

● 說身心俱鬆

1. 要鬆，鬆須心裡鬆，如內心不鬆，只是兩臂鬆就鬆不對，就是鬆須先鬆心。
2. 無論練或用，或是平素，總是要將身心鬆下來才好。
　　平素行走坐臥都要將身心鬆下來才好。

● 論拳之養心性

1. 練拳主要意義，在養心養性，養腦力，養視力，養精神氣力，養虛靈智慧，養悟性，所以要穩靜著，細細的悟會，慢慢的思想。

2. 至於活動四肢腰身筋骨肌肉方面，還在其次也。以上要好好注意，要緊要緊。

3. 蓋四肢筋骨肌肉雖健強，如思想靈機智慧不健，還是等於零也。以上要切實注意之。

4. 練拳在修養上著手是對的，精氣神充實了，可以延年益壽，自不待言也。

5. 如只是四肢筋骨肌肉上著想，就算四肢筋骨肌肉健康了，如思想腦力上不健康，那還是等於零也。

6. 練太極拳應是如靜坐一樣的將神氣穩著、靜著，才是練太極拳的道理，如盲動，妄動，那就如長拳類一樣，以四肢腰腿的鍛鍊為前提，那就非太極拳也。

7. 要記著多練拳以修養腦力、視力、精氣神為第一要緊。因其能養智慧靈機、養悟性也。如是心裡忙亂，那和太極拳之道理相反，萬萬要不得，切記切記。

8. 調氣養神，穩穩靜靜的去練，記著吧。細細的悟，慢慢的想，如此不但可以長功夫，而且可以養好了病症，如心忙意亂，結果必反是。

（一九六九年七月十一日悟）

● 說虛無

　　無論拳刀槍劍哪種的練和用法，都須要以用虛無之思想，虛無的身勢去練去用，這是很要緊的，如忽略了用虛無思想虛無氣勢去練去用，那就什麼太極拳功也練不成了，以上要時時刻刻用心記著。

　　以上所說的用虛無思想、用虛無的身勢，這是太極功夫最微細

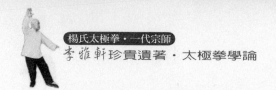
的道理,但是往往隔不了多少日子,我就又將這個道理忘了,以致功夫進步不快,今後當切實注意之,以後就不會再忘了。

(一九六九年七月十五日悟於病中)

● 說每日練拳

1. 每天練拳不可間斷。
2. 要耐心的摸,不要粗心浮氣的,拳意一不上手就不想練了。
3. 耐心的摸,不要浮動,細心的想。
4. 如此天長日久,功夫自然會大進步,不要懷疑。
5. 練拳總以有了實力為基礎,如無實力,是空的東西,經不起打鬥也。實力如何有?是天天靠準了耐心的苦心的摸拳,如一時拳意不上手,就不想幹,停而不練,那就長不了功夫,切記。
6. 功夫要耐心靠準了天天練才行。

● 練功夫

1. 要全心全意的叫兩臂鬆沉得兩膀肩酸痛。
2. 有了這種的情形,一切玄妙的手法功夫自會慢慢的有了,如無此基本功夫,就練不出好的太極拳的功夫來了。
3. 一切的動作,全是用腰來帶動領動、牽動、挑動的。

　　以上要好好記著,要叫兩肩膀酸痛才算對了,如不酸痛,那是兩膀未鬆,還得好好的注意。

● 說兩臂練法

1. 兩臂先是放鬆,絲毫不自動,所有的一切動全是由心氣的示意,腰脊的帶領。
2. 如此練不好久,兩臂就會酸了,如是四肢自動,兩臂不鬆,那一輩子也練不出太極拳的功夫來。

練拳兩臂叫它鬆沉軟重，推手兩臂叫它鬆沉軟重。只管這樣的苦心用功，久而久之，會有妙用。在練時不必東想西想，切記切記。

● 說練功

鬆軟靈敏，穩靜安舒。鬆肩垂肘，頂頭拔背，氣沉丹田，運勁如抽絲，邁步如貓行，心性沉著等等的老規矩不要忘記了，進步一定很快。頂頭拔背，腳踏實地，神通上頂，天柱立直，威風不倒，才算英雄也。

● 練功

最主要是收視反聽，要穩靜，要鬆軟，虛極靜篤，出手便有拳味，否則不行。

● 說練功夫

1. 一定要鬆沉，身勢鬆沉，心氣鬆沉，思想鬆沉，總之是一個內外都要鬆沉，心裡不想其他。
2. 放開心膽去練功架，不謹慎、不小心、不拘束、不害怕，舒舒服服，暢暢快快，大大方方。
3. 心氣沉著，氣概雄偉，一手一式的去走架子。
4. 回憶當先與楊師推手時之情況：我覺得一著手，我用勁不行，不用勁也不行，動也不行，不動也不行，用小勁不行，用大勁也不行，總之是一個不行。如同妙手奕棋一樣，人家一放子，我就無辦法了。

與楊師推手時，只要楊師一動，我便感覺氣的呼吸一時緊一時鬆，一時心裡恐慌，一時心裡驚怕，感覺生命自己不能保障的樣子。我的胸部這幾根肋條，隨時有被擠垮擠塌的樣子，假如我師來

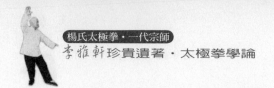

一個鬆沉的勁按來，我就如紙箭人一樣給按垮了按透了，五臟感覺熟爛燒燙，萬分難過，可是吾師掌握得好，並不用勁發我也。

● 說練法

1. 四肢一切動作皆由內來，心動意動氣動，由腰脊牽送，切不可外面四肢自動，切記，如悟了此理，太極拳就入了門了，如不悟此理，一輩子瞎搗鬼。
2. 練功或是發勁，腳下一定要認端的，腳下一定要踏實，不能有半點浮漂也。
3. 練拳練功，主要是練神經感應靈敏。
4. 練拳要將身全部放鬆，一是為了養靈機，二是為了氣血通暢，三是為了身體舒適，四是為了動作靈便，五是為了周身完整，力量可以充實。

● 鑽研細緻處

1. 以後練功夫，要在細緻處深鑽細研，不能依初步的練法了。
2. 多想楊師的一切情形，比什麼都好。

● 練法的主要

1. 平素練功，主要是為了養身上的神經的感應靈敏。
2. 這種神經感應靈敏愈充實，身體就愈健康，應用對打，也就力量更強，效果更大，否則反是。
3. 這是練功之所以要全身放鬆的道理。
4. 假如是無充實的神經感應靈敏，那雖有天大的力量，天大的功夫，也不能應付對打。
5. 練功要練清醒的神經感應靈敏為第一要緊，切記切記。
6. 如此，非穩靜非鬆軟不行。
7. 練功不只為了活動筋骨肌肉，主要是穩靜神經大腦，這個比活動

筋骨肌肉更要緊。因爲有技術，再有靈感，才能有打鬥的作用。
如無靈感，再大的技術能力也無用。

● 說練功

一是穩靜大腦中樞神經，養出它的清醒靈感。

二是周身放鬆軟，使其活動靈便。

三是調呼吸，使其深長舒適自然。

四是每手每勢揆其用意，在意思不斷的原則下形容出來，使其
拳意上手。

五是至於活動筋骨肌肉的方面也就不期然而有了。

六是練拳功如無充實的清醒靈感，雖有天大的功夫亦不管用，
天大的技術也不能發揮。

● 說練法

練功夫最重要的是靜，穩靜安舒鬆軟，如這樣作到了，則一切
都容易了。

● 說用法

1. 無論是對打、散手、推手，其主要是一身放鬆軟，尤其是打散手
　 時，非一身鬆得極靈軟不可。

2. 只要一身放靈軟了，打起散手來就非常的靈便。

3. 如是一身放鬆軟了，打去的勁重得很，無論什麼野蠻漢也招架不
　 了，吃不消。歌曰：心裡發狠兩臂鬆，打出勁去神鬼驚，冷快絕
　 倫難覺見，要想防守萬不能。神神神，怪怪怪，千變萬化，奇特
　 無比，冷冷冷，快快快，鬼懼神愁，玄妙無邊。

● 說鬆

天天以這種思想力灌輸，久而久之，全身自會鬆下來了。如天

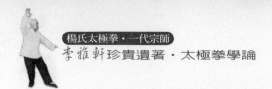

天用功沒有這種想法，那就不進步，那就始終鬆不下來了。

　　以上這種練法，要天天思想思想，要緊要緊。

（一九六九年九月廿日悟）

● 說拳意

1. 太極拳是神拳，在練時要用神、用意、用氣，在用時也要用神、用意、用氣。
2. 比手用神打、意打、氣打，輕鬆靈快，巧妙絕倫。
3. 來之不知，去之不覺，打人於不知不覺之中，這才是太極拳。

● 說理

1. 練功輕妙要有，實力也要有，否則不夠全面也。
2. 用時要輕靈有輕靈，要實力有實力，能輕能重，才算高手。
3. 只有輕靈，沒有實力，則經不起打擊，不算妙手。

● 說用功夫

1. 每天要把掤捋擠按單操單練幾十遍，方長功夫。
2. 把輕靈變化多想它幾十遍。
3. 養靈機、養內勁，養神、養氣、養意。
4. 養深沉穩重的氣度。
5. 養莊嚴正大的神氣，養大無畏的精神。
6. 靈機應變的動作練它幾十次。
7. 把鬆沉冷快的發勁練它幾十次。
8. 腳下沉而穩，腰身靈而活。
9. 眼光銳利無比，心胸豪橫以極，藐視一切敵人。
10. 一切的練功，以養靈機為第一，如感應不靈，一切用法等於零了，必有了靈機，然後以靈機為主練以上的功夫。
11. 太極拳是柔功，柔功必仗靈感，要多練多想。

● 說道理

1. 用粘連、用冷打、用神打、用柔推。總要看對方的情形而採取對策，不可以主觀的動作盲動。

2. 快打遲的說法，是其他拳說法，在太極拳來說也對，但看快是如何快法。如快得不切要，快得盲目，快得妄動，雖快也慢，因其走了遠路，走得不切要，表面上是快，實際上是慢了。

3. 太極拳動得切要、動得準確，不盲動，不多動，妄動。動的捷徑，表面看顯慢，而實際上很快。如下棋一樣，你多走了幾步，而不切要，一定輸棋也。

4. 無論練用，千萬不可有硬力，如有硬力就僵了，不活了。不活就不靈，不靈就應付不快了。練太極拳之所以要鬆軟，要輕靈，要用意而不用力也。

5. 以後練拳推手，俱要鬆軟輕靈。

● 說拳理

1. 太極拳應當是尚巧妙，不尚拙力，這是千古不沒之真理。如此就要在巧上深究細細找，不要再在用力上去白白費了功夫，消耗精神也。

2. 要講法是要有奇特的變化，玄妙的動作，神出鬼沒的變化，神不知鬼不覺的出勁，才算高手，若是只是幾個俗不可耐的柔柔扭扭，就是妙手了嗎？世上事哪裡有那樣的簡單！

● 說理

1. 拳不管用是無變化。
   勁去被人化掉，是勁去已先被人知。

2. 打人勁不入內，是未鬆淨。
   勁去力不足，是身勢不鬆，氣意不足。勁去得不快，是神氣不

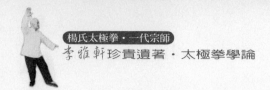

足，意念不足。

3. 膽小不敢進身，是功夫不高。

4. 隔著三五步遠與對方瞎鬥，就不是太極拳功夫。

5. 出手打不服人，是心不狠、手不辣。

● 說練功

1. 太極拳要找輕妙，在輕妙上下功夫，找變化，在虛實上下功夫。不在力量上下功夫，尚巧妙靈機，不尚拙力硬勁。

2. 找粘連綿隨，切切實實做到不丟不頂。要想作到這些功夫，必須將身勢練柔練軟。

（一九六九年十月十一日）

● 說練法和用法

1. 練法要慢，慢了才可能體會全身各部的感應情況，如快了就體會不著，鬆了才可以應付自如。

2. 用法要靈，不靈聽不到對方的來意來勁、偏左偏右、偏上偏下，來的遲速軟硬和方向，聽不到就不能好好對付。

又，用法要快，不快就不能及時到達所打的目的地。不快就不能及時的防護對方的來手，就會被對方打上。

以上所以說了練法要慢、要鬆，用法要靈要快的道理。

（一九六九年十月十五日悟）

● 練法

1. 調呼吸使其深長，這樣子能使氣血流行通達全身，脈搏自然正常。

2. 鬆軟肢體，使其關節筋骨肌肉活動，增強彈動力量。

3. 穩靜思想以養腦力，使大腦清醒，神經靈敏，增強聽神經、視神經、觸神經的靈敏。

4. 如有了這樣子的情形，身心自然會得到健康。

● 用法

　　無論如何說，在比手時，一定二目要銳利，心氣要豪橫，變化要快，發勁要冷，有來不知去不覺的動作，冷快絕倫，打人於不知不覺之中，使其驚心動魄，膽戰心寒，這才是太極拳。

● 說練功

　　第一要將身勢放軟，腰身放軟，四肢放軟，周身一體，心氣一致，內外全部都要整個的成為一體的放軟。

　　要純粹的用意不用力，兩臂叫它鬆沉、穩重、鬆淨，沉甸甸、重砣砣、沉沉穩穩，如載重之舟，沉而且穩，鬆鬆的、沉沉的、重重的、慢慢動、慢慢柔、慢慢的用心用意，慢慢的用氣意佈滿全體，氣貫周身，心動意動氣動，要用意，要用神，要用氣，要暗動、內動，絕不可明動，不可妄動、多動、盲動，這是要緊的。以心行、以氣運，鬆沉鬆沉，穩靜穩靜，要緊要緊，時刻不忘。

　　隨便一舉手，也不能忘掉鬆沉穩靜，以心行、以氣運，一開一合，一伸一縮，一來一去，都要掛著拳意，不能丟掉拳意，如丟掉拳意，那就是亂動，那就是瞎鬧。推手亦是這樣，每動都有拳意，這樣功夫練好了，也就有了好的沾粘綿隨，無不百戰百勝。

　　行氣行得穩，一發命歸陰。練心、練意、練神、練氣。

● 說觀德

1. 射箭的姿態，其心胸氣度要端莊氣派，如無正大的思想，這種端莊就出不來，所以說「射以觀德」也。
2. 練拳的心胸氣派，更要有這樣的端莊正直的忠勇氣派，否則出來的姿勢就不會有端莊正直忠勇的氣節，那就更無觀德之可言也。這是練功夫必須要特別的注意的地方。氣派者，言其氣節與派頭

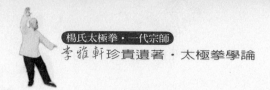
也。

● 說動靜功夫

1. 練拳不只是起著舒筋活血鬆軟肢體的作用，而且要在穩靜腦神經上起著清醒智慧，叫它增長靈機的作用。

2. 這種舒筋活血是等於體育運動，這種穩靜大腦中樞神經等於靜坐，所以說太極拳是動靜之功夫兼而有之。

● 說鬆軟輕靈

1. 要天天想兩肩兩肘節要如何能鬆軟得如斷下來一樣，以及全身要如何才能有軟若無骨的情形，這樣子天長日久，就可能將身體鬆軟下來。

2. 這些鬆軟，全是以氣意行運，才能鬆軟得均勻。

3. 這些鬆軟，全是以神氣鼓蕩，所以它不只是有鬆軟，而且還有充分的靈機感應也。

4. 目前的需要，要先在肘肩上特別注意它的軟，叫它如斷下來一樣。

5. 一舉動周身俱要輕靈，但又要掛著拳意，不要把拳意丟了，要細心體會每手每勢的作為，要每手每勢咀嚼其滋味。
我比萬物輕靈，隨便可以隨著意識移動，這樣子萬物都可以被我玩弄，如我比萬物重滯，那就萬物反可玩弄我矣，此理不可不知。

6. 無論是練是用，出手就想叫它極其鬆軟、靈動，見勁就走就化，但也不脫離它。要走化的無形，叫對方不知道爲妙。

7. 要天天想兩肘兩肩叫它如掉下來、斷下來一樣的樣子，天長日久，就可鬆下來了，如不用心去想，那是進步不快的。

● 說練法

　　每練拳一定要注意穩靜鬆軟、養靈感、養大腦、養中樞神經、養神經末稍，使其感覺靈敏，傳達迅速，比其他人快，如此可以戰勝一切人，如神經感應遲鈍，雖有天大的功夫，不能取勝。

● 說著迷戀拳

1. 每練功一定要在穩靜鬆軟上著手，否則就養不出清醒靈機的感應來，沒有清醒靈機的感應，就不能勝人。
2. 既練太極拳，應當把太極拳的道理要深究細解的弄清楚，否則太極拳的奧妙體會不出來。更要天天練，多多練，才能日新月異的進步，不然就會後退，切記切記。
3. 要多多練，天天想，才能發現道理，才能出生興趣，有了興趣，就會自動的想多多練了，如不天天想，天天練，找不著味道，興趣沒有，就不想練了，興趣是由天天想天天練中得來。
4. 練太極拳長功夫要著迷，不著迷，功夫不進步，拳有拳迷，歌有歌迷，戲有戲迷，不著迷就不長進。
5. 太極拳的道理體會，是由多想多練中得來，興趣是由悟解了道理，有了體會而得來。一言以蔽之，多想還要多練，想而不練不進步，練而不想也不進步。
6. 每練要思、要悟，老論云：勢勢存心揆心意，得來不覺費功夫。
7. 養心養性，養靈感、養清醒、養懂勁，以悟大道。
8. 如此在練功時，每手每勢，要再三咂其滋味，不能囫圇吞棗，毫無心得，嚐不著味道也。
　　今後每天要練三小時拳。

● 說練法

　　簡單的說，就是叫身心舒適，作呼吸舒適，穩靜安舒而已。

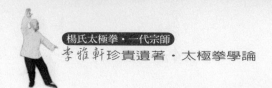

1. 務要將此一身放鬆軟，要放得稀粑軟，要軟得一身粑粑的，才能柔屈百折若無骨。

2. 尤其是胸、腰、脊樑，是非軟開不行。

3. 其次是肩、肘、胯、膝、腳，也要軟得粑粑的，如不鬆軟就不行，不能有打鬥防衛作用。

4. 氣意沉著，一身鬆軟，柔曲婉轉，隨曲就伸，無往而不利。然若如此純軟，而不是一身毫無抵抗力了嗎？有的，我身雖軟，而是以神以氣將全身鼓勵起來的，它有充實的柔彈力，又有充實的靈機，因而也是有神聖之威力而不可以侵犯者也。

● 說經驗

　　如打星橋、小李這樣有靈感的人，就不能以拿勁勝他，當以靈彈的勁、迅速的勁、鬆快的勁打之才行，如此說來，平素練功，要找鬆淨軟彈的勁才對，如找硬勁，不足以敵高手也，切記。

　　鬆軟靈彈細細的找，這是最好的練法。

● 說練法

1. 每練功一定要想著多想鬆軟、多想靈彈、多想巧妙細緻的動作，要緊要緊。不學初步的笨力的練法。

2. 找虛實變化，想虛實變化，如不想虛實變化，就不長進。

● 說練法

1. 一定要大鬆軟，靈感上體會，日子久了，拳意自會上手，才有辦法，切記。

2. 要耐心的摸，耐心的練，拳味就上手，否則不上手。

3. 練拳時，心裡萬不能想硬，一想硬就與太極拳功夫有害，切記切記。

4. 心裡想鬆軟，身上放鬆軟，要鬆軟的粑粑的，無微不至，似軟非

軟的不行。

5. 推手一定要有虛無靈感，奧妙無窮之勢，否則不算高手也。

● 說大鬆大軟

　　一定要大鬆大軟大鬆沉，推手練功打手都要鬆沉無比。大鬆大軟，氣化一切，切記切記，要緊要緊。

（一九七○年元月十四日晚上九時）

● 說練功及推手

1. 要抱圓守一。
2. 柔軟若無骨。
3. 要虛無氣化。
4. 要用神、用意、用氣、用虛無，不要筋骨肌肉之拙力。
5. 要玲瓏透體。
6. 要有虛無奧妙。

● 說練功

　　多想老師練拳的情形，多想老師推手的情形，多想老師發勁的情形。

　　練拳是鬆沉軟彈，推手是鬆沉軟彈，發勁是鬆沉軟彈，用神氣。

　　要學楊師的練拳鬆沉軟彈的情形，推手是用氣化一切的情形，冷彈發勁的情形，多多想想，切記切記。

● 說練基本功

1. 雖是多年的老功夫，每逢練功，也要從基本上練，基本上想。
2. 基本者何？即是鬆心鬆身鬆脊樑，特別注意鬆肩肘，要叫肩肘靈活自然的能轉扭，鬆鬆鬆、鬆鬆鬆，要緊要緊。

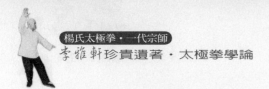

3. 要注意肩肘的靈動，要緊要緊。

● 說練功

1. 如此說來，注意練功是第一要緊。
2. 李耀源說，他把太極拳看作比他的生命還要重要，其求學之切，可想而知。
3. 但拳要靜下心來，細細體會它的滋味，否則拳意不上手也。
4. 人而無恆，不可以作巫醫。
5. 鬥要勇敢，要膽壯。
6. 如此則非平素練不可也。

● 說練法

1. 多想老論上的道理。
2. 一心想鬆軟，一心想靈感，一心想去掉一切拘滯僵硬之力。
3. 如此用功日久，定有好的收穫。

● 練功的道理

1. 初練功時，不能多尚空談玄奧，空說虛無。
2. 要求基本上的練功，有了基礎，長了實力，然後再研究巧妙虛無玄奧的東西，否則不管用也。

● 練法

1. 平素練拳，要捉空，要找虛，要體會靈感。
   平素練拳，要鬆軟著，虛靈著，體會手上之靈感。
2. 要捉空，要找虛，想靈覺，體會空氣中之觸覺。
   兩手兩掌要鬆泡泡的氣鼓鼓的，如此，靈感才能上手。

● 說練功

1. 最要緊的，是要有極其輕鬆靈感的思想，極其靈感的身勢，慢慢的去摸索，久而久之，拳意才會上手的。

2. 要鬆軟得一身如鬆懈一樣，可是不同於鬆懈，它是有拳意的，不同於軟懈，而是有神有氣，有靈感的貫注。老論云：用意不用力。

3. 要鬆懈，鬆懈，鬆懈，使兩臂如同斷下來一樣才夠味。但是在發動中要掛拳意。

4. 不鬆懈，拳味不上手，掌心指肚不發泡發脹，（其鬆的部分是鬆懈，但必須有拳意），不鬆懈，頭腦不清，靈智不生，感覺不靈，功夫不上身，拳意不上手。總之，如不鬆懈，就長不出太極拳的上乘功夫來。不鬆懈，兩臂就不沉重，所以也能戰勝他家拳者，是柔柔轉轉比外功拳仍好也。

● 練功鬆指節

1. 練功之鬆，最難的是鬆指節，指肚掌心鼓脹，以後要注意。或以為到處都鬆了，經不得一點觸力，如何能做比鬥？蓋太極拳之比鬥，是不丟不頂，一遇觸力，即隨、即走、即化，絕不施力，如此要力何用！

2. 太極拳之妙處，是要靈，遇力必走，靈感至極。如在練功時注意專在氣力，勢必感覺不靈，不能做到蠅蟲不能落，寸草不能沾，則失去太極拳效果矣。

　　以上要多多想之。

　　如各處已鬆，指節不鬆，在聽勁靈覺上就不太妙了。

3. 太極拳之功夫，主要是靈，如練不出靈來不管用。

4. 太極拳是練心性、練精神、練氣，充實靈感，不是練筋骨肌肉上的硬勁，此所謂內功也，否則是長拳功夫了。

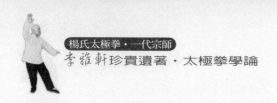

（一九七○年四月十三日）

● 說練功夫與寫字

1. 寫字拇指食指要將筆桿子抓緊，否則練不出手力來。

2. 練功打拳，力量要踏著腳下去，否則練不出根基來。

　　練功：勁要踏到腳下去，神要虛靈的頂起來，心氣要沉到丹田去，發勁要打鬆沉勁，化勁要用氣化功。

3. 每練功，要想著當先老師練拳的情形：

　　（1）兩臂是如何鬆軟軟的、沉甸甸的、重砣砣的。

　　（2）每發勁是如何輕輕的貼著吃穩之後，心中內勁一鼓，就如拍皮球一樣將人打出的。

　　（3）其推手是如何的兩手輕輕的往我身上一放，我便感覺到毫無辦法。

● 說練功

1. 每練拳要想著老師當先練功兩臂是如何的鬆軟軟、沉砣砣的樣子。

2. 在發勁時，是如何的貼著吃穩之後，然後用內勁一鼓，將其打出的。

（一九七○年六月九日晚）

● 說練功

1. 這向練拳，心不能靜下來，身雖鬆，手指卻未鬆下來，須注意，否則退化了。

2. 夏天來了，正好用功，每天下三時睡午覺後，看一回書，打一回拳。

3. 手指節不鬆，掌心不鼓脹，這是功夫倒退了。

4. 每練沉心沉氣，鬆心鬆身，靜思想，靜腦筋。

● 說練法

1. 一定要心裡想著如何能養清醒明白，志氣充實，智慧靈感。如何能舒適穩靜，虛無奧妙。
2. 萬萬不可想用力、用硬、用僵，不然，那就錯了，注意注意。

● 說練法

　　平素練功，務必要虛妙著、輕靈著，用思想去體會，不是要專在筋骨肌肉吃苦上用功，腳下要有鬆軟而又穩固的踏地力。

● 說練功

1. 練功夫，主要是養思想上、頭腦上、身上、手上的虛無靈感，如忽略了這一個就練不好。因此在練功時，就要將身心放鬆，穩穩靜靜的去摸、去體會才行，如慌著忙著就找不著。
2. 找虛無是太極拳的第一要領，如忽略這一點就練不好。

● 說身勢鬆軟

1. 如無身勢鬆軟的練功，就打不出入裡透內的勁來，就不能化掉對方的來力。
2. 鬆須先鬆心，能鬆思想，身勢就能鬆開，如不能鬆心，身勢是鬆不開的，切記。
3. 身勢鬆不好，拳就打不出味來，對手也沒有好的作用。
4. 無論打拳或是推手，都要身心放鬆軟。

5. 就連平素行走坐臥，也不要忘了身勢動態的鬆軟。
6. 鬆是一切養生修身的法寶，不要忘記。
7. 然神氣意思是要鼓勵起來的。

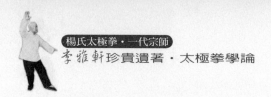
● 說練功夫

1. 按老規矩用功，不要東想西想。

2. 塌肩垂肘，鬆腰坐胯練腿功，拔背頂頭練精神，氣沉丹田練沉著，呼吸深長練氣功，腳踏實地，一步一式的求之。如此日久，必定會功夫大長，而後各種功能自然的就來了。

3. 腿上力量不夠，是一個大缺點，要注意練出來。

4. 腳踏實地，一步一步的苦求苦練，就長進了。

5. 無論推手練拳，非要使腳下沉下勁去不可，否則是瞎鬧。

6. 一切的姿勢做不到家，都是腿上力量不夠的關係。

7. 如捨不得吃苦，怕冷怕熱怕累，就練不出功夫來。

   不下姿勢，練不好功夫。

（一九七〇年七月一日）

● 說找巧妙的應用

1. 一身鬆，一身軟，一身輕靈，一身虛無。

2. 機動萬變，虛實莫測，動作玄奇，神出鬼沒。

3. 靜如山嶽，動若江河，胸藏萬機，有神聖不可侵犯之勢，方是高手。

4. 如對方來攻，我以極其虛靈之身勢，將其來力化之於無形之中，叫對方絲毫沒有感覺，方是高手。如須進攻，冷快絕倫，以迅雷不及掩耳之勢，使其有驚心動魄、亡魂喪膽之感，才是高手。

● 練功夫

1. 一定要在穩靜清醒及深長呼吸上注意，否則練不出靈感來。

2. 最要緊的是養靜澄清，使其靈智出現，才是正宗的太極拳功夫。

3. 練太極拳的人，不只是在練功時要保持穩靜安舒清醒明白，就在平時行住坐臥之間也不能忘掉穩靜安舒的清醒明白，如此才能養

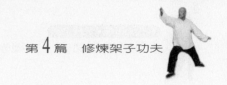

　　成深厚的功夫，如此則才可能延年益壽，養病療病。

● 說修心養性調氣

　　每出手練拳，要在心裡存一種修心養性調氣的思想，如此對療病健身上的效果才大。

● 說用功

1. 打拳氣要行運，神舒體泰，身軟氣沉心穩靜。
2. 功夫要做到家，要下苦功練。

● 說腳下根基

　　無論練拳推手或是發勁，腳下要一定踏實有力，這種踏實有力是鬆軟而又穩固的踏實，要緊要緊。

● 說鬆重

1. 一定要大鬆大軟、大鬆沉、大軟重，不如此，練不好功夫。
2. 兩臂若有千鈞重，好似要抬不起的樣子。
3. 抬腿腿要重，要使整個的身勢鬆重無比的樣子。這樣子練法，一定出好功夫，出好身勢，出好散手動作。
4. 千萬不忘鬆重。

　　這個鬆重是靈軟的鬆重，不是身體的笨重。平素行往坐臥，都要細心體會這個鬆重的味道，至要。

● 說練法

　　鬆沉軟重，穩靜，神舒體若，神清骨爽，動作自如。

● 說身勢下去

　　初學打拳走架子，要下去身勢，如浮浮飄飄的不行，練不出功

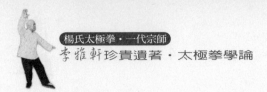

夫來。

● 用功

1. 無論是寫字打拳，都要切實的下功夫，才能練出眞資格眞功夫來。
2. 浮浮飄飄的練不出眞功夫眞資格來，這是千眞萬眞的話，要切實記著，如投機取巧圖省力，是練不好的。

● 用功夫

1. 無論練什麼功夫，一定要靜下心來，按規矩腳踏實地的一手一式的下功夫，才能長進。如偷工減料，求其速成，那是自害自一輩子，學不好的。
2. 拳要多想多練才行，如不大練，不會長進。
3. 有些人對你還不佩服，總有一天要比比看，你要長志氣，功夫要天天練，保持名譽。

　　天行健，君子自強不息。

● 說丟鬆放軟

1. 一定要在丟鬆放軟之中，慢慢的靜下來體會，如有拘滯力絕不行。
2. 將來發勁時，也是要丟鬆放軟，才能打出冷彈的勁來，使對方不好化掉，如是稍有硬勁，對於有點太極拳功夫的人就打去無效。

● 說練功

1. 無論任何的功夫，如練功發勁變化，都是要鬆開才行，如不將全身鬆開，那是一輩子也練不好的。
2. 一切之一切動作，是以神氣意爲主作出來的，而不是以質體的筋骨肌肉爲主作出來的，這個道理一定要知道，否則練不好，是俗

拳，是笨拳，是一般的拳，而不是神出鬼沒，變化莫測的神拳。

3. 一切全憑千變萬化，神出鬼沒，奧妙無窮，來去莫測，空無所有的虛實變化。

4. 打一個冷快絕倫，淋漓痛快，乾脆無比，如摧枯拉朽然，滿身的虛靈之氣，有神聖不可侵犯之勢。

5. 以上皆由於一身的神清骨爽的鬆軟而有的。如一身的僵滯之拙力，是不可能的。

　　以上這一篇是和小李教拳悟出來的。

（一九七〇年九月六日）

● 說練拳

1. 每練拳，不要忘記了要掛拳意，挨拳意，捉拳意，這是很要緊的，不要忘記了，如掛不著拳意，捉不著拳意，挨不著拳意，便是不細微，不精細，未入門，不能進步也。

2. 打拳練功夫，每手每勢，總要掛著拳意，如不掛拳意，是不得法，要好好注意找這個拳意。

3. 若為修身練拳，第一要在靜心上下功夫，第二要在靜氣上下功夫，第三要在舒適自然上下功夫。至於其他則次之。

● 說反覆鑽研細心體悟

1. 太極拳是很細的東西，要細心想，只是一個攬雀尾，掤捋擠按，就值得反復鑽研，不要自以為是會了。

2. 以後要好好的在掤捋擠按上細心的找。

（一九七〇年國慶日頭天晚上悟）

● 說依老論下功夫

　　練功不要東想西想，只要在老論上一字一句的認真下功夫鑽

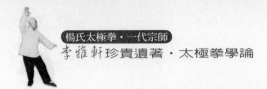
研，功夫就要大長，否則白費精神。

（一九七〇年十月十一日）

● 說用功

1. 練拳下功夫要狠，不狠操不出妙手來。寫字下功夫要狠，不狠抄不出妙手來。
2. 比鬥出手要狠，不狠打不服人。
3. 推手發勁要狠，不狠勁不充實，發不出去人去。扳腿要狠，不狠扳不出高手來。

● 說細細思悟

太極拳是很細緻的功夫，要細細的思悟，一個掤捋擠按四手，就必須細心的下功夫，經常鑽研，否則練不好，不要以為會個形式就算會了。

● 說練法

1. 練法方面的功夫（要領）很多，但主要是在沾粘上狠下功夫。要想把沾粘功夫練好，是要在平素練架子時，把全身放鬆放軟放正，只有氣意鼓蕩，不要絲毫的拘力，否則一輩子練不好太極拳功夫。
2. 要神氣舒暢，神氣不舒暢，也是一輩子練不好太極拳的功夫。

● 說練架子

1. 不要忘了塌肩垂肘、頂頭拔背的老規矩。不要忘了虛靈頂勁、氣沉丹田的老規矩。
2. 以上要以意思去作，不能用力，如用力練習慣了，就不生長靈機，無靈機，在比鬥時就動作不快，不快就攻擊也不行，防守也

不行，必挨打也。蓋比鬥時，全靠靈機感應迅速，這種靈機是鬆
著動練出來的。

3. 太極拳功夫不易學，就在這一點，無沉勁不行，沉過了也不行。
所以學太極拳功夫要有夙慧，有聰明，才練得好，否則一輩子也
是瞎鬧。

（一九七○年十一月二日悟）

● 說慢練養眞功夫

1. 功夫是慢著練而養出來的，比鬥時的快，比鬥時的神奇變化，是
在拳的精通熟練中而有的。

2. 如不是慢著練拳，出不來眞功夫，如不是精通熟練，出不來神奇
的變化，關於這一點要明白。

● 說練功夫

1. 練拳盤架子，主要是養心勁、養內勁、養豪氣、養膽氣、養神
氣、養勇氣。

2. 有了這些功夫，戰無不勝，修身養病，自不待言矣。

（一九七○年十一月廿五日下午悟）

● 說周身放軟

1. 練功爲什麼要軟？因爲非軟打不出沉重的勁來，非軟打不出入裡
透內的勁來，非軟打不出彈力來。非軟變化不神奇，非軟不能運
用神氣的變化，非軟不能去勁使對方不覺察，非軟打不出驚心動
魄的勁來，非軟不能有鬼懼神愁的動作。總之一句話，非軟不能
鎮壓野蠻壯漢，此所謂每練功必須周身放軟也。

2. 每練拳或推手，心裡要想著兩臂放鬆放軟，全身也要放鬆放軟，
放軟了才有辦法，否則不進步，切記切記。

（一九七○年十一月三十日悟）

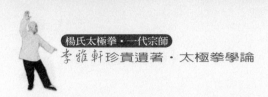

● 說用神、用意、用氣

1. 每練拳，動作身勢，一切要氣化、意化、神化是最重要的。

2. 太極拳無論是練是用，都要用神、用氣、用意為主，否則不是高手。無論練拳推手、發勁、化勁，進攻或退守，都要用神、用意、用氣。柔曲百折若無骨，撒去滿身盡是手。

● 說練法

1. 練功最要緊的是要靜下心來，養靈感機智，靈感機智有了，充實了，以後太極拳才能達到高深的地步，以後在推手打鬥方面，才能作出神妙動作來，如沒有充分的靈感和機智，只憑有把子笨勁，那是始終練不好的。

   養靈養智慧，養清醒明白。

   養中氣，養內勁。

   養機智冷快，勁去使其驚心動魄。

2. 練拳是要練出體力來，然後練靈感智慧，有了體力，有了靈感，智慧，一切都可隨心所欲，都可做到的。

● 太極拳用法

1. 不丟不頂，不抗不抵，以走以化，以虛以空以聽，絕不頂碰，也不丟離。

2. 不發勁則如百無所有，到處使其捕空捉影。如發勁則冷快絕倫，穿胸入裡，透內震心，使其五臟熟翻，千變萬化，使其驚心動魄，神出鬼沒，不能抵抗，也無從抵抗，這才是太極好手。

   以上完全是用意用氣用神，決不用拙力，切記切記。

● 論腰領之重要

1. 無論練法用法，千萬不要忘記腰要帶領一切，腰要轉動，要轉動。
2. 如腰不知轉動，只是胳臂腿足打拳，既不能健身，也不能打鬥作用。
3. 腰領就是要領，腰的轉動是非常重要，切記。
　　腰要有轉動，切記。

● 說練拳的鬆沉

1. 練拳的鬆沉之沉，是因兩臂鬆得乾淨了，其兩臂本身的重往下沉的沉，不是用兩臂往下壓力的沉。
2. 身勢也是這樣，是身鬆淨了，其身軀本身往下沉的沉，而不是身勢往下壓的沉，不然的話，越練離著拳的道理越遠，切記切記。

● 說練拳

　　練拳功應鬆開了心身，任其自然，穩穩靜靜的虛靈的去練，這樣子才好體會周身上的感覺。重心對不對，身心舒適不舒適，氣分神態自不自然，以這樣子的練法，以俟找著了勁，然後才能頻頻的貫勁練。如在尚未摸順勁的時候就用力貫勁練，怕這樣子把勁引到邪路去，以致身心不適，功夫越練越彆扭，如功太深了，還恐把身體弄壞了，這不只是拳術功夫練不好，不能致用，而且也收不到健身的效果，此練拳功者不可不注意者也。

（一九七一年元月十七日悟）

● 說練功

1. 心裡要想著，養心胸，養氣度。

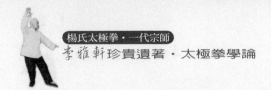
2. 行氣運氣，要使其動盪，使運化周身，則百病可以消除。

● 說名手之眞本事

　　既爲太極拳名手，要有以下的幾種本領：

1. 輕便靈感，無微不察。
2. 動作輕妙，令人不覺。
3. 冷快的變化，冷快的發勁，能打人於不知不覺之中，神鬼莫測。
4. 發勁能叫敵人如觸電樣的跳出，不知我勁是如何來的。
5. 有鬆沉軟彈勁，有入裡透內勁，有柔之化勁，能化勁於無形之中，使對方之勁失掉作用。

　　要有以上這幾種功夫，如只是一味的傻用勁不行。

● 說練功

1. 要使身體稀鬆粑軟，只是要以神氣把身勢鼓勵起來，不使身勢脫落下去。
2. 一切的動作，是以意識爲主，不能以筋骨伸屈爲主，這就叫用意不用力了，不是完全的不要筋骨肉的動作。常言道，健康的精神附於健康的體質，可見體質也是人體的重要部分。
3. 但體質的一切作爲，是受意識形態的指使，而不是體質的自動，由此可知，意識形態就是神和氣，這是比體質更要緊的一部分。
4. 總之，體質和神氣是相輔而用，缺一不可，如無神氣，質體是死體，雖有等於無；如無體質，神體無所依附，就等於無神無氣也。
5. 靜腦筋，清思想，澄智慧，以心行氣，以氣運身，使其鼓蕩暢舒。
6. 四肢便利，精神愉快，多活幾天是好的，其他不足注意，靠誰都不行，要靠自己。

（一九七一年正月初九立春日）

● 說多想多練

1. 功夫要多想多練，如只練不想不行，如只想不練也不行，如不想不練更不行。

2. 功夫要多想多練，還要多試，經過多次的實踐才行，如只是紙上談兵，是靠不住的，切記切記。

● 說以神為主

　　練功總要以神為主，才能練得好，如只是在筋骨肌肉上苦練苦求，那是練不好的，切記切記。

● 說練功

　　每練必鬆沉著，每動必掛拳意，要有入裡透內意思，萬不可使身手動作漂浮零斷。

● 論練功與發勁

1. 在練功時未想著掛拳意上，想著蓄勁，所以在發勁時力不充實。

2. 以後練功時，務必要每手每勢掛拳意，吸氣蓄勁，呼氣放勁。
　　非要吸氣蓄勁及呼氣放勁，如此去練功，久之，再去推手發勁，就會充實了。

3. 在練功時，每手每勢，要細細的體會身勢腰腿周身之勁是如何去的，順不順勁，各部分隨不隨，意思神氣配得合不合適，這是很要緊的事，如配得好，去的勁就充實，效果大；如配不好，去勁就不充實，效果小，甚至打上白打，沒有效果。由此可見，練功時的身勢四肢的體會很必要，尤其是意識神態氣勢的配合更必要。

4. 腰腿上的勁是如何運到，接觸上的意思是怎樣配隨的，配隨得恰不恰當，勁整不整，腰腿的先後、勁的軟硬是如何配的，要細體會，不在使力大小，假如配合得不合適，使力再大，反而更壞

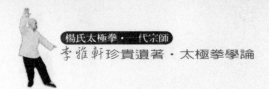
也。以後練功，要體會腰腿先後勁的軟硬，本此意思用功，切記。

5. 發勁打出去有沒效果，全在腰腿氣勢、意識、神氣的配隨之如何，如配隨得好，效果大，不好效果小，甚至發去無效。如名醫之開藥方，各藥君臣佐使分量大小的配合一樣，如配得好，能醫好病，如不好，醫不好病，甚至害人，打太極拳也如是也。

(一九七一年三月二日)

● 練功動態

1. 每練功的動態要均勻美妙，有說不出的味道。

2. 叫腰腿身勢如龍蛇之體，要鬆軟順隨，不可有硬板板的形象，不可有節節疤疤的樣子。

3. 在俯仰開合之中有奧妙，需要細細的捉摸，如粗心浮氣的找不著。

● 說靈機

1. 每出手，一定要輕輕的摸，慢慢的動，虛虛的找，使腦筋清醒無比，靈機以極，不必開大架子。

2. 摸找拳意，找拳味，虛妙以極，靈感無比，這才是練太極拳的正規則，如傻用勁使力，不好。

3. 各省很多練太極拳的，不是這個方式，他們全找錯了，所以不是太極拳的味道也。

4. 練太極拳是如捉空，如摸魚，虛妙以極，無微不至，否則不是太極拳。一些人把練拳的方式弄錯了，所以在推手都互為抵抗相撞，把虛無靈機巧妙全弄沒有了。

5. 出手要自始至終保持靈機，保持鬆軟，保持沉重，如丟了這個道理，練不好了。

6. 保持靈機，如對方出手，我有未到先知之妙，對方一舉一動，我

必先知，取勝知道，在其中也。

7. 總之，靈機是最要緊的，無論作什麼事也是如此，不只是打拳也。

8. 練功在於養靈機，靈機充實了，就如神仙法寶一樣，戰無不勝，如無靈機，天大功夫也無用也。

平素練拳注意養靈機，這是非常要緊的。

● 說鬆軟靈機

1. 胸腰軟，腿胯軟，肩肘軟，兩臂軟，兩腿軟，手軟腕軟，總之是一身都要放鬆軟。

2. 軟是練太極拳的法寶，無軟不是太極拳。

3. 無論是推手比武，一切打鬥，非軟不足以化對方之勁，非軟不能發入裡透內之勁，非軟不利於人之進攻，以後練功要注意練鬆軟。

4. 非鬆不能軟，非軟不能靈，非靈不能聽對方之來勁，非軟不能千變萬化，非變化不能打人於不知不覺之中，以後時時要注意這個鬆軟。

5. 要使對方如觸電樣跳出去，是非軟著發勁不行。

（一九七一年四月二日悟）

● 說練拳基礎功夫

初步調呼吸，用意，隨開合，穩靜心性，放軟身體，這是很要緊很基礎的事情，必弄好弄徹底，以後一切的推手散手，刀劍槍戟等等全可很順利的進步，否則一切全弄不好，要想弄好，非常困難。

（一九七一年四月四日悟）

● 練法

每練拳，心裡要思想須如何能叫身勢放鬆軟。尤其是兩肩兩肘，要時刻不忘思想放鬆放軟，如不這樣的行功，就不能上進。

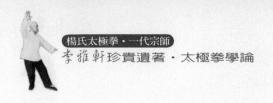

（一九七一年四月十五日悟）

● 說練功

1. 要想功夫的進步，就要天天想我師楊澄甫公平素練功推手及發勁等等神氣味道，如不天天想，進步就不快，切記之。

2. 要思想他：其練功是如何的穩靜鬆軟。其推手是如何軟彈輕妙，知覺靈感，虛實莫測。其發勁是如何的運用丹田勁，充實無比，乾脆以極。

（一九七一年四月廿二日悟）

● 說練功養身及打鬥比武

1. 以心行氣，以氣運身，使氣鼓蕩，神內斂，使心性穩靜，使身勢鬆軟，使呼吸深長，使頭腦清醒，使身心舒適，使重心正確，使動作雄偉，如長江大河之勢，浩淼無邊，滔滔不絕。如此天天用功，把偉大氣魄養出來，把浩然之氣養出來，把雄心壯志、偉大的氣勢養出來。以此偉大的氣勢去推手，去比鬥，可以無敵於天下，何況三五跳樑小丑能跳出掌去麼？

2. 關夫子之氣勢要時常想之。

3. 練功主要是養雄心壯志、浩然氣概，不可一世之精神，如內心裡有了雄心壯志，其外面的氣度就大不相同了。

● 說練功

練功方面要緊的地方很多，但主要的是養聽力視力，養清醒，養中氣為主。

● 說練功

1. 一言以蔽之，太極拳之功夫，是要在鬆上軟上、穩上靜上，狠下功夫。至於其他規則，全在其次。蓋如無鬆軟穩靜的基礎，其他

的一切之一切，則全談不到矣。

2. 在練功時，要如道家之靜坐，佛家之禪定，心裡什麼事都不能想，只想如何清醒腦筋，如何調順呼吸，如何身心泰然就行了。

3. 每練要收視反聽，垂眼簾，忘形跡，如半睡之狀。

心存靜養，則靈機智慧自生矣。

● 練功要思考

每練功，心裡要想打法，找用法，否則不進步。

● 說練功之目的

練功的目的，是要神氣雄壯起來，心膽豪橫，理智充實，分清是非，保護真理，仗義抗暴，反對壞人，與壞事作鬥爭。

● 說練功

1. 每出勢慢慢的摸索，細細的體會手上的感覺，不要使大力，不要開大架式，以免費力，以使有恆持久，如此天長日久了，就自然的養出手上的靈感功夫來，在推手時，聽勁準確，怎來怎化，這就在不知不覺中長了功夫了。

這種練法，又省力，又能耐久，是最好的長功夫的辦法，如是每練必下大架式，使大氣力，又累人，又不能持久，不持久就長不上功夫，這是很值得注意的，切記之。要叫手掌上的肌肉有發泡的感覺為對，要叫手指肚上的肌肉發鼓脹才對，好好注意吧，如此就可有了靈機了。

2. 拳不離手，歌不離口，功夫非要練，要時常想，持久的摸索。

3. 練時注意找味，不要用很大的力，因為我是多年的功夫，不是初起打基礎，所以不必費力練功夫，只是找味就行了。

4. 要把手掌上、指肚上及其一身的靈感練出來，要把神經的靈感練出來，把清醒的靈敏智慧練出來，如此非輕輕的鬆鬆的穩穩的慢

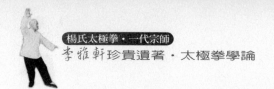

慢的靜靜的練功不行，如是用大力用硬力或架式太大都不行，因
爲這是多年功夫了，不必再在基礎上下大力，出大架子功夫了。

（一九七一年五月十四日悟）

● 在病中功夫應如何練法

1. 在病中練拳，要輕輕的練，細細的找味，這是最好的辦法，不勞
   大力，不用大勁，又可長功夫長靈感，又不影響養病，並且對病
   還有幫助，再好沒有了。
2. 功夫不練不進步，如大力練影響病，但以上練法對病還有好處，
   是一舉兩得也。況掌上的發泡，指肚上的發脹，又非慢慢的不能
   養出來，這確是一舉兩得之事。

（一九七一年五月十八日悟）

● 練功

1. 你要天天摸，別以無興致不練。
2. 練著練著，就有了興致了。
3. 多推手打散手，多多操練。

● 關於練功還要狠下功夫

1. 練功非在鬆軟方面狠下功夫不可，否則被後學拉下去，蓋逆水行
   舟，不進則退。
2. 鬆軟要在穩靜基礎上鬆軟，不能丟掉穩靜的瞎軟。
3. 發勁要打鬆軟沉彈之冷快勁，如不鬆軟沉彈，勁就不透內，如動
   作不冷快，被敵人先知就打不贏了。在這些功夫上要狠下功夫，
   要在這上頭找出奧妙來，才是太極拳專家，否則何足爲奇！

● 練功

1. 練筋骨肉之功夫已成過去，因這是青年初學，非此基礎不可，現

不能有這種想法，否則太愚蠢了。

2. 現在的注意的練法，是練虛無靈感，使靈魂集中於上丹田之階段，以便其離殼上升，與宇宙萬物通體合一。

如現在這個階段，正是練神、練氣、練神還虛的階段，如現在還是在練筋肉的功夫，那真是愚蠢之至。

● 說練功

1. 出勢一站，先將身勢丟鬆放軟，以待心靜下來，身穩下來，呼吸均勻了，而後出動。動作保持這種穩靜，不要把穩靜打散了，一手一式把一路拳式形容出來。

2. 本老論上的規則，以心行氣，務令沉著；以氣運身，務令順隨。

3. 本此用功夫，久之，氣就壯了，身就健了，意就沉了，呼吸隨了，病就去了，延年益壽之道，莫此為要。

（一九七一年六月一日悟）

● 說練功

1. 每練拳，心裡一心一意的想鬆，想軟，想輕，想靈，想每着每拳的用意作為。

2. 每練拳，心裡想調氣、行氣、運氣，深長呼吸。

3. 每練拳，心裡想靜心、定性、澄清智慧。

4. 每練拳，心裡想養心、養性、養腦、養清醒明白。

（一九七一年六月十日）

● 說練法

1. 要在鬆軟穩靜上、呼吸上、沉著上、清醒明白上、靈機感覺上、動作掛拳意上狠下功夫。這種意思時常想，天天想，無論行走坐臥，也不要忘了穩靜鬆軟沉著的意思。

2. 出勢一站，要把身勢放鬆軟自然，要多靜一回，等到兩臂兩手掌

及十個指頭的指肚感覺鼓脹脹的，麻酥酥的之後，這證明是氣血已通到四肢及手指上來了，然後再出動練拳。在動時，仍要保持兩臂兩手十個指肚鼓脹脹、鬆泡泡這種感覺，不要冒失的恍動快動，把這種臂手上的鬆軟感覺給動跑了，這很要緊，切記切記。

3. 真的太極拳練法，在靜虛這方面來說，是如靜坐功夫相同的，要靜到深處，穩到深處，使之靜極虛篤之後，然後緩緩而動的，若是滿腦子的事務纏繞，格除不掉，靜不下來，雖練功夫也不進步也。

所以說練太極拳一定要在穩靜上下功夫才行。

以上是真的太極拳的練法，獨我教的人才有這種味道，其他省份人的太極拳則不然也。

4. 練功主要是練軟，軟了之後，才能出巧妙的變化莫測之動作，才能靈機無比、打人於不知不覺之中，切記切記。

（一九七一年六月廿一日悟）

● 說練功

腳腿在打鬥上價值很高，要經常操練之，如踢，蹬，擺，踏，分及腿的逼、進、撥、掛、進腿、提膝等等。

● 說練法

1. 以心行，以意去，以氣運，如此牽動往來氣貼背而斂入脊骨。以上幾句話務要細細的思想才進步。

2. 每練拳，以意貫到手上指上或拳上，如此自然就掛著拳意了，要使手指肚及掌心感覺鬆泡泡的為對，這就是勢勢存心揆用意也。

3. 多靜下心來練拳，要掛拳意，少說話以修養真氣，多練拳以想拳味。說話多傷氣，睡覺多傷氣。

（一九七一年七月四日）

● 說練功

1. 今後練功，周身放鬆軟穩靜安舒，連指節掌心也要放鬆軟，至於腰身四肢，自不待言也。

2. 鬆軟穩靜是太極拳功夫之寶貝，須臾不可忽略。

3. 一心思想鬆軟穩靜，日久自然鬆鬆軟軟，穩穩靜靜。鬆須先鬆心，先鬆思想，心的思想鬆了，然後（鬆軟）不難做到。

4. 練軟養靈機，要緊要緊。

5. 其節短，其勢險，勢如擴弩，節若發機。

6. 人不能防不能走，此所謂打人於不知不覺之中也，等你覺察，早已打上，此所謂摧枯拉朽然。

7. 勁去要使其驚心動魄、亡魂喪膽，震動其五臟六腑，使其有頃刻喪命之可能。

8. 入裡透內，莫此為甚，蓋輕如百無所有，重如山嶽立崩。

9. 迅雷不及掩耳，其急如電，如炸彈之爆發然，令人不可防，能打人於不知不覺之中，如摧枯拉朽，這才是太極拳，記著吧，豈能摸摸索索的糊鬼，等於兒戲也。

10. 練鬆軟，練靈機，天天思想。

11. 刻刻不忘使身放鬆放軟，要緊要緊。行走坐臥，刻刻不忘放鬆軟，一身鬆軟。

（一九七一年十月十九日）

● 說練功

1. 功夫要下苦功練，否則一切的想法都是空想，不能兌現，使不出來等於零。

2. 功夫與智巧，要相輔而進，只有功夫無智巧不行，只有智巧無實功也不行。

（一九七一年十月廿五日）

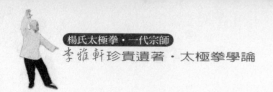

● 固勁與鬆軟靈動勁

1. 練功夫有兩個途徑，一個是固勁，一個是鬆軟靈動勁。

2. 如練固勁，就要天天想固想沉，在用時無論到什麼危險的關頭，也要以沉勁固勁去對付之。

3. 如練輕靈鬆軟，就要天天想鬆軟靈彈巧妙，到用時，無論到什麼危機時候，也要用鬆軟靈彈巧妙去對付他。

   以上這兩種練法，究竟是走哪條路，請你本自己的天性所好、天性所近選擇好了。

4. 固勁沉勁可以用靈動鬆軟靈彈勁破之，如鬆軟靈彈的巧妙，他用固沉之勁就破不了，如是還是以練鬆軟靈彈的巧妙為是。

5. 說個例子證明，胡鳳山之硬固勁，被朱國祿破掉；劉高升之固勁被曹宴海化掉；劉某之硬勁被紀雨人破掉；王子慶被朱國祿破掉；李存義之形意，被楊洪修破掉於濟南上武會；鼻子李被田錦逢破掉。

6. 冷打、變打、巧打、軟打、彈打，百試百驗。

● 多練

1. 掤捋擠按，深究細研，多多找，細細的找。鬆肩墜肘，腳下任端的，要緊，多練。

2. 腳下要任勁，勁要貫注在腳下去，由下又升上來，這才算真正的頂勁，這樣子才有神氣。如腳下未任上勁，雖是作了個頂勁的樣子，是無根的，是浮的，是假洋盤的。練太極拳要知道這個道理才能進步，否則是瞎搞鬼也。

（一九七一年十一月六日）

● 苦練功夫

只要得閒就苦練功夫，如無出類拔萃的功夫，算什麼專家！

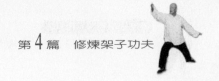

（一九七一年十一月十二日）

● 說練功

1. 功夫要勤練，深研細鑽，要練出類拔萃的功夫出來，否則算什麼太極專家！

2. 為要找味道，找要領，找訣竅，可以單操單練。

3. 要把發鬆軟沉彈勁的要領找到手。

4. 要把內勁練出來，不然是瞎胡鬧。

5. 什麼是內勁要懂，要弄清楚。

6. 練太極拳不懂什麼是內勁，用不出內勁來，算什麼太極拳，是胡鬧一摻合而已。要知道什麼是內勁，又能用得出來，才不愧是練太極拳。

7. 只知發勁，遇真太極功夫時，發去不生效果，總要找準了，摸實在了，掌握好了再發，看對方是個什麼勁道，再用什麼勁對付之。

8. 如醫生治病，先摸脈，摸了什麼病下什麼藥。

9. 如硬的勁，打在軟的人身上，就不生效。

10. 發勁早了不生效，遲了不生效，故須摸實在，認清了對方是個什麼勁，然後用什麼勁打之，才有效，這是唯物的，不是唯心的，這個要知道。摸好客觀情形，然後對病下藥才行，所謂知己知彼，百戰百勝，古今事物無不是這個道理。

11. 發勁有先緩後快，有先快後緩，有軟後硬，有硬後軟，有先硬後也硬，有先快後也快，一快到底，有先軟後也軟，一軟到頭，這些事要憑自己的靈覺智慧去判斷。

    此所以說太極拳發勁在養靈養智慧也。

12. 要防守，周身都有靈機，要攻擊，去得令人不知不覺，無法走脫，否則無效，所以要穩穩的。

（一九七一年十一月十二日悟）

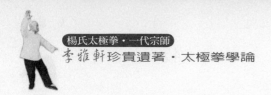
● 用法練功

1. 練得虛無所有，靈機變化，冷打丹田勁，打人於不知不覺之中，如其來犯，到處使其捕空捉影，英雄無用武之地。
2. 到處講虛，處處講虛，這是太極拳最上層功夫。
3. 出手輕妙以極，靈機無比，如虛無所有，如其來犯，使其處處落空。你勁再大，打來不抗你，你能怎麼樣？
4. 得機時打丹田沉勁，入裡透內，莫此為甚。

（一九七一年十一月十五日）

● 本老論規矩

1. 不要胡思亂想，本著規矩就是了。
2. 練靈機，練鬆軟，練穩靜安舒自然，養腦筋，養清醒，養靈智，養悟覺，這些是太極拳功夫千古不滅眞理，要好好記著，要緊要緊。

● 說練功

1. 練鬆軟，練靈感，練虛妙，這是練千古不磨之眞理。
2. 如練力練僵勁，就是錯路。
3. 至於應用，全憑靈感聽勁，事先知道，哪裡來就哪裡化，使對方一點辦法也沒有，英雄無用武之地為妙。
4. 如姜廷選之僵硬，反敗給楊紹西。如胡鳳山之硬，反輸給朱國祿。如劉高升之硬，反敗於曹宴海。如張選清之硬，反輸給紀雨人。
   以上之硬僵不可恃明矣，還不悟嗎？

（一九七一年十一月廿六日悟）

● 安心練拳

練要安心練，不管家務事，蓋事務愈管愈多，未有己時，如此

就未有練功時間了。以後練功，要不管事，一概不管，任它去，如此才有時間用功，切記切記。

（一九七一年十二月）

● 說練功

要注意脊椎骨上的輕扭，這是要緊的。

● 照規矩下功夫

1. 照規矩練拳是要緊的，不想那些花拳繡腿、外面好看的功夫。
2. 太極拳功夫很細緻，要細細的找竅門，如練而不思悟不行。
3. 練功定要腳踏實地，照規矩下功夫。

● 說練功夫

1. 黃星橋的練法很好，身勢靈動，不抵力，不抗力，哪裡來勁哪裡化，他總來勁侵略，他來我化就是了，他來得快化得快，來得慢化得慢，到處不給他勁，他雖有力大，叫他無處去用去。
2. 如此就是找大虛無，如百無所有的功夫了，很好很好。

● 說穩靜

1. 要使身勢氣化微曲婉轉，無所不至。
2. 要養心、養氣、養腦、養神、養性、養靈、養慧，一定要在穩靜上下功夫，否則一切全作不到。

● 說練法

太極拳是柔軟的功夫，練者需要將身勢放得大鬆大軟，靜下心來，慢慢的摸索，慢慢的體會，日子久了，有了靈感，拳意才會上手，如硬手硬腳的去練功不行。

要穩靜，要安舒，要自然，要一本練拳的規則耐心的磨練，如

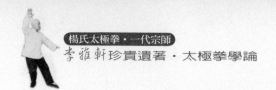

鼓勁努力，必致愈練離太極拳的道愈遠，此學者不可不注意也。

每練功心裡要想須如何才能鬆軟得純淨，如何才有靈感，如何才能體會得細微，須如何轉折才來巧妙。

一切動作，要有大鬆大軟，又要有沉著，又要有氣勢，要一切的動作，均要拿氣勢來運化。

要用意用氣，要抱圓守一，要若有柔軟百折若無骨的樣子，若有玲瓏透體，若有虛無奧妙的樣子，神舒體若，一切自然的樣子。

每練一定要在穩靜鬆軟上著手，否則養不出清醒靈機的感應來，太極拳的奧妙也就體會不出來了。

天天要練，天天要想，日子久了，拳意就會到達手上。

最要緊的是，每練功在未出動前就要把心性穩靜下來，把呼吸調順使其舒服，然後穩穩靜靜的緩緩而動，將一趟太極拳動作形容出來。在動時使保持穩靜。在心性未穩靜下來時，決不可冒冒失失的出動，否則非太極拳功夫也。

作穩靜功夫的時候，定要先將身心放輕鬆，身心鬆下來，才能作到穩靜，呼吸才能作到深長舒服，往內可以達到小腹，往外可以呼出體外，如是身體僵硬不鬆，必致動作不隨，就難以作到身體舒適，這是學者需要注意的地方。

在練時全身要放鬆，尤其是兩肩兩臂要特別注意放鬆，不可稍有絲毫的拘束。

在動時，要以思想意識為主，以腰背之力牽動兩臂，緩緩而動，將一趟拳形容出來，切忌兩手兩臂兩腿四肢自動，這是要緊的地方，刻刻不要忘掉。

每見練太極拳功夫者，渾身局部亂動，一身扭扭捏捏，以為這是太極拳，其實是大錯。

● 說靜

1. 第一要靜，要鬆，要軟，要緊要緊。
2. 靜不下來是個嚴重問題，要改變。
3. 心裡不要管些七事八事，影響練功穩靜，要緊要緊。

（一九七一年十二月六日）

● 說練法

1. 平素練功注意滑拉，如搓麻將牌一樣滑拉他，如此則無論他橫豎之來手，無不預先知道也。
2. 如搓麻將牌一樣，如摸魚一樣，這是正確的練法，不要忽略了這個練法。
3. 左右上下像圈圈，此所謂太極拳也。
4. 如磨之動轉一樣，急緩如意，上下左右皆然。
5. 歌曰：進圈容易退圈難，上下左右皆如然。要如水磨推急緩，進退自如並比肩。

　　　以上這種味道，細細的研究一番，要緊要緊。

● 說鬆

1. 練太極拳，應在鬆沉上狠下功夫，要沉甸甸的、重砣砣的。
2. 鬆沉上有了功夫，發勁自會入裡透內，自然會充實有力，切記切記。
3. 要鬆得兩肩酸疼，如不痛就是未鬆好，就仍須往鬆沉想。
4. 要細細的體會這個鬆，靜下心來體會這個鬆，不然鬆得不徹底不行。
5. 如不這樣的細心作到真鬆，弄成了假鬆，那就白白浪費了光陰，白白的枉費了功夫了，切記切記。

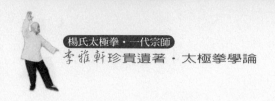
（一九七二年元月二日）

● 眞太極拳味道

1. 如練功提不起興趣來，不想練，那是體會不到鬆的味道。如找著眞鬆的味道，那就非常的有趣味，越練越有趣，越練越愛練，好好記著吧。

2. 我這一向就是未作到眞鬆，所以不想練功夫，就是這個原因。

3. 我是太極拳專家，要在太極拳功上找出一個獨特的味道來，如和大家一般樣的情形，那不算什麼專家，有什麼專家之可言也。

4. 特殊味道是什麼？絲毫不頂，空虛以極，一到臨用，叫對方捕空捉影，無用武之地。如我發勁時，又可以令對方如觸電樣崩出，或令其外面不痛而內部五臟熟爛。

（一九七二年元月三日）

● 鬆的體會

要放鬆，要鬆得（關節間）稀巴軟滴溜噹啷的爲好，如繩兒吊上的一樣才夠味，要天天思想這個鬆法，不要忘記。

神舒體若，刻刻在心。

（一九七二年元月九日）

● 說鬆軟

1. 身心俱要鬆開，要鬆得稀粑軟，兩臂如繩栓上的一樣，滴溜噹啷樣才夠味。人平時行走坐臥之間，也要想著這種鬆軟的情形，拳經說神舒體若，刻刻在心。

2. 人說筋不裹骨是缺點，然打太極拳就如筋不裹骨似的這樣鬆軟才行，否則就硬了，切記切記。

● 說無物境界

1. 輕靈比笨重好，虛靈又比輕靈更好，空靈又比虛靈更好，虛無比空靈還更好。

2. 蓋輕靈、虛靈或空靈等等，是還有物也，如到虛無境界，是已如無物矣。

3. 無物之中，對什麼手法來了也能化，此所以高於一切也。

（一九七二年二月十二日悟）

● 說靜心

無論是打拳寫字，一定要靜下心來，才能體會出味道，不然是胡鬧也。

● 說拳能恢復疲勞

1. 太極拳能恢復疲勞，所以各地提倡。

2. 它何以能恢復疲勞？因爲它練的時候，是穩靜鬆軟舒適的，所以它能恢復疲勞。別忘了這個能恢復疲勞的意思，別忘了這個恢復疲勞的作用，每天兩次的練習。

● 說鬆靈

1. 鬆靈是太極拳的鬆靈，軟綿靈活穩靜，是高級功夫的才有，這是寶貝，千萬不要忘記這個寶貝，否則就不能長進。

2. 輕靈的發勁，如觸電樣令人崩出，才是太極勁。虛無的化勁，化於無形，在不知不覺之中，才是太極勁。

3. 每練拳時要想著這種味道，切記切記。

4. 每練時要輕輕的摸，迷糊眼睛細細的找，慢慢的摸，慢慢的覺悟，要緊要緊。

5. 要修煉靈脆的手，不要揉扭的手，否則不出高手。

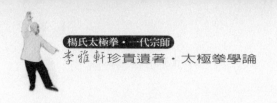

（一九七二年三月十日晚悟）

● **說練功**

1. 每練拳心想著要練輕而靈脆的手，不練柔而扭轉的手。

2. 每練拳要先有輕而靈脆的思想，而後才能作出輕而靈脆的動作來，輕而靈脆的手法來，切記切記。

3. 每練拳要使周身關節鬆得如同斷下來一樣，尤其是兩臂兩肘要如斷下來一樣，如同繩兒拴上的一樣，這樣子才能練得出輕而靈脆的動作手法來，不是這樣，就練不出來，切記切記。
   以上要天天想之。

（一九七二年三月十日晚悟）

● **練法**

1. 要練手掌指肚鬆泡泡的鼓脹脹的。不只是一身鬆，要使掌心指肚也要鬆的，鬆泡泡的，鼓脹脹的，使極其靈脆才行。鬆得極其靈脆，要緊要緊。

2. 鬆須先鬆心，心鬆而全身無不鬆矣。
   以上本是早些年體會出來的道理，不過因這些年生病，把這些年好的體會都忽略了，今則病稍鬆些，又想練功夫來了。感覺以前這些想法很對。

3. 如心裡先有這種思想，功夫就愈練愈有味，愈練愈有興趣，愈練愈有靈感，久之有通神達道之妙。如拋掉了這種想法、這種練法，每練使筋骨疲勞，出身汗為止，這是下層的練功思想也。

（一九七二年三月廿一日悟）

● **說拳意練上身**

1. 功夫在練，練著練著，它就會有體會，憑空想不行，就算想起了道理，等有功夫之後，就感覺這個道理不行而全盤推翻也。

2. 以後要多練。要緊，不空想爲對。

3. 因爲空想的道理，到實用時不生效。要把拳意練上手，有了練
功，手上有了靈感，才聽勁準確，取勝之道在其中也。

（一九七二年三月廿四日）

● 說練功

1. 功夫務要好好練，保持住我不退化，如失敗了，死有餘恨。要保
持身雖老，健康在，四肢靈活，不然有什麼活頭！

2. 功夫要細細的體會，多多的鍛鍊。今日細細的一找，軟的功夫差
不多了，還要好好細細的摸索。

3. 要靜下心來，細細的摸拳。

（一九七二年三月卅一日悟）

● 練功夫

　　務虛妙著，空無著，以神走，以氣化，如此日久，功夫自成，
勁去如電，對方一觸崩出，心嚇一跳。如化勁時，化之於無形之
中，令對方絕無察覺。

（一九七二年四月二日悟）

● 說練法

　　練太極拳要神舒體若，刻刻在心，神清骨爽，瀟灑以極。平時
眼神要練銳利，練決斷，練毅力。

● 練功

1. 只要是鬆著勁，虛無著神，令拳意上手的練法，不久就會有神妙
的聽勁了，有了神妙的聽勁，就可以百戰百勝。

2. 只憑有些氣力是打不出人去的。

3. 太極拳的練功，只是要鬆軟輕靈著練拳，如有了功夫，到推手

153

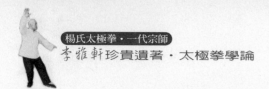

時，自然而然的就聽勁靈敏，就會有千變萬化、神鬼難測的動
作。

4. 腰、腿、胯、膝、腳都鬆得粑粑的由腳注下去，和地打通，上部
脊背虛靈上頂，如頂到天上去一樣，這謂之腳踏黃泉頭頂天。

5. 練太極拳要達到神妙的境界，不然不算妙手。

● 說用功

不要胡思亂想多費精神，只要照著拳意拳味上手的想法練功就
行，功久定有神妙的發現。

● 說練功

每練功靜靜的、鬆鬆的、默默的，若有所思，若睡若醒，有如
此現象是對的。

● 拳意拳味練上手

拳意拳味要練上了手，否則要多多練，直到拳意拳味上了手方
可，不然則不能應用，在修身效果也差。本此用功，以後不再寫什
麼了，切記切記。

● 說發奮練功

1. 非發奮用功不可，如練一輩子拳，不能與這些練拳的牛頭馬面爭
鬥，可恥也。

2. 每練時要細細的摸，慢慢的找，找太極拳奧妙，否則不是太極拳
也。

● 說練功

1. 一定要在大鬆大軟、大開大展，蹲下樁去，坐下胯去，鬆腰沉
氣，拔背頂頭，塌肩墜肘上多下功夫。塌肩垂肘，鬆腰坐胯，是

老規矩，無論功到如何，都需要注意。

2. 每練拳，要注意這些方面，否則白費功夫。

3. 以上這些功，要內心裡做起，從心胸上做起。

4. 大鬆大展大軟，還需要掤開，要圓滿。

5. 要作出雄偉的氣勢來，才是楊家太極拳。

● 說練功十大修養

1. 大腦的清醒　2. 手上的鼓脹　3. 手上的靈感　4. 空氣的觸覺

5. 呼吸的舒適　6. 心情的穩靜　7. 身上的鬆軟　8. 腿上的柔彈

9. 重心的中正　10. 氣勢的莊嚴

　　以此練法，就有耐心的慢慢的摸下去了。如未將身勢放鬆軟、放穩靜，就不會體會到以上這十個方面的修養，鬆軟是要領。

（一九七二年四月廿日）

● 說身勢鬆軟

　　身勢鬆軟，是練太極拳的寶貝，不將身勢放鬆軟，就始終練不出太極拳的味道。我所以這幾年不進步，就忽略了這個將身勢放鬆軟。

● 鬆著勁

1. 練功以本老論，不要自己東想西想，耗費精神時間，要緊要緊。

2. 練拳要鬆著勁，寫字也要鬆著勁，蓋練拳鬆著才能下沉，寫字軟著輕，筆鋒才能下煞。

（一九七二年四月六日）

● 說穩靜功夫

1. 靜心打拳，以養無限天機，以養靈慧，以養萬病，以清腦筋，以

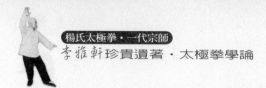

養自然。

2. 不管有事無事，天天要靜下心來摸拳，天天耐心的摸拳，天天作沉靜的功夫。

3. 天天要作穩靜的功夫，養智慧，養天機。

4. 戒怒戒氣戒煩惱，戒浮躁，戒憂慮焦愁。

● 論兩臂練法

每練功時，要叫兩臂往下墜，要墜得兩臂感覺兩肩關節發酸為對，如無此感覺是未對。

（一九七二年四月十四日悟）

● 說拳的正確練法

一要穩靜心神，二要放鬆肢體，三是調整呼吸，四要重心立正，五要以心行氣，以氣運身。

每見還是很有學問的人，練太極拳練了二三十年未有進步，且如未練過拳的人一樣，其推手仍然是亂動、盲動、冒失動，又搬又撥，硬攔硬架如門外漢，都是不明練法的緣故，所以無論你學問多大，胡亂思想一輩子也是瞎搞鬼也。

● 說鬆塌沉

1. 最愁人者，是肩臂不塌，不鬆不沉。所謂沉者，是極鬆之後，肩臂自己下墜的意思。

2. 以後練功，要時時注意這個地方，應如何鬆，如何塌，如何沉，這是要緊的地方。

3. 是叫肩臂鬆軟到極處，使肩臂自己下墜而不用壓力往下壓，關於這一點要徹底瞭解，否則是不知道什麼叫鬆，十年廿年不進步也。

如是要每手每式細細的體會兩肩臂上的鬆軟、沉墜的感覺，是

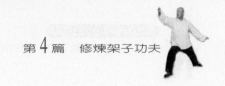

沉了未沉，酸痛未酸痛，要緊要緊。

（一九七二年四月十九日悟）

● 說練功有恆

　　每天無論多忙，也要練點拳，有時間多練，無時間少練，萬萬
不可不練，切記切記。

● 說虛妙

1. 無論練拳或推手，務必要在虛無輕妙上下功夫為最好，不要忘記
　了這個主意。
2. 練拳找虛妙，推手找虛妙。
3. 推手找虛妙，然無夙慧者不能悟進也。

（一九七二年四月廿三日）

● 說練法

1. 鬆軟下來，靜下來，穩一下，以待其穩靜清醒明白靈覺，兩臂沉
　甸甸的，再開勢打拳，開勢打拳時，始終保持其穩靜鬆軟清醒明
　白，兩臂沉甸甸，始終不懈才對。
2. 練一回拳，如感覺到兩手掌心十指肚中泡泡的、鼓鼓的、脹脹
　的，手上有非常之靈感，才是對的。
3. 如未有以上的情形是未對，需變一個思想去領會，一定要有了以
　上的感覺才算對。
4. 手上既有了非常的靈感了，在推手時就一定會有特殊妙用，此是
　道理中自然的結果，並不奇怪也。
5. 因為它天天在靈機著練功夫，自會養出來神妙的感應。以此神妙
　的感應作粘連綿隨，還有什麼作不到的動作嗎？
6. 天天如此下功練吧！
7. 要時時感覺兩臂鬆軟得沉沉甸甸的、重砣砣的才對，如無此感覺

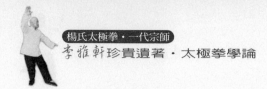

不對。

8. 保持手上的靈感，保持兩臂的沉甸甸，保持兩臂重砣砣。

（一九七二年五月九日）

● 說推手及練法

1. 以化爲主，以攻次之，我之一身靈感無比，柔化妙巧以極，對方如來力，使其到處找不到實地，到處捕空捉影，使其英雄無用武之地。

2. 伊使盡了辦法都不能耐我何，伊黔驢技窮，自然輸矣。

3. 一身柔若無骨，哪裡來了就在哪裡化，靈機無比，使其無辦法，其必輸無疑。

4. 一身柔曲若無骨，撒去全身皆是手。

5. 平素練功，要儘量柔軟，儘量放鬆。

6. 放鬆的好處極多。

  一對全身氣血通暢。

  二對筋骨不受傷損。

  三對應用能化勁。

  四對進攻能伸縮性大，能進能退，便於應用。

  五對養中氣充實好。

  六對養筋骨活軟好，不生病。

7. 大鬆大軟，大柔曲婉轉，有伸有縮，有抽長探撤。

8. 有吞吐含化。

9. 太極拳的功夫不過如此而已。

10. 一身軟若無骨，而以神氣將身勢鼓勵起來。

  其有力是筋的繃起來的力，而不是骨架支起來的力，否則硬了，如無神氣繃起來的耙，也要不得。

  每練拳鬆軟身體，調順呼吸，煥發精神。

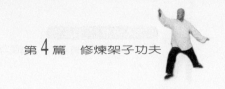

（一九七二年五月十九日）

● 練法

1. 煥發氣意，伸縮肢體，穩靜心神，靜養腦筋，深長呼吸。
2. 以心行氣，務令沉著，以氣運身，務令順隨。
3. 牽動往來氣貼背而斂入脊骨。

● 說練功

1. 以鬆軟穩靜、舒適自然、內外相合，上下相隨，神意內含，全身
   一體為第一。
2. 如劍拔弩張、神氣活現、精神外露，緊張熱鬧，則為最下，練太
   極拳不可不知也。

● 說練功與推手

1. 一個練法：靜養身手之靈，全身柔軟若無骨，隨曲就伸，無微不
   至，在推手時，哪裡來勁就在哪裡化，使其到處捕空捉影，找不
   著實地，英雄無用武之地，我順勢而擊之矣。
2. 一個練法：是大伸展、大鬆軟、大鬆沉、大軟化、大呼吸、大開
   合，在推手時，能作到分毫不丟也不頂，使對方到處找不著實
   地，英雄無用武之力，則對方之破綻自現，我順勢擊之無不中。
3. 一個練法：以心行氣，以氣運身，氣化一切，虛無以極，萬事都
   以虛無應，在推手時，粘連綿隨，不丟不頂，在幾跟幾隨之中，
   對方破綻自現，我順勢而擊之，無不中矣。

（一九七二年五月卅日悟）

● 說練功夫

　　要練叫人感覺你的手沉，這才算你是有點功夫。但所謂沉者，
不是用力往下壓，而是兩臂鬆了，兩臂自沉耳。

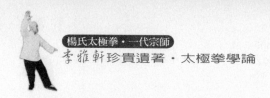

● 說練功的兩個方式

1. 第一個是練腳下有力，腰身鬆沉穩固，兩臂柔掤力強。

   推手時用腰部之力，順勢往他身上柔錯，就足使其東偏西倒，立腳不穩，自然敗矣。

2. 第二個是練輕妙以極，虛無萬分。

   推手時，哪裡來了哪裡化，使對方撲空捉影，到處找不著實地，英雄無用武之地，則自敗矣。

   以上練頭一個功夫的人，很多很多，練第二個功夫的人極少，我則兩者兼而有之，但不太好也。

● 說培養靈感

1. 練功夫以靜腦筋、養清醒明白為第一，徒苦心機，不是辦法。

2. 頭腦叫它清醒的休養，不亂思想，身體呼吸放順，如此則身上的靈感自生矣。以此靈感，可以體會萬事萬物，何況只是拳擊推手也哉。如窮思極想，將寶貴的靈感亂用，則徒白白傷損自己也，學者豈不冤乎！

3. 有靈感之一法強於萬法，得其一而萬事畢矣。如學其他，傷損精力，是不智也，何不悟乎！

4. 一言以蔽之，萬事不如靈感智慧。

   以後用功，只是培養靈感，不必學些白費精力的東西。

● 練功

1. 主要是多打多練，如只憑空想不行。

2. 練著練著，就會發生巧妙，這是唯物論經驗。

3. 平素少說話，少議論別人，少管閒事。議論人、多說話、多管閒事，徒消耗精神，只有壞處無好處。省下來的精神，健身練拳，

才是有益的。

4. 功夫要多練，要靜靜、軟軟的，清清醒醒、靈機著、慢慢的，如此才能摸出滋味來，拳意才能上了手。

5. 如是硬著勁，挺著勁摸，則愈摸拳味拳意愈不上手，此要好好的記著，要緊要緊。

6. 如拳意上了手，無論是比手、散手，或是推手，都可以無往而不利。

7. 所以說拳意上手這步功夫是非常重要的。

8. 以其拳意未上手，就急急的想練，那是盲目的亂撞瞎碰，無太極拳功夫之可言也。

9. 練這種功夫，要在夜靜之時慢慢練，如鬧熱之場練不行。

功利心重不行，患得患失不行，要安貧樂道才行。

此篇非常的要緊，要細細的思悟。

（一九七二年六月廿日下午十時悟）

● 練功夫

1. 練功夫是第一要緊，其他次之，千萬不要發懶，不練功夫，如功夫退了，還有什麼活頭。

2. 找巧妙、找聽勁，找鬆沉的發勁，能打人一跳而出，這是李崔的辦法。楊師不是那樣的，他是來之不知，去之不覺，將人打出，人不知不覺，以冷快絕倫為之，李崔之功夫慢了，發勁先被人知，不能見真仗，不可學也。（因發勁慢，形跡大，故人先知）

（一九七二年六月廿九日悟）

● 說練功

1. 練功一定要本楊家老論上所說「用意不用力」，要緊要緊。

2. 出手含藏萬機，使對方無法逃脫。

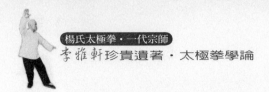

3. 如這些功夫要細細的摸，輕輕的找，用意不用力的去練去悟，不
是自己用力就可以練好的。

（一九七二年七月十六日）

● 說練功

關於練功，不要東想西想，只是練、就是練。久了自會出現玄
奧，如東想西想不練，等於零。

● 練功

1. 練太極拳要在鬆軟輕靈上找，虛無奧妙上找，不在用力用勁上
找，就算你是用腰力是對的，如忘掉虛無奧妙靈機，也練不出上
乘的功夫來。
2. 練拳推手，腳下認端的。
3. 太極拳要沉勁，浮勁不行，硬勁不行。
4. 發勁要常練，功夫長了，勁亦充實了才有用。
5. 無論如何說，功夫要久練才長進，不練要退化。如只是空想，不
親身經驗不行。
6. 無勁不行，只是勁大不行，要巧妙靈動，軟硬兼施，剛柔相濟，
冷彈脆準穩，缺一不可也。
7. 東想西想等於零，要親身體會方能長進也。

● 說練拳功推手打鬥等等

1. 練功要鬆軟靈動，神態自若，舒舒服服，推手亦如此，打鬥也要
如此，才打得出彈力來。如此對養身祛病效果好，對比鬥推手效
果也好。
2. 不鬆軟靈動就打不出彈力來，就打不遠，打不透，打不入內，練
不出好的太極拳功夫來。
3. 我以前說練拳要大鬆大軟，是對的。

4. 打拳練功推手，都要一身鬆軟靈動，精神愉快，發勁更要如此。

5. 打一個淋漓痛快，輕鬆自若，神清骨爽，飄然有神仙之概。靈動輕快自如，毫不拘束。打拳如是，推手如是，打鬥亦如是，作人亦如是，舒舒服服，絕不受拘束。若抽抽作作、拘拘束束、彆彆扭扭，還有何作人興趣！

6. 今日與何明推手的神氣很好，以後要長久如此。

（一九七二年九月四日悟）

● 說實力與巧妙

1. 練功第一，巧妙次之。有巧妙，有實力才能打出漂亮的手法來。如只靠巧妙不行，或只靠實力也不行。快慢並妙，如只快不慢不行，或只慢不快也不行，快要快得適當，慢要慢的是時候。

2. 要實力與巧妙並重，缺一不成妙手也。

3. 要行詐，兵不厭詐。如某某能會周旋一時是他天生的為人虛詐也。

　　如朱國禎打王子慶是快的妙，如終於失敗於王子慶，是力不如王子慶的關係。如朱國祿戰勝胡鳳山是快的好處，胡雖力大也未用上。

　　故曰，練打，也如醫生之用藥，先診脈，認清了病，然後需要用什麼藥，才作決定也。不可先有主見，要明瞭客觀的情形然後用之。

● 說沉著

　　每練要沉著，所謂沉著者，是心氣靜下來了，身勢鬆軟下來的沉著，叫心氣靜下來了，心氣自然的沉著也。

● 說鬆即拳味

1. 練功所以常間斷，是未找著拳味，如找著拳味了，就愈練愈有興趣，絕不會間斷也。

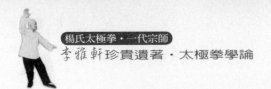

2. 所以找不到拳味，是未鬆到家，若是鬆到家了，很容易找到拳味。

　　平時要多想想這兩句話，要緊。

（一九七二年九月廿一日悟）

● 說練拳要軟

　　練拳要軟。爲了健身非軟不可，爲了打鬥非軟不可，爲了推手，更是非軟不可，所以練太極拳講究軟。

● 說力與巧

　　一要有力，二要巧妙，缺一不可，力與巧並重方可。

● 說練功夫要找深厚的味道

1. 無論練什麼功夫，一定要在找濃厚味道上注意，在實用上去思想。如只是會套空架子，則實不值一觀也。

2. 心裡要想須如何使其有空虛靈感，這句話要細細的想，牢牢記著，千萬不要忘記。

3. 要找其深微奧妙，找其神乎其神，如只是死活用力，那算什麼功夫！

4. 要深細的找鬆軟，雖是自己覺著鬆軟了還不行，因爲現在還未徹底知道鬆軟是個什麼味道。

5. 要天天拿意思拿思想去貫輸這個鬆軟，直到鬆軟得一身若無骨，如癱在地下的一樣，可是而又以意識神氣把它鼓勵起，如這種情形就對了。

　　太極拳是要鬆沉，爲什麼只說鬆軟不說沉？因爲眞正鬆軟了自然會沉，沉是自然達到的沉。

　　以上我這個體會很正確，要好好的記著。

6. 打太極拳如有了獨到功夫之後，每出勢像神活活的樣子，那就是

有點意思了。

7. 練太極拳功夫，主是要如神活活的樣子，才是入了味。

8. 以心打拳、以意打拳、以神打拳、以氣打拳，不以硬力打拳。用無形之動、細微之動打拳。

（一九七二年十月二日悟）

● 說兩臂練法

1. 每練拳功要以意思將兩臂挑起來，慢慢的行運，這才是合乎「行功心解」之練法，如是用力將兩臂抬起來的練法，那就有了力了，那是不對的。

2. 這一向練拳未有兩臂鬆沉的感覺，這是未用對勁的關係，以後要細細的體會這意思，就會自然的有了鬆沉的感覺了。

● 說身手靈健

1. 氣力與技巧要並重，如只有技巧，一點勁沒得不行，如只有氣力無一點技巧也不行。

2. 練技巧，又練身上的氣力，二者並重才是正理。

3. 如採勁手上無力不行，如對方大力打來，我無巧化也不行。

4. 氣力與巧妙，要隨心所欲的使用，如不能隨用隨有，如此就要熟習多練，否則到時拿不出來。

5. 總之是身手靈健才行。

● 說練功下功夫

1. 每天不要東想西想，紙上談兵，主要是多打、多練、多推手，以長功夫，以長經驗，其餘一切空的。

2. 拳不離手，歌不離口，有功力、有經驗，才是真的。虛名譽、虛名聲，是可恥的。

3. 當一位名副其實的武術家，不當徒有虛名、可恥的武術家！

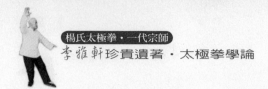
4. 與生人推手是要爭主動，如老老實實的，哪個叫你打！

5. 要來得冷，來得奇特，如粘粘連連、揉揉扭扭是幼稚的手。

6. 粘粘連連，在平時練功夫可以，如在對比時，不足爲法。

（一九七二年十月廿七日悟）

● 說用功

1. 太極拳要以意挨，以氣挨，以神挨，不以力，不是快，切記切記。

2. 要塌肩沉肘的慢慢找勁。

3. 要常常想：一意氣君來骨肉臣；二太極拳如棉裡包針；三收斂入骨。以上這些老論上的句子是個什麼味道，不可忽略。這些年來，忽略了這些要領，所以不進步也。

4. 每練功要想著兩臂兩肩要自然的鬆軟下垂，而心氣意思要自然鬆開下沉爲對。其他東想西想，都是白來一回，這種意思，千萬不要忘記，要緊要緊。

   每逢練拳，就這樣靜下心來，調好了呼吸，慢慢的鬆沉著練功，不久就會大進步無疑也。

● 說練功夫

1. 每出勢全身鬆開，練一回就感覺著兩肩酸痛爲對，否則是未練對，也是未鬆，千萬要記著這個問題。

2. 全身要鬆，兩臂要沉，沉得好似兩臂抬不起來爲對。兩腳兩腿好似在沙泥上拔不出來爲對，切記。

3. 坐腿好似以繩兒提著稱它，慢慢的往下放形式爲對。

4. 去手是以心意氣往前送去的樣子，回手不是手回來，而是用腰脊之力量將兩手往回來拉，往回牽，往回抻的形勢，以後就照這樣鬆鬆沉沉的慢慢的細找好了。

以上這篇感悟，非常正確，以後就照此用功爲是。

（一九七二年十月卅日）

● 說練功

1. 練拳要天天練。
2. 腿腳身手指腕心腦腰身胯，全要練。
3. 以及眼神也要練，切記切記。

● 說練拳

1. 每練拳要靜下心來，定下性來，如此才能體會到拳的意思上手，要掌心中、指肚中有鼓脹的感覺才算對。

   兩手兩臂的動如在水中走，如在空氣中劃的感覺，才算拳意上手。

   練拳一定要練得拳意上了手。

2. 只是身鬆還不夠，還要兩臂兩腿鬆，只是身鬆臂腿鬆還不夠，還要掌心指肚鬆如有鼓脹脹的味道才算對。不只要腳鬆手鬆，最要緊還要手心手指鬆才好，不然就作不到練拳如飄飄然若神仙的形象，就作不到兩臂兩手如在水裡動，如有水的阻擋一樣的感覺，又如在空氣中劃過的一樣。

   這樣子練久了，身上尤其是兩手上的靈機感應就好了。

   這樣子雖未練快，自然而會快，而會在需要動時它自然會自動的快，如注意的去動，反而不慢就快，總是快得不合適了。

   以上這個練法，要靜下心來，細細的體會才行，如粗心浮氣的練不體會不行，切記之。

   最要緊的是手上、指上的鬆，要緊要緊，如此耐心的練，下一年的功，必有大的感應發現也。

   要練得清醒明白，如明鏡一樣，有物必照；如清水一樣，有物

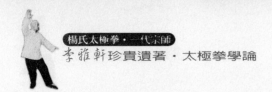

進入必變色；如鐘一樣，有觸必響，要清醒明白到這種境界。

　　要如兵來將擋、水來土掩的練法，則不是太極拳用功的方式也。

　　要這樣的練幾十分鐘時間，口中就會有甜液出現了，不如此則口中不會有甜液也，切記切記。

　　但須天天耐心的靜下心來摸，如粗心浮氣的，練不出口水甜來。

● 說練功

1. 要心裡想手心指肚有沒有鼓脹脹的感覺，如無則是未練對。
2. 身上各部鬆了未有，尤其是手腕指節鬆了未有，如未鬆是練不好的。
3. 最難鬆的是手腕、掌心、指肚，要特別注意，要緊要緊。
4. 但第一部分是要先鬆心。

（一九七二年十一月十日）

5. 總之是拳、掌、肘、腕、肩、腰、胯、膝、腳，無一處不天天想放鬆，久而久之才進步，若有一處不放鬆則不行。如不特別注意不行。
6. 要練得神清骨爽，飄飄然有神仙狀才算練對。
7. 特別注意鬆腕部、鬆指節，要緊要緊。
8. 也要在穩定心性上下功夫。
9. 這幾年來練功夫，不知注意以上這些事，此所以不進步也，但願今後改變過來。
10. 要神氣冷動贏人，發勁如電，令人一觸蹦出，打人於不知不覺之中，不以大力贏人，蓋力雖大不快，每發勁已被人知，對方已預防矣，能打出人去嗎？
11. 發勁如電，發勁氣化，變化神奇，來去不知不覺，勁去如電，令人難覺。

12. 太極拳好手，完全是用神用意用氣，絲毫不用拙力，出手即有難測之勢，不可捉摸也。

（一九七二年十一月十一日下午九時）

● 自省功夫

1. 練功時，神氣收藏不夠。
2. 推手時，鬆軟輕妙不夠。
3. 發勁時，找得不夠細緻，打得太冒失。
4. 化勁時仍有形跡，未能化於無形之中。
5. 練功要在穩靜上用功。
6. 推手要在輕妙上著手。
7. 化勁要在空虛氣化上注意。
8. 發勁要如電，使對方如觸電樣躍出，如嚇一跳樣的崩出，絕無知覺才對。
9. 以神打、以氣打，要打得這些牛頭馬面傻眉瞪眼，在不知不覺之間，五臟內部已被燜熟火燙才夠味。
10. 其入裡透內之力，在外面不青不紅不腫也，如此可細細的想想吧。
11. 這是太極拳的勁，以神打神，以氣打氣，以意打意，以心打心，要入裡，要透內，不靠力也。
12. 比放箭快，比閃電快，打上還嫌慢，心要作如此想也。勢如擴弩，急若發機，獸不能走，鳥不及飛，其節短，其勢險，此孫武子之兵法也。
13. 兵不厭詐，變化奇出，令人摸不著意思。如關夫子之斬華雄，睜眼時人頭已落地。其刀法玄妙如此，武術家應學其奇特之精神。

● 檢查自己缺點

1. 練功時，神意含藏的意思還不夠。

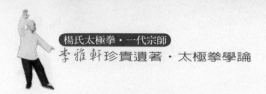

2. 發勁時內勁還不足。

3. 打法的威力不夠大。

4. 腰腿的活動不夠靈動。

（一九七二年十一月十一日下午十時悟）

● 評論自己技術

1. 我之技術推手方面所以比一般稍好一點者，一是去勁快，是如神動一樣使對方不能預知耳，我要按著我這點專長處進一步研究，以使來勁更快，並且要來得猛。

   二要快得使對方如觸電樣蹦出，毫無知覺才夠味，否則不足以敵高手也。

2. 要像崔某之發勁則慢矣。

3. 要純粹是用神用意用氣，不帶一點拙力，否則打不脆也。

4. 我之一生，別無所能，就此一點太極拳還練不好，慚不慚愧！過去疏忽不說了，今則發憤用功，尚未晚也，否則非為人也。

● 說虛妙

1. 出手要虛妙，抬腿動腳要虛妙，及一切細微部位、細微的動作，無一不放虛妙，一切神氣意識思想也無一處不放虛妙，不只是拳、掌、肘、腕、指節、指肚、掌心也，無處不放虛妙。

2. 至於心神意識形態也無不放虛妙。

3. 要絲毫不要拘滯的意識才對。

（一九七二年十一月十九日）

● 說練功

1. 每練拳，每出手，要逮著拳意，捉著拳味，這是要緊的事，不要忽略，切記切記。

2. 每練拳，身勢要放鬆沉，氣勢要放鬆沉。

3. 每練拳，要捉著、逮著拳意拳味，氣勢身勢俱要放鬆沉。

4. 蓋逮著拳味，每動才是有的放矢。蓋能鬆才有虛妙輕靈，比如跳高，先有下蹬力，而後才有騰空跳起；比如放箭，比如放炮，先有後坐力，而後才可以炮彈放出也。

5. 總之，是先有沉著，而後才能輕靈；先有後坐，而後才有前放，此是物理學的定律。

6. 拳要空著心握，不要用勁。

（一九七二年十一月廿日）

● 練功

一切變化是好的，但人的基本功夫鍛鍊，是無論什麼時候也要有的，故練功是不能忽略也。

有練功的基本，再有眾多的虛實變化，那成就就更高也。

● 說練功夫

1. 練功夫要巧妙，也要有勁，缺一不可，要想發勁充足，就要天天抖槍，切記切記。

2. 如只找巧妙，不練力量絕不行。

3. 又有巧妙，又有充實的力量，又有沉勁，又鬆淨才行，切記。

4. 如此練一天有一天的進步，否則白費功夫。

5. 推手散手亦是如此，切記。

6. 鬆沉勁、冷脆勁，迅雷不及掩耳勁都要有，沉著，拿精神貫注，使其跑不了，動也不敢動才行。

（一九七二年十一月廿三日晚）

● 說身勢

1. 橫的方面要撐滿抱圓；豎的方面，要上下拔開，心氣身勢下沉，神意要上頂。這是一個練法也，如此練進步快。

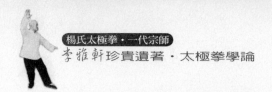
2. 就連手掌手指也要鬆著輕靈，這樣變化才快，這又是一個練法，很好。

● 說基本功夫

1. 要天天想心鬆、意鬆、思想鬆，身腰四肢一身鬆。
2. 心神氣意的配合上下功夫，高上的功夫都是這樣來的。心意神氣的配合有神乎其神的妙用。

● 說練功

　　揉肩肘揉腰身，此基本功夫，要天天練習，對練功有幫助，對發勁有幫助，如無此功夫無保障也。

● 練功夫

1. 氣力是要緊的，如不練出氣力來，不能實用。不過是活靈活勁，不要僵死的力。

　　說說講講是嘴把勢，紙上談兵也，可恥。
2. 如此須得要抖槍、練槍以長氣力。
3. 有力是靈活力，有力是靈動力，如此有力也好，無力也好。
4. 功夫要純練久練，有力也有，無力也好。
5. 如李香遠之鬆沉力，如班侯之剛暴力、神勇之力，楊師之抖彈力，我之奇快力，

　　以上皆是由久練功夫中出來的。
6. 柔力大無邊，不怕是大力士，到手如弄小雞子一樣使其東倒西歪，立腳不穩，然後縱勁將其如放箭樣打出去，才是好勁。
7. 功夫有方法，有臨事隨機應變，虛實奧妙，神鬼難測，何況這些牛頭馬面跳樑小丑！

　　　　　　　　　　　（一九七二年十二月三日悟）

● 說身勢要注意

1. 橫的方面要撐滿抱圓，豎的方面要上下拔開，由胯往下坐，又由胯往上通過脊背往上拔，經過項部，達到頭頂，由頭頂一直往上拔，意思要頂到天空，這樣子才是對的。
2. 如不知注意這個身勢，就不進步也。

（一九七二年十二月三日）

● 說練太極拳之道

1. 這個道，應在自然舒適中，鬆軟穩靜著悟，如此很簡單就找著要領了。
2. 不在小心謹慎拘束中找，否則就麻煩了，必致愈找離道愈遠，幾十年不長進，甚至一輩子找不著太極拳道理。所以俗話說「踏破鐵鞋無處覓，得來全不費工夫」，這就是說有智慧、有悟性，極容易，如無智慧、無悟性者極難。老論云「非有夙慧不能悟也」，老論又云「先師不肯妄傳，非獨擇人，亦恐枉費功夫耳。」

● 說練功

　　練功叫它自然鬆沉，久之自然有妙用，在打鬥上會有良好作用，不要想那些局部的瑣碎動作，這一手那一手的多手多法，是不行的。

　　只要認準了粘連綿隨、不丟不頂就全了，此之謂大道。只有一個道，得其一則萬事畢，要想多手多法，就是大錯。太極拳只有此道理要記著，不要改變。要細細的摸，否則找不出太極味。

（一九七二年十二月廿二悟）

● 說遵循老論練習

1. 練功要細心耐心的摸，如粗心浮氣的找不著味，切記。

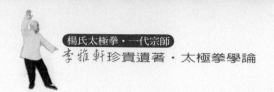

2. 練功應本老論規矩，在粘連綿隨上下功夫。

3. 在推手應用上找不丟不頂，順勢借力，逆來順受上下功夫。

4. 不想其他錯亂手法，多手多法的功夫不是太極拳。

5. 練功一本老論，久而久之，自有妙用，只此一法，萬事都可解決，如多手多法的功夫是捨本逐末也。

（一九七二年十二月十三日）

● 說練拳

打拳找虛靈，找輕妙，找極鬆極軟，找虛無，找巧妙，找變化，去勁用神去，使被打者如觸電跳出去，如觸電樣透進去。

從今日起，本這個道理用功。

（一九七二年十二月十六日）

● 練功

1. 要用神、用意、用氣。

2. 要在虛妙、輕靈、虛無上找，千萬莫要再錯了方向，否則等於開倒車，白白耗費了時間，切記切記。

（一九七二年十二月十六日）

● 說多練功夫

不要胡思亂想，功夫是要多練才行，多練才能出巧妙，不多練只憑想出來的巧妙不適用。

● 說太極拳真正鬆又沉的練法

1. 練功要真的鬆、真正的沉了才行。

2. 蓋真鬆了才能會真沉，其沉是由真鬆了才有的，如不鬆，自以為沉了，並不是真沉也。

3. 練功主要是練真鬆真沉，如不這樣子練，那是一輩子瞎胡鬧也，

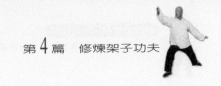

此理不可不知。

（一九七二年十二月廿一日晚）

● 說練功要勤

1. 定要起早，天天有兩次練習。
2. 發懶貪睡，是無出息之人也。

（一九七二年十二月廿七日）

● 說練功

　　太極拳是氣功，是內功，是輕功，是靜功。故而每練拳，心裡要想著：一行氣深長，二收斂入內，三虛靈穩靜，四鬆軟輕靈，五以心行氣，以氣運身，六以氣運，以氣化。

（一九七二年十二月卅日）

● 說練功

1. 一舉一動要學楊師的風味。
2. 楊師的風味，要天天想，要緊要緊。
3. 要多想、多模仿、多形容、多試驗。

（一九七三年一月六日）

● 說練功

　　練功一本老論為最好，這幾年來東想西想，想來想去，但仔細思考，仍不如老論好，這是白白費了功夫時間了。

（一九七三年一月十二日悟）

● 練功夫

1. 無論練拳、推手、比鬥，都要鬆軟著在輕妙上、空虛上、虛無上、輕靈上去找，本此意思，提起靈機來，用心用意用神用氣，

∽ 175

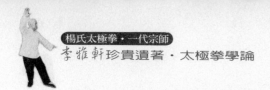
細下功夫。

2. 有此數句話，整個的太極拳功夫包括無遺，何必胡思亂想，多費精神！

3. 在比鬥時，要提起靈機來，注意巧化，覓機搶先冷打，如電之快，如機之發，使人不知，使人不測，冷不防早已打上。

4. 只有楊老師發勁才全面，才正宗，其餘那些人如崔董一得之見，不全面也。非身勢鬆軟了，不能使身勢隨著意思去。身勢隨意念去了，所以想到哪裡，哪裡能發勁。

（一九七三年一月十二日悟）

● 說鬆軟

1. 心鬆、意鬆、神鬆、氣鬆、全身鬆，處處鬆，無處不鬆。

2. 心虛、意虛、神氣虛、全身虛，虛虛虛，無處不虛。

3. 以後天天要想想這個道理。

4. 輕輕的摸，虛虛的逮。

全身的靈機，全身的奧妙。

（一九七三年一月廿八日）

● 練功

1. 練功一定要鬆沉著、穩靜著，一手一式的作到家，如毛毛躁躁、粗心浮氣的不行。

2. 腰走得不夠細緻，腿上力量差得太遠，以後要切實的操作。

3. 胯部的沉著不夠，還要時刻注意。

4. 拳行運走得不細，拳味不厚。

5. 以上這是一般化的功夫，無出類拔萃的動作，以後要細細的摸，細細的找。

（一九七三年二月九日）

● 說靜心練拳

1. 練功要夜靜無人時，靜下心來，細細的摸，慢慢的找。如快了不行，忙了不行，慌了不行。如此深細的奧妙才會發現，否則體會不出來，切記之。

2. 平時身心要舒適，要放鬆軟，要自然下沉，不要有絲毫的拘束，絲毫的做作。

3. 要鬆開才能舒服，要鬆開才能自然，要鬆開才能天眞。

4. 如此練功，才能覺察細微，身上的神經命脈動盪才有感覺。在推手聽勁上，才能聽得準確。聽準確了才作得到不丟不頂。不丟不頂了才能順勢借力、所向無敵。

5. 身上放鬆得絲毫不拘束，身上的勁才能隨時打出來，才能隨心所欲的作用來，才能隨時勁來、隨時勁沒，在一秒鐘之百分之一的時間，可以叫勁有、叫勁無這樣神快，所以太極拳功夫能打人於不知不覺之中，叫人毫不覺著也。

6. 千想萬想，不如靜下心來多練功夫。

7. 每練拳要細察神經命脈的動盪，要細審外邊空氣的阻擋的輕或重的感覺，以練習在推手時能易知對方之勁，這是練聽勁的最好的方法，要切實注意。

（一九七三年二月十二日）

● 說多練

拳要多練，自會發現深的感覺，只憑空想不行。

● 說練功

1. 每練拳要靜下來、鬆下來，要鬆靜得如把自己身體置於宇宙間，與宇宙萬物及空氣合爲一體，在天地之間舒適自然，悠遊自如。

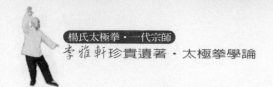

2. 以上這叫作忘我的道理，初聽似乎有點玄妙，如細察則才覺是有真理在。

3. 練拳自知以腰帶動，就以爲不錯了，而不知那是幼稚園的覺悟，如深的道理，是以上所說的道理。

4. 初練功，先找一身的心氣內外，吻合舒適均勻，身勢吻合均勻有了，再找一身與宇宙萬物的舒適吻合均勻，不以自身單獨的成爲一個固體才對，如此一身與萬事萬物才少矛盾，才少衝突，以上要好好記著，要緊要緊。

5. 譬如游泳，身勢與水性合之，才能暢所欲游；如其水性不合，那就不要好久就累壞了。

6. 人在宇宙間混，也如游水，身在水裡混一樣也。

7. 凡事要順其自然，在順其自然之中，用智慧以達到自己的要求，若不順其自然，雖有智慧也不行也。

　　練拳、推手也如是。

● 說練功夫第一要緊

　　什麼事也不要緊，練功夫要緊。不練功夫，功夫退化，不能推手，不能打鬥，如此則身敗名裂，一世英名完蛋，所以說練功夫第一要緊也。

● 說練功

1. 拳不離手，歌不離口，一定要把味道摸上了手。無論如何忙，也要天天練，最好晚上夜靜時練。

2. 要想有神妙的用法，每練就要輕妙著虛虛的找。

3. 呼吸如何？穩靜如何？輕妙應如何？都要細細的體會。功夫要天天想，天天練，不然就要落後。

4. 總之是要多想楊師之味道爲第一。

5. 平時走架時身勢要鬆開，胯要踏踏實實的、大大方方的，不要抽

抽縮縮的。

6. 回憶一九五○、五一年在西勝街住，那段時間未天天思想拳，以致功夫退化，甚至與人推手時未有取勝之把握，由此可見功夫要天天想天天練，不然就退步。

7. 每動要細細的體會腿上鬆舒服了沒有？腳下鬆踏實了沒有？身勢放正沒有？頭部頂起來沒有？周身一致了沒有？全身一致沒有？各大小關節都鬆開了沒有？尚須再往深細處找，如發現一樣不合，就須全部返回來重找。

（一九七三年二月廿一日）

● 說養腦

1. 以後練功夫多偏重於養腦，腦健康了，無論任何事物都可以作到好處。養腦就是養心，就是養靈感，就是養性，就是養智慧，只要有了腦的健康，一切任何事物都能作得好。故太極拳練功首先第一步在穩靜大腦中樞神經者也。

2. 其練法講穩靜安舒，就是爲的是養腦也。

（一九七三年二月廿七日）

● 說練功姿勢

1. 每練功姿勢要放大、放低，以練身勢四面之支撐力、彈性力。支撐有了，彈性力有了，自會健康無疑也。

2. 如姿勢放不開展，架子下放不夠，則無伸縮彈力，所以不會健康。

(一九七三年三月五日)

● 說精細功夫

1. 拳要多打多練。

有撒放，也要有內涵，有機密，有細緻，有深沉奧妙，不可以一

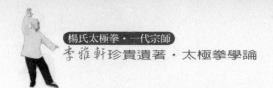

味的抗散，切記切記。

2. 總之拳的奧妙，由精細的功夫中來，只憑理想不行。

● 說練功

1. 功夫要天天練，每練必鬆軟著，不練不行，練不鬆軟著也不行。

2. 要叫功夫一天天長進，如不進步，如與有好的化勁的人推手，發不出去，也化不掉人家的來勁，豈不難看丟人，那還算什麼太極拳專家！

3. 要每練功提起精神來，叫它輕妙以極，虛靈萬分，要叫這樣的功夫養成的身手，才能對付一切，無論什麼人，哪怕是千斤大力士，或是奸詐百出的鬼詐，我都以此輕妙虛無的手法對付而必戰勝他。

4. 要有如此信心，切記。

   不如此就不是練楊家太極拳的人。

   不如此就不是太極專家的功夫人。

5. 況說練功如不把輕妙虛靈的功夫養成，那屆時也就發不出鬆沉軟彈冷脆的勁來，如何能戰勝一切！

6. 鬆軟、輕妙、虛無、靈感。

   每練功要想著這個規矩，要緊要緊。

● 說練功第一要緊

1. 練拳以健壯身體為主。

   如此就要注意行氣運身，深長呼吸，以氣來動盪身體，以氣來伸縮開合。

   身體為第一。

   使心氣身勢沉著為第二。

   穩靜性情為第三。

2. 腳上的靈活力量，手上的靈活力量，腰上的內勁（靈活力量）也

很要緊，每練要注意著，要緊要緊。

3. 心勁腰勁，神足氣壯，英雄豪傑之氣派也要緊。

4. 五虎上將之神氣要常想想。

人心勁最要緊，要有心勁。

練功第一要緊，天天要幹，如間斷不練，是死無出息，是懶鬼，雖曰爲人，吾謂之非人也！

（一九七三年三月十八日）

● 練基本功夫

1. 練功夫無論到何種程度，對基本的功夫還不可忽略，還要時常想時常練，否則要退步。

2. 何爲基本功夫？即平時練架子按規矩，推手細找粘連綿隨，進退跟隨之功夫也。

如本此道理用功，久而久之，奧妙神奇自會發現。

（一九七三年八月卅日）

● 練功夫要練出丹田沉著之氣來

1. 無論作任何事，全憑丹田沉著之氣，不只是練拳術爲然也。若無丹田沉著之氣勢，必任何事也作不好。

2. 所以說練拳術平素最注意養丹田之氣。丹田之氣爲萬事成功之母，否則什麼事也作不好。

● 說練功夫的體會

1. 在練架子方面，一切要細細的審察，如粗枝大葉的不夠。

2. 又要沉著，又要穩靜塌實。

3. 推手時，沾粘的技術要狠下功夫，又要有虛實變化，又要有靈感

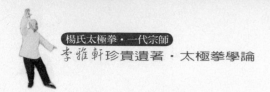

輕妙。

4. 要能作到使對方來力化除於無形之中才算夠味。如作不到這一個，還算什麼太極拳專家！

5. 作一個練太極拳的人，要一切的手眼身法虛無奧妙，面面作到，不然就沒有什麼意思。

6. 練功夫的人要將老師教拳的神色氣度、精神味道，多多回味，多多思想，進步才快，不是閉著眼傻練就可以了。

7. 最要緊是丹田氣度，如無此，一切動作都是假模假樣。

● 說練功

1. 兩臂要叫它鬆軟而沉重，兩掌要叫它鼓脹發泡。心要叫它極其穩靜，腿要叫它鬆沉而有伸縮彈力。蓋不鬆沉則彈不出人去，不極鬆則勁不入內。

2. 呼吸要叫它自然的沉長而順隨。

3. 要如此天天用功而不功夫大進者，未之有也。

4. 以上情形要時常之思想。

5. 用拳則拳鬆沉，用腿則腿鬆沉，其他也是如此。如功夫練不鬆沉，那是未練對。

（一九七三年九月廿九日悟）

● 說練功夫以備自衛

1. 一切無論練拳或推手對打等等，光想都等於零。要多打多練多經驗，才是功夫進步的方法，一切空想全是白來。

2. 無論個人或團體要有自衛能力，此孫中山先生說的。蓋害人之心不可有，防人之心不可無。打人之心雖不可有，自衛之心不可無，蓋你是不想打人，人要打死你，你不得不打矣，豈能專受其辱哉！

● 說發勁和練功

1. 發勁要以心打心，以氣打氣，以神打神，以意打意，以決心打決心，以豪橫打豪橫，以剛強打剛強，以英雄的人物打英雄人物。

2. 多多研究打鬆沉氣的發勁，要發出勁去、要打出對方之氣來，才算對了，如打不出對方的氣來，不算好手。但如何能打出對方之氣來？須要將身體放得鬆鬆的，以氣意向其一彈，要把對方打得一跳才算高手，以上要多多試驗，多多的體會，多多的想。

3. 要一身放鬆，不鬆不能靈敏，不靈敏不能出神氣的動作。凡是勁全是以神氣的動作，不以神氣動作就凡事作不靈巧，並不只是練拳推手而已也。

4. 練功一定要在輕靈虛無上找，如此日久了，養出靈機來，功夫就大長進。凡事不能在蠻力硬力上找，要在輕妙虛無上找，才能學得好，否則一輩子白費勁。

（一九七三年十月十日悟）

● 說練功夫

1. 練功以細細體會手上的拳意為第一。
2. 鬆軟穩靜，養心、養性、養氣、養腦、養智慧、養靈機為第二。
3. 調氣、順氣、運氣為第三。

　　以上要細細的摸，慢慢的找，快了不行。

（一九七三年十月十二日）

● 說練功

1. 心放鬆沉，身放鬆沉，尤其是兩臂兩腿放鬆，神氣意思放鬆。
2. 平時走路，如感覺兩腿兩臂鬆軟沉重，那就是功夫進了步了。
3. 要練得一身神清骨爽，靈感無比，就是功夫大的長進了。

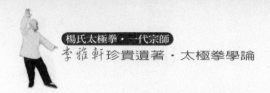

● 說心氣鬆沉

1. 要叫兩腳兩腿軟粑粑的踏在地上，通到地下去生根，而不是用腳上的力使勁的抓在地面，如用腳上的力抓著地面，而一身的勁注不下去，反而沒有根了。

2. 要叫一身鬆沉、下墜下去，尤其是心氣要鬆沉下墜到腳下去，如此才有根。

● 說練功

以心行氣，以氣運身，邁步如貓行，運勁如抽絲。

● 說練功

1. 凡練功，沉勁要練，虛實變化要練。

2. 虛無氣化巧妙要練。實力強力也要練。如只有虛無巧妙而無實力不行。

3. 有充實力量再有巧妙，那虛無巧妙來得更加好。

4. 總要有冷快的變化為第一，因為這種勁能打人於不知不覺之中。

5. 又要有決鬥的精神更為要緊。

6. 就這條好漢憑實力也比你強得多，何況尚有一切巧妙虛無的變化功夫。

7. 實力是本錢，是基礎。

8. 有了實力，膽氣壯，如只有巧妙，心總是虛的，一定要知道這個才行。

● 說練功

1. 塌肩墜肘，拔背頂頭，虛靈頂勁，氣沉丹田，這都是老規矩。別以為現在有點功夫了，就把老規矩忘了，切記切記。

2. 拳中有精微奧妙，須細細的找，粗枝大葉的不行，找不著。

3. 每手之出都有它的奧妙無究。要細細的找，尚須眞傳，否則一輩子學不會。

4. 如找對了，就蓄勁如開弓，發勁如放箭，撲一聲出去了。如找得不對，就是掙斷筋也打不出去。

● 說練功

1. 在練時：

別忘了養心性上的靈機及體會身手上的靈感。

別忘了練身勢上的氣化。

別忘了練身勢上的沉著。

別忘了練動作上的輕妙。

別忘了體會掌心指肚上鬆泡鼓脹。

別忘了靜養心神腦筋上的清醒。

要照這樣每天練兩路。

2. 最要緊的是細心體會掌心指肚間的鬆泡鼓脹，練久了方有這種感覺，短時間不會有這種發現。重要在於靜下心去，如粗心浮氣的體會不著。

（一九七三年十一月十七日）

● 說莊嚴沉著之氣度

1. 凡事先從誠意正心上入手，否則就學不好。

2. 練拳以觀法，觀其神態意識是否有莊嚴沉著的氣度，以斷定其功夫的深淺，如無這種莊嚴沉著的氣度，而是身勢亂動，雖是功力大，練得久，而一輩子瞎搞鬼，練不好拳。蓋其心神是瑣碎的，思想是雜亂的，就知道他是練雜拳的老師教的太極拳，所以知道他一輩子練不好。

（一九七三年十一月廿日）

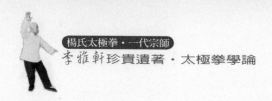

● 說沾粘綿隨，在輕妙上找

　　粘是太極拳的寶貝，要找到它的神妙，要這樣才算是太極拳的專家。粘的功夫妙了，能出玄妙神奇的動作，能出手來去令人不知，使人莫覺，能打人於不知不覺之中，能入裡透內，令人驚心動魄，亡魂喪膽，皆由此功夫出也。如對方出手，即以輕妙虛無的手法去摸索他，不要硬上，當先少侯先生曾說過，對方來手，要以手輕去摸索他，由此觀之，我的感覺是很正確的無疑。

　　如真打真幹，只是這個還不夠的，還要參上虛無神奇的變化，如無此，發勁時打不準確，進攻時效果也不大。如無虛無神奇的虛實變化，發勁不能百發百中。

　　如只是這些仍不夠，還要有神經陡然一動，使對方如嚇一跳一樣的冷快絕倫的動作。如此上都有了，才算懂點太極拳了。

　　推手時，要輕輕的、虛虛的去摸索它，不可用勁。虛無輕妙是法寶，要好好下功夫去找。平素練拳，也要想著以上這些道理，定有進步。

　　靈機在先，動機早知，取勝之道在其中矣。

（一九七三年十一月廿五日夜十一時悟）

● 說用功，要一定放鬆

1. 練功夫鬆是法寶，一定要鬆，如不鬆，一輩子練不好。
2. 練拳放鬆，推手放鬆，散手比手都放鬆，並且要放得很鬆，蓋鬆才靈，靈才能快。身體鬆靈了，才能以神來指揮四肢，動才能快，如只是筋骨肌肉伸縮的動，則遠遠不夠快。
3. 如不放鬆，一輩子不起作用，這是最要緊的事。要相信，要相信，要緊要緊，千萬千萬。

（一九七三年十二月廿日下午）

● 說大鬆大軟之練法

1. 練功要本老論上的「行功心解」所說的「以心行氣，以氣運身」。
2. 要闊大身勢，大鬆大軟的以拉長筋肉。
3. 蓋人老了，筋骨肌肉要收縮拘緊，動作困難。如此練法，大鬆大軟的練法可以保持健壯。動作靈便，如此則延年益壽必矣。

● 說加強練習，保持領先

1. 活一天，就要練一天功，此所謂「天行健，君子自強不息」也。
2. 你們看這些資產階級的學生一個個也臭美（驕傲）起來了，他們以為老師老了，又有病，功夫退化了，不行了，叫他們趕過去了，一個個耀武揚威、臭美得不得了，如若不給他手法看哪行！

　　因為這些關係，就要加強練習，以保持不落後。

● 在穩靜上下功夫

　　動作要吸（順）得穩，心裡要靜得很。呼吸要深長舒適。

　　全身放鬆，尤其是思想放鬆，這叫鬆須先鬆心。蓋心為一身之主也。

　　當動的不能不動，不當動的絲毫不能妄動。身心思想，意識形態，眼神昂覆，都要穩靜，不只是身形四肢也。

　　要切實在穩靜上下功夫。

　　如此用功，日久當有好的進步。

（一九七四年一月一日）

● 說練功夫

1. 練功夫最要緊的是，要把心身內外全部放鬆軟放舒適，不能絲毫帶拘滯之力，這種情形不只是在練功夫的時候，就算是在平時行走坐臥之中也要如此，不拘在何時何地也要如此。如這樣子不只

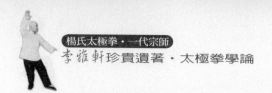
是可以長進功夫，而且可能少生疾病。

2. 在開始練功夫時，不一會兒，便感覺腹中有一股熱氣往小腹中流注，這說明功夫是練對了，如練了多年的太極拳還未有這樣感覺，這是功夫未練對，應當請明師指點，不然則越錯越遠，以後更難改正。

3. 練拳並不只是練拳功，而是練行運氣意的功夫，而又是練穩靜的功夫，而又是修養大腦中樞神經的功夫，又是生長靈機的功夫。

4. 有了靈機，才能悟會太極拳中神妙的道理。

5. 有了這種靈機，在推手動作時，才可能不先不後，剛剛湊巧，否則非早即遲，動不恰當。

6. 曰練拳功，練行氣意功，練穩靜功，養大腦功，養靈機功，這是一回事，不可以分開談也。

（一九七四年一月三日悟）

● 走虛靈功夫

1. 練功有走實力道路的，他以為如無實力，則不能打鬥。

2. 有走虛靈道路的，他以為有了虛靈，方能審度一切，審度的精細，發勁才有效。

　　我以為兩者都好，初學時應走實力，至有了基礎之後，應找虛靈，否則一輩子不進步。

3. 以我來說，我要堅決走虛靈的功夫，再不應三心二意。

（一九七四年一月六日）

● 說練功夫練對的感受

　　說練功夫，如練得對，當有以下感覺：

1. 兩臂非常的沉重，好像抬不起來的樣子。

2. 掌心和指肚感覺鬆泡泡的、鼓脹脹的。

3. 頭腦清醒，感覺非常靈敏。

4. 口中生出甜液，身心感覺舒適泰然。

5. 每動，要像抽絲掛線樣的力量那樣均勻；每動，手上好似掛著拳的意思。

● 說練功夫

1. 練功要叫腳步下沉，氣勢下沉，勁下沉。

　　如想作到下沉，必須心身放鬆，才能作到這一步，要先將心身放鬆，這是主要的東西，需切實注意。

　　如此則腰腿才能鬆下來，虛靈之勁才能頂起來，腳下才能穩實了，練到這一步，這才能一步一步的體會太極拳功夫的全面。如好高鶩遠，東想西想，找些竅門，想躐等越級，把心神精力白白浪費掉了，其結果必一無所成，欲想速進，反而退化，甚至給練功夫帶來極大的害處，學者不可不知。

2. 練功夫不要東想西想，按規矩用功，才能天天進步。

● 說放鬆軟

1. 兩臂隨時放鬆軟，要鬆得像兩臂抬不起來的樣子，才算鬆夠了。

2. 腰腿身勢無一處不放鬆軟。

● 說練功夫要專在練架子上、推手上下功夫

1. 這幾天在練槍教槍上著想，以致練拳的功夫又退了。

2. 以後不要鬧鬧熱熱的在槍上鬧，好好的想拳要緊，否則的話，又要退化了推手的功夫，太可惜了。太極拳以推手功夫為第一，如推手功夫退了，其他一切功夫會談不到。

3. 熱鬧場合之中練拳練不出功夫，要在夜靜無人之中細心的慢慢的練拳，才容易悟進功夫。如要功夫進步，每夜在無人之處練功半小時為對。

4. 細細的摸，慢慢的找。太極拳是靜靜的、穩穩的才能有所悟覺，

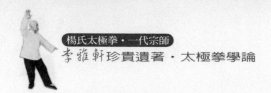

慌了不行，忙了不行，冒失了更不行，切記切記。

5. 學老師的拳風，學老師的風度，學老師的神態，學老師的形象，學老師的精神。

天天捉摸，否則不進步。

（一九七四年二月十四日下午十二時）

● 說拳意勿丟

1. 天天要想練功在鬆軟穩靜上，要叫拳意上手上，注意！如忽略了這一個，就功夫不進步。

2. 這幾天來在教槍上用心，以致拳的意思就不上來了，不沉了。要趕快把精神移在練拳上來，否則丟了拳意。如拳意了拳意，日子久了，就不好找回來也，要緊要緊。要叫拳上手，兩臂鬆沉。

（一九七四年二月十五日下午十時悟）

● 說功夫

1. 練功時要學老師的樣子，推手時、發勁時、打散手時，也學老師的樣子，聽勁找勁也要學老師的樣子。

2. 要天天不忘，刻刻不忘，否則學不好。

3. 練拳的人，隨時隨地身勢姿態要放得舒舒服服，要效張三爺的樣子，心裡要很美。

● 八十一歲對太極功夫練法之了悟

1. 我今年已八十一歲了，才悟覺了練太極拳應當如何練法。

　(1) 太極拳是輕靈的功夫，故在練時須將身勢放鬆軟，否則就練不出輕靈的功夫來。

　(2) 太極拳是柔軟的功夫，故練時要將身勢放鬆，否則就練不出軟的功夫來。

　(3) 在練功時要叫身勢柔軟，曲練直，直而練曲，這樣的委婉的轉

折巧妙的變換，不如此，就練不出太極拳的身勢來。

2. 練功也如逆水行舟，不進則退。

　⑴所以說練功夫要天天不懈的練，不斷的想。

　⑵這樣子才能把鬆的功夫在身上有了儲蓄，然後兩臂才能鬆沉得下來，如時常間斷，身上儲蓄的功夫就跑了。

3. 一定要把身手上的鬆沉練出來，否則就發不出一動就把人彈了出去的勁來。

4. 所以說天天練鬆沉的功夫，天天想鬆沉的意思，久而久之，才能有了這種勁道。

5. 每練功夫心中要想著，要叫身勢一鬆百鬆，一軟百軟。

6. 無論在練架子或推手或對比對鬥等等，都要將身勢放得一鬆百鬆，一軟百軟，這樣子無論是在發勁或是化勁，都有好的奧妙，所以要切實的注重這個鬆軟，不可忽略。

7. 就算是在平時行走坐臥之中也不要忘記這種「一鬆百鬆，一軟百軟」意思，這樣有助於練功夫。

（一九七四年三月一日悟）

● 說吃苦練功

1. 練功夫的人，要想練出一身的特殊功夫來，那非有不怕苦的精神不可，否則只是一般的拳手，何足為奇，何足稱得起專家、太極拳名師也！

2. 特殊的功夫者何？出手有神秘的奧妙，發出勁去，有神乎其神效果，如不這樣，就配稱什麼太極拳專家？有名無實，可恥也！

3. 在練功時，一定要放得鬆鬆的、軟軟的，日子久了，才能鬆得下來，如時間短，鬆不下來。

4. 如將身勢鬆下來了，功夫一定會大進，一切神妙的動作就會上手，一切發勁化勁，無不恰到好處。

（一九七四年三月七日）

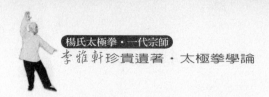

● 說練功夫

1. 在練功時，一切抬腿動腳及手法來去等等舉動，務要輕妙著、虛無著，細心去摸索，日子久了，才能有這種功夫神妙的意味。

2. 有了這種功夫後，每推手或比鬥時，神而明之，若神助，會自然而然應付恰到好處，有神秘不可自知之妙。人說太極拳有神妙不可測之玄妙，信不虛也。但要功深日久，才能瞭解。

（七四年三月十四日）

● 說練拳用功發奮苦求

　　既專門練太極拳內功，就要天天練，天天想，天天用功，不練出神奇的功夫來，決不停止。

　　若只是普普通通的一般還有什麼意思！

● 說打拳練功

1. 每練拳，都要以虛無、輕妙、柔軟、靈動為主要功夫。

2. 蓋無則可以生神化，可以生輕靈，可以生巧妙。

3. 拳經云：柔能克剛。又云：虛則無，無則輕，輕則靈，靈則動，動則變，變則化，其妙可以想而知之也。若一味的用剛勁，如刀劈斧砍的蠻幹，則絕不是辦法。

4. 且無論任何事務，都是講究尚輕妙，不講究尚拙力，否則一輩子作不好，可斷言也。

5. 以後打拳應找虛無輕妙苦下功夫。

6. 況凡是快，是慢著鍛鍊久而久之出來的快。如下手就快，絕練不出什麼好處來。如下手就快，那是盲動、妄動、冒失動，那是胡鬧一摻合，瞎胡來！

● 說練功

1. 每練功時，一定要一身放鬆放軟，並要叫心身穩靜下來。

2. 這樣子的練才出好功夫。在推手時才能身手輕妙，變化神奇，來去不知，使對方沒有感覺。

3. 如此穩穩靜靜的練法，每天最少有兩次，日子久了才能長功夫。

4. 如粗心浮氣搞幾下子絕不長進。

5. 要練得手上有了拳意，有了靈感，有了法寶，一著手對方就跑不了，非如此練法不可。

    所謂跑不了者，不是用力捉、用勁箍的，而是以意以氣以神各處佈滿，使其跑不了的。

6. 在對方不知不覺之中發勁，將其打出，才算高手。或發勁對方知道，然已無法脫逃也可。

7. 這就在於穩穩靜靜的練功夫得出來的奧妙。

● 練拳行功

1. 最妙的練法，是形如半睡的像昏昏沉沉，慢慢體會，慢慢悟，慢慢感覺，這樣練出好功夫。

2. 這樣子形如半睡的練法，最養身體、最長功夫，一趟拳約佔時五十分鐘足矣，不必太多了。

3. 練功要走輕靈，勁要走虛無，要神妙，用硬力拙力是不對的。

    每練功找輕靈找虛無，如此日久了，才出妙手。如找大力笨力，則一輩子練不好。

4. 練功必須要找著腳下的鬆沉勁，找著腳下鬆沉勁，這是一切功力發勁之根本。如找不著這個，一切發勁全無根基。

5. 蓋一切之各處的發勁皆是由地下腳下通上去的，如只是局部之勁，則無根勁不行。

6. 練拳功為什麼要慢，今說之如下：

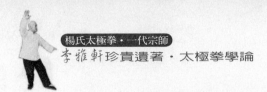

⑴慢則可以清醒腦筋智慧。

⑵慢才可以養出靈機來，才可養出冷快的動作，才可以聽勁智巧（靈敏）。

⑶有了這些，在用時才可戰勝敵人，才可以打鬥野蠻的壯漢。

⑷以前在杭州時，朱國祿打胡鳳山，紀雨人打敗張西卿，曹晏海打敗劉高升，楊洪修在濟南打敗李存義，以前楊班侯打敗大槍劉德寬，以上皆是以靈巧機動戰勝大力者。

（一九七四年四月十四日）

● 說慢著練方可養靈機

練拳爲了養身體要慢，如爲了打鬥要快，但快是由慢著練才可出來眞正的快，如只是筋骨肌肉上伸縮則不夠快也。蓋慢著練才能養出靈機來，有靈機才能出快，而快是由神氣指揮身軀，在必要時，只要神意動身手則動，此所以來得快。如一身僵硬，神意指揮不動身手，萬不能快也。

● 說鬆著勁練拳

1. 不練呆板的硬勁，因爲它慢了，應用不靈快。

2. 要練太極拳的虛無的奧妙，輕妙的粘連跟隨，玄妙的虛實變化，冷快的丹田發勁。

3. 你有天大的力量，我有虛無巧妙功夫，不和你抗力，你能如何！你力大力硬，我機動的變化，以冷快的丹田勁打之，你哪裡跑！我勁能入裡透內，壞你的五臟六腑，你哪能受得了！

4. 這種冷打丹田勁神快無比，不只是筋骨肌肉的伸縮之快，而是神的快，所以能打人於不知不覺之中。

5. 這神是由平素鬆著勁練拳練出來的，如用力練拳，則出不來這種神快。所謂太極拳練神者是也。

6. 這種鬆著勁練拳的功夫，只有太極拳才有，其他拳家不知道這種

練法。

● 說鬆沉

1. 腳下軟粑粑的粑在地下，沉甸甸的動盪著，頭部頂起來，而又形如半睡之象的慢慢的把一趟太極拳形容出來，要叫全身鬆沉而有韌性力量，自腳下通到頭頂，由頭頂而沉到腳下，這樣的通體完整。
2. 要叫腳底板踏在地下很舒服，兩腿也鬆得很舒服，全身各處無一處不很舒服，無一處不很通達很貫串，這才是對的。所謂神舒體靜，刻刻在心，切記一動無有不動，一靜無有不靜者也。要學魯仲連的神清骨爽，飄飄然有神仙之狀。

● 說練功的階段

1. 練力練一身是勁。只要有了力，無論對方如何的比鬥，一力降十會，然這是初步中步練法。
2. 練神，練出來一身虛無奧妙輕快絕倫的功夫來，善於聽勁化勁粘連綿隨，動作神出鬼沒，巧妙無比，你雖有天大的力氣，到我身上，必致捕空捉影，英雄無用武這地，你能如何！

（一九七四年四月十九日）

● 說練功也有個階段

1. 如我卅年前在杭州之練法，舒展大方，氣勢雄偉。
2. 如我到四川住居西馬棚時練法，出手掛拳意，如行雲流水，鬆軟已極，靈機無比。
3. 我住居太平街時之練法，鬆軟已極，冷彈無比，發勁時令人驚心動魄，打人於不知不覺之中。
4. 我住羊市街時的練法，一身鬆軟沉重，兩臂鬆軟得如抬不起來的樣子，而又有兩腿腳軟彈無比的練法。
5. 如我現在的練法，形如半睡之象，舒適無比，自然以極。慢慢的

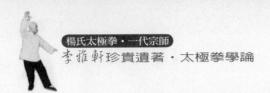

動盪，慢慢的韻味，有時如摸魚，有時如神拳，如周公之夢鶴，人鶴不分的練法。

這五個階段要時常想想。

（一九七四年四月廿六日）

● 練拳必須將一身放得極其鬆軟

鬆軟是太極拳的寶貝，有了這種鬆軟的寶貝，一切功夫可以練得好，各種發勁（如短勁長勁等）也皆可練得好。如無這種一身鬆軟的寶貝，一輩子練不好太極拳。

● 說練拳

1. 穩靜下心來，鬆開了肢體，一點也不動，如此稍待。然後以心意將兩臂挑起來，然後慢慢的一手一勢的將一路太極拳形容出來。最主要的是四肢不要自動，凡動都是意氣的牽引，意氣的吸送。

2. 感覺兩臂重砣砣的沉甸甸的，如拽不動拉不動的味道才對。

3. 其次，在行功時，要細心的體會兩手兩臂上的發現及感覺。關於這一點如忽略了就進步不大，要切實注意，要緊是靜下心來才行，否則不能悟道也。

（一九七四年五月十四日）

● 說練拳之靈機

1. 靜下心來，以體會身上手上發現的靈機。如有靈機，就充實它，積健為雄。

2. 有了這種靈機，是最寶貴的。將來推手聽勁、找勁、發勁、順勢借力以及防守，全憑這種靈機，所以至為寶貴。所以要細心的體會它充實它。

3. 太極拳是客觀的，是經驗論，明智，是靈慧，是唯物的，不是唯

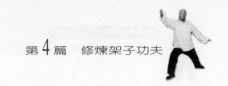

心，不是主觀，不是冒失的，不是魯莽的。

● 人要有自衛能力才能生存

一切動物都要有自衛能力，何況人乎！

如此則應練拳、練打鬥，否則就要吃虧。

● 說初步的練拳功夫

1. 鬆沉穩靜，持平抱圓，然後以心意氣之鼓動，徐徐緩緩慢慢的，一手一式，將一趟太極拳形容出來。
2. 鬆軟沉著不要忘掉，否則白費功夫，一輩子摸索不著拳味。
3. 眞傳幾句話，假傳萬卷書。

● 說練功夫

1. 我這一向對練功夫（包括練拳推手）在思想上又想錯了。有點往沉勁上、開展架子上注意，殊不知這些練法在老年有病的人不相宜也。
2. 應專心在鬆軟輕靈上，用意用神上找功夫，而且要進一步在虛無所有上找消息，神奇奧妙上去悟覺。

如有了這一步功夫，在打鬥時，就無論對方拿什麼手法法來進攻，吾們可以很方便的很簡單的動作將其化之於無形之中。

（一九七四年六月十三日）

● 太極拳練習十六條規則

1. 立身中正	2. 安舒鬆靜	3. 虛靈頂勁	4. 氣沉丹田
5. 鬆肩垂肘	6. 含胸拔背	7. 內外相合	8. 上下相隨
9. 用意不用力	10. 邁步如貓行	11. 運勁如抽絲	12. 相連不斷
13. 呼吸任自然	14. 心性沉著	15. 舉動輕靈	16. 運行和緩

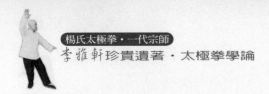

● 說練功

1. 天氣熱了，更是練功夫的機會，練出一身汗來，便覺身上很好過。又練了功夫，又健康了身體，一舉兩得，何樂而不為！

2. 平素練功夫，要按我編的「十六條練習規則」練功。

3. 要叫一身有彈性的柔軟，功夫久了，功夫就大長進了，心裡不必東想西想。

4. 練功夫的人，不要怕累怕熱。

5. 要練得有實力、有巧妙，又有真打真幹的精神，才算把手。若是只會說說講講，不能真幹，則無意思。

6. 練功夫要使腳底下的勁通上來，這樣的一身整個的勁，才能完整，不可零斷。

7. 一切的勁，都是由腳下通上來的，不是局部之動，不是各部的自動，都是由腰上帶領的（全身配合一致的動），老論上說「腰為軸」，就是這個道理。

8. 豎的方面，勁是由腳下升到頭頂；橫的方面，是由腰達到四肢的。一切的勁都是如此的，學者自己悟解可也。

9. 有人說練太極拳的功夫，一切勁都是找輕靈，但是這是給那些有了基礎、有了相當功夫的人說的。如是初學的人就找輕靈，必致多年白費功夫，十年八年一無所成。

   初學還是要按我編的「十六條練習規則」入手，練上三四年再學輕靈，方是正規。

所以說練功夫要有明師指點才行。如是閉門造車，東想西想，或者買幾本太極拳本子看了，憑著自己的聰明，就練起拳來，以為就行了，那是瞎鬧一回。

● 說拳功不可間斷

我幾天未練拳，拳意就不上手了，可見拳功不可間斷也。

● 說靈機

1. 要想功夫進步，就要天天按規矩不間斷的天天練習，在練時細細的體會身上手上的感覺，感覺到血脈的動盪，氣血的流行，若有所知道。這樣的練習，久而久之，身上手上的靈機奧妙自會出現。有了這樣的靈機，在推手時一定會起巧妙的作用。

2. 鄭曼青就是因為有了這樣的靈機，才能以小的身材戰勝了不可一世的魁形大漢吳孟俠，這個自稱是形意、八卦、太極拳的能手。

3. 鄭曼青因練出了這種靈機，他在紐約才能以一個指頭把美國佬打出一丈開外。

4. 所以說練太極拳一定要在鬆軟規矩上狠下功夫，才能養出神妙的靈機來。

● 說拳意掛上手

1. 每出手要叫手上掛著拳意走。要感覺到掌心指肚微微有鼓脹發泡之意，才算練對了，如未有以上這種感覺，那是未放鬆，是不對的，須要改變練法。

2. 每練功夫定要細心的找，叫拳意掛上手，之後才愈練愈有味，如不知道找這個情形，那是不懂拳的道理。

● 說練功

1. 每練功先要將心鬆開，然後將身勢鬆開，如此氣勢就會也沉下去了。然後穩穩靜靜的、緩緩的、細細的將一趟拳架子練出來，約佔時半點鐘左右。

　　如這樣子練法，久而久之，拳中的一切道理才會上手，不然那是

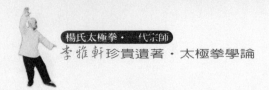
練一輩子瞎糊鬼，摸不出太極拳的味來。

2. 或問在練時如身心全部鬆開了，人就粑在地下了，還如何練拳？

答：雖是粑在地下，但我是以意識、以神氣將身勢鼓勵著了，所以絕無粑在地下之理。這叫用意、用神、用氣勢，而不是用力。這種練法，才能悟覺太極拳的一切道理。

將來神妙道理、冷快的動作、驚心動魄的手法，來不知不覺的動作，皆由此而出也。

● 說練法

牽動往來氣貼背而斂入脊骨。

動作的伸縮開啓，都是以意氣牽動，不是四肢胳臂腿的自動。開合伸縮是這樣，發勁化勁以及轉折變動也是這樣。

● 說太極拳風格

既練太極拳，要練出太極拳的風格來，如同簡化太極拳那樣揉揉扭扭挪幾下，太無意思。

● 說深一步的太極拳練法

1. 靜下心來，放鬆身勢，形如半睡，就這樣穩穩的、靜靜的、慢慢的，以氣意之動領率腰脊牽動四肢，緩緩而動。

2. 就這樣如功夫久了，身上手上會出現一種神妙的靈機，要靠我們自己細細的體會。

3. 體會到了，就充實它，久而久之，會達到玄妙境界。

4. 以這種玄妙的東西，用之於健身、延年益壽，用之於推手或打鬥，則所向無敵。然而不打好人，要打壞人、欺壓人的人、爲非作歹驕傲自滿的人。

（一九七四年七月廿三日）

練太極拳的功夫

1. 練太極拳如練到深一步的時候，是尚輕靈、尚靈機、尚氣化、尚虛無。

2. 其動作是以神走、以氣化，以達到高深的地步，如只是揉揉扭扭的那些動作，那是未進步。

3. 在推手時，如二人總是要擠在一起去揉揉扭扭，那只是初步。

4. 練太極拳當有輕妙靈機、虛無氣化，才是至神至妙的的功夫，如尚未悟到這一個，未免太蠢笨。

5. 細察其他外家拳也是這樣，如功夫到了高深的時候，也是尚輕快靈機，不尚笨勁了。

6. 曾記得在民國廿四、五年的時候，有個外國人是猶太人，名哥必克，與我國捕擊拳高手大個子卜六比搏擊拳，初則卜憑力大想用大力幾下子將哥必克打下去，哥則用閃躲的方法，使卜撲了幾個空就懈了勁，然後哥則用輕快鬆軟的氣打的拳，砰砰只兩下將卜打垮了，眼看要站立不穩了。不過哥則以客人的關係，不想太叫卜難堪了，而讓了他而結局。

7. 可見不但是太極拳要尚輕靈虛無，外家功功夫也是這樣，而外國搏擊拳更是這樣。

8. 感想到無論是任何事情，到了最高深的時候，不是用笨勁，而用神、用意、用氣、用巧妙、用靈機，這是很自然的道理也。

● 說練功夫

　　練功夫務要一身放鬆放軟、放沉著，不然則不進步，不管用，不能推手打鬥。務要記著，每練功，這個鬆沉着，手上要掛拳意拳味，不是無聊的亂動一回了事也。

　　　　　　　　　　　　　　　　（一九七四年八月十三日）

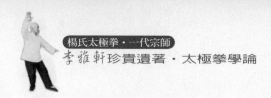

● 說靈機

1. 要把手上的靈機操出來，蚊蠅不落，寸草不沾。
   著手就靈機萬分，對方一用心用意，我已先知。
2. 要天天往這個靈機上狠下功夫才行，若操不到這樣，那是空有其名，可羞也。
3. 推手打手，全憑靈機，一粘手，對方用意企圖，無不盡知，取勝之道，全在此也。
   若無這樣的靈機，就聽不出對方之來力用意，等於一個傻瓜，如何能勝人！
4. 操練太極拳，要先練靈感為第一也。
5. 打鬥在靈機、在先知、在變化，有智慧，有計劃，又要平時有功夫，能有丹田冷快之心勁，以上所以能致，全在有心勁、有志氣，苦鑽細研。如平素好大喜功，好高騖遠，那哪能行！
6. 刻刻不要忘記體會身上手上的靈機，出手要掛拳味，脫離掛拳味，就不長功夫。

● 天天練拳

1. 功夫要天天練，推手打法要天天研究。
2. 天天思想以求進步，如停留在這個初步的階段，就要落後。
3. 空有太極拳專家之名，是可羞可恥也。

4. 天天靠準了早晚打拳，細細研究，總要苦下功夫，不然則一切全不能實用。

（一九七四年九月十二日）

● 說輕妙

1. 邁步要輕妙，出手要輕妙，身勢要輕妙，總之是一切動作都應輕

妙，不如此，一輩子練不好。

2. 練拳要輕妙，推手要輕妙，打手比手眞打眞幹，一切之一切都要
　 輕妙。

● 練功夫推手

1. 要會運用神氣。

2. 要會細細的聽勁找勁，要會微曲婉轉化勁，要有柔若無骨的身
　 勢，要有無微不至的動作。

3. 要有靈機變化。

4. 如練功不向這個方向用功，只想蠻幹的打幾拳就會解決了問題，
　 那是做夢也。

● 說鬆軟沉彈

1. 練功要多練鬆沉勁，多練揉扭勁，周身一致勁，內心勁爲最重
　 要。

2. 要用周身的揉扭平均的勁。

3. 只是軟彈不對，要鬆軟沉彈爲對，就以這個鬆軟沉彈把人彈出
　 去。

4. 發勁要以心氣及身勢各部一致彈在對方，把人彈出去，如只筋骨
　 肌肉上的動作則遠遠不夠。

（一九七四年十月八日）

● 說一手一勢練功夫

　　要想功夫長進，還是要沉下氣去，下去腰腿，絲毫不苟的一手
一勢的練功夫，如是偷工減料的不會長進也。

● 說輕靈奧妙

　　一切要在輕靈奧妙上細找，不要拿錯了主意。

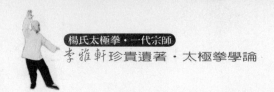
如要在笨力上求，那就是拿錯了主意，勢必白費功夫，愈練離太極拳愈遠。

● 說練拳以養靈機

練拳功第一是養靈機，天天充實這個靈機，靈機充實了好聽勁，有了聽勁，推手無不勝。

如無聽勁是盲動，是妄動，是冒失動，是瞎鬧一參夥。

（一九七四年十一月四日）

● 說各階段練法規矩

1. 初步的練法，一切按規矩。
2. 中步的練法，除按規矩而外，尚須佈滿撐圓，頂頭拔背，墩樁沉氣。
3. 上乘功夫，除有初步中步之練法外，尚須全身放鬆放軟，上下相隨，內外相合，兩腿鬆軟的如抬不起來，兩臂鬆軟的會掉下來；又如以繩兒拴上的樣子，而以神以氣把它鼓勵起來，以意識把它升長起來，如此穩穩靜靜的把一趟拳架子練出來。

最重要的是每手每動要體會著掛著拳意走，掛著空氣走，這樣子意思，以若斷非斷的神氣，默默的想著練。

● 說真功夫

要沉著，又要鬆軟，又要有冷彈脆快、急如發機，奇快無比、神乎其神的動作，這樣子才能戰勝一切的敵手。

以上全憑以心意、以氣勢及以神經感應如電樣的神快，這樣子才能使勁來之令人不知，去之令人不覺，打人於不知不覺之中，這才是太極拳。

● 說虛無輕妙

1. 凡是抬腿落腳，一要穩健，又要虛靈輕妙。
2. 出手要虛無輕妙，腰身要虛無輕妙，這是練太極功夫最要緊的。

● 太極拳的練功

1. 心鬆開，身鬆開，尤其是兩肩兩臂兩手兩肘，特別注意鬆軟，否則拳意練不上手，掛不著拳意，就白費功夫。
2. 更要注意老論上的「行功心解」及我擬的「練拳十六條」。如這樣子穩穩靜靜、鬆鬆沉沉的勢如長江大河的動盪著練，日子久了，未有不進步之理。
3. 更要注意深長呼吸。
4. 形如長江大河之浩渺無邊，如一浪未止，一浪又起，後浪逐前浪，滔滔不息的樣子。

　　以上這種意思要時常想著。

● 練太極拳功夫

1. 要按「行功心解」。
2. 要心氣意思沉著。
3. 要深長呼吸。
4. 要抱滿撐圓。
5. 要先沉後走。
6. 要兩臂沉甸甸的、重砣砣的感覺。

● 說練功夫

1. 最重要是細細的、穩穩的、靜靜的、勻勻均均，如行雲流水，抽絲掛線，一手一勢，慢慢的練以蘊拳意味道。

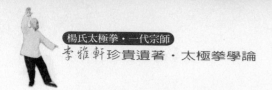

2. 又好似合目養神，形如半睡。

3. 若是東想西想，東望西望，心不誠，意不靜，那是一輩子摸不著拳味來。

● 說練功夫三要件

練太極拳功夫本是一件難事。一要有明師指教；二要勤學苦練、深刻鑽研；三是本人有智慧、聰明、悟性、恒心。

以上三者具備了，就不難練成太極拳的好手，不然的話，就不如練其他拳功。

● 說練功夫

1. 主要是練冷打綿軟巧，變化虛實好，來去人不知，想走躲不了。

2. 實力也要有，最怕無感覺。

3. 勁去陡然到，打個神奇妙；力來我不抗，虛靈走四方。

打他無所備，出其所不意。

● 說練太極拳用意不用力

1. 凡作任何事，一切都要有魄力、有力量，則一切事才能迎刃而解，這是千古不破的道理。然而練太極拳為什麼要說不用力，其理安在哉？

2. 太極拳說是不用力者，是說不用明力，如用明力，對方早知防備，我去攻擊則無效矣。

3. 明力是以筋骨肌肉之力為主，這種力雖大而變化不快，在打鬥方面不夠巧妙，說太極拳不用力，是不用這種以筋骨為主的明力。

4. 太極拳是用以神氣為主的內力，以神為主的力，來去變化極快，可以打人於不知不覺之中，來去令對方不知不覺故耳。

要練這種以神為主的力量，須將筋骨肌肉上的力量放鬆，如不放鬆，就使不出這種以神為主的力量來。

5. 此練太極拳說不用力，就是這個道理。

6. 太極拳說不用力，但說要用意，意就是神的意思。

說是太極拳要用意用神的力，這還是用力，有了這種力，百事可以迎刃而解，這與老論是不相違背的。

（一九七五年七月八日）

● 說練功

1. 每出動手上總要掛著拳意走。掌心指肚之間要感覺微微鼓脹之意，才是對的，不然便是不對。

2. 如這樣的練法，每早晚要靜下心來細細的摸一個小時，天天如此，而後自有感覺。

● 說練功夫 （叫敏弟看）

1. 未從出手，必須先誠心正意，先靜下來，然後出動。

2. 尤須身勢放鬆，穩穩靜靜地將一趟太極拳練出來。

3. 這樣的穩靜舒適的練法，久而久之，身上手上必發現感覺。應細細地體會這種發現的感覺，要好好地記下來。

4. 太極拳的功夫需要這樣練，不是粗心浮意地鬧幾下子，在人前顯弄，就可以體會到功夫的味道的。

5. 練功夫要有雄心壯志，不怕勞累，不怕吃苦，日子久了功夫自會上手，如粗心浮氣地弄幾下子，是不行的。

6. 最好在夜靜無人處練習，才容易悟會到功夫妙處。

7. 練功夫的人應是無時無地不在思想功夫才對。

（一九七五年九月卅日）

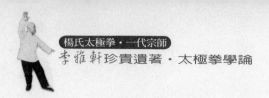

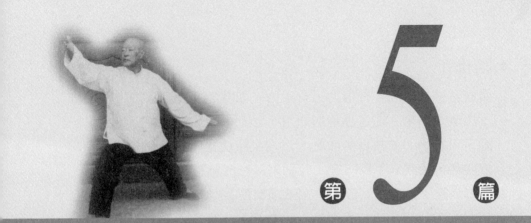

第 5 篇

學推手規矩

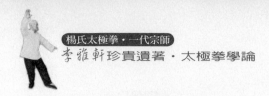

● 談推手

1. 如遇對方有功夫，有穩力，有柔力，如冒然地發勁打去，往往打不出個效果來。在這種情形之下，必須先用虛柔之手以晃動，出虛手以驚動，俟其身勢散亂，然後發冷快絕倫之勁擊之，此勁起於陡然，使其來不及防守，此勁來得鬆沉陡然，能透其內部。

2. 如二人推手已升級到散手，在熱鬧緊張之際怎麼辦？
這應以虛無變化，神鬼難測，冷快絕倫，來去不見，迅雷不及掩耳，無堅不摧之勁打之。

3. 在推手時，務要先以虛無之氣勢手法去摸索他，找他的缺點，找他的實地。如找到了實地，摸準了部位，才可出勁打之。如他是懂勁的，就不會使我摸著他的實地，早就給我空的沒有了，在此情況之下，絕不可冒失亂動，應耐心摸索，直到摸著了實地再發才對。

在未曾接觸以前，先持以虛無的氣勢，然後輕輕地與對方沾手。沾手之後，不可自動，只是提高本身的清醒靈覺性足矣，以俟對方稍有動意，便以我的靈覺智慧，虛無的氣勢，以神走，以氣化，跟之隨之，以做到沾粘綿隨，不丟不頂。在這種情形之下，彼之缺點必暴露，機會就會自然地送到手上來。如我稍用智巧，便可使其捕風捉影，東倒西歪，英雄無用武之地。蓋我之身軀柔軟百折若無骨，無論對方如何攻來，都可以逆來順受，隨屈就伸，化之於無形，然又可以撒去全身皆是手，使對方無法逃避。以上這些情形，全憑平時鍛鍊的好身手，能夠有無微不至的輕妙跟隨才行。

在沾上手之後，我以虛靈的手法跟之隨之，在幾跟幾隨之中，我之身勢就早已吃進彼身。在此時我以神經一動，丹田氣鼓，就會如觸電樣將其打出。蓋虛則無所不容，靈則無所不覺，機會送上手來，神經氣勢就會自動地發出迅雷不及掩耳之勁來，將其打出。所

以，在推手時，不必勉強找機會去打，在機會成熟時，它自會送上手來，萬一沒有機會送上手來時，那是對方的功力尚沒有破綻可找，此時我也不必用勁去抵它或勉強去找它，只是時刻保持我手上的靈覺就可以了。若始終沒有出現缺點，則是他的功夫與我相等或在我之上，我應當虛心向其學習，以增長學識。若勉強爭勝，則對功夫是無益的。

平時要不斷的思悟如何避實擊虛，才打得遠，打得乾脆；如何去勁能入裡透內，達其臟腑；如何去勁如穿透紙人一般；如何去勁使其無法逃脫、無法抵抗；如何使對方如觸電樣驚嚇跳出，使其驚心動魄，有如萬丈懸崖失腳之感。又如何來之無形，去之不覺，打人於不知不覺之中。以上所說，是指對付壞人，若一般與同道研究，則不可用此重手，否則天理人情國法斷不容也。

要輕則輕妙無比，使其未覺而身已進、手已到；要快則急若發機，使其無從逃避。其冷快絕倫，驚心動魄之情形可想而知。

在二人對打到緊張之際，其面色陡變，毛髮抖抖，如烈馬之發威，勁去有令人不可抵禦之勢，使其傻眉瞪眼，莫知所措。以上情形乃是以神經之動，丹田之勁也。如只是肌肉之伸屈，外表的動作，則無此味道也。

● 說鬆

拳出不管用，則是無變化也。勁去不透內，則是未鬆淨也。鬆要鬆得乾淨，變化才來得奇特。要鬆得如皮裡包骨一樣，才算真鬆。如半鬆不鬆的情形，出不來奇特之發勁，此理不可不知。

● 憶與楊師推手

過去與楊澄甫老師推手，我有一種很特殊的感覺，今特記之如

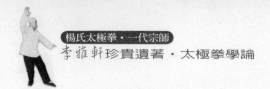
下，以供研究。

　　我與楊老師推手時，只是一搭上了手，我便感覺沒有辦法，身上各部都不得勁了，楊師雖很鬆軟的向我臂上一沾，不知怎的，便覺得各部都被其吸住了，如同對我撒下了天羅地網一樣，我無論如何動總是走不開，無論如何動都是對我不利。楊師之手雖是輕輕的往我身上一放，我便感覺到這一手來得非常嚴重，使我動也不行，不動也不行，用大力不行，用小力也不行，快動不行，慢動也不行，用剛勁不行，用柔勁也不行，無論如何動，總是不行。如同與高手弈棋一樣，對方一下子，我就沒辦法。楊老師雖是很穩靜的神氣，但我不知怎的，就覺得提心吊膽，驚心動魄，有如遇萬丈懸崖，將要失腳之感；又如笨漢下水，有氣節填胸之感；自己似草紮人一樣，有隨時被其打穿打透之感；有自己的性命自己不能保障之感。但楊老師確並未緊張，也並未用力，只是穩穩的一起一落，一虛一實的跟隨而已，我就捕風捉影，東倒西歪，如立在水上，自己之動與不動操之於人，自己不能自主。以上這種情形究竟是怎麼一回事？直到現在我還不明白。

　　如楊老師的高深功夫，我一生還未見第二個人有。我雖是跟隨楊老師十餘年，但限於天才聰明，我的成就只有楊師的十之二三。以後練功，對於楊老師這種情形，尚須細細地思悟，或可再有一些進步，否則太極拳的真意恐要失傳了。

● 說十三勢

　　掤捋擠按，採挒肘靠，進退顧盼定十三勢，須認真做到。沾粘綿隨，不丟不頂，更須切實研究，細細琢磨，長進當很快，否則拳意不來，白費功夫。內則心氣，外則全體，內外上下，以致相隨。

● 論「沾」

　　所謂沾者，非專指以手貼著跟隨之謂，雖在尚未接觸之際，以

神氣將對方籠罩，吸著跟隨其伸縮而動，此謂之沾。在幾跟幾隨之中，我之身手早已輕輕扶於彼身，彼之一切舉動無不盡悉，便可取之矣。

　　所謂沾者有三：

1. 當皮膚接觸之後，聽對方之伸縮而隨之，此爲感覺之沾也。
2. 在未接觸之前，以眼觀察判斷其距離伸縮而隨之，此爲視覺之沾也。
3. 以耳聽其聲音，判斷距離而隨之伸縮，此爲聽覺之沾也。以上皆神氣虛靈之作用，故太極拳首在養靈。

● 說眞太極拳之推手

　　眞太極拳之推手，是照掤捋擠按認眞去做，講不丟不頂，出手是虛靈的接觸，是綿軟的。若掤捋擠按四手不清，動作不虛靈，手掌挺硬，是外家之功夫。

　　出手剛硬無比，毫無綿軟之氣，動作三角八楞，毫無圓滿之味。亦不以腰身轉動，而以兩臂兩手自動，胡撥亂拉，非丟即頂，瞎碰亂撞，神氣活現，說是太極拳推手，實是貽笑大方。然一般學者，卻相信這些似是而非之太極功夫，因其花樣好看，但對眞的太極拳功夫反而不相信。

● 論推手發勁

　　推手時，需用心、用意、用神、用氣，不用僵力。其節短，其勢險，勢如強弩，急如發機，突如其來，令人無從抵抗。

　　發勁有三：

1. 以虛妙之身勢進身，對準其一部用鬆軟之彈性勁發之，人如彈丸而出，此謂之長勁，可以將人打遠。
2. 以兩臂鬆軟如繩，以丹田之勁冷然向其彈去，此謂之斷勁，可打皮面疼痛。

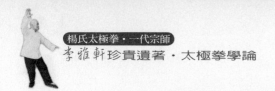

3. 以丹田之氣，周身之勁，心中一急，冷然鼓去。此勁起於陡然，令人一驚如觸電，不知其所以來，又如炮彈之及身，早已打進，此爲短勁，或曰冷勁。此勁可以入裡透內，可以將其鼻涕眼淚打出。如發得充實，可以傷其內臟，使其口鼻噴血，頃刻致命，其冷快可想而知。

● 論推手之神走氣化

推手時，要有虛靈之氣勢，雖有手法，不以手法破敵。雖有着術，不以着術招架，要以神走以氣化，使對方如捕風捉影，找不著實地，找不著去處，其破綻自出，我好取之矣。如見來手，即以手法著架，則一身之勁被其牽掣，動作不靈，學者不可不知也。

● 意在先

無論用拳用劍、用刀用槍，在比鬥時意思總要走在前頭，我之一手之去，又有多手的準備，相機而發，早已料定對方之必然動作，故可穩操勝券矣。

● 鬆軟純淨之內勁

以心打心，以氣打氣，以神打神，以氣魄打氣魄，以氣勢勝他人之氣勢。用掌時，要鬆軟沉貫之以神氣。用肩用肘，用胯用膝亦然。所謂沉者，鬆軟自墜之謂，非用力下壓之說也。非鬆軟純淨內勁不出，如不知鬆軟，反不如練硬功也。

● 完全鬆開

初學推手者，大都不敢完全鬆開，怕丟鬆之後，如對方攻來，無有保障，而不知完全鬆開之後，身上自然會起一種虛靈的氣勢和巧妙的作用。有此虛無的氣勢和巧妙的作用，定能應付一切也。自身虛靈以極，輕妙無比，著手處進也是進，退也是進。處處佔著有

利地步，對方之動作完全在我掌握之中，戰勝對方是不成問題的。

● 說比推手

1. 先持以虛無鬆軟輕靈的姿態，輕輕的，靈靈的去摸索他。
2. 既接觸之後，聽他是如何來勁，然後，當如何則如何應付之。
3. 如其來手很快，但我手是虛無的，也受不到他的打擊。如他也知虛靈輕妙，我則與他鬥輕妙；他輕靈虛妙，我比他更輕妙。
4. 如其力大力硬地逼來，如我也以力大力硬敵之，這個不是太極拳的道理。如以粘上再走化其來力，這個也不好，因為粘上再走就晚了。我當以毫不抵抗、虛無靈動的手法走之。不與其接觸，緊了就走化得乾乾淨淨的了。
5. 即如當年在文熾昌家與朱國禎推手的那樣，叫他身無所主的撲在穿衣鏡上，這種勁很好。連朱國禎也不得不過後贊成這種勁。

● 說推手比鬥

　　推手不是比推手，是比靈機，是比變化，是比輕妙，是比智慧，是比虛無神氣。誰這些方面好，誰就勝，而不是比力大，比硬頂，比硬抗，以上千萬要記著。

● 推手與散打的要訣

　　一要大開大展；二要大鬆大軟；三要有大的雄心、大的豪放；四要有大的心勁、大的氣勢；五要有堅強的決心、豪邁的氣派；六要有排山倒海之勢，有我無敵之決心。

（一九六三年四月悟）

● 推手之發勁

　　每發勁把對方譬作一個紙箔人一樣，如我一鼓勁，就可以將其打蹦打遠。

有些人在推手時，死死的將椿步站穩站死，以爲這樣子人就推不動他；或是死力的用掤勁、用兩臂之硬力把胸部保護著，好使人進不去手，以爲很得力。而不知這樣鐵板的步椿、鐵板的兩臂，如對方稍微變動，就可以將其打出，他是一點好處也未有。以上這是學拳未成或離師太早。如傅某某之情形，這絕不是好的動作，好的辦法。

在發勁時要學楊師之神氣。

● 推手發勁時腰脊上之力量

李寶玉云，吃飯吃到脊樑骨上了，這句話很有意思，要時常想想。

以上說明發勁時，腰脊上之力量是很要緊的。

每練功推手時，對於腰上的情形，以後必須仔細正確的審查之。

吾們要如何的運用腰脊上的勁，去聯繫腰腿腳上的勁和肩膀上的勁，及心意頂頭和神氣上的完成一股子勁。

按以上這些話，老論上是說過的，不過我們不注意耳。以後要好好找找，否則不進步。

● 練神練意練氣

在發勁時，一定要身想放鬆，腳跟上才有往下註定的力量。

發勁時要如急雷爆發，要如火藥爆炸之猛烈才夠味，如像這些太極拳新產品所說的情形，那是等於識字班、幼稚園，太無意思了。

練功只在身體上下功夫不是上乘的功夫，練神練意練氣才是上乘的功夫。

神是等於身上的電，它比任何東西都快，所以高手主要是練神。

神練好了，可以打人於不知不覺之中，人如觸電一樣驚然跳出丈外。

每出手可以來之不知去之不覺，才能打人於不知不覺之中，如近來的人推手只是揉揉扭扭如何能行！如何能敵高手！

● 釋「極柔軟，然後極堅剛」

一般的人以為是不發勁時，身手要放軟些，如發勁打人時，就便臂手握緊，拳握得如鐵似的那樣硬，我以為這是大錯。蓋發勁時，臂手如握緊了，勁就打不出去，如何將人打走打遠也。極柔軟應是在化勁時，全身放軟，以對方找不著實地，以減少其來勁的力量，極堅剛這應是軟之至的時候出來的彈力。如這種力是在平素鬆軟著練功夫養出來的彈力。這種力不用時，在身上極其柔軟，在用時只要心意一動，這種勁就會很自然的打出彈力來。

如北方人趕騾馬大車的大鞭，放羊群人的大鞭，雖是大鞭的鞭頭鞭身很柔軟，可是打出來的彈力如打在石頭或瓦片上，能打出火光星子來，且其響聲如火炮放槍一樣的聲音，力大力急可想見一般矣。

我對「極柔軟，然後極堅剛」的理解是這樣的。

● 應用

在走化時，要以神走，以氣化，要來得軟，來得乾淨，絲毫不頂，能教對方無知覺，如有撥力就不行了，就不能化之於無形之中，這要細心想想。在發勁是要來得陡然，來得冷快，來得冷彈，能打其不知不覺之中，如有蓄勁的行跡，早被對方覺出來，就不行了，這也要細細想想。

要想作到以上兩點，就需要在平素練功夫時，多多思悟虛無變化的功夫，要緊要緊。

（一九六五年二月廿六日悟）

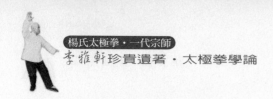

● 說鬆沉軟彈之勁

我平素慣用的方法是「敞開大門教人進」，這種用法很好。

傅某某之用法是關著門，以兩臂支著不叫人進，這種方法不好。

太極拳之要軟，是說的在走化時要把全身精神灌輸在這個軟上，但在發勁時，就是要將全身的精神氣力灌輸在這個冷快迅雷不及掩耳的鬆沉軟彈上，不能和化勁時那樣稀鬆百軟了，否則就沒有作用了，關於這一點，大家要注意，千萬千萬。

這個鬆沉軟彈之勁，是要用神氣將他打出去，這個勁如打得好，可以如電一樣的快，其冷快絕倫，可以使對方如觸電一樣蹦出去，可以使對方如觸電一樣驚心動魄，可以使對方不可抵禦。因其快的特點，也無從去抵禦。快快快，快快快，要快到如電一樣，心意動早已打上（這個快好似神經一動），這是如何的一種情形，要仔細想想。這個勁很好，如比手非此不可，以後要下功夫找，要緊要緊。

（一九六五年二月廿六日悟）

● 說腳下穩固

無論練拳或推手，總要以鬆沉穩固之勢，腳下的穩固為第一，要著地，若無此，練拳也練不好，推手亦推不好。

（一九六五年二月廿七日悟）

● 說推手

打拳推手，全憑心氣豪、丹田勁壯，手上靈、腳下穩，陡然之變莫測之動，否則雖有天大功夫，不能勝也。

崔之拿穩了而後打個鬆沉勁，這個在友誼推手上是有用的，可以研究。但是如在比鬥的場合，這個不管用，蓋人家不會給你有這

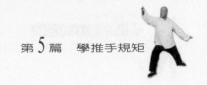

種機會拿穩放好。

　　牟之拿穩了之後而後原部位不動，心裡鼓個內勁打去，此勁打初步功夫的人也可以有效。

　　以上這兩種勁也可以練習，以在友誼推手時用上。但是如在對打對比有爭勝的場合中，以上兩種形式的推法絕不行。

　　須要有靈機萬變，冷狠脆準的心氣之勁對付才行，切記切記。

（一九六五年四月十八日）

● 推手的方法有三

　　一是粘連隨柔掛搓鑽收吸吐拿引沉帶等，這些手法將其弄得東倒西歪，粘著了，而後鼓丹田之沉勁打之無不中。

　　二是以輕妙的手法，輕輕的找他幾個，而後以冷快絕倫之動作發勁打之，一定要打得非常的乾脆。

　　三是以大鬆大軟，大散大轉，大活大走，大旋膀大轉腰的推法，弄得他站立不穩了，而後出冷沉之勁打之，一定可以將其打遠。

（一九六五年五月十三日晚十二時悟）

● 推手之化勁與發勁

　　要練推手，第一要先練化勁，任對方如何來，決不頂勁，完全以胸腰身勢的動作去化他，如能化得好，無論對方如何來勁，都不能有效果，這為第一步。

　　第二步練發勁：

1. 突如其來的冷快絕倫的發勁。

2. 虛實變化冷快的發勁。

3. 練身手斷打的發勁。

4. 發鬆沉軟之彈勁。

5. 以沉著的沾粘勁將對方拿著了，而後以心中之沉勁打之。

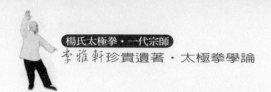

以上五種勁，要時常去練，時常去想，如只會一二種勁，就不夠用。關於這一點要注意。

（一九六五年六月廿一日）

● 進擊沾粘

我忽然想起早年同趙潤生在市黨部樓上推手的情形，又想起在拳社同楊紹西推手的情形，這兩次都是進擊沾粘的擒拿動作，太妙太好，以後要多想想此二方法，至於別的動作不是太極拳的方法也。

（一九六五年六月廿四日）

● 憶楊師發勁神氣

關於打拳或發勁，千想萬想，不如多想楊師打拳發勁的神氣，進步就一定很快。

以學楊師發勁爲主，郝之鑽挺，曼青之鑽挺，田之斷打，崔之鬆軟沉氣打，李寶玉之撐身扭脖打，也要常常想想。

如無楊師之冷打，對方不疼。總以學楊師之神氣才對。冷、冷、冷、冷、冷、冷。如無李之內勁打，對方不疼不透不怕，以無郝、曼之鑽挺，打就不遠。如無崔之鬆沉打，打不出對方之氣來。如無田、少侯之斷打，打不著其面腮。

（一九六五年六月廿六日）

蓄勁時，要能把對方之氣提起來，發勁時要能把對方之氣打出來，這才算是太極，不然是雜拳，不足道也，切之。

以後要想如何能作到這一步。

當年同楊師推手時，我時常感覺我的氣有時被提起，有時被打出，我時時覺到氣的不舒適，心時驚驚慌慌，如水淹到喉部時之驚慌。以上這是個什麼原因，什麼道理，我要時常多想想，功夫才進

步。如像以往的推手練功夫就越來越退化而自己不知也，千萬注意記著。發勁時，其身勢呼吸的神氣是這樣，身勢是有一提一放，一收一去，一吸一呼，一吐一納，一鬆一沉的情形，其妙處全在神氣之一振，勁自心中發出，這種情形，雖神鬼也必心驚膽戰，此謂鬼懼神愁。以上要好好研究，如不往這上頭用功夫，只是揉揉扭扭，這是瞎胡鬧也。

勁如平著去，就打不出其氣來，其效果不大。勁如鬆沉著往下打，就可以打出對方的氣來，其效果就大。

（一九六五年六月廿七日）

勁如沾粘得好，對方想散開打，他散不開也。勁如拿得好，對方雖想跑，跑不脫也。

（一九六五年七月廿八日）

功夫如練不出軟彈勁來，就等於白練，尤其是兩臂的軟彈勁。

（一九六五年七月十五日）

● 說推手之自審

推手不在身體大小，也不全在氣力大小，全在方法用的對不對。凡是推不過人家，你就要自審：

1. 身勢上有沒有不合規格的地方。
2. 動作上有沒有不應當的地方。
3. 用的手法上有沒有快慢早遲的地方。

如有不合宜的地方，馬上變更過來，換一個適宜的手法。在這上節部分上，有沒有不符合於對方客觀來勁，有無不相宜的地方，如有則改過來，換一個與對方來勁正相宜的動作出勁，如換對了，就一定有效，就推得過他了。

又，我把推手等於弈棋，如下不過人家，就是動的步不相宜，動錯了，所以輸了，而不是因為棋子的多少。

又如軍隊上的打仗，如打不過人家，吃敗仗的是指揮的不適

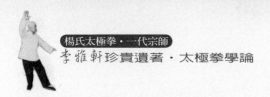
當，不完全在軍隊的多少也。

（一九六五年八月十四日悟）

● 推手與比手

總以在沾粘綿隨，不丟不頂上用思想，才是正理，如一般的推手，接觸力大，互鬥蠻力，這不是正規，不可學也。太極拳要在輕靈變化上，神清骨爽處找出奧妙來，不能專以柔扭的功夫爲能事。

比手要快則神速無比，要變則神奧莫測，冷快絕倫，令對方有驚心動魄之感才算對，出手不能驚動其魂魄，那還是太極拳的功夫未練到家也。

● 說推手與發勁

1. 推手要找輕靈，崔的搓板勁是不全面的。
2. 發勁定以找鬆淨、找沉彈，趕勁到什麼地方就打什麼地方，某某的拿著了、拿好拿穩再發是不對的。
3. 無論練功打拳、推手散手，都要注意以下幾點：
   (1) 定要腳下鬆沉穩固踏實。
   (2) 身勢也要鬆沉。
   (3) 氣勢也要鬆沉。
   (4) 推手要活動，肩膀要靈動。
   (5) 散手以身手敏捷、發勁冷快爲第一。

● 說推手

要用腰膀上的勁旋轉腰膀，大走大化，撥擺不已，一定要把腰膀上的勁用上去。

（一九六七年六月十七日早與陳龍驤推手的感覺）

● 推手找勁

找沾粘勁，找內勁，找沉勁，找驚心動魄之勁，找如透紙箚人一樣的勁，找令人五臟熟爛之勁，沉沉的，足足的，重重的，冷冷的，狠狠的。

（一九六七年七月八日悟）

● 推手

不丟不頂，要以神氣虛虛的去沾連，不是以實質筋骨肌肉去抵觸著的沾連。由筋骨肌肉接觸的沾連，要進而成為輕靈的沾連，再進一步虛無沾連，這樣子的練法為能，功夫妙了，動作空虛，玄妙無比，可以作到行無形，起無蹤，出其不意，冷快絕倫，打人於不知不覺之中，如摧枯拉朽然。

（一九六七年十二月七日在屋養病時悟出來的拳理）

● 說推手沉勁

沉勁是要鬆沉的勁，不是硬壓的勁、硬捺的勁。所謂鬆沉，是使通身氣意以使兩臂鬆得如同掉下來一樣，其兩臂本身的重鬆沉往下的力，不是用氣往下壓的力，如是硬捺硬壓的力往下去，那就不能叫作沉了。所謂輕靈虛無，是以神氣去作出來的，如只是筋骨肌肉的伸縮是作不出來的。

● 說推手按規矩

只是按著規矩推手，練好沾粘綿隨，就會有很妙的用法，無論對方如何來手，如何的冷快，我有我的靈機的沾粘功夫，都可以對付。現在不想其他，只是按規矩練拳，按規矩推手，把沾粘綿隨找得好就行了，無論對方有什麼樣的手法，我可以教他使不出來。現在只是按著規矩推手，找沾粘綿隨為第一，不可有三心二意，想些

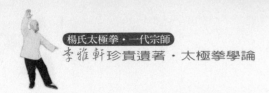
別的手法，這是要緊的。

● 先走化防守，再發動打人

練功推手，要先學走化防守，然後再研究發勁打人，如走化防守好的，對方對你無辦法，那一定就贏他無疑。

● 說用法和推手

1. 絲毫不丟不頂。
2. 只是以手沾著我的汗毛皮膚足矣，萬萬不可以靠勁抵力。
3. 只是把神氣意思放靈和持均勻好了。

● 說道理、說用法

1. 在與人推手時，務要以虛靈的手法去摸索他，找他的實地，如找到了實地時，便可出勁打之。如找著實地，以冷沉勁打之，如正在推尚未找著實地時，就可以軟的勁彈之，也可以打出，楊師善此勁，趙清溪也有點這種勁。他如是一個懂（太極）拳的，就不會叫人摸著他的實地，在你尚未到找著實地時，他就給你空虛的走化開了。
2. 他如是仗著自己有些笨力，腳下有些根基，雖是被人摸著實地，自己覺著別人也沒有辦法他，在這種情形下，就應速以冷沉的透勁打之。冷沉的透勁打去雖不能把他打多遠，總會把他打透打傷。他如把我之去手引到他的實地的地方，這是他的經驗不夠。
3. 無論如何，想去勁非冷快不可，非奇特不可，非巧妙不可，非令人不知不可，否則就不管用。

（一九六八年五月廿九日於實驗小學）

● 說對打、對比、推手

1. 太極拳是唯物的學術，不是唯心的學術。

2. 出手接觸之後，一切發勁和動作，全是以對方之來力情形而動。

3. 是借力，是就便，是打順勢，不丟不頂，這謂之打由人的勁，這是唯物的，好的。

4. 如不管對方如何來，我只是以我的思想出勁發勁，想如何發勁，就如何發勁，這為之由己的勁，是唯心的，不妙不好。

5. 在未接觸以前，我的心裡是無一定主張的，以後一切的舉動，全是以對方之來力而定，不能事先早有戰術準備。

6. 在未發勁時，只是將兩手放軟，提高靈性，以察對方之舉動和來力，在有心要發勁時，心中一狠，靈機一動，如電一樣的，早已又準又穩又充實又冷快，如神經一動似的，早已給其打上。

至於如何才能如心中想像作用效果，那看平時的功力之如何也。

● 說與人推手，先化來勁

1. 凡與人推手，先要化對方的來手來勁。故無論他如何來手，我都可以給他無形的化掉，他沒有辦法來發我，那他就一定推不過我了。

2. 不要一推手就要去拿人、發人、捉人、強壓人，切記切記。

● 說比推手

1. 不要找人去發勁，不要捉人、挨人、拿人去發勁，如捉著人挨著拿著去打，那就打不乾淨。

2. 太極拳的發勁應當是機會趕到手上來了的時候，心中意念一動，陡然的將人彈出，這才是正規的辦法，可用心研究之。

3. 每推手一定要虛妙著、輕靈著去接觸，萬不可主觀的用力去服人，霸王硬上弓的辦法，決不是太極拳當用的手法。

4. 每出手輕靈虛妙含藏萬機，對方雖有千斤之力，不能如何也。

關鍵在於心氣沉著，如對方來手，不驚不抗，不丟不頂，不早不晚的將其化掉，並順手擊之，他雖有天大的氣力，也不能奈我何

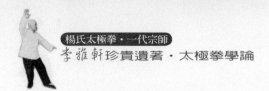

也。

● 說用神用意

1. 無論練拳推手或發勁或比手，以用神用意為主是最上，以氣為主則是中等，以體力為主則為下，這個意思要好好思想思想。
2. 氣功可以對付一般的手，神功能對付最高的手。只要找著氣功的作法，就可以對付一般的人了。

● 看了推手的感想要緊要緊

1. 無論在什麼形式之下，也不可以抵勁頂力。未從出手，先提起神氣來，找虛靈、鬥輕靈、鬥靈機、鬥靈敏，鬥神經靈快、鬥變化神奇、鬥聲東擊西、鬥冷快絕倫，鬥閃電戰、鬥避實擊虛。
2. 冷手之來，驚爾魂膽，打去如摧枯拉朽，鬥無堅不摧，鬥冷準快穩，鬥勁能透裡壞內。

● 說推手

　　鬥輕快、鬥冷變、鬥神奇、鬥變化，鬥冷打丹田勁，鬥輕妙絕倫功，不是鬥硬力大勁也。

　　要有堅強的鬥志，勇敢的精神，壓倒一切，不能叫對方壓倒也。

● 虛靈與大走大化

1. 用虛靈的手法輕輕地找他幾個，如打楊紹西。
2. 用大走大化的手法走他化他，在大走大化之中將其彈出去，如打趙清溪。

● 粘連跟隨

　　在粘連跟隨上多下功夫，要緊要緊。

● 說推手或比散手

推手或比散手時，要以客觀情形而定應付之策，不能以一定的辦法去對付。平時練拳練出來之鬆沉的功夫，只有在友誼推手上可以應付，如在比手競賽上就不行。

在散手或對比時的打法上，要以輕快絕倫、神奇變化的冷打手法打鬥才行，切記切記。

無論推手或散手，總要以不抗勁才行，如抗勁就沒有乾淨的變化，也就打不出乾脆的手法來。要冷冷、脆脆、快快，切記切記。

總之，要儘量避免二人抗勁，要冷冷冷，快快快，脆脆脆，要緊要緊。要不丟不頂，要虛實變化，要冷快絕倫，變詐百出，冷冷的，狠狠的，準準的，脆脆的，這不是講忠實交友，如老老實實的比，定會失敗無疑也。

以神走，以氣化，虛無之極，變化莫測，一言以蔽之，這是太極拳的靈魂。練太極拳功夫者，不在此處用思想，就一輩子練不好太極拳。

付如海的推手，左右扭挪的辦法還不錯，這些學生以他為好。

付之動作有點郝家拳之旋膀轉腰的味道，真奇怪之至，不知他是為什麼會暗合。

每手是要有掤勁才對，掤勁很要緊。

董之掤勁是旋膀轉腰發勁。

鄭曼青之近身發勁。

李寶玉之內勁。

崔之鬆沉勁。

楊師之冷打。

少侯之斷打。

郝家之對後發。

我自己的吃進打。

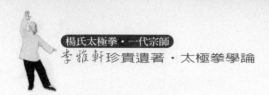
● 說用法

1. 要快有快，要慢有慢，要快叫它比電還快，要慢要緩緩的非常的合適合度，當快則快，當緩則緩，總要能隨心所用，掌握使用，不能一味的快，一味的慢，不然是瞎胡鬧。

   出手要審慎，要細緻，要精細巧妙。

2. 無論如何，比手一定要提起精神來，才無遲滯之虞，如萎萎縮縮的不行。

3. 在攻擊時，要鼓起勇氣，要猛打猛衝，猛撲猛進，簡直像往對方身上跑一樣，要打得對方抬不起頭來，睜不開眼睛，還嫌慢，絕對不能容許對方還過手才夠味。要有將對方摧毀的決心，要有壓倒敵人的決心。

   用拳、用掌、用擠、用靠、用肘、用撲打、用臀打，來得急，來得猛，來得猛狠，來得冷快，使其無法招架，咱就算勝了。

4. 在守時，要退化、退走、退讓退採，往左後採其來手、右後採其來手，要使其進攻的手法無效，他就算輸了。

   在攻時，如用連珠炮響手法，一手之來，又有多手之緊來，使其無法逃避。在退守時，一退再退，退退不已，使其捕空捉影，摸不著頭腦，這就是我的勝利。

5. 比手全憑冷快絕倫，迅速無比，這是神經戰、閃電戰，必將對方摧毀而後已，沒有客氣的。擠攏來打，接近來幹，一往直前。

   對面就往他身上沖，往他身上跑，就是了，用劈用砸用沖用打，緊緊的跟上去，一手不離的打。

   比手全憑手去人難見，如見不算拳，來不知，去不覺，打人於不知不覺之中，勢如摧枯拉朽，打一個傻眉瞪眼、驚心動魄，如關夫子之睜眼人頭落地。

   攻其不備，出其不意，使其如觸電樣，挨上使其蹦出。

   勢如風馳電掣，使其不能抵抗，也無從抵抗，此之所謂神經戰、

閃電戰也。冷冷冷、快快快，明白嗎？！

● 說用神用意

1. 要用神、用意為主為上。不以氣為主，如以氣為主就慢了。如以質為主，那就更下了。

2. 但是用神用意為主，是要有質體的成熟功夫，也要有運用氣的成熟功夫。

   沒有以上這兩種功夫，找不著用神用意的奧妙也。

3. 用體質是可以練體魄結實。用氣化可以借用氣的作用，比體質的作用好得多了。

   用神用意，可以練形跡虛空無有，神化奧妙玄奇，打人於不知不覺之中，神乎其神也。

   吾當向著這個方向走。

4. 用神用意，可以鬥壯漢，可以和老虎周旋，可以使老虎捕空捉影，可以將老虎的腰部撮壞，使其無力撲鬥，冷快可以打牠的眼睛，閃空斜進沖，可以將其腰部打壞，使牠無力撲鬥，我便可以將其打死了。

5. 對付老虎主要是不要怕，奮勇以鬥，但不打頭，只打眼睛，最好是閃身打，斜沖進，以雙手雙掌撮其腰部必勝。

6. 虛無玄妙，神鬼皆愁，何況壯漢和老虎也哉！

7. 用法歌曰：

   出手人難見，神奇奧妙玄。

   若想躲得過，除非是神仙。

8. 用神，用意，用冷快絕倫。

   不用氣，蓋氣是運熟了的，它可以在無形之中就跟著去，不要再去想用氣。如去用氣，就形跡大了，慢了，它可以妨礙神意使出，切記切記，要緊要緊。

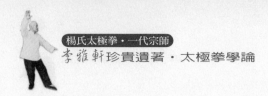

● 說推手

1. 輕妙的沾粘綿隨要做到精緻細緻巧妙，要使對方不知，要絕對做到絲毫的不丟不頂，要使自己的身勢圓滿無缺。
2. 要將對方的來手化之於不知不覺之中。

● 說練推手聽勁

1. 把推手聽勁上的沾粘綿隨、不丟不頂，上下前後、無微不至，悟此功夫，練到精巧、細微無比，就可以無論什麼樣的來手都可以應付，不必想些其他。
2. 至於發勁打人，則不期然而然的就會自己會了，這是千眞萬確的道理，不必懷疑者也。

● 說打手

1. 要打用柔軟打，用鬆勁打，用巧打，神打、意打、氣打，決不能用硬力打，因爲對方是軟的、是虛無的，用硬力打去就無效。
   如對方是軟的，就非用意打、氣打、神打，這種如電一樣快的勁不可能無效也。
2. 凡動作是要用神經動的那樣情形才夠快，如是以筋骨肌肉的那種動作打去，遇高手則不會有效果也。
   神經動，神經動最快。
   因爲神經就是人身上的電，電是世上最快的東西，關於這一點，吾要知道之和意及之。

● 說沾粘

1. 用法要講沾粘，在沾粘上苦下功夫。
   在打手或推手時一定要講沾粘，沾粘了才有把握。
2. 如不是粘上就發手，那是冒失，冒失著去時碰觸點，就算打上了

也是僥倖，不是有道理有科學的打中也。

3. 練太極拳一定要在沾粘上下功夫。

4. 我青年時的出手，往往不是沾粘，到現在想想那些打法，全不是太極拳功夫中出來的，是瞎鬧一摻合而已。

5. 沾粘柔錯，柔指畫圈旋轉，這才是太極拳的對手辦法，不能丟掉。

6. 如搓麻將一樣劃拉他。無論對方如何來勁，只要與我沾上手，一劃拉他就沒輒了，如英雄無用武之地，這才算太極拳。

7. 一定要在柔錯揉搓上下功夫，如搓麻將牌一樣，多畫圈子，多進轉轉。

● 對手、比手、推手

主要是虛實變化，忽隱忽現，所謂兵不厭詐也。如老老實實去對手，雖有天大的功夫也得失敗，關於這一點務要注意。

1. 如鄭曼青的以進身手掌二指一撮，蓄身蓄勢進鑽再挺手打也好，不過這種勁只可推手，不可以用之於對比。

2. 如英傑之揉錯著進取也有意思。

3. 如付如海之揉扭著進攻，也有意思。
　　此2.3兩勁練法，要腳任端的，以腰身扭動。

4. 某某之拿好了再打不好，如真打，哪個叫你拿著呢？

5. 應以趕到手上來的機會打才好。這種勁要練虛靈輕快，虛無冷打變。

6. 我的虛無冷變打，這種勁要輕靈練神，才能練出來。

7. 楊師之粘著沉打妙極，這種勁要多練心勁。

有的人善用揉錯勁，有的人善用冷打勁，有的人善輕妙勁，有的人善柔化勁，有的人善虛無勁，有的人善剛勁，有的人善猛打，

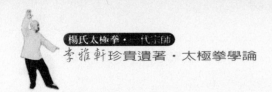
有的人善巧妙。總之太極拳功用多樣，人要各種各樣皆知，臨時何者相宜用何法，所謂要以客觀情形而定，定法不是法也。

打遠勁、打壞勁、透內勁、攦皮勁、冷脆打、斷勁、彈軟勁、抽進打、退打、側進側退、冷採冷捯、神打氣打、忽隱忽現，吃進對方不知不覺，退出對方捕空捉影。

以上這些功夫要時常思想之，才算個太極拳名師。

某某的拿人發勁，也只可是用於推手，如對比萬不行，蓋人家決無這好的機會給你也。

● 說初學推手

初學推手，應是專在柔軟沾粘綿隨，走化不丟不頂上大下功夫，不宜學其打人的方法和發勁等等。

● 說推手當練虛無功夫

1. 如英傑、如海之揉錯揉扭而進也算不錯了。
2. 但最高深的手法，還是虛無。虛無可以叫對方找不著實地，叫他無處可採、無處可扭，冷快變化，虛實變化，才是高手。
3. 我之練功當從這後一個目標入手。蓋練揉扭，還是質上的功夫，虛無是神的功夫，連氣上的功夫都不夠。

● 說推手

每見學一二十年太極拳，在推手時，不知什麼為沾粘，多動盲動冒失動，亂來一摻和，要不就蠻幹，這都看得太容易了的關係，以為太極拳還不是故意說些清規戒律，把人穩著好叫他隨便打隨便推，以顯其當老師的功夫本事，豈不知哪裡是那麼一回事。因為太極拳至微妙最細緻，如不細心的體會，就找不著內中之道理也。太極拳一定要按規矩本老論的道理用功，一點也不要忽略了。

推手一定要在沾粘綿隨、不丟不頂上找上下相隨之動，照「一

動無不動，一靜無不靜」的道理去用功，否則是瞎胡鬧也。在推手時，不可有絲毫的妄動多動冒失動，如同下棋一樣，如走一次多餘的閒步或是當動未動，那落後了。在推手時，不當動時決不可動，到當動時，也不可動，當何時動就何時動，當快動就快動，當慢動就慢動，當用剛的用剛，當用柔的用柔，當快則快，當慢則慢，不能有絲毫的差異，這個道理學拳的人應懂得。練太極拳如不本此用功，雖十年二十年的功夫亦作不到好處。

　　練太極拳如不當動則動，當動則未動，當剛則柔之，當柔則剛之，當小動則大之，當大動則小之，當早則遲，當緩則快，以上這些都不行。

　　所以說練太極要細細的找，細細的悟，不是一味的蠻幹可以了事的。

　　要快快到極點，要緩緩到極妙，要剛則剛到無比，要柔則柔如百折，要實重如泰山，要虛如百無所有。這些功夫在我身上，在要用時，審情度勢而用，要用得恰當，等於廚師之苦辣酸甜鹹五味之調合適宜也。

● 說動手

1. 動手時不要和他在二三尺地距離間瞎鬥弄，這太無意思！動手就往他身上沖，往他身上跑，往他身上撞去，他的腳下無根，一沖就垮無疑。記著吧。

2. 發勁要充實有力，有心勁、內勁、丹田勁。發去無堅不摧，哪個和你鬥貓鬥狗！

3. 動手全憑冷打、冷勁、冷變，攻其不備，出其不意，如老老實實的哪裡行！

4. 動手全憑來得玄妙，來得奇特，能打人於不知不覺之中，冷快絕倫，鬼懼神愁，無此手法，不算太極拳。

5. 太極拳是拳腳並用，一身相應，不只是兩拳兩掌也。拳、掌、

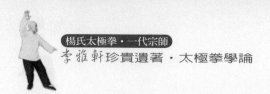
手、肘和腕、肩、胯、膝、腳各種各樣的打法都有，所謂花拳，是言有各部之打法也。

● 說不丟不頂

1. 出手就把對方的來手沾到，隨其動作，跟之隨之，粘之連之，這就是不丟不頂。

2. 太極拳如無此本能，是太極拳未入門，好好下功夫好了。這叫隨其動作共比肩。

● 說靈機之手法

如遇某某這種有笨勁的人，當以靈機的手法對付，變化百出的手法打之，無不中。萬萬不可呆板板的任他拿著擺好，等他發勁。切記，切記！

（一九六九年二月十八日）

● 推手

1. 最要緊的是走虛無氣化，細緻的找氣意的粘連跟隨。

2. 如只是物質的肌肉作粘連跟隨的動作，就不是上乘的功夫也，切記切記。

3. 用神、用意、用氣，不要用質體，在神意上注意，不在肉體上注意，才是最好的練法。

● 說應用

1. 牟有點輕鬆勁，就以為了不起了，一經試驗，對栗子宜尚無辦法，還吹什麼牛！

2. 蓋功夫在應用上全憑神經冷快，能隨機變化，所以能打人於不知不覺之中，令人難覺也。

如只有點柔勁就稱英雄，那是不夠的。

● 說用法

　　無論推手或比手，都以虛實變化，不以實力，用虛無，用冷彈，用變化。

　　出手就是變，變中有變，虛虛實實，神鬼難測，不鬥牛力，不鬥柔勁，鬥的是哼哈呼吸、吞吐進退。

　　看它來了，它就沒了；以為它不來，它已打到。忽隱忽現，忽左忽右，變化神奇，奧妙多端，聲東擊西，指上指下，來去莫辨，所謂兵不厭詐，哪個與你鬥牛力也。快如閃電，瞬息萬變，打在身上，如同觸電，驚心動魄，嚇人膽魂，這才是太極拳。

● 說防守

1. 全憑周身的靈機，能隨機應變。
2. 來得及時，來得巧妙神奇。
3. 如此須有好的身法，否則做不到。身法者何？周身腰腿的配合完整是也。

● 說提領精神觀其變

1. 未從出手，就先要以眼神將對方注視著，以眼神將其粘著。
2. 提起全身的精神以觀其變。以「彼不動，己不動；彼微動，己先動」的辦法取之。

● 說用法

1. 要以輕快取人，不以笨力打人，要輕快，要變化，要靈機。
2. 要攻其不備，出其不意，打人於不知不覺之中。
3. 出手有變，變中有變，虛實變化，看它不見。

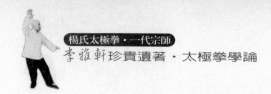

● 推手

1. 手要練出威力來，冷冷的，狠狠的。
2. 足足的，如皮摸搔癢的不行。
3. 摸準了發，摸準了打。
4. 不細微，不精細不行。

　勁去不驚人，是功夫不行，藝術不高，還得多下功夫研究研究。

● 說發勁打冷彈打兩肘肩如同斷下來一樣

1. 練心勁要有兩肘兩肩如斷下來一樣的感覺，如此手才靈快。
2. 發勁一定要軟軟的、足足的、冷冷的，打心勁打狠勁，不狠不軟就打不出效果來，要注意，千萬千萬。
3. 氣鼓得足足的，心裡要狠狠的，身體放得鬆鬆的軟軟的，就這樣下去，一定會打長勁。
4. 鬆鬆的沉沉的，要入裡、要透內，不如此不是太極拳。
5. 用心用意用神氣，用輕妙絕倫之功夫。
6. 打鬆打軟打沉，打軟彈，打入裡透內之勁也。

（一九六九年六月九日悟）

● 說用法

1. 不鬥拙力、大力、頂力、僵力、硬力。
2. 鬥虛無變化，奧妙神奇，動作奇特，所向無敵。
3. 穩固也有，沉著也有，輕靈也有，虛無也有，沾粘也有，輕妙也有，冷打冷放也有。
4. 如沉勁穩固之勁鬥不過，你就鬥沾粘；如沾粘鬥不過，你就鬥輕靈；如輕再不行，就虛無變化；如虛無變化也不行，就打冷快絕倫之勁道。

　一個人他萬不能各種功夫都擅長，如其有一種功夫不行，我就在

他這缺點上贏他，絕無不成之理。

鬥虛實，鬥變化，鬥冷打丹田勁，冷快要絕倫，順勢借力，在不丟不頂中找奧妙。化之則是虛無所有。擊之則是冷快絕倫。發勁沉著鬆淨，去勁人不知，打人人難見。人知不算拳，奇特神快，玄妙以極。

　　勁走得足足的，如勁打不壞人，就不算太極拳也。

發勁時，腳下定要沉下勁去，這是最要緊了。

腳下要沉下勁去，腳下要沉下勁去，要緊要緊，注意之。

練功夫時，腳下要沉下。

以氣去要緊要緊。

以勁去要緊要緊。

以意去要緊要緊。

要將身體練成為百煉鋼無堅不摧，視他如糟粕，摧之如拉朽，不如此非好手也。

（一九六九年六月十日悟）

● 說練推手的步驟

1. 先練掤捋擠按的認真，後叫兩肩酸痛。
2. 體會用腰部挑力。
3. 叫兩臂鬆沉極重，腳下感覺沉穩。

　　有了以上情形，才算有了推手的基礎。一切在用苦功鍛鍊，細心耐勞的體驗中得來。

4. 有以上三種，然後再找揉扭，再找柔軟，再找輕靈，再找巧妙，再找虛無以達到心領神會，用神、用意、用心、用氣，神妙的變化，虛無的境界的玄妙功夫。

● 說推手練功種類

1. 鬆沉的練功推法要大走大化。

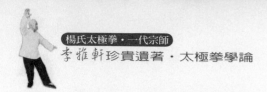
2. 輕靈的練功推法要靈覺無比。

3. 虛無的練功推法要空虛無有。

　　鬆沉的推手，可以一下子把人抖彈好遠。輕靈的推法，可完全聽清楚對方的來勁。虛無的推手法，可以令對方捕空捉影。

1. 兩臂要如軟鞭樣沉重。

2. 腰脊要如麵一樣的軟動。

3. 腿部要如彈簧一樣彈力。

4. 腳要如臨深淵的輕妙。

5. 眼要如電一樣的含藏。

6. 面部要如神聖的莊嚴。

7. 思想要有堅決的打算。

8. 心氣要有絕對的沉著。

9. 手要有神妙的靈感。

10. 兩肩要垮下去。

11. 頭頂要頂起來。

12. 心雄氣壯，正氣凜然。

● 說練功

　　養心養性，養靈養腦，作吐納功夫，作深長呼吸。

● 推手

　　著手以腰上的揉錯之力揉之，對方必致站立不穩，然後順勢打之，這個方法很好，不要忘了。

● 粘連跟隨用法

1. 先要將此一身練成「柔軟百折若無骨」，能隨曲就伸，無微不至。

2. 在用時就以此對付對方之來手，作粘連跟隨功夫。在幾跟幾隨之

中，對方之缺點漏洞必出現，我便以內勁打之，無不效矣。但是在與對方作粘連跟隨的動作時，要作得精細，要作得絲毫不丟也不頂，才有效。如又丟又頂，則是粘連的功夫未到家，不生效也。

3. 作粘連的功夫，要以神氣爲主去作，才作得恰當，如只是以兩手兩臂肌肉去作則作不好。

4. 以上所講的道理，能否作得好，全靠個人的功夫和靈機。如有功夫，再有靈機，就作得好，如只有功夫無靈機，則還是作不好。蓋功夫是筋骨肌肉上鍛鍊出來的，靈機是腦筋神經中修養出來的，人的筋骨肌肉的鍛鍊比較易，腦筋靈機修養比較難。神經的靈動，是技術的最主要的東西也。太極每出勢練時，先靜心、穩靜一回大腦中樞神經，然後開始出勢，就出勢時也是要穩著以養大腦中樞，其目的就在養其神經的靈機也。

● 說推手

我對推手，有兩套辦法：

一套用沉勁，沉著對方，聽他的勁，哪裡可打打之，哪個時候可打，哪個時候打之。

又一個辦法，是通身鬆軟如無物，如對方來手，無論是有是無，是軟是硬，一概不托，來一個輕靈虛無的變動，化之於無形，化得乾淨，化得俐落，化得巧妙，這全以神走，以氣化。不能達到這個地步的，以後要多多的想想。我以爲這一辦法是非常的好，我今後要在這上頭多下功夫爲是。

（一九六九年九月廿日悟）

● 說推手

1. 如某某之推手，拿人的手，或拿人的胳臂，或捉人家的肘或臂，或是把對方的胳臂卡著了，再發勁打勁等等的手法，我以爲都不

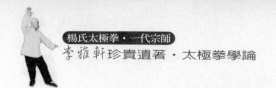

對，因爲這是唯心的，主觀的，不自然的，這不是眞的太極手法，我認爲都不對。

2. 眞的太極拳推手，是無爲的，不是有爲的。是唯物的、客觀的，不是唯心的、主觀的，不是憑自己作想的，而是因對方的來勢而定的。

3. 其推手動作，是純粹沾連跟隨，絲毫不丟不頂的，其發勁的機會是在動作周旋之中趕送到手上來的，絕不是如某某之硬卡硬抓，把人拿著再發勁打的。

4. 因爲推手就是練習打鬥，要到眞打鬥的時候，對方絕不會這樣老老實實的等著你拿好、捉好、卡好去打他，而是靈機萬變，互相搶先激烈的鬥爭，所以說要隨機應變，順勢而用，如某之拿著卡著端著再打，絕不行也。

5. 這種推手只可用於教徒弟，因徒弟不敢抗，任他擺弄也。他是某某的手法多，楊家的手法少。

● 用法

1. 太極拳之應用，是不抵抗之抵抗。

2. 對方手來，要虛他空他。

3. 打心勁、意勁、內勁，不要明勁硬勁。

4. 遇力大者來，要順勢走他、化他、虛他、空他，然後用彈勁打、沉勁打、冷勁打。

● 說應用

1. 關於防守方面：對方來手、來拳、來勁，要跟他、隨他、偏他、化他、空他、虛他，得機時發勁打之。

2. 關於攻擊方面：要發沉勁、彈勁、冷勁、內勁、穩勁、丹田勁。又沾又粘又揉措，得機時發勁打之。

3. 關於連防守帶攻擊方面：要引進沾他粘他，揉挫他，隨他，偏

他，找機會發他。要進步揉挫他或退步化轉他。切記要用腰腿上的勁，不要光用胳臂上的勁。

● 說守攻之法

1. 守時要彼不動，己不動；彼微動，己先動。不如此，粘不著對方。
2. 攻時要冷冷的、狠狠的、快快的、虛虛的，不如此，打不服人。

● 說用法

　　對方來手來力，不以力抗，不以手法抵，而是要叫他捕空捉影，使其無用武之地，這才是太極拳的辦法。

● 說軟的重要

1. 一身放鬆放軟，軟若無骨的軟，一身鬆軟若無骨，撒去全身皆是手，要軟得玲瓏透體，軟得巧妙無邊。軟須先鬆思想，思想鬆了，全身自然會軟下來。
2. 在推手時，不以力量勝人，要以巧、以軟、以靈、以化、以走勝人，要軟化得無形，軟化得巧妙，哪裡來的就在哪裡化，叫對方找不著實地，叫他英雄無用武之處，這才算太極拳。
　　在這種情形下，對方的破綻自現，便可擊之矣，豈有不中乎！
3. 以後練拳推手，千萬不要忘記了軟，軟是太極拳的法寶。
4. 為了健身要軟，為了打鬥要軟，軟是法寶，練太極如不練軟，是瞎胡鬧，以後注意軟。
5. 但是軟是要有神有氣有意有靈機的軟，不要挨板的無靈機的軟，切記切記。
6. 發勁一定要沉著鬆淨，又要有軟彈，缺一不可，這是要緊的。無軟彈不入內，無軟彈不夠快，無軟打人不重。
7. 軟彈是因肩肘如斷下來的鬆軟，如無斷下來的鬆軟不夠也。勁去

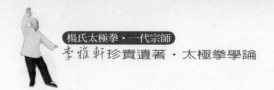

慢了，所以打不著人。

（一九六九年十二月廿五日與陳龍驤推手時感想）

● 比推手

　　無論對方有好大的功夫，我總要先持以鬆軟靈敏虛無的身勢去等他、接觸他，俟其來，以虛無的手法走他化他，使其英雄無用武之地，到處叫找不著實地，他來什麼手法，都可給他化掉，他無辦法找，他就會失敗無疑也。

● 說用法

1. 一定要用軟打，不用硬打，要用彈勁打。
2. 虛無軟是太極拳的寶貝，時刻記得在心，練功或推手比武皆然。
3. 龍驤手腳快，腰不夠軟。星橋手靈，惜身不通，頂不起頭來。趙清溪有點味，惜無散手經驗。

● 說身勢

　　身勢要柔屈百折若無骨，撒去全身皆是手。

● 說用法比手

1. 出手就變，變中有變，一變再變，變變不已；一虛再虛，虛虛無窮。
2. 打一個玲瓏透體，心神愉快，乾脆已極，神清骨爽，巧妙絕倫。
3. 形如捕鼠之貓，神似搏兔之鵑，講輕快，講神速，講迅雷不及掩耳，決不和他鬥牛力。
　鬥神、鬥意、鬥氣，鬥虛無所有。鬥變化、鬥神奇。有喜有怒，有哼有哈，有呼有吸，哼哈呼吸，千變萬化，皆出於此。

● 說推手用法各種

1. 是沉著勁與他叫勁，看誰的勁足，誰的勁柔，誰的勁沉著，誰的勁被叫短了。

2. 是用空虛走化，到處不施勁，不用力，講走講化，講巧，講神氣變化，看誰的勁去得巧妙乾淨利爽。

3. 是大走大化，用腰用腿，大走大化，得機時將其彈出去，看誰走的方法好，這非有好的腰腿不可。

4. 是將大門敞開，任其來力，任其進手，我以大空虛虛之身勢走之、化之、空之，看誰走的身勢好，這非有好的靈機、好的氣勢不可。

5. 是進手就挫他、柔他、格他、措轉他，將其揉得腳下不穩時，趁機發勁打之，這非有腳下如不倒翁的根力不可。

● 說應用

　　講的虛無走化，使對方來手處處落空，但也不離開他，也不頂他，如此，無論對方有天大的本領，也不能奈我何。

● 說推手

1. 要有柔曲婉轉若無骨的身勢，如對方來勁，要在無形之中給他化掉，使其毫無察覺，才算高手。

2. 粘連綿隨、不丟不頂，要以神氣將對方吸著，才能把粘連綿隨作得恰當，這是最要緊的功夫。
　　如只憑身軀的柔曲婉轉去接觸去粘連綿隨，如對方手腳來得奇快，那就做不到恰當的不丟不頂。

● 說用法

1. 尚輕靈變化不測的動作，冷快打法，神速的彈力。

2. 驚人的出手，奇特的變化，虛實的進退，主要是令對方不覺。

3. 不尚拙力是對的，不要想錯了。

4. 冷快巧打，神鬼難見，驚心動魄，嚇爾魂膽。

　變化神奇，使其膽戰心寒。

　變變變，打上還嫌慢。

　彈彈彈，被打如觸電。

　千萬不要想用力的練法。

　練功也要找靈巧，不用笨力。

● 說練功和推手和用法

1. 練功夫定要在穩靜舒適、鬆軟靈感上用思想。

2. 推手要細緻的找粘連綿隨、不丟不頂，不只是在接觸上找粘連綿隨、不丟不頂，而且在未接觸時的意識形態上也要作有粘連綿隨，不丟不頂。

3. 推手用法，要虛無氣化，找其背面制之發之。

4. 發的時候，要靈彈鬆軟沉重，令其不能抵抗，無從抵抗為對。

● 說推手

1. 如只是輕軟還不夠，最重要的是將身勢放虛、放空、放無，這比輕軟就更進一步。

2. 如對方來手，主要是使其落空，使其到處摸不著實地，找不著著落，英雄無用武之地，這才是高手，這才是真正的不丟不頂也。

3. 到處使其來手落空，這是推手最好的辦法。

4. 以後要扎扎實實的在不丟不頂上狠下功夫。

5. 雖是絲毫不能有抵力、有頂力，但也萬不可有絲毫的丟離，如只顧了作不頂而忽略了丟離，那就失掉了粘連的意義，那也功夫未到家，還要細緻的鑽研。

6. 太極拳的功夫，最主要的是放輕、放靈、放虛無，絕不可以用大

力為能，這是很要緊的。

7. 無論是打拳練功或是推手，千萬千萬不要忘記了放輕靈、放虛無這個寶貴的練法。

8. 每出手若有無窮的機智，無窮的奧妙在含藏著，要使對方感到有神聖不敢侵犯的樣子。

● 用法

1. 虛無靈便，動作巧妙，變化神奇。打的是冷快手，鬼懼神愁，發的是透裡勁，無堅不摧。

2. 妙在出其不意，攻其不備，打人於不知不覺之中。

3. 練則叫它鬆沉軟重，穩靜安舒，用則叫它冷快絕倫，千變萬化。

　　以上各種，皆出於神經靈敏，如無此靈感的神經，作不出來也。

（一九七〇年五月十七日悟）

● 說用法

1. 要聽勁靈感，動作恰當，當快則快，當緩則緩，不先不後，剛剛湊巧。

2. 要快則比電還快，打人於不知不覺之中。要靜則如山嶽之穩，絕不妄動絲毫。

3. 攻則冷彈絕倫，使其無法逃避。守則如虛無所有，到處使其捕風捉影。

4. 輕如一無所有，使其絕不感覺，重能入裡透內，外面不青不紅而內已壞。

　　以上是太極拳發勁之妙用情形，要時常想。

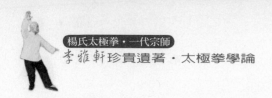

● 說推手的鍛鍊

1. 一切在精細的化勁防守上下功夫，如化勁防守上作得精細了，就算妙手。至於其他攻擊的手法，自然就提高了，不必單練。
2. 推手也要在穩靜輕靈上、空虛含化上、聽勁找勁上細下功夫，如快了、慢了、冒失了，不長功夫也。

說推手

推手一定要虛虛的去手，輕輕的接觸，萬不可拉攏來貼緊之，否則就聽勁不靈，變化不巧了，切記。

說推手

粘連綿隨，不丟不頂，切實做到用心用意用氣。

推手用法

1. 輕靈時如百無所有，純以神走，以氣走，講突變。
2. 沉重則如山嶽立崩，純以神打意打氣打，講入裡透內。
3. 有虛實，有來有去，變化莫測。
4. 絕不可鬥牛勁，每一手中有若干的虛實、來去、轉折，都有虛實，處處有虛實，手手有虛實，總之是虛虛實實，來去難辨，太極拳就是如此也。每一發勁中也有虛實，如離了虛實，就不管用也。
5. 這和用兵一樣，如老老實實的不行，所謂兵不厭詐也。
   記著這些要領，就立於不敗之地了。
6. 打的是千變萬化，鬼懼神愁。
   輕靈者百無所有，冷動則泰山立崩，哼哈呼吸，喜怒莫測。如打不出這個形象來，就不可以談比手。
7. 以上情形，是以神氣作出來的，如假裝的不行。
8. 全在心有眼神，才能表現出來。全要眼神，不能假作眼神，否則

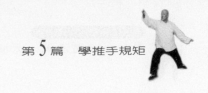

就更難看了。

機動、變化虛實，無論拳刀槍劍皆然。

（一九七〇年八月十六日）

● 推手各種重要的地方

1. 在化勁方面，要哪裡來勁就在哪裡化，要化得輕靈巧妙，要化之於無形，要叫對方之勁落空，要對方之來勁處處找不著實地。

2. 在找勁方面，要以輕妙的手法去摸索他，要使對方無法走化，無論對方如何的動都不行。

3. 在發勁方面，應摸準了部位再發。發時用心勁，用內勁，鬆沉勁，軟彈勁，要將這各部位之勁，在彈指間集中一點打出去，要來得奇特、冷快、陡然。尤其要充實以極，能入裡透內，又要使對方在不知不覺之中，早已打上，要使對方無法走化為上，否則勁雖大也不管用。

● 說推手身法

要以虛無的氣勢身勢，空他、進他、挨他、虛他，不丟不頂，此方法是寶貝，千萬記著。

● 說推手用法

1. 如遇某某那樣著手亂揉亂錯亂扭弄怎麼辦？

2. 要給以虛靈，不接觸力，叫他揉不著，沒有勁給他，自然與我身沒有影響，他揉扭等於無用也。

3. 以虛靈之身勢，氣化的身勢，走他化他，冷變的打他，突如其來手打他，足足的、脆脆的，必勝。

太極拳之應用，全在變化奇特，冷準脆穩，如老老實實的絕不行。走虛無靈快，冷然變動，無論對付什麼手法都管用，好好記著

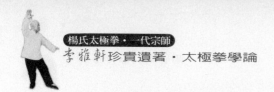

不要東想西想，他有力叫他無用武之地，太極拳就是這樣的，否則不是太極拳。

● 論用法

1. 要講進攻，到手就叫他們沒法來。
2. 要講走化，叫他百無所有，處處落空。
3. 要講變打，聲東擊西，冷快絕倫。
4. 要講發勁，如放電一樣，使其不覺不知之中已蹦出。
5. 要講發勁鬆沉，能入裡透內，摧其五臟六腑。
    如這樣方可打壞小子。

● 說用法與推手

1. 以靜制動，以柔克剛，以沉著應萬變，以不變應萬變。
2. 在推手時，如對方以硬力來逼，我當搖搖腰身，晃晃肩臂，左右轉動，將其來手滑脫，使找不著重心，叫他英雄無用武之地，這是頂好的辦法，已經屢使屢驗，可千萬記著。
3. 絕對不可與他鬥蠻力，否則他如力大，就贏不了他，切記。
4. 如同力大者推手，千萬不要與他抵力。當以輕妙的手法取之，鬆彈的勁，靈脆的勁打之，一打一準。
5. 無論推得如何激烈，以冷脆的打法準行。
6. 太極拳勁應用這種力，以小力敵大力，就是這個道理。

● 說身勢鬆軟

1. 一身鬆軟，隨曲就伸，無微不至，一身鬆軟若無骨，撒去一身全是手，這是說在化勁時能隨曲就伸，無微不至，在去手時要意氣佈滿均勻，沒有缺陷之處。
2. 這說明這些動作，非身勢放鬆放軟，不能做到。

（一九七一年三月四日）

● 說推手用法

1. 不是以力量抵抗，叫他推不動，而是以虛空叫他推不著實地，他雖有天大的力量無用武之處。這種情形，全在巧妙婉轉走化，不在於大力抵著，否則非太極拳也。
2. 出手要有虛無、有奧妙、有靈機、有神化、有變化奇特，如挨板板的不行，然一切要估計恰當。
3. 如以力抗，相對揉扭，不是太極拳高手也。
4. 平素練功，要本著虛無奧妙上想道理，不在實質筋骨肌肉上下苦功，切記之。
5. 練功時找虛無奧妙，推手時也找虛無奧妙，不要想錯，注意，這才是練神、練意、練氣的方向，不然是練筋骨肌肉的方法，那只是初步功夫的辦法，非上層功夫也。

這個道理要刻刻記在心上，不可須臾離也，否則臨時拿不出來。

修身養性，延年益壽，也是要這樣才有效果，切記切記。

● 論推手

1. 推手要有自尊心，不要自卑。
2. 無論遇什麼好手，只要心裡不怕，不膽小，不怯戰，提起精神來幹，就不至於失敗。
3. 著手後要聽聽他的勁是什麼味道，用我的勁化化看，如對他的來勁能完全化得了，那他就不是我的對手。
4. 如我跟不上他的手，那是他比我功夫不壞，但我可以用我的功夫方法找找他看。我雖是化不了他的手，但我的手他也未必能化得掉，彼此還是平等，如我攻他不能勝，那我也不至失敗，我要再以散手的動作攻攻他看，如散手能攻打他，他不能防，那他還是不如我也。如化攻散等手法都不如他，那他才算比我好。

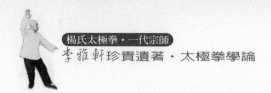

5.萬不能不經過較量階段就認輸，那是軟骨頭！

（一九七一年三月廿日）

● 說打法

　　用鬆軟打，用虛實變化打，用靈巧輕重打。不以強硬勁，不以強拿勁，不以拘僵勁，否則打不脆，拖泥帶水，無意思。

● 說推手或比手

1. 未從接觸，先持以虛無所有、氣化一切的神態。

2. 在防守方面，無論對方如何來攻，我總以虛無氣化靈感的身勢，將其化掉之於無形之中，使其處處捕風捉影，無用武之地。

3. 在進攻方面，要使對方不知如何防守，使其動也不行，不動也不行。使小勁不行，使大勁也不行，軟也不行，硬也不行。總之是無論如何也不行，若無這種本領，是功夫還欠練。

4. 這種勁來之不知，去之不覺，打人於不知不覺之中，這是太極拳法。

5. 這種勁冷打去能入裡透內，能將對方摧毀，能將人打垮，將人五臟六腑熟爛，能使人驚心動魄，聞風喪膽。

6. 平時要時常思想這種勁是如何發的，如何來的，心裡是如何作想的，常常琢磨，久之當有覺悟。

（一九七一年五月一日悟）

● 說推手較量

1. 每推手要注意聽勁、問勁、找勁，在這些地方注意，先找著對方的缺點，然後出勁打之發之，才有效果。如未把對方的技術瞭解，未找著對方的缺點，就冒冒失失的發勁打去，那是無把握的，打去不生效，反丟面子。關於這一點要注意。關於這些事，我這些年來曾多次的與人推手實驗證明了的，不可再生疑惑，否

則是走回頭路，開倒車。

2. 總之如較量推手，一定要先在找勁、問勁、試探勁、聽勁這些方面下手，看對方的功夫對不對，和功夫的深淺大小高低，否則就冒失莽撞妄動，多餘動，無的放矢的動，只有失敗。

● 說推手

1. 如用強烈進逼手法攻擊對方，如遇不成熟不靈動的太極拳可以得勝；如遇有靈感的，有輕便的太極拳家，雖不是成熟的妙手，也難以取勝，如用這種進攻的方式對付成熟的妙手，那是更不可行。

2. 以後要切記在推手時，無論對什麼樣的人，萬萬不可以強迫的手法，否則必輸也。

3. 無論什麼樣的人，都應用輕妙、鬆軟、靈感、虛無、試探的手法去接觸，這樣如遇功夫比我大的人，我有警惕的靈感的準備，也不至於失敗。如遇不如我的人，更是穩穩當當的可以贏他，這是可靠的虛無靈感的手法。

● 說練拳及推手

1. 每出手要細心體會掌上的靈感。

2. 推手要細心找聽勁的功夫。

3. 比手須用精細的聽勁，還要有冷快絕倫的迅雷不及掩耳的發勁。

4. 無論什麼練功夫，要靜下心來細心的找，否則不進步，五六年來練功夫未本此意，所以不進步，白白度過光陰。

5. 每練功，心裡要想著楊師當先是如何的情形。

● 說練功推手平素練習

1. 要注意找鬆沉，鬆鬆鬆，沉沉沉。

2. 發出勁去，要入裡透內，否則非太極拳也。

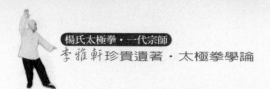

3. 這是意去的，神去的，氣去的，不是質體去的，所以能入裡，能透內。不怕你是鐵鑄的，石頭做的，也只是用吾的內勁一手將你摧毀，心裡要有這種思想貫著，久練必能成功。

就你這幾根肋條，保護不著你的五臟六腑，練功夫本著這目標意思去用功好了，好似有個假想的對手在對打。

以上是講的技擊的作用，但是會而不用，必要時打壞人，不打好人，打敵人仇人，不打友人。

（一九七一年六月十日悟）

● 說推手練法

兩手兩臂要鬆鬆的，沉甸甸的，重砣砣的，如掉下來一樣。與對方粘連跟隨，不丟不頂，如和對方粘在一起長在一起一樣，不可稍有丟頂之處，這樣子粘連跟隨，往返不已，一切總要因對方之動而隨著動，萬萬不可自動。

（一九七一年六月十四日）

● 說鍛鍊

1. 天天要想叫兩臂鬆得如掉下來一樣，這樣子日子久了，兩臂自然會鬆沉下來。如不這樣子想，那就很不容易將兩臂鬆得下來，就算自己覺著已經鬆下來了，但一著手時，還是未鬆得乾淨，仍有拘滯之力存在，所以把粘連跟隨做不到好處。

2. 要叫對方感覺到我身上好似無有骨頭。對方來勁找不著實地，無法用武。

3. 如功夫練到了妙處，以上這些情形，完全以神以氣作之，就絲毫沒有拙力體力，筋骨肌肉質力，是純粹以神以意以氣為之。進之則越長，退之則越促，此太極拳之奧妙，就在於此。

● 說練功推手

1. 太極功夫無他，一心想軟，刻刻想軟，無論練功或推手皆然。
2. 鬆軟鬆軟，虛無虛無。
3. 神出鬼沒，奧妙難測。
4. 虛著，靈著，輕著，才能有神出鬼沒，奧妙難測之動作。

（一九七一年六月十七日）

● 說推手

　　要以手指肚、手掌上的皮膚的靈感與其接觸，以聽他的軟硬快慢徐急情形及來意，知道了他的來意，然後隨其來勢以應之，無誤，此是太極拳真正的道理，如拋去這個道理而用力去進逼，去找人打，那是錯誤的，千萬千萬要記著這個要領。

（一九七一年七月四日）

● 推手

1. 不能抗，不能抵，不能箍，不能捉，不能逮，不能頂，見勁就讓，如百無所有。
2. 不能離，不能丟，精神吸著，如虛無所有。
3. 要粘連綿軟巧，要跟隨，更要靈機聽勁，不丟不頂。

● 說養靈機、找虛無

1. 主要是感應靈敏，走化巧妙，無論攻守化勁發勁，如無此功夫不行，天大的力量也不管用，這兩句話好好記著吧！
2. 如此說來，每練功養靈機，找虛無，是第一要緊。蓋靈機是靜下心來，鬆軟開身體，才練養出來的，如不穩靜下心來，鬆開全身，是養不出靈機來的。
3. 但每見人推手，雖感覺出來了，但要走化已來不及了，是何原

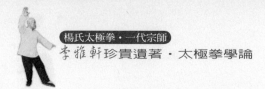

因？

答：這還是靈機不夠，若靈機夠的話，在來勁之先就已經察覺了，採取措施，如何會來不及也。

● 說聽勁找勁發勁

要聽勁聽得準確，找勁找準確巧妙，使對方不好跑掉。發勁發得奇特，來之不知，去之不覺，打人於不知不覺之中，勁去如電一樣，使其不知已早到了，好好想這個快吧。

（一九七一年十一月廿日早悟）

● 用法

1. 鬥智慧，鬥技巧，鬥跟隨綿軟粘，鬥靈機，鬥變化，鬥冷快絕倫，冷打丹田勁。

2. 不鬥力，不鬥柔僵勁，不鬥抵抗力。練鬆軟，練穩靜，養腦力，養靈智，養清醒，養視力，養聽覺，養靈感，養智慧，養沉著，調呼吸，養中氣。

（一九七一年十一月廿日悟）

● 說用法

感應快，變得快，打得快，要出其意料之外，如遲緩了不行，神經過敏也不行，總要不先不後，剛剛湊巧才行，所以要練感應靈敏也。

● 說用法

1. 要冷快，要變化，要出其不意，要冷快絕倫，迅雷不及掩耳，要入裡透內，要鬼俱神愁。

2. 要穩準狠，如心軟手善不行。

3. 冷打，狠打，變打，使驚心動魄。

4. 冷快的發勁，入裡透內。

5. 勁去如電，使其如觸電樣的蹦出才夠味。

6. 勁去如電，使其一觸即出，比鬥無此功夫絕不行。

7. 聲東擊西，指上打下，變中有變，虛實莫測。

● 說用法

要快有快，要緩有緩，要輕有輕，要重有重。

● 說用法

對方如來，我如搓麻將牌一樣，一滑拉，對方之勁就沒有了，我則有機會在那裡打之，無不中，但要來得冷快如電樣的出勁才行也。

● 說推手

1. 就這樣的圓轉畫圈的滑拉，但要虛起手來靈覺著，如此對方來勁我知道，對方的缺點我也知道，他哪裡有缺點就在哪裡發勁打之，但要快如電樣，意念一動發出，能打人於不知不覺之中才行。

2. 練太極拳，要練得上下跟隨，出手滑拉，對方的缺點必露，就在他的缺點處，意念一動將其打出，這才算太極拳，否則何以為太極拳也！

3. 太極者無為無不為，對方如有缺點，知之絲毫不爽，有漏洞必知，有缺點必知。如一盆水潑在地上，哪裡地勢偏低，水就自然的往那裡流，沒有一絲勉強也，此舊說「順其自然」，就是這個道理。

● 說推手體會

如推手，與人接觸的勁是愈輕愈好，其接觸的勁大了，到發勁

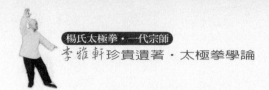

間就抽騰不出手來，也就打不出脆勁去，此所以說推手時要輕靈，要虛無，要空空然如百無所有也。以上說的道理要多想。

　　此一九七二年三月一日晚上八點半與鮮于富推手的感覺，要牢牢記著。

● 練功推手

1. 再三的思想，多年的思想，關於推手，只有輕妙著、虛無著、靈感著與靜靜的體會，才是最好方法，至於其他都不是好辦法。

2. 以上再三的思想，多年的思想，關於打鬥，只有審慎估計好了遠近距離，慎重的注意到沾粘綿隨，掌握敵人的動作情況，忽隱忽現的與其接觸，別無好辦法。

（一九七二年三月廿九日悟）

● 太極拳對手

1. 要打一個玲瓏透體，快樂無邊，飄飄然有神仙之慨，此可以用延壽之功效也。

2. 每與人推手時，是半喜半笑，有喜有怒，瀟灑以極，奧妙無比。

3. 虛無則如百無所有，令對方捕空捉影，英雄無用武之地，沉重則如泰山立崩，令其無還手之機，就這樣半喜半怒，如戲耍小兒一樣就將其解決了。

　　以上道理思悟之好了。

● 說用法

1. 守以虛無所有，令其捕空捉影；攻則冷快絕倫，迅雷不及掩耳，使其如觸電蹦出，或是在他不知不覺之中，五臟熟爛，或是筋斷骨折也，切記切記。

2. 如此說來，平素練功夫，多多找虛無輕妙要緊。要靜下心，穩下

性去練才行。

3. 古人說功夫要修煉，所謂修煉者，顯然不是下苦力，而是得心的悟會琢磨也。

4. 此所以說功夫要長時間細細的悟想才行。

5. 無論拳劍刀槍，主要多摸多練，但須細細的、鬆鬆的、靜靜的、穩穩的找味，不用力，否則身體累了還找不著味，此要緊，切記切記。

修的是功夫，不是要那一手精彩好看也，只要有了心得體會，不必要精彩好看。

● 推手

1. 不要東想西想，只要一切想著楊師當先練拳推手的動作神氣就行了，楊師的發勁是怎樣入裡透內的！

2. 無論對方有多大的力，在推手時，我要拿定主意，千萬不要丟頂抗力，蓋抗力則動作笨遲了，必致失敗也。不抗力則動作靈快，靈快必勝。

3. 不丟不頂的太極拳規則，不要忘掉。楊老師與田兆麟推手時，是怎樣輕輕的往他身上一擱，他就無辦法了。這個味要天天想想。他又是如何兩臂往上一縱，就將其打在床上的，也要想想。要想著老師與楊開儒推手，是如何以兩手心一鼓就把他打出的。總之是楊老師各種打法，各種練法，各種神氣，要天天想想。

4. 練功要有「柔曲百折若無骨」的身段，「撒去全身皆是手」的虛妙，才是好手。

● 說練法、推手、打鬥

再三的思想，多年的思想，寫之如下：

關於練拳，只有輕妙著、穩靜著、虛無著，靜靜的體會拳味拳意的上手，這才是最好的練法。

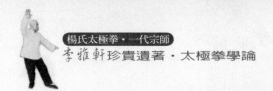
關於推手，只有輕妙著、虛無著、靈機著與敵周旋，才是好辦法。

不練出拳味拳意上手，在應用時聽不準勁，盲目的亂撞，非敗不可；如拳意拳味上了手，在用時，感覺靈敏，可以不慌不忙的應付得恰到好處。

至於用捉、用拿，硬搬、硬別、硬卡等，都不是好辦法。

● 說規矩練功

一切在靈，如對方一出手，我必有先覺之感，對方一有所動，我心先知，取勝之道先在於此也。

然則靈何以有？按規矩練功有的，故而練功是一切之基本也。本此練功，以後不要再寫它了。

● 說拳用法之道理

1. 拳之用法像水，水之形勢，是避高趨下；拳的用法，是避實而擊虛。水因地而流，拳因敵而勝，是隨對方變動而取勝也。

2. 拳的能勝，一切在感應靈，應為感應靈在於神靈，故練太極拳，每練必鬆，要靜、要穩、要舒適、要巧妙。鬆軟，這是為了養神經之靈感也，若不如此，就練不出神經之靈感來，非太極拳之功夫也。

3. 無論化勁發勁，打勁透勁，一切全仗著在內則思想，在外是腰力，內則思想心勁要會用，外則要用腰部上之運用。如不知用腰上之運用不行，如不會用內中的心勁也不行，要內外合一，心勁腰力完整成為一個才行。

● 說粘連綿隨，不丟不頂

千思萬想，無論如何說，一定要在「粘連綿隨，不丟不頂」下功夫才行，其他辦法都不夠全面也。

● 說推手、打手

1. 不要專想法子攻人，要專在防守上下功夫，等他來攻擊。
2. 如對方對我的攻擊沒有辦法，那就我要攻擊他，他一定不能防守了，這就是我的勝利。

● 說用法

　　上層功夫，是化之無形，勁去無形，動轉無形，變化無形，才是高手。蓋無形則對方高深莫窺，摸我不透，所以不能方（物）者也。故在練功時，要輕妙著，又要刻刻在養靈上下功夫，何以能養靈？穩也，靜也，軟也，鬆也，舒也，適也，如硬手硬腳的，形跡大了，動被對方早知，又怎能作到動作神奇，使對方不知不覺也！如動爲人知，乃是俗手矣，練功者要留意也。

● 練拳推手的態度

　　虛無變化，玄妙無邊。練功找眞鬆，推手找虛無，比手找陡然變動，心的作用。

1. 每練一手一式，要作到家，不偷工減料。
2. 每練拳要細細的找眞鬆的味道，否則曠日持久，十年廿年不進步也。
3. 一練拳找眞鬆，何爲眞鬆？鬆得兩手兩臂如同掉下來一樣，而又如繩兒將兩手兩臂拴在肩頭，像似丁零噹啷的樣子往下墜，而又用意識將兩臂挑起來，而這樣子緩緩而動，這叫用意不用力，萬萬不可以用撥力壓力或筋骨的伸縮力而動，這謂之眞鬆也。
　　蓋一般的人練拳，以爲不用勁已經是到頭了，無法再鬆了，而不知你自己的這種以爲鬆是遠遠的不夠，這是未鬆到家的，其中還有筋骨的牽扯力存在也。要想作到眞鬆，這要天天在打拳時用意識之思想，用這種意識思想力，久而久之，才能慢慢的、一點一

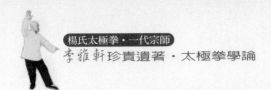

點的作到真鬆，不是一下子就可以作到的，有了這個真鬆，才能一點一點的進步。

往往見有多少的人練太極，以為有十年廿年的功夫了，一著手，又撥拉，又抗架，又丟離，一點太極拳味沒有，這就是未找到真鬆的道理，未認真的在體會真鬆所致。

如沒有真鬆的功夫，在推手時，就又頂又撞，又丟又頂，自動妄動冒失動，作不到沾連綿隨來，也就起不著應有的太極作用。

4. 推手找虛無。何為虛無？虛無則如什麼也無有，雖是手腳伸了去了，要叫對方感覺（不到）哪裡有抵力，哪裡有觸力，他雖有功夫，叫他英雄無用武之地，他如來攻，叫他到處捕空捉影，找不著可以發勁的地方，這就叫虛無。

而用我之虛無的靈覺攻其弱點，雖四兩之力，而他則千鈞動矣。而加之忽隱忽現，動作莫測，去之者令其不知，這叫作來之不知，去之不覺，打人於不知不覺之中的手法，則戰勝敵人必矣。

蓋我有虛無功夫，能知對方之來力，神走氣化於無形之中。我如去勁，是心勁意勁，可以使其如觸電一樣躍出，如晴空霹靂一樣出乎意外，這全因有找虛無的練法才有的功夫。

5. 比手找陡變。陡變則發於心，心發於神經，神經是人身之電，這種電能起於陡然之間，能叫對方來不及防守，所以勁去則如摧枯拉朽，所向無敵，全憑有神鬼難測動作，奇特變化，所以能如關夫子之斬顏良文醜，睜眼時其人頭已落地。

如此動作，如只憑筋骨肉的伸縮之動的功夫，則遠不夠快，這全憑平素用真鬆的勁練拳，用虛無的方式推手，而養出來的心動意動神經動的功夫，才能有之。

● 說練功推手

1. 靈覺無比，輕妙以極，彼如來力，到處使其捕空捉影，英雄無用武之地，才是妙手。
2. 每練功時，心裡要往這上頭想，要緊要緊。

● 說用法

1. 只有穩靜，才能養出靈機來，有了靈機，才能應萬變，這是全因爲有穩靜才能如此的。
2. 凡與人推手，一定要穩靜下來，有了靈感才能應付一切，如冒冒失失的盲動，那是要失敗的。
3. 靈機出於穩靜，不穩靜就養不出靈機，無靈機什麼事亦不能作，何況複雜的重大事務哉，以上要多多思悟。

（一九七二年五月廿二日悟）

● 說練法與推手

1. 心氣往下沉著，腳往下注力，手要摸穩，發勁用筋骨上的軟彈力，所以它叫作勁。
2. 一切之功夫，全憑練功，有了長久的練功，自然的就有心得體會，一切之一切，只憑空想不行。

● 說用法

要輕輕的摸索他，他的原形必露，我好打之矣。不要冒冒失失的發勁打，摸準了再說。

● 說練法和推手

每勢每手要輕鬆無比，靈機萬分，虛妙以極，這才是往上乘功夫上進步的路程。若捨此而用挺力、僵力、拘力、逼力、捉力、逮

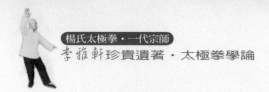

力，那就始終不能到達功夫高深的境界。

（一九七二年八月卅日悟）

● 說練功推手散手

　　無論練拳或推手或散手，一定要心神氣意身勢，全部放鬆、放軟、放虛無，才能達到高深的一步。

● 推手

1. 持以瀟灑自若的態度。打人於瀟灑自若的態度，如戲小兒然。若全身鼓勁，拖泥帶水的發勁，則非高手矣。
2. 打一個瀟灑自如，如戲小兒一般，才算高手。
3. 有仰有伏，有時進有時退，有時左右偏找。有時哼，有時哈，有時呼，有時吸，有吞有吐，虛實變化莫測，才是高手。
4. 打軟掌，打軟拳，輕靈以極，變化莫測。
5. 進一步踢軟腳，出軟腿，一切都要軟，否則無效也。
6. 步要軟，進退令人不知，神妙無比。
7. 皆是輕妙以極，鬆軟無比，才能令人難測。出手如是，出腳出步也如是。
8. 講的是輕靈空虛、神妙以極，伏仰探撤，左右含虛遍找，一切之一切，全賴鬆軟虛無的身手，久練成自然。

● 說打拳與推手

1. 無論練拳與推手或比手，靈機是至高，是第一，吾們應在增長清醒靈機上著想，其他全在其次。
2. 應時時想著在養靈機上注意，刻刻不忘。
3. 靜靜的才能養出靈機的發現，如身心不靜，靈機是不會發現的。靈機是天機，是玄妙之道，有夙慧者才能領會，蠢人笨人不能領會。

4. 每出勢若有無限的靈機奧妙，在心裡藏著，有如神聖不可侵犯的樣子，這才是太極拳的味道。

5. 如爲修眞養性，延年益壽，也是要在穩靜心神上著手。

● 說應用

1. 總要挨上粘上，拿靈機贏他，蓋粘上之後，對方之一切舉動我才知道，才好拿靈機贏他，如不粘上，對方如冷不防的來手，他發勁是在先，我必驚慌失措，來不及應付。

2. 未從出勢，就以虛無輕妙的手法及靈機無比的神氣把他吸著，把他粘著，如這樣子，對方無論如何動作，也跑不出我的掌握了，切記切記。

（一九七二年十月十九日）

● 說太極拳用法

1. 一身軟如綿，隨其進退，粘連不斷，如其來手，使其陷入深淵，不能自拔。

   這就是「人剛我柔謂之走，我順人背謂之粘」。

   使其進之則愈長，退之則愈促，人不知我，我獨知人，英雄所向無敵，蓋由此而及也。

2. 如此每練功要放軟，要增加抽長探撒之範圍，這是要緊的。

   以上是李耀源來後之思想。

（一九七二年十月廿二日下午九時悟）

● 說思想推手

1. 平素要想：

   如遇腳下穩固，體力堅強之對手，應如何對付？

   一作虛實擊之；二忽隱忽現擊之；三閃電擊之；四冷彈擊之；五

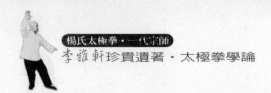

入裡透內力擊之；六用神經之勁擊之；七、用鬼懼神愁變化莫測之勁擊之；八冷打丹田勁擊之；九空虛如百無所有，堅強似摧枯拉朽擊之。

以上無有不勝矣。

2. 如遇膽小之人，無論他有天大功夫，則用此百無一失也。

3. 總要胸中先有豪橫之氣，又要有千變萬化之機，有我無他之真精神，否則一切全談不上也。

（一九七二年十月廿五日）

● 說軟的用法

如對方來手來拳，要以虛無的手法、鬆軟的身勢跟隨粘連之，使對方之來手、來拳如陷於泥淵之中為對，切記切記，否則空有太極拳之名也！

● 鬆軟靈機奇快之練法

出手快，變手快，去勁快，靈機無比，全憑鬆軟，每教拳叫你們鬆開練，這不是騙人的話。

不鬆軟，不能感應靈快，感應不靈快，不能打人於不知不覺之中，故要特別練鬆軟靈機奇快也。

● 說推手練拳功夫的要訣

1. 無論練拳推手，主要是虛無的氣勢，虛無的靈機，虛無的巧妙。

2. 身手要有千變萬化之玄妙。勁去時要在對方不知不覺之中打去，要使對方如觸電樣一驚蹦出才對。

3. 在化勁時，如虛無所有，使其來力如捕空捉影，英雄無用武之地才對。總之是身勢鬆軟，氣化一切，則無有不可化掉之勁。

4. 出手要輕輕的去，虛虛的摸，要有靈機莫測，不可捉摸之勢，絕不用捉、用拿、用頂抗手法。

● 說推手

1. 遇見妙手，就要聽著勁打。
2. 遇見平常手，亂撥拉的手，就要變勁打、虛實打，因爲他還不懂化勁也。
3. 作人要老實，忠厚誠實。
   推手打手就不要老實忠厚誠實，要有虛實變化，要詭譎百出，要聲東擊西，要千變萬化。
   蓋對敵如對陣，兵不厭詐也。

● 說練拳推手之不用力

1. 已經過千千萬萬的反復試驗，還是不用力才對，要用勁不對，如姜廷選之多年純功尚推不過一年功夫的楊紹西，何也？由此看來，還是不用力爲對。
2. 今後專在鬆上、軟上、活上、機動上、變化上、靈動上用思想上用功夫，今後不可再改，要緊要緊。
   然而每練功，要特別注意神意氣的修養，才能養出眞的鬆軟靈機來。
3. 不用則如百無所有，用則有雷霆萬鈞之勢，切記切記。

（一九七二年十二月五日）

● 說練拳或推手或發勁

1. 凡練拳推手發勁化勁一切之一切，要以氣勢走、氣勢化，練拳如是，發勁如是，化勁如是，進退如是。
2. 何爲氣勢？
   答：即虛無的氣勢、用意不用力的氣勢，也即是空無、空虛、百無所有的氣勢。這種氣勢，須要以心慢慢的悟，以心慢慢的摸，日子久了，它自然會上手，如心急不行。

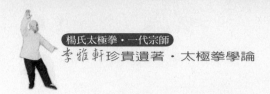

所以拳經上命名為「行功心解」也。

3. 在功夫有了之後，在需要發勁時，只要意念一動，勁一縱，勁就會如放箭一樣，陡然射出。

（一九七二年十二月廿一日悟）

● 說真鬆沉

1. 近來打人不遠，是未鬆淨也，如能不斷的往鬆淨上用功，就會好了。楊師之兩臂之鬆沉味，崔毅士之一身鬆懈味，可以想想。
某某之不頂勁是大毛病，某某無頂勁，所以他不快，楊師有頂勁，所以發勁來得快。這個某某不知道學。

2. 要天天注意這個真鬆沉，不注意就跑了，切記切記。

3. 鬆鬆鬆，沉沉沉，刻刻不忘真鬆沉，如忘了鬆沉，就不進步也。

● 推手

1. 要心動、意動、氣動，不要外表動，不要四肢動。

2. 一身都要氣化，都要神化，都要意化，要空虛，虛無化。

3. 要丹田勁、心勁、意勁、氣勁。

4. 要虛無勁、空虛勁、百無所有勁。

5. 以上是上乘功夫高人的指點，一般拳術家不懂也。

6. 鬥心、鬥意、鬥氣、鬥智、鬥虛無、鬥氣化、鬥空無所有，不鬥實力。

（一九七三年一月廿一日悟）

● 說推手

1. 推手不只是以四肢作掤捋擠按的動作而已，而要氣勢的煥發，氣意煥發，內心的動作，此之所謂內功拳者也。

2. 外功拳是四肢胳臂腿的自動，這是盲動、妄動、冒失動、亂動，內功拳是心動、意動、氣動、神動，動得細微，動得適時，動得

恰當。

3. 此所以練太極拳要慢慢的摸，細細的找，不盲動妄動也。

4. 蓋快者易覺，漸者難防的道理，太極拳即是這個道理。

（一九七三年一月卅一日悟）

● 說練法及發勁

　　練功推手，要下去身勢，放開身手，大鬆大軟，大波浪大氣勢的找他幾個，以這個氣勢把他打出去，把他摧毀，試一試他的傳授如何，功夫如何。

　　以上全憑心勁、腰勁、氣勢勁，心神意氣勁的配合，非如此不可。

（一九七三年三月十三日）

● 說推手

　　腰如蛇，臂如繩，兩手虛妙有機靈，腳下沉穩如山嶽，哈哼吐納出丹田，若向問發勁如何辦，意念一動顯神通。

● 說練功與推手

1. 練功以手上的靈機為第一，有了手上的靈機，在推手時，對方來勁，我及時感應到了，可以隨時採取化勁措施，無不百發百中。

2. 每練功時，注意腳下的鬆軟穩固，腿上的彈力伸縮，手上的靈機，心氣沉著，性情的清靜。

　　有此以上幾點則足了。

　　至於肩塌肘垂沉氣，那是當然的，不必另提也。

3. 要全身各部都要練活動，尤其是腰與各關節。

● 推手

1. 下去身勢，晃開腰膀，沉下氣去，放開心膽，好好幹一場，心勁

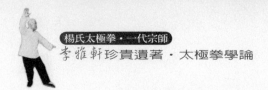

第一，豪橫第一。

2. 以上不過是一般而言，如遇化勁好的人還是不管用，如此說來，每天須在鬆軟、虛無走化功夫上多下功夫才行。

鬆軟、靈感、虛無走化爲第一要緊。

（一九七三年三月廿日）

● 重視基本功夫

1. 與人比推手，總要基本上的功力贏他，他必口服心服，不以詐，不以冒失僥倖取勝，若以冒失以詐取勝，他必不服，不服要鬥狠，如我以狠勝他，則結仇矣，如此有失友誼第一之道也，不可不愼。

2. 如此，基本功夫爲第一，吾當在基本功夫上再下一番功夫。

（一九七三年三月廿一日）

● 說練拳走架子和推手

1. 練拳走架子，一定要在輕靈虛無奧妙上找。

2. 推手也要在虛無奧妙上找。

3. 在輕靈虛無上找，並須要細心的找，否則體會不著它的妙處。

4. 手上的輕靈虛無，還要腳步上的輕靈虛無。

5. 腿腳上的重心移動，更要細心的體會，總要使其勁不斷才行。

6. 要練時有兩臂發酸，兩臂感覺鬆沉，好似抬不起來的樣子，兩掌發脹，才是練對了。如無以上的感覺，可馬上換換練法，否則白費功夫。

7. 如這樣子把功練好的手發出勁來，令人有如觸電樣跳出。這是全身鬆開的關係。如不是這樣練出來的功夫，發不出這種勁來。

8. 練拳要成拳迷，時時不忘，雖在行走坐臥之中，心裡也要想著拳，否則練不好。

（一九七三年九月廿二日）

● 說推手散手

1. 凡是對打，全憑神經上的靈感快而不早不遲的才正確，就一定能勝利。如感應不正常，非過敏就遲鈍，就得輸敗，至於力量之大小則作用不大也。

2. 故平時的練功要鬆開勁，以身上之靈感爲第一也。

3. 要想爲了大長基本上的功夫，就要平素練功以本太極老論上的「行功心解」爲第一。

（一九七三年九月廿三日上午）

● 說推手發勁功夫

1. 在沾上手時，就以身勢將對方吃緊沾牢，以身心之勁揉挫，將對方揉得東倒西歪，腳跟斷（不穩）時，便以腰身之勁將其縱出。

2. 如不行時，就以虛虛的偷步進身，把對方掤出。

3. 如再不行，就是對方有高深的功夫，就用散手虛實變化，冷打丹田勁將其摧毀。

● 說推手

1. 要先將一身放鬆放軟，放穩放靜。

2. 要虛虛的粘手。

3. 粘手之後，一定要輕輕的摸，虛虛的走。在虛無上找、在巧妙上找、在氣化上找，萬萬不可頂力，不可抗勁，否則就練不好推手。

4. 以上是說的高深一點功夫，如初學不容易學到。

（一九七三年十月廿日）

● 說用法

　　關於用法，經過一再的研究，總結經驗，只憑力大是不行的，

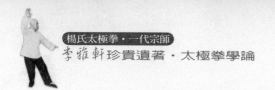

要有靈快，有智慧，有機動，能冷打丹田勁才行。用功要向這一方面下功夫，才不至走錯路。

● 說與人較量推手

1. 最好是持以虛無的氣勢以待其來，真來時摸索他、粘他、聽他、虛他、順勢走他，萬萬不可頂他，但也不丟他，至要至要，愈輕愈妙愈好要緊。
2. 過去見手就接就發，這個不好也不對，切記之。
3. 再把卅年前的話想起來說一下，每練功要靜下心來，總要叫拳意上了手，也就是出手要掛拳意，要緊。
4. 凡事都細緻，至於推手更要細緻，不講細緻就作不好事。

（一九七三年十一月十九日下午九時）

● 說推手之不丟不頂

推手最好的方法是持以虛無的氣勢，在動時要切實作到不丟不頂。只要能作到這個不丟不頂，就可取勝，不管你是如何動法。切記切記。

（一九七三年十二月二日）

● 說推手虛實變化 ，千千萬萬無止境

推手方法說不盡，總之一句話概括了：「極奧妙」。奧妙是無窮的，等於五味之變化，不盡其味。又等於五音六律之變化，千千萬萬不盡其聽。五色之變化，千千萬萬不盡其觀。兵法也不過虛實變化，孰能盡之。

（一九七三年十二月廿九日）

● 說推手

1. 先將身勢放虛無，提高警惕，以神氣去作粘連跟隨，絲毫不丟也

不頂。

2. 要聽勁聽得準確，要走得細緻，如粗心浮氣的練不好。

3. 太極拳不是毛手毛腳的學幾個手就算行了，是要狠下功夫，才能得到太極拳的奧妙。

4. 在去勁時，一定要找準、對端的，然後以心內之勁向其一縱才成功。

（一九七四年二月十九日）

● 說不丟不頂

1. 太極拳推手，要不丟不頂。

因為一丟了，對方來手就聽不準確；一頂了，對手一變就發覺不出來了。所以要不丟不頂。

2. 要天天多想這不丟不頂的道理。

● 推手發勁

1. 發勁最要的是不要冒失，不要忙，要細細的找穩摸準才能發，否則打不準，發不出去，尚損失威信。

2. 功夫要在清靜無人之處輕靈著練拳，以長功夫，否則發不出人去，被後學拉下去。

3. 功夫要多練以求進步，如就這樣的功夫不好不歹的，實無意思。

4. 練就練奇特的手法，神奇的聽勁，把太極拳功夫練得出類拔萃，如就這樣不好不歹的太極拳家，實無意思。

● 說推手、打手或比手的要領

1. 比手要領全在聽勁，在變化、在巧妙、在神快。如無聽勁，無變化、無巧妙，雖天大的功夫、天大的力量也不行。

如仗著有氣力，來一個小夥子會聽勁，起碼你無辦法。

2. 一聽勁準確，二變化神奇，三發勁來迅速如電一樣，使其不及走

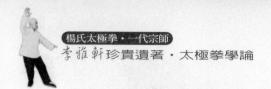

化，不及脫逃，在不知不覺中已打出。

3. 若無這幾下子，就不夠老師資格。

　　推手最要緊的，是不盲動、早動、多動。要持以虛無的氣勢去接觸，不要盲動，以使聽準摸實，應如何動再如何動，如這樣子再不能取勝，那是其他功夫方面不夠，自己要細細體會自己的缺點，如一味的蠻幹，那只有失敗到底，而且一輩子功夫不長進。

（一九七四年二月十九日）

● 說推手及打鬥

1. 無論任何打鬥方式，總要以先有靈機為第一，只要有了靈機，就必定善於化勁、善於找勁、善於發勁。

2. 有靈機，加以鍛鍊，就能達到神妙的境界。

　　如想發短勁，可以冷快絕倫，打人於不知不覺之中，蓋其能來之不知去之未覺也。

　　如想發長勁，可以叫對方雖已知道了，然無法化脫，因我善於用腰腿之巧妙配合恰當，對方所以無法走化也。

● 說練功夫打拳和推手及打手

1. 每天無論如何也要靜下心來練一二次拳功。

2. 在練功時，務要全身放鬆，叫兩臂鬆沉，沉甸甸的，好像是抬不起來的樣子為對。

　　而又要注意著靈敏的感應，這樣子練法，日子久了，才能進步。

3. 至於推手，一定要按老論上的說法，找粘連綿隨，不丟不頂，否則不長功夫。

4. 每出手一定要持以虛無所有，若無所為的樣子，因為無所為才能無不為，才能應付萬變。若一出手就有所為，那就會顧此失彼，挂一漏萬了。這個道理要明白。

5. 要在激烈的打鬥時，出手要冷，丹田之勁起於陡然無形之間，令人不能預防，發人不及走化，鳥不能起飛，獸不及走。早已打上。此所謂鬼懼神愁，又所謂驚心動魄、亡魂喪膽者是也。

　　以上是一九七四年四月二十七日星期六下午五時，與賀方二人推手之時感覺，要好好記著。

（一九七四年四月二十七日）

● 推手巧妙的功夫

1. 一出手就叫對方感覺無論如何動也難以走脫，用大勁不行，用小勁不行，用硬勁不行，用軟勁也不行，用重勁不行。
   然並不是用籫勁，用逮勁，用捉勁，用大勁，用硬勁，其所以然者，而是用意識的十面埋伏，用巧妙的吸引，用粘連跟隨而使對方走不脫。
   以上這種情形要細細的研究。
2. 無論是比推手或比武對打，要切記不鬥力，不鬥勁，要鬥靈機虛無巧變。
3. 以神打、以氣打、以意打，神速奇快。

（一九七四年六月十日）

● 說推手和發勁聽勁

1. 推手全靠聽勁，聽勁聽得好，才能找得準確，然後才有發勁，如冒冒失失的就發勁，必被對方化掉，則有損無益也。
2. 出手要有靈機，要有變化。又要動得不早不遲，剛剛湊巧，如冒冒失失的動，必失敗也。推手如奕棋一樣，如走一個閒步就被人家拉下，如走錯了一個步子，那就必輸無疑也。
3. 如能有虛無以極的身勢，變化神奇的手法，那就更有把握。
4. 如對方出手虛無輕妙，這就是妙手，如對方不懂得這個虛無輕

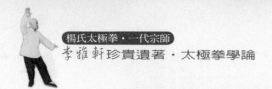

妙，不用問就知道他的太極拳功夫很淺。

5. 如能把虛無輕妙的功夫研究好了，那推手就不至於吃大虧。

6. 太極拳是混然一氣的功夫，只懂得這個學會了就夠了，可以對付任何門派的功夫了，這叫得其一而萬事畢，不必要學多着多法的外家功夫。

7. 曾記得佛家所說「有法法非法，無法才是法」。
太極拳在練時混然一氣，在應用上順勢借力，這都是一個方法也。
佛家還說，「無法之法無有形，空虛之中悟真靈」。

8. 凡是深奧的學問，多是沒有固定的形象的，如有形的東西，大都無什麼深奧。

● 說靈機與聽勁

1. 每推手要想著老師推手時情形，是怎的手往我身上輕輕一放，我就感覺到動也不行，不動也不行。一切都沒有辦法，這是個什麼道理，時常思悟之，定有進步。

2. 在與對方推手時，我感到最要緊的，先持以虛無的氣勢，如此自然的會有靈機。
有了靈機，就能聽勁，有了聽勁，就可以使對方之來勁如捕空捉影，處處落空，英雄無用武之地。

3. 在化對方之勁時，不只是手上的化，而是身勢的化，而是心意的化、虛無的化，這才算高手。

4. 對方如感覺到不行了，他必要出蠻幹勁來衝擊，不要怕，因為他這種蠻勁雖大，但他無智慧、無靈機，我以智慧靈機應之，必能勝他。

● 說推手與比手

1. 如是推手，要作到不丟不頂，順勢借力就行了。

　　如是比手，那就全憑冷快絕倫，有出其不意、攻其不備的變化虛實、莫測的動作才行，如老老實實的不行，因爲這是比鬥，不是交朋友講誠實，蓋兵法之不厭詐也。

2. 要機變百出，神鬼難見來去，不知不覺之變化，有此才算把手，若只憑有股子蠻勁斷不行，還要有精細的奧妙功夫才行。

● 說身勢之放鬆放軟

1. 推手時，務要先將一身放鬆放軟，以便動作靈快，以觀對方之舉動，如其來犯，好以鬆軟的身勢將其化掉。

2. 如不先將一身放鬆放軟，如遇高手的發勁如電樣之快，臨時再想將身勢放鬆軟，已來不及，人已如觸電樣跳出矣，不可不慎。

　　如先將身勢放鬆軟，他勁來雖快，打在身上也不起作用。

● 推手要領

1. 楊少侯先生云：提起神來，身勢放輕靈。

　　出手要輕輕的摸著他的汗毛就行了，如此才好聽對方之一切動作情形，然後趁其缺陷，而後取之打之。

2. 當先老家有個升平，他個子很小，然天生的善騎馬，無論生性多烈的馬，他一上去，那馬無論如何歪蹺（顚簸），他如粘在馬背上一樣，穩如泰山，關於這門技能，我太缺乏了，如是我早就跌下馬來了。

　　蓋騎馬如推手打手一樣，要跟隨其動作不丟不頂才行，否則就被馬浪摔下來了。

3. 升平曾當面和我說：

　　(1) 心要豪橫，能以心勁把馬降著，要有膽量爲第一，要有和牠作鬥爭的決心才行，否則一定被摔下來。

　　(2) 以此豪橫之心性與馬鬥爭。

　　(3) 主要是能人借馬力馬借人力。順著勁來，不要別（礙）著馬的

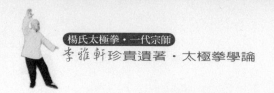

動力，否則就要被其摔跌下來了。

4. 我想這個要領和太極推手同，主要是順勢借力，不然，天大的功夫也不行。

5. 又有個元三平，是升平的父親，也是善騎馬，他本人骨瘦如柴，無縛雞之力，然無論多大性子的烈馬，他一上去就如粘在馬背一樣穩如泰山。

以上這二人，是天生的有這套本事，我學也學不會。

6. 如堂堂七尺之身軀，不能比弱小之人，令我十分慚愧。

● 說推手

要虛無所有全體空，至為重要。

要鬆軟，要虛靈，要沉著，要變化，如直來直去的不行。

● 說推手

1. 要純軟，純柔，練彈勁。

2. 要虛無，要輕靈，純以意以氣以神為之。

3. 不要有硬力，不要有骨頭，不要叫對方感覺有骨頭。

4. 這叫「柔軟百折若無骨，撒去全身皆是手」。

● 說推手

不講沾粘之外功，推手不可與其同練，否則有損無益。如其強迫推手，意在顯弄本領，我當以虛靈之手法與之敷衍，不可陪他瞎鬧。如其不以規矩，對我亂拉、亂撞，我當以散手應付之，不然對功夫大有妨礙，不可不知。在推手散開之時，身如游龍，神似烈馬，神經一動，勁透彼身。若只是粘粘連連、柔柔扭扭的動作，難敵高手。要變得快，打得快。神氣以極，冷快無比，如火燒神經動，急雷響五中，神出鬼沒，變化莫測，要有這種情形才行。

● 說推手

1. 一身放鬆，放輕靈，放虛無。

2. 對方之來手叫他撲空捉影，英雄無用武之地。

3. 我進攻則要順其走化，摸穩而進，使其不能躲逃。

4. 發勁時，只要氣意一動，鬆彈沉重勁要入裡透內，能來之不知去之不覺，叫對方不能抵抗，也無從抵抗，因人已如觸電樣跳出，這才是太極拳。若只是揉揉扭扭的拖泥帶水的弄幾下子，這是對太極拳還未入門。

5. 守則虛無以極，如百無所有；攻則巧妙無比，使其無從抵抗。

6. 勁去入裡透內，只要心意一動，叫他如觸電樣一跳而出。

7. 要想達此要求，要多想楊師的發勁神氣。
   要細緻的想，精細的找，不是粗心大意的就找得到這個道理。

8. 出手要有神秘，動腳要有奧妙，身勢要有精微，動作要有深細。
   總之是有神氣、有莊嚴，有精微奧妙，有神聖不可侵犯樣子才夠味。

9. 平時練功要找神秘，要腦殼用思想，細細的探尋，不是能出身臭汗就了事。

10. 要有巧妙的身手，虛無的氣勢，神乎其神的動作，驚心動魄的發勁，如關夫子的神氣，睜眼時已將其除掉。

11. 練太極要有真打真幹本事，如只是說說講講，乃嘴把式也。

● 說推手

　　哪裡來力哪裡化，絕不抵力、不抗力，不等對方之勁來，感覺到他的意思要來，力就化掉了。

● 說靈機

1. 推手主要在於聽勁，能聽勁了，然後能作到不丟不頂，粘連綿

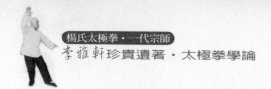

隨，順勢借力。

然這些功夫主要在於身上、手上、心裡、腦筋有靈機，如無靈機，一切全辦不到。

2. 故太極拳的功夫，主要在養靈機，在練拳時，出勢一站，穩著靜著，這就是為了養靈。

● 說應用的道理

1. 對敵時，我持以虛無輕妙、不丟不頂、粘連跟隨，順勢而走之。
   他持以撥力抗力強制逼近追逐趕打的主觀主義。

2. 然這全是用力的手法，用力就不靈動，變化遲慢了。
   我雖不用力而處順，順則靈敏，動作快、變得快。我變得快，他變得慢，我雖力小而擊要害，他必保護之，而保護動作之作而處處落後矣。我勁去如箭如電，他焉能來得及呢！如此則他必敗矣。

3. 所以說，我是鬥靈機、鬥智慧、鬥冷彈絕倫、變化神奇，他是鬥大力、鬥硬打，力大硬打，變化慢了，豈有不敗之理！

4. 現在各處太極拳，大多是撥、卡、壓、抗、箍、逼，如此則用勁了、有力了，有勁有力就動作不靈，就慢了，慢了必敗矣。

5. 或云：假如他也用輕靈、用輕快，豈不就快了就行了嗎？
   我說他仍不行，何以呢？因為他雖是用輕靈用輕快，但未受過太極拳的鍛鍊，他是多動、盲動、妄動，動得不經濟、不精細、不智巧，動得不恰當，雖是動作快，他亦要失敗也。

6. 我持以鬆軟虛無輕靈，用時是粘連綿隨，不丟不頂，又經濟、又恰當，此所以快。
   他處處有力，用卡、用撥、用逼，用趕打，用箍勁，此所以慢，況多動妄動冒失動，不經濟、不巧、不恰當，那就更慢。以慢敵快，誰勝誰敗則明矣，何必問也！

7. 如練太極拳、軟拳、綿拳，打出去不能有效，則如何能打鬥？

所以有些人如某某說太極拳是挨打的拳，他對太極拳的看法是不正確的。這是因為大多數練太極拳的人，只會些推推搡搡、拉拉扯扯的勁，而不會運用心勁、內勁、彈勁的關係，若會運用內勁，勁出如閃電、勁去能入裡透內、驚心動魄，勁能打人於不知不覺之中。假如會以上這些勁的話，嚇死他也不敢亂說。

所以說練太極拳，一定要細細的找，把以上這些勁練出來，才能打鬥，否則不能談比手也。

8. 勁去要驚心動魄，令人亡魂喪膽，如電觸上人即跳出。

又，全身鬆軟開，全照上下，劈、砸、挒、採，驚心動魄，哪個和你鬥力！

9. 勁去能令其五臟熟爛，令人鼻口裡噴血，能令人骨折筋折，外面雖不青不紅不腫而內部已壞。

以上這是什麼勁，即練太極拳要時常想，要把這種勁練出來，否則被人輕視矣。

10. 此勁來之不知，去之不覺，打人於不知不覺之中，這才是太極拳，而不是只會點揉揉扭扭、推推拉拉就是太極拳了。

（一九七五年三月廿三日悟）

● 說推手功夫

1. 在初學時，一定要按規矩掤、挒、擠、按需認真，在粘連綿隨，不丟不頂上入手。

2. 不要貪多求快，東學西學，想撿點花梢便宜，弄些手法，那必定愈學愈躁，欲想速成，反而慢了，現在大多數練太極的人犯了這種毛病，不可不慎也。

● 說粘連綿隨

1. 一定要摸準了再發，如未摸準就發勁，打去無效，就丟面子，白失威信，切記切記。

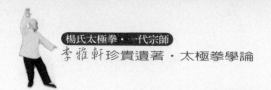
2. 其主要是要作好了粘連綿隨、不丟不頂。

3. 粘連綿隨是太極拳主要功夫，本此練功，一定會有好的拳理悟覺，否則是白鬧一摻和，不長功夫，這是第一步最要緊的功夫，不要亂想其他，切記切記。

要在粘連綿隨上狠下功夫。

● 說練拳推手打鬥發勁

1. 練拳講穩靜安舒、鬆軟沉著，要作到上下相隨，內外相合，一切按「十六條規矩」。

2. 推手要細找粘連跟隨，不丟不頂，如軟無骨。人剛我柔，我順人背。如此面面作到，久而久之，自有功夫，其致勝之機會自會送到手上來。

3. 對打要講聽勁，要順勢借力而發勁，又要冷快絕倫的變化發勁。

4. 發勁有粘勁、有沉勁、有縱勁、彈勁、挫勁、透勁。

推拉攘送，採、挒、撥、掛、掤、捋、擠、按各勁。

● 說用法

1. 遠鬥腳，近鬥肘，不遠不近鬥兩手。

2. 肩要鬆，胸要含，抖肩含胸解困難。

3. 抖肩如炮彈，神打快似電，冷快絕倫手，來去人不見。

4. 心氣豪，膽氣壯，出手好似五虎將，要學關夫子，立斬文醜和顏良。

5. 全憑神意動，冷快鬼難防。

6. 不著不架，就是一下，著了架，便外家。

（一九七五年五月卅一日）

● 說推手

1. 推手主要是靠平素練功，拳意上手養出來靈機。

2. 對方如有企圖，稍微一露，我就早知道了，當然也就給他化掉於無形了，而且對方之缺點必露，也就會在我的掌握之中，而後想如何打就如何打，不費吹灰之力。

3. 練功要練沾粘綿隨、不丟不頂，這是太極拳主要的功夫。

4. 在練習中要細細的找拳中的精微奧妙，如忽略了這一個就練不好太極拳的功夫。

● 說推手

推手主要是靠平素鬆著勁練拳，練得腳腿柔彈，腳下有根。

外功拳看著很壯，但是著手腳下站不穩，沒有根。連張老師那樣好的功夫，被某某弄得他東倒西歪，何況其他。

● 說推手與較量功夫

1. 不要怕手，老早的固持；當大膽進身，進了身，聽聽對方的功夫是什麼再對付，如老早的固持，就不可能知道他的真本事了。

2. 接觸了之後，運用我平素的功夫對付之，看看他功夫如何，如是真功夫，我不如他，可以跟他學之，如不是太極拳的功夫，就散手打之，無不勝也。

● 推手比賽

如遇椿子很穩，本力很大，根子不易撥動，根子撥不動就不能將其打動打出，這該怎辦？

其打法如下：

1. 用大掛大擔大轉腰，大劃、大虛、大搓、大輪之推法，其重心被劃動，其腳根必斷無疑，我便乘機而擊之，無不中。

2. 其專以根子穩，可以被人打不動為能，如想以長勁將其打出去是不容易；但是其以根子固為能，其走化手法必不靈也，我當以輕便冷快之手法打之，他必防備不及，如打中他幾下，他必身勢散

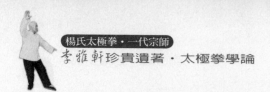

亂無疑。或在其亂劃亂撲亂動之時，我趁機採之，其根必斷，而後打之，可以取勝。

● 推手比賽

1. 在於敢打敢上，敢使用手法，如膽小不敢用就不行。
2. 一定要有變化，用虛實，用冷快，用虛實。兵不厭詐也，無此不行。

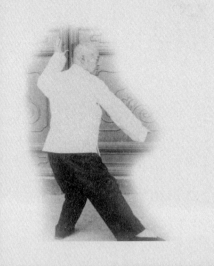

第6.篇

說散手與比手

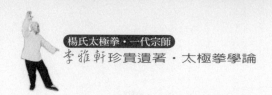

● 說散手

　　散手的功夫，是在練拳推手身勢成熟之後，方可練習。如身勢尚未練習成熟即練散手，非但功夫不能進步，反而將身勢練壞。假如身勢已經鍛鍊成熟，尚未經散手的練習，那也會影響功夫的進步，要循序漸進方爲合理。

　　散手的對練，是半眞半假的對打，是練習手眼身法步法最好的方法。甲乙二人相距數步而立，在未接觸之前，即須注意，先以心氣往下一沉，眼神向對方一望，然後手勢略舉，不動容，不作色，如臨深淵，如履薄冰，以虛妙的氣勢謹謹愼愼，小小心心漸漸而進，與對方接觸，接觸之後，全憑平時身手之功夫，天生之材幹，充實之神氣，與之周旋，是不講着術，不拘方向，不定進退，隨機應變而動的。

　　有輕妙的動作，有虛靈的氣勢，有冷彈的勁道，有喜怒的神氣，人攻我則如捕風捉影，使其無用武之地。我攻人則冷快絕倫，令其無從抵抗。練時神清骨爽，心神愉快，身勢輕妙，奧妙無窮，比鬥於熱鬧之中，有不可以言語筆墨形容之趣。

　　有喜有怒，有哼有哈，有呼有吸，有吞吐含化，有轉變莫測，靜以察敵如無聲無嗅，動以進取似鷹鷂之突起，神氣貫注如鷹鶻之急進，志在必克，身勢矯捷如怪蟒之鑽騰，毛髮畢豎如烈馬之發威，忽隱忽現如浩淼之無邊，所謂動若江河者也。有空虛走化之功，有冷快絕倫之動，鬥在熱鬧之中，有風虎龍雲之勢，非筆墨所能盡述也。

　　蓋散手者出手難見，迅雷不及掩耳。

　　所謂散手者，不是在推手時故意作些不需要的架勢，而是如推手一樣規矩，不妄動，不多動，不必要的不可動也。

　　所謂散手者，是快慢不定，虛實不一，變化多端，拳、掌、

肘、腕、肩、腰、胯、膝、腳，掤、捋、擠、按、採、挒、肘、靠並用，相機而施也。

　　盤架子如習字之楷書，散手者如行書草書也，但散手是要有練架的基礎，草書是要有楷書的基礎。

　　今日在體育場與趙推手是用的虛無的氣勢的手法，用以神走以氣化的動作將其打出的，這種手法極其輕妙，極其冷快，有使對方有驚心動魄之感。這種以神走以氣化以意去的動作能使對方沒有辦法可預防、可以走掉，這是太極拳最上層的功夫。以後要好好思想，以後用功一定要在這種虛無氣勢上、冷快絕倫上下功夫，不要再在那些挨板功夫上去注意了，切記切記。

（一九六四年十二月悟）

　　散手要好好的下功夫，如無好的散手，推手再好也不行。

1. 動作冷快，打得快、變得快、閃得快、進得快，狠準脆穩，冷快絕倫。
2. 不妄動，不慌動，不冒失動。
3. 心神意念堅決不疑，冷冷快快，下定決心，不將敵人摧毀誓不甘休。
4. 不動則已，動則使其無法躲避。
5. 用虛實，講變化。
6. 打得出手去，變得下臉來，鬆軟靈動，入裡透內。
7. 外國拳之鬆軟靈動沉打能入內，太極拳之穩靜清醒，以逸待勞、冷快無比，神經戰，閃電戰，其勁更能入裡透內。
8. 攻擊則冷打冷上，防守則忽隱忽現。
9. 只憑空想不行，要好好地用心練習。如有好的身法，卻練不出散打來，太可惜。
10. 在南京遇見的猶太人外國拳家哥必克，他雖在平時走路時，兩肩兩臂也是鬆著的。

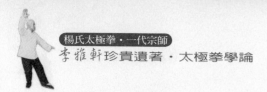

11. 哥必克之神態精神，大可學也。

● 說散手打法

1. 打手全靠不測的動作，冷快的發勁，講虛實的變化，要來得巧妙適當，順勢借力。
2. 總之是要講沾粘綿隨，不丟不頂，如作好了，一切的防守進攻，全可解決，所以說一定要在沾粘跟隨、不丟不頂上狠下功夫。

● 說散手

1. 找巧妙奇特，靈機變化，奧妙玄奇，神鬼莫測之動，不能再在初步功夫上費精力了。
2. 冷冷快快，仍是有規律、有節奏，不是盲動妄動冒失動。
3. 要用精細動作，用得恰當，用得不多不少、不快不慢，剛剛合適湊巧，方是高手。

● 說打散手

　　推手到激烈形勢成為散手。

1. 打散手，一要心勁，二要冷快絕倫的變化，三要充實有力，四要能入裡透內，五要有奇特的變化，六要有驚心動魂的威力。
2. 如打出的勁還不能制服人，萬不能打散手。
3. 這種功夫如何才有？是在平時多多鍛鍊，有恒心、有心勁、有冷快、有虛實、有變化。

● 說散打

1. 出手要快，快上加快。奇特無比，玄妙以極。
2. 拳打人不知，人知不算拳。
3. 出手如電閃，來去不見，對方如觸電，亡魂喪膽然。

　　　　　　（以上是一九七五年四月七日與趙劉二人說的話）

● 說比手

　　我時常對太極拳的用法不斷的思想，我認為魚鷹的捉魚形勢，與太極拳用勁的情形相似。它捉魚的形勢是剛柔並用，有伸有縮，有纏繞不休之勁，又有志在必勝之決心，故這種精神值得吾們研究。又突鶻之擊兔的形勢，也值得研究，它擊兔的形勢，不是以爪甲死力去抓，而是用翅膀上的冷彈脆勁去彈擊，其進攻時的氣勢，是有去無回，有敵無我，故其勁極大，就是很堅硬的土塊，也被打得粉碎，它這種奮不顧身的精神，很值得我們研究。

　　在對打時，只憑身手腰腿的功夫及感覺靈敏還是不夠用的，其決定勝負的主要環節，是要有決鬥之精神，豪橫之心勁，必勝之志向為主宰方可。如果沒有決鬥的精神，必勝之志向，雖有天大的功夫，是不足以談比手的。其次虛無的氣勢，莫測的變化，輕如百無所有，重似泰山立崩，金石俱碎的氣勢，以及冷、狠、脆、準的手段也很重要。

　　有風虎雲龍之氣勢，又要有虛無之變化，精神如捕兔之鶻，氣勢如捕鼠之貓，這是老論中所說的。但我認為還不夠勁，簡直是如『三國演義』中所說關雲長斬顏良之勢，瞪眼時人頭已落地，如這種氣勢情形才可。『孫子兵法』曰：「鷙鳥之急至於毀折者節也。」火燒神經動，急雷響五中，打丹田雄壯之勁，又沉又足，又冷又狠，機警萬變，靈覺無比，毛髮畢豎，抖擻不已，沾手如觸電，打去還嫌慢，靜如處女，動似火燒，其節短，其勢險，勢若強弩，急若發機，使其不能抵抗，也無從抵抗，否則不足以降伏野蠻漢也。

　　鷹捉兔之緊急，狼傷人之視隙，虎捕貓玀，龍行蛇鑽，鶻眼鶹翅，狗閃鷹翻，有蛟龍出水勢貫凌霄之勢，有烈馬發威，抖擻不已之神，要來得冷冷的、脆脆的、狠狠的、足足的、準準的，要有敵無我，有我無敵之決心。要變得下臉來，打得出手去，有哼哈有喜

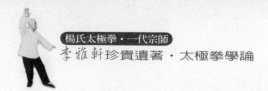

怒，真真假假，虛虛實實，所謂兵不厭詐也。

出手就變，變中有變，機智百出，神鬼難見。歌曰：火燒神經動，驚然起心中，龍行擺虎步，身腰現奇形，神氣世無比，奧妙出無窮，舉手不留情，當場見英雄，不打不成友，紙談終無功。

祿禪之輕快，班侯之冷勁，健侯之神粘手，少侯之軟打，澄甫師之丹田勁，某某之神妙，某某之轉身，某某之取刀下銀，以上前輩先生的功夫，已到最上乘的功夫，吾輩要時常思想才有進步。

二人對打時，手足為第一道防線，膝肘為第二道防線，胸腰肩膀為第三道防線。要處處能化，處處能發，處處有自衛的能力，處處有巧妙的變化，處處發得出充實的勁來，否則不足談比手也。

人以剛來，我以柔化；人以硬力，我以鬆軟；人以速快，我以精細；人鬥力，我鬥智。練的是手眼身法步，心膽精氣神，用時是神經之動，冷快絕倫，打的是丹田冷勁，驚心動魄，這才是太極真功夫。

● 說對手

1. 在對手時，務要先持以虛無靈機的身勢，俟其來，審情度勢，順勢借力以應之，沾連粘隨以跟之，在幾跟幾隨之中，他的一切則被我掌握，則無不勝矣。
2. 對手之時，不一定要搶先下手攻擊，否則怕被對方找著我的破綻，這是太極拳「彼不動，己不動」的道理。
3. 在發勁時，要趁著對方之動作形勢而去，不可盲目地硬闖。
4. 虛實是比拳的重要技術。在去勁時，勁大勁小，勁軟勁硬，要細微地估計恰當，如果亂動，就被對方有機可乘了，此不可不慎也。
5. 在對手時，全憑隨屈就伸的靈機變化，可以使對方撲空捉影，英

雄無用武之地。在攻時，冷快絕倫，令對方無從抵抗，打他一個
傻眉瞪眼，被打上還不知是如何一回事。

6. 在打鬥時，一定要提起神來，拔起背來，頂起頭來，如雞沖鬥，
馬賽跑。把脖子拔起來，否則定有遲滯不靈之虞也。

7. 在平素練功時，定要本著「行功心解」老論去用功，不要懷疑，
以俟功夫有了，一切用法會恰到好處。

● 說比賽

如遇對方善柔軟又善走化，我如用長勁打之無效也，如用硬勁
打之更無效也，當如之何?其辦法說之如下：

1. 要用冷彈、冷打的勁。

2. 用如鞭子樣的抽勁，或用摔抽勁打之，必能打他個皮開肉裂，蓋
使對方自知只講柔決不能防冷打也。

比手者，以較技藝之高下，練心膽精氣神之功夫也。如不經此
過程，雖有眞傳，雖有功夫，往往遇事反拿不出來。故此項過程，
爲拳術家不可少的。

在動手時，要有志在必克之精神，有我無敵之氣勢，冷快絕
倫之變化，要變得下臉來，打得出手去，俗語云：「一膽二藝三下
手，無此何必費功夫！」這正是這個道理。

要有極輕妙之身勢，才能進退難覺；要有極虛無的步法，才
能來去不知；要有極鬆沉之勁道，才能入裡透內；要有極冷快之變
化，才能降服野蠻兇狠之人也。

● 比手有五不可

一不可呆板，二不可手遲眼緩，

三不可心慈面軟，四不可忠厚老實，

五不可精神渙散。

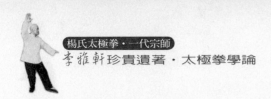

● 比手有七必須

一必須精神貫注，二必須眼神銳利，

三必須變化神奇，四必須出手冷快，

五必須動作神速，六必須心狠手辣，

七必須效關雲長之神氣，瞪眼時將人頭削掉。

● 說比手

武術一道至為精奧，如真的比手時，非有以下的功夫不可：

一要受過高人的傳授，二要深久的功夫，三要有鬆沉的勁道，四要有機智的靈動，五要有靈敏的感覺，六要有豪放的精神，七要有堅強的毅力，八要有豪放的心勁。如只憑有些硬勁就與人比武，則必定失敗也。過去劉高升、劉崇俊就是一個很大的典型也。

（一九六四年九月十一日悟）

● 說比手

太極拳對付勇猛敵人的寶貝：一是散開身手，二是心狠手辣，三是冷動冷打。如能將這幾個法寶拿出來，絕無不勝之理。

在要打鬥時，心先要堅決冷靜，眼要銳利不瞬，嘴要閉著，牙齒要咬著。以此對付某某，不要嬉皮笑臉。

一定要用軟彈勁，如用拘謹的勁時，容易被化掉，絕無效果。

（一九六五年四月十五日）

● 說打鬥用法

1. 無論在什麼形勢之下，一定要放鬆，要放虛靈、鎮靜，鎮靜就會清醒有靈感、有智慧，如一慌亂、一冒失就會誤事，就會妄動，就一定會失敗也。

2. 不可以一照面就劍拔弩張，緊張起來，否則動作不適當，就會誤

事，此當注意也。

3. 主要是注意柔軟著防守，使對方無辦法。他既對你無辦法，那麼你如攻擊他時，他就一定走化不開了，這就是勝利。

如上來就劍拔弩張的攻擊人家，結果攻不出去，那就不好看了。

● 關於比手

取勝之道，全憑冷變炸彈，否則雖有天大的功夫不成也。但是冷變是要有靈感的冷變，有知覺的冷變，如是亂變不行。如此說來，靈才是太極拳的寶貝，所以練太極功夫者，其主要是將身放鬆軟，將心穩靜舒適，以養身手之靈爲第一也。

發勁如身勢未有鬆彈力，只是兩臂上的力量是不行的。

關於練功，丹田的勁務須找著，就無論何動也是有味的，否則沒有味，發勁也打不出人去。

心裡要時常想如何來勁虛實，令人不知；如何輕輕一沾，就會使人沒辦法。

如何能使對方用大勁不行，用小勁也不行，快動不行，慢動不行，動也不行，不動也不行，哪個時侯想打你就可哪時打你，你是一點辦法也沒有。

以上這種情形是怎麼一回事，要細心的思想思想。

每發勁時，要如何利用呼吸，要細心想想，如何用虛實變化，要想想如何利用神氣，如何陡然一振，從容的將人打出去。柔軟百折若無骨，撒去全身皆是手。

以上情形，要好好想想。

● 說用法

練功以養胸中雄壯之志氣爲主要，在對手時要有氣吞山河之勢，壓倒一切敵人之氣勢，決不能自被敵人壓倒。其次是要有神氣萬變，機智冷快，發勁神奇，令人有驚心動魄之感，這也是重要

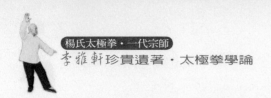

的。至於瑣碎的着法,那是初學時的功夫,則不應專心的在意也。

(一九六五年十一月四日)

● 說比手

比手最要緊的東西是:

1. 胸中先有一種沉著的雄壯之氣勢。
2. 然後以神氣貫注對方。
3. 反應要靈,動作要巧,要有機智,有靈敏。有神氣萬變,虛實莫測,然後才能打出奇特的勁道來。
4. 發勁時要鬆沉,要冷快,要來之不知,去之不覺,打人於不知不覺之中,要能透裡入內,這才是太極拳,如只是推推揉揉,那是兒戲也。

(一九六六年六月十九日)

● 說比手

比手總須冷快神速為貴,能來之不知,去之不覺,打人於不知不覺之中,若只是柔柔扭扭的動作,就不能敵高手。動作要冷快絕倫,令人不測,令人驚心動魄,所謂兵不厭詐也,如老老實實的哪裡行!

(一九六六年七月十三日悟)

● 說對打

凡是比手,心裡要先有一種藐視敵人的豪橫思想,而後不可一世的氣概自然就會出現,氣吞山河,英雄蓋世,所向無敵則必勝矣。若怕前怕後,顧慮重重,那頂好甘為人下,還想什麼練拳比武哉!

(一九六六年七月廿六日悟)

● 比手

先要心性一橫，把臉變下來，然後聚精會神的以觀其動靜。在出手時，中藏萬機，身手多變，一喜一怒，深淺莫測，虛實無常，此兵不厭詐也。

輕如百無所有，重是泰山立崩，令其驚心動魄才夠味，如只是推推拉拉，還算什麼太極拳！無論是練拳或比手，都必須先把胸豪橫的氣勢心勁拿出來，使其充滿周身才行，如只是身手上的飄浮動作不行，以上要好好記著。

● 比手

凡比手一定要用輕靈的手法，如在用勁上著想那是大錯，那和實際應用上不符合。最要是不以力相抗，要鬥巧、鬥靈、鬥快、鬥冷、鬥智、鬥狠，鬥虛實變化，鬥機變莫測，決不鬥頂力，這是要緊的。

（一九六六年九月十三日）

● 說比手散手

一定要出手要冷，眼神要銳，動作神速，冷快絕倫，發勁要冷狠脆穩，足足的脆脆的，否則不管用。

（一九六七年七月十七日晚）

● 談比手

每出手，動作非快不能行。快要冷快，要奇特之快，迅雷不及掩耳之快，驚心動魄之快，鬼懼神愁之快，來之不知，去之不覺，打人於不知不覺之中，這才是太極拳，令人驚心動魄如萬丈懸崖失腳之感才夠味。這種快勁是出於內心，出於神經，出於靈魂，勁去能入裡透內，傷其五臟。發勁是沉，沉重無比，無堅不摧，對方如

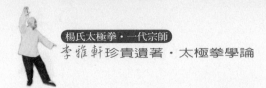

紙箚人一樣，有勁去一鼓即透之勢。總之是比手要沉、要冷，要動作奇特無比，根本沒拿著對方當個東西。沉勁一去，冷沉絕倫，一定能摧毀其五臟六腑無疑，不怕是鐵打的千斤大力士也，這種勁全在內心中發出來的，不是普通的勁。此篇甚好，可平時多想之，才會找著太極勁。

● 說比手

1. 要有決鬥的思想，豪橫性情，沉著的精神。
2. 動作要輕快、靈利、脫滑、乾淨無比。
3. 發勁要冷快絕倫，狠準脆穩以極。
4. 要虛實變化，動作神奇，鬼神難測。
5. 要心狠手辣眼銳。

　　以上比手，缺一不可也。

（一九六七年十一月二十五日晚上九時）

● 比手

1. 平素手善，所以打不服人，以後要手重，去勁要足。
2. 要將太極拳的威力拿出來，要把身手使出來。
3. 要潑、要猛、要雄壯、要敢打敢上敢出手。
4. 要有虛實，要有變化。

● 比手

1. 一定要輕靈冷快，變得快、打得快，見勁就變（包括就走就化），不能抗勁，不能頂力鬥力。
2. 要閃戰騰挪、冷快絕倫，迅雷不及掩耳。
3. 非冷快不可，就練冷快，千萬不要打錯了主意，要緊要緊。
4. 出手就摸上就發勁，使其如觸電樣跳出，使其胸部透勁。

● 說比手

1. 未從出勢，就先以眼神往他面孔一盯，提起全付的精神注意他的舉動。

2. 如他出手襲我時，就先機而動，或制止於未發，或破之於已發，拿出吾平素的功夫來禦之，無不勝之理也。

3. 故班侯之暴動，關夫子的神勇，趙子龍的神快，祿禪的輕快手，則無不勝之理也。

● 說比手

1. 有壓倒敵人的氣概，有決鬥的精神，有莫測的冷勁，有冷快的變化，有必勝的信心。

2. 拿出潑力來威力來，拿出全身的力量靈機。

● 推手散手

　　有精細有巧妙，還要拿出身體的威力來，使出性格的魄力出來才行。如縮手縮腳的，發不出威力來，那是不行的。

（一九六八年六月一日悟）

● 比推手的經驗

1. 如對手有精神吃著的柔軟功，我如去勁就無效也，那須以冷快鬆沉之勁打之才行，打完之後，其勢散亂，再用其他。

2. 如對方腳下根穩，又有柔勁，勁去打不出效果來，那就必須以冷快鬆沉之勁打之才行。蓋冷快鬆沉之勁打過之後，其勢必散亂，因其散亂，便可以其他的手法打之。

3. 粘上手時，萬萬不可與之接觸有力，如接觸的有力，那就騰不出手來了，就要失敗也。沾手之後，只宜虛妙著、輕靈著，避實擊虛，指上打下，取勝之道，在變化虛實，迅雷不及掩耳，如鬥力

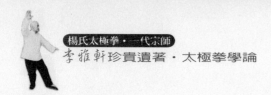
去相抵觸，必敗也。

萬萬不可抵勁，萬不可頂力，鬥靈、鬥快、鬥變化。要緊要緊要緊。

其最要緊的，神經冷快的變動，要緊要緊。如呆板著不動，一定失敗也。

冷打沉打，無論什麼時候都有效。

（一九六八年六月四日悟）

● 說粘黏跟隨

對手時總以有好的粘黏，好的跟隨，好的大走大化，亮腰身，亮氣勢，進步進身，粘連吃著爲主要的動作。如這樣子其機會自然的送到你的手上來，這是定而不疑的，就一定可以戰勝他了。如其不成，這是粘連跟隨的動作作得不夠好，大走大化的動作作得不太恰當，以上可細心察之。

以上練拳用槍皆然也。

（一九六八年六月五日早晨與陳龍驤推手後悟）

● 打鬥的經驗

如用輕妙的手法，便覺神清骨爽，如稍有頂勁鬥力，便感周身不舒，如此便可證明用力大用頂勁是不對的。

● 比鬥

1. 有腰身、有智力，有巧妙。
2. 有勇敢、有豪氣，要有敢於拼鬥的精神。
3. 如推不動，拿冷勁打之。
4. 如打不中，拿虛實變化打之，拿驚心動魄之勁打之。

● 說比手

1. 要機動靈活，冷快無比。
2. 虛實變化，奧妙玄微。
3. 要輕如百無所有，重能泰山立崩。
4. 有哼哈憤怒，狠準脆穩。

（一九六八年六月廿九日悟）

● 說打鬥

1. 打鬥全憑細緻的跟隨，虛靈智慧，及精巧的變化、冷快的去手。不仗著力大、絕不鬥力、絕不頂勁，否則非太極拳功夫也，切記切記。
2. 鬥靈、鬥智，鬥冷打冷動，鬥虛實變化，鬥戰鬥的決心，鬥勇敢的精神，鬥一往無前，鬥發勁狠準，記著吧。

● 說比手

1. 比手不是比手，而是比大腦的靈感，神經的靈感，動作的敏捷，誰的大腦靈感、神經靈感、動作敏捷，誰就勝。如只憑大力不行。
2. 比手不是比手，而是比神經的感應迅速冷快，動作冷脆。誰的神經感應迅速冷快，動作冷脆，誰就勝。如只憑力大不行。

● 說對打

　　動作要輕妙，發勁要形跡小，來得冷快，令人不知，如形跡大，來得慢，雖千斤之力也無效，這是非常要緊的，要注意。

● 說應用

1. 全憑神機靈快，不丟不頂，順勢而應，才能打人於不知不覺之中。

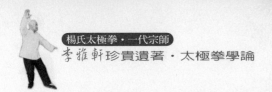
2. 要打由人的，不打由己的，由己是主觀主義，唯心論；由人是客觀主義，唯物論。

● 說比手

1. 未從出勢，總要先把靈機提起來，否則應付不到。
2. 打一個神機靈快，冷快絕倫，玄妙無比。
3. 主要是手去要冷脆，脆是很要緊的。

● 說比手

打人不在乎功深力大，而在神經冷快、莫測變化，打人於不知不覺中，所謂兵不厭詐也。

● 說比手

1. 比手時，在未出勢之先，就要把心氣雄壯起來，有了雄壯的心氣，有了堅強的鬥志，有了不戰勝敵人不止的決心，而後動手必勝也。如未戰先心顫氣怯，膽小怕死，則必敗也。
2. 出手要輕快，要虛無，要靈機奧妙。
3. 要輕快絕倫，被打者如觸電一樣蹦出。
4. 要有驚心動魄，神鬼莫測之勢。
5. 打去如透紙人一樣，一下子往內透進去，才是太極勁也。

● 說比手練功

心狠很的，身上鬆鬆的，內勁足足的，發勁冷冷的，決鬥到底。要有不戰勝敵人不止的精神要緊，下定決心，不怕犧牲，排除顧慮，爭取勝利。

● 說比手

1. 輕快以極，取人於不知不覺之中，動轉神妙，無影無形，要等人

知非高手也。轉無形，動無蹤，輕妙絕，顯奇能，冷彈脆快打了去，要想脫開萬不能。

2. 輕快輕快，說了半天，還是輕快，已被人先知不算快。

● 說打鬥

要如以前老家長毛白狗與另一白脖子狗打架一樣，呼一聲上去把白脖子狗嚇得動也不敢動，如人與人打架也如此，要有這樣壓倒敵人的精神，無此必敗也。

● 說對打

1. 靈機無比，變化神奇，精氣充沛，動作輕妙，神出鬼沒，驚心動魄。

2. 身勢要俊，姿勢要奇，變化玄妙，所向無敵。奇奇奇，妙無窮。變變變，人難見。

● 說比手

1. 要有壓倒一切的精神，大無畏的氣勢，奮鬥的決心。學班侯的神氣，馬英圖的狠猛，馬超的奮鬥，關夫子的神勇。

2. 出手要冷要狠，否則必敗。

● 說扎實基本功夫

1. 功夫要基本的功夫，則無論如何比手，才不慌不忙不緊張、不害怕，可見功夫有基礎，是勝利的保障。

2. 功夫既要有基礎，臨事又要有機變，又要沉著不慌，不盲動妄動。又要有膽有心有勇猛，以上都有，才可操勝算。

3. 如無以上基本功夫，動手冒失，圖一下子僥倖成功，那是很危險的。

4. 如雙方功夫相等，那就看誰的機動變化巧妙，誰就勝利。

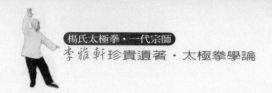
● 說比手

在比手時一定要身勢放鬆軟，否則閃躲不靈快，攻擊也不靈快，這是很要緊的。

● 說防守與攻擊

1. 在防守時，要先持以虛無所有的姿態，對方來攻，我順勢吸之、隨之、化之、虛之、空之，叫他英雄無用武之地，以這樣的方法對付，無論對方有多大的力量也不行。
2. 在攻擊時，以冷動冷打，用狠力、用彈力、心勁、內勁、丹田勁，有沉力、有震力，能震其五臟熟燙壞爛。
3. 若不能制服野蠻漢、鐵打的壯漢，非太極拳也。

以上要多下功夫，找沾粘，練功時細細想。

● 說對打

不要盲碰，不要冒失，要接觸上打，摸準打，估計準了打，不過這種摸準估計準要來得熟練，來得快，如慢了不行，此所以說太極的手法，沾粘要練習成熟了自然才行。

● 說比武

1. 比武全憑拼鬥精神，無此雖有天大的功夫也不行，要有英雄氣勢、豪橫氣勢。
2. 不怕犧牲，才能勝利。

● 說用法

1. 最要緊是虛實巧妙變化，陡然的變化，要來得巧妙。
2. 如無虛實奇特的陡然變化就不能贏人。
3. 出手就變，變中有變，變一個虛實莫測，神鬼難見，打人於不知

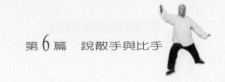

不覺之中，這才算太極拳。

● 比武

　　比武要有馬英圖的勇猛精神，如浮浮漂漂的、小手小腳的，等於兒戲也。

● 說練功，用法及發動

1. 將此一身練成虛靈無比，柔軟以極，到處能含能化能轉折，有靈機，能隨機應變而動，來得不早不晚。
2. 柔軟百折若無骨，撒去全身皆是手。
3. 神氣萬變，虛靈以極，神化無比。
4. 無論對方如何來手，均不能出我意料之外，故能戰無不勝。

● 說用法打鬥

　　在對打時，要精神提起，但在筋骨肌肉上不可鼓勁，因為精神提起，可以增加靈動性，如在肌肉筋骨鼓勁，那動作就不靈活了，這個道理，不可不知。

● 說用法比手

1. 虛無所有，變化神奇，能使人捕風捉影，無用武之地，能使人如觸電樣跳出，驚心動魄，其冷快絕倫處，可想而知之。
2. 它能使人如萬丈高樓失腳，驚心動魄，它能使人頃刻致命，萬分危險。
3. 以為它必來，它則沒了，以為它不來，它驚然到了，心肝震熟了，如這種輕妙虛無所有，重似山嶽震，使人驚心動魄處，只有太極拳才有之。

（一九六九年三月三十一日悟）

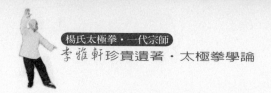
● 說練與用

1. 硬不如軟，軟不如輕，輕不如靈，靈不如虛無。蓋軟輕靈，仍是筋骨肉的事，不是最上乘功夫也。
2. 如能練到用虛用無，這才是神奇的功夫，這才是拳功的上上乘功夫也。

● 說打手

身勢腰腿四肢務必放鬆放軟，勁去自然沉重，如不放鬆軟，勁去就不沉重，不沉重就勁去不能入裡透內，切記切記。

● 說打鬥

打鬥全覺神粘手，虛實變化看功夫，輕重不定，時有時無。哼哈呼吸，都是戰術；吞吐收放，皆成妙法。打一個神不覺、來去難見，作一個喜怒憂思、笑容可掬。

急如驚蛇出水，一絲不掛，天才奔放，如白鶴舞天。打一個神舒體若，心情愉快，無限美妙，言語難傳。如打不出這種樣子來，是功夫未成熟也。

（一九六九年四月十四日悟）

● 說練功夫及比手

1. 功夫不只是有輕快，有靈動神奇的變化，還要有氣力、臂力、膀力、腰力。
2. 不只是有氣力、腰力、膀力、手力、臂力，還須有靈快神奇的變化。

   兩者缺一不可，要緊要緊。
3. 要神勇、猛勇，奇特變化。要有膽有心、有壓倒敵人的氣概，不叫敵人壓倒，要緊要緊。

4. 要學關雲長之精神，馬超之勇敢，趙雲之膽量，桓侯之猛烈，黃忠之豪橫，否則不行。

（一九七〇年元月十九日記）

● 比手

1. 比手無他，有膽、有智、有豪橫的英雄氣概。
2. 要冷快絕倫，迅雷不及掩耳，聲東擊西，變化神奇，打他一個乾脆無比，如摧枯拉朽然。
3. 冷冷的，狠狠的，使其不能抵抗，也無法抵抗，其來之不知，去之不覺之情形可想而知之。
4. 如打不出如觸電樣的形勢來，就不是太極拳。如沒有來不知去不覺的動作，不算高手。打一個心情舒暢，冷笑顏開，打一個哼哈呼吸，喜怒難測，用神用氣用虛無，無影無蹤無著落。

● 說用法

1. 尚輕靈變化不測的動作，冷快打法，神速的彈力。
2. 驚人的出手，奇特的變化，虛實的進退，主要是令對方不覺。
3. 不尚拙力是對的，不要想錯了。
4. 冷快巧打，神鬼難見，驚心動魄，嚇爾魂膽。變化神奇，使其膽戰心寒。

    變變變，打上還嫌慢。彈彈彈，被打如觸電。

    千萬不要想用力的練法。練功也要找靈巧，不用笨力。

● 說比手用法

　　冷冷冷，快快快，變變變，神鬼莫測，出手難見，出其不意，嚇爾魂膽。要勁之來去不知，打他個傻眉瞪眼，如摧枯拉朽然。

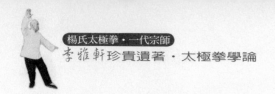

● 說比手在冷快

1. 比手的要領無他，第一是冷快，第二是冷快，第三還是冷快，不冷快不能解決問題。
2. 出手冷快絕倫，打其不及防守，不及還手，措手不及，若與其鬥手鬥腳，瞎鬧則俗矣，焉能取勝哉。
3. 一對面，直往其身走，直往其身闖就是，硬功拳腳下無根，一沖就翻，絕無含糊。

● 說比手

1. 比手主要是進身吃著才好打，如不敢進身，隔一兩步遠與其瞎鬥打，那是打不出個樣子來的。
2. 一定要進身才行，所謂打人如親嘴者也，打人如除草者也。
3. 如瞎鬥打的打法，如中央國術館韓雲鵬之妙腿在杭州戰朱紉之尚且不能取勝，何況其他。

● 練慢拳以養用時之奇快

1. 比手全憑決鬥的精神，豪橫的心勁，銳利的眼神，冷快的手腳。
2. 以神打神，以意打意，以氣打氣。
3. 出手就變，變中有變，打一個冷快絕倫，神鬼難見。
4. 勁到能讓對方驚心動魄，如觸電一樣一跳而出，才算高手。
5. 要學關夫子之神勇，睜眼時對方人頭已落地，其神快情形可想而知之，此謂神者也。
6. 平素練拳之所以慢，是為了養用時之奇快也，若無平素緩緩練拳之修養，就不能有用時之奇快也，此理不可不知。

（一九七〇年五月四日悟）

● 說比鬥要靈機無比

1. 比鬥主要是快，非快不能勝人。

猴子能鬥牛，是快也。蟋蟀能鬥雞，是快也。彈能打鳥，鳥不能飛，快也。彈能打獸，獸不及走，快也。

貓能鬥狗，快也。

2. 總之，是一身靈機無比，隨機應變才行。須玄機莫測，無此，天大力量也不能比手也。

3. 兩手如貓抓樣的靈快，心如猴子般的機變，動作如猴子般的輕快，心手如電樣般的快，發勁要充實無比，要如電樣的快，要令人不知不覺，變化神奇，方能打人如摧枯拉朽也。

此篇要好好的體會，好好的摸索之。

（一九七〇年五月六日悟）

● 說比手

1. 有智謀、有計劃、有膽、有勇、有靈機、有變化、有虛實。

2. 敢打敢上，狠、穩、快、準，冷快絕倫，心狠手辣。

以上缺一不可。

（一九七〇年五月廿一日悟）

● 說鬆沉勁

他雖是一個一身僵硬的鐵漢子，但我如用鬆沉勁打之，他就如紙人一樣，一打就變的，心中要用這種思想。

● 比手

1. 比手全憑奇快無比，冷快絕倫，要打他個傻眉瞪眼。

2. 但要快得有時機，盲動的快不行，妄動更不行。

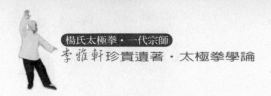

● 比手

1. 一定要用奇特動作，冷變的動作才行。

2. 如用僵力、硬力、大力都不行。

3. 在理想上，用大力、拘力、僵力、硬力，可以把人制著、拿著，但是不經過試驗，是不行的。

4. 要想管用，要用靈巧的彈力，奇特的變化，才能贏過敵人。

5. 由此可見平素練功，不知找靈動，只是用傻力是不行的。

● 說對敵

1. 敵來虛浮，我以穩靜應之。敵來晃手，我以鎮靜應之。敵來大力攻打，我柔化破之。敵以硬勁，我以軟化。敵以鎮靜，我以冷快擊之。敵樁步穩固有力，我以柔錯之力攻之。

2. 順勢借力，不丟不頂。動急則急應，動緩則緩隨，粘連綿隨，不丟不頂，人剛我柔，我順人背等等方法，人不知我，我獨知人。

3. 用虛實，用變化。

4. 動急急應，動緩緩隨。不爭動，不妄動，不多動，不少動，不盲動，不亂動。

● 說比手

以下要好好注意，並思想之。

1. 你有力，我不會抗，又該如何？
你有揉扭勁，我不給你力，你揉你的，恁辦？
你若硬向吾身來力逼進，我出冷勁將你打開，你怎辦？

2. 你憑揉力大，我憑輕靈快。你進攻急，我走化快。
以兩眼神氣無比，兩手機動難測，出手難見，冷快絕倫，來不知，去不覺，打他個傻眉瞪眼，摧枯拉朽，你雖有天大的力量，

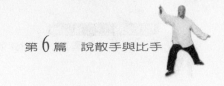

叫你無用武之地。

（一九七〇年七月廿九日悟）

● 說比手

1. 學關夫子是什麼神氣眼神，趙雲是什麼氣度，黃忠是什麼豪橫，馬超是什麼勇敢。
2. 白玉堂是什麼情形，班侯之剛強冷暴，祿禪之輕快虛無，健侯之綿軟神粘手，楊師之冷打丹田勁。

　　以上要常想。

（一九七〇年八月十九日）

● 對打

　　如對方腳下有這種穩固而又踏實的功夫，我就要以虛實的變化將其勁弄斷，或是以腳將其勁根踢斷，否則發不出去。

● 說比手

1. 出手要有詭詐，要機變。
2. 動以神，動以氣，動以意，冷快絕倫的動，要使對方不知，要使對方難防，出其不意，攻其不備，機變難測，所謂兵不厭詐者也，如老老實實的不行。
3. 有喜有怒，有哼有哈，有呼有吸，有冷笑、有嚴厲，令人難以捉摸。

● 比手

　　比手全憑頭腦靈機，身勢靈便，感應快，反應快，如神經感應不靈，來得遲鈍，就不能談比手也。

● 說比手發勁

1. 發勁要心狠手辣，要有一手將其摧毀的力量，若兒兒戲戲的，反

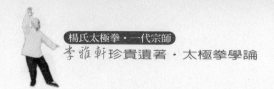
而給對方添上勇氣，此理不可不知也。

2. 蓋對敵如鬥虎，你不打死老虎，老虎就要把你吃了，這豈兒戲之事！

3. 輕如鵝毛，重如泰山，變得奇特，來得玄妙，打他一個神不知鬼不覺，才算太極拳，如老老實實的鬥力鬥勁，那是不懂拳的傻瓜。

4. 出手難見，神鬼難辨，機詐百出，嚇爾魂膽，如做不出這種樣子來，是功夫未到家也，尚須請教名師。

5. 不發勁則已，要發則要來得冷快絕倫，令其不知不覺，要狠要猛要急，要一下子將其摧毀，否則不如不發。

6. 發勁要用心勁，要貫上神，貫上氣，貫上勁，貫上意。

7. 神如搏兔之鶻，形如捕鼠之貓，精神抖擻不已。

8. 比手要冷要快要變化要狠，要如關雲長之精神，出手將對方幹掉，如老老實實的，定敗無疑也。

● **說靈感鬆軟之功夫可養眞冷快**

比手主要是手腳來得冷快，來去變化，令人不知，打人於不知不覺之中，如呆板了不行。然練太極講慢講軟講鬆，如何能快得起來呢？答曰：能快得起來。蓋太極拳之練講慢，正是爲了養靈感，鬆是爲了養輕快，如靈感鬆軟的功夫有了，在比鬥時就一定能冷快，這種冷快，才是眞的冷快。如無這種靈感冷快的功夫，就用快去比鬥，那是盲目的快，妄動的快，多動的快，非但不管用，且容易被人趁隙而攻之，必敗無疑，此理不可不知。

（一九七〇年八月廿二日）

● **說比鬥**

1. 要有銳利的眼神，有智謀，有企圖，有虛實的機變，有豪橫的勇氣，有堅強的意志，有冷快的發勁。

2. 有機變難測的變化，神出鬼沒的奧妙，以上利於攻擊。

3. 然又要有沉著，有穩勁，不受任何虛詐幌動，這種穩勁，可以以不變應萬變，可以使敵人無機可乘，黔驢技窮，原形畢露，結果失敗，以上利於防守。

　　此篇甚好，以後要經常看看想想。

（一九七○年十一月四日晚上）

● 說比手

1. 胸中要豪氣，要有五虎上將英雄的氣概，無堅不摧的精神，如怕鬥怕比，膽小不敢出手，那真羞死太極拳的威風，還算什麼太極拳專家！

2. 快快快，要比閃電還快，出手冷不見，勁去人不知，打人於不知不覺之中，才是太極拳。

● 說推散並重

　　無論推手或是比散手，到最後取得勝利，是用推手散手混合打鬥的方法取得，不是用一種手法可以取得的，如此說來，我們練功是應推散並重才行，不然是只可推推耍可以，不能見仗也，切記之。

（一九七一年元月十一日）

● 說比手

1. 持以虛無之勢，身藏萬機之妙，機感隨應，這是待敵。

2. 閃戰騰挪，精巧走化，這是防守。

3. 出手難見，形如觸電，使其驚然跳出，膽戰心寒，這是發勁。

4. 勢如龍行，緊跟相隨，叫腰冷快左右偏，以上是進取。

5. 如對方以大力來逼，要以腰身之柔軟虛靈去走化，不可以力抗、以勁頂，這是太極拳的要緊處。

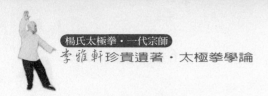

● 說靈敏之機

1. 持以虛無靈敏，機動的身勢，這是最好的方法。

2. 這種虛無靈敏的方法，是定見，什麼手法，任何拳法，都能對付。如他不相信，他就可以出幾手看，他不會逃出我的冷快絕倫的動作，神鬼莫測的發勁去。

3. 靈機是萬能。我是輕靈的功夫，不和你鬥牛勁。

● 比武

1. 比武全憑胸中之豪氣，如無胸中之豪氣，雖有天大的本領、天大的功夫、名師的傳授，都等於零。

2. 全憑柔軟巧妙之動作，虛實莫測之變化，冷快絕倫之發勁，有我無敵之精神。

3. 發勁一定要穩準狠，取得圓滿效果，如發無效果，等同兒戲，不如不發。比武有此以上幾點，則戰無不勝。

（一九七一年二月十四日與人推手後寫）

● 說比武

1. 要沉著，要虛實變化，要冷快，要巧妙，要柔軟，要靈敏機智，要估計時間，要勇敢善戰，缺一不可。

2. 要沉著，不被其幌動；要虛實變化，使對方摸不著頭腦；要冷快絕倫，使其不及防備；要柔軟巧妙，化之於無形，使其不知不覺已被制著；要靈感機智，不早不遲的把他來勁化掉；要勇敢善戰，把敵人壓倒。以上幾點，缺一不可。

● 比鬥拼打

1. 如敵惡狠的來撲，我以輕快動作手法將其扳滑之，使其落空。

2. 如敵以沉著之勁逼來，我以虛無空化的手法使其來勁落空，如其

緊急的進逼，我以冷快的手法將其來勁之兩臂打開，或出驚手擊之，冷變手法打其要害。

3. 如其來虛手亂舞來打，我以精銳的手法進取，使其未防，變手打之，無不中。

4. 如其洋盤太極功夫，他出沉勁來逼進，我就出沉勁柔之化之，必將其勁攪斷，就可贏他。

5. 如其出輕快的手法，他是無太極功夫的瞎快胡快、盲動，必無規律，那我出勁冷快的觸之，必能勝他。

總之，吾們必有鬆沉的功夫，又有輕快的功夫，樣樣都可以勝過他，比手才有把握。

（一九七一年二月廿七日）

● 說輕妙靈機

出手要靈機、要冷快、要巧妙、要奇特、要變化、要冷狠脆準、要沉著應戰。

至於發勁，要充實有力，打上才有效，否則不足以警人。

不多動、不盲動、不妄動、不抵力、不頂勁，膽大心細，沉著應戰，要虛虛的接觸，輕妙著跟動。

輕妙靈機是太極拳的寶貝，不要忘掉了這個道理，每練功要細心的體會手上的靈機，如此天天思想，久之才能增長靈機。有了靈機，太極拳就大進步，否則不進步。出手要輕靈，動步要輕靈，一身牽動都要輕靈，千萬不要忘記。

● 說比手

1. 未從出手，先要提起精神，將身勢虛靈起來，兩眼銳利盯著他的面目，然後以自己平素的功夫與之周旋，視機而動，虛實變化，絕無有失也。

2. 沉著決鬥，有不摧毀對方不止的決心，千變萬化，冷快絕倫，打

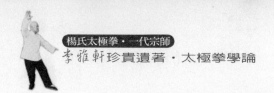

人於不知不覺之中，使之無有逃脫的辦法。

（一九七一年三月十一日悟）

● 說比手

無論如何說，比手是要靠冷快絕倫的動作，靠機動奇特的變化，靠英雄的氣概，靠豪橫的心氣，靠有我無敵的精神，靠充實的發勁，又靠精細沉著的氣度，無此不行也。

（一九七一年三月十二日悟）

● 說比武比手打架

1. 每勢要如摸魚之靈感，如盜物之警覺，如抓切糕之輕快，如電流之神速。
2. 有決戰之心，有有我無敵，有敵無我之志。
3. 有拼鬥之決心，有不摧毀敵人不止之思想。
4. 冷冷的，快快的，如電樣觸著就叫他蹦出。
5. 冷快絕倫，出手如電，勁去神速，令人難見，打在身上，透在裡邊，要打蠻漢，莫此為先。

● 比手

要有活力，有勇敢，有堅強的鬥志，有虛實變化，有來不知去不覺的冷快絕倫的動作。

（一九七一年四月廿二日悟）

● 比手

比手要有拼鬥的決心，否則雖有好傳授、好功夫，也要失敗也。

● 說推手比手

1. 只靠以力抗是不行的。
2. 要有計劃，要用虛實，用變化，用來不知去不覺、虛實莫測之動作，冷快絕倫的發勁，如此，乃足以談比武也。

（一九七一年五月十四日）

● 說比武

1. 胸中要有豪氣，有心勁，有持久戰的精神。
2. 有堅強的鬥志，不勝過對方不止的決心。
3. 有關夫子之神勇氣節，如甘心處下非人也。
4. 如對方以滑浮的手來鬥打，我如以拿他捉他逮他的手法去與他鬥，就吃虧了。

   我當以巧滑的手法、靈動的手法與他浮著鬥，得機時出狠勁打之。

● 說比鬥

1. 太極拳是以靈巧、以柔軟、以智慧、以冷脆輕快勝人，不以拼大力，不以對抗、對頂、對撞勝人，切記之。
2. 與人對手，要先以手輕輕的摸索他，聽他的勁，聽他的動作，應之隨之為最好，不要上手就與對方抗勁。

● 說比手

1. 全憑很準確的虛實變化，不是盲目的虛實變化。
2. 在發勁時必冷快，充實有力。在防守時，必虛無如百無所有，絕不可與之以力抗。
3. 比手時還是要用粘連綿隨，還要用虛無起來、靈機起來的粘連跟隨，甚至要用意思的粘連跟隨，甚至於還未與對手接觸的空虛的粘連跟隨，絕不可用兩手與對方擠在一起的柔柔扭扭的一種粘連

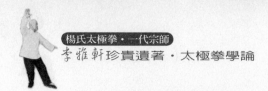

跟隨，因為這是初練推手的功夫，這種功夫不足以敵高手。

4. 比手要用虛無氣化的身勢對付對方，要用虛無的步伐跟隨進退。

5. 總之是以靈機智巧勝人，不是抗力勝人。

6. 聽勁是第一要緊，切記切記。

7. 身勢靈機的防守，對方來勁打不著。身勢靈機的發勁，對方防不了，身勢虛無靈機的好處很多。

8. 比武要有好的健康身體，又要有好的鍛鍊功夫，更要有堅強思想、勇敢的精神，缺一不可也。

9. 比手要很靈機應付，對方就一點辦法沒有。如用力使勁應付就慢了，當先胡鳳山、朱國祿就是例子，劉高升、曹宴海就是例子，紀雨人、張鐵盆就是例子。

（一九七一年五月廿一日）

● 說比武

1. 無論拳刀槍劍，要大膽的與敵去接觸，交了鋒接觸了之後再說，我有我的沾粘靈感的功夫，臨時自有妙處，不必顧慮。

2. 萬不可與其距離三二尺地處，互為勾搭，這樣子我就失去長處了，切記之。

（一九七一年五月廿八日悟）

● 說比手

1. 未從對手，先將身勢鬆放得極其鬆軟，尤其兩臂要鬆得以極，以聽對方之來。

2. 對起手來，以靈快鬆軟贏他，以走化脫滑贏他，以輕妙贏他，以虛實贏他，以閃脫贏他，以進退神速贏他，以巧打冷快贏他，總之是以智巧，不以力。

3. 不以力抗，不以勁頂，不以硬拼，這是須注意的地方。

（一九七一年六月六日）

● 說比手

1. 比手不是比手，是比變化，誰的變化神奇，誰就勝。
2. 比手不是比手，而是比神氣，誰的神氣充實誰勝。
3. 比手不是比手，而是比靈機巧妙，誰的靈機巧妙誰勝。
4. 比手不是比手，而是比堅決的鬥志，有我無敵的決心，誰的鬥志堅決，有我無敵的決心大，誰就勝。
5. 比手不是比手，而是比氣勢的沉著。誰的氣勢沉著，誰就勝。
6. 比手不是比手，而是比冷快。誰的冷快，誰就勝。
7. 至於平素的功力大小深淺，當然也是原因之一，但不如以上六點之重要。

（一九七一年六月十日悟）

● 比手

1. 要輕靈、冷打、神變，不要硬力、笨力、呆板力，不要形意拳的硬打硬上無遮攔，而要冷彈脆快巧。
2. 不要努氣鼓勁，而要神懼鬼愁的變打。
3. 比靈機智慧，不比力大力小。
4. 用靈機變動應付一切，不用大力逼人趕打強迫。
   打人的機會是二人周旋之中出現的，不是強作出來的。

● 說比手

1. 以神機巧妙，冷快絕倫的變化發勁取人，不以明力硬勁取人。
2. 以神氣貫注打人，冷狠脆準勝人，不以笨力勝人。

（一九七一年六月廿日）

● 說比手、推手一定要變變變，快快快

1. 要變得快、打得冷，教勁去冷快絕倫，打人於不知不覺之中，如

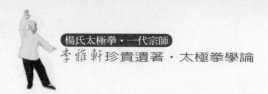
慢了不行。

2. 一切動作，要走在對方的前頭，思想意識也要走在前頭。

3. 要神氣快，意識快，如下棋一樣，要看下幾步棋去走，如臨時打主意不行。

4. 打得脆，打得穩，打得鬆沉軟彈。

5. 如打這些有功夫的而無散手的本事的人，就用冷快絕倫的手法打之，一打就準，絕無含糊。

（一九七一年六月廿八日）

● 對手用法

來不知，去不覺，打人於不知不覺之中，才是太極功。太極之道本無為，無為才能無不為。如有為則顧此失彼，挂一漏萬。

● 靜與虛無

1. 全憑反應靈，感覺快，變手快，不憑力大，故打拳時要靜，不靜養不出靈感來，這是千古不磨的眞理。

2. 靜能調呼吸，能養智慧，養靈感，此延年益壽之道理也。至於推手或打鬥，也是非靜、非有靈感不可。多作穩靜的功夫，處事做人都有好處。

3. 推手打鬥，全憑虛無，虛無是一個寶貝。

4. 平素拳多練，多想虛無虛無，要緊。

5. 功夫要多想多練，才能找出實用經驗來。

● 說比手

1. 粘連綿隨，柔扭，虛實變化，冷快，虛無，眼神銳利，視隙而動。以上皆是好的辦法，千萬不要忘記，要天天想，天天練才行。

2. 腳下穩固是好辦法，此可以不怕敵人的衝動，但須腰身轉扭活

動，可以閃轉避免衝擊，如不這樣必被打倒甚至受傷，此所謂腰如車軸，身如車輪是也。

（一九七二年二月廿二日）

● 比手

1. 第一精神集中，眼神銳利頂要緊，神氣逼著對方，使其無還手之處，要緊要緊。
2. 神氣吸著，冷冷的、急急的、狠狠的，出手就變，變中有變，如挨板的不行，打壞小子非此不可也。打一切壞小子，非此不可也，吃進逼牢，不要遠離，有我無他，效關夫子之神勇。
3. 最要緊的是變得下臉來，打得出手去，膽小非君子。
4. 心中常懷這種情形，每日練功，就可長功夫了。三更燈火五更雞，正是男兒立志時。
5. 為人要有志氣，狠下功夫，有了本事，才能說此道中人，不然是自丟面子，只有攤台，甘拜下風。
6. 要效五虎將之風度，不然有何人生趣味！

（一九七二年二月廿九日）

● 說比武

1. 猛犬叫架，神氣貫注，兩眼盯著對方，根本不容許有還咬之機會。學武術者當效之，根本不許對方有還手之機會也。
2. 三國演義說關夫子斬顏良、文醜及溫酒斬華雄之精神當學也。
　　以上要天天想想，進步當快。

（一九七二年二月廿九日悟）

● 說比手和練功

最激烈的比手：

1. 出手要冷快，發勁要狠毒，要如電之觸人，一挨在不知不覺之中

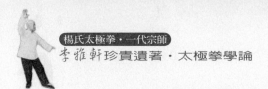

就被打上，這說的是出手要有如此之快，雖然如此，但非平素鬆軟虛無，練養出這種靈動的功夫不行。如勉強著用冷快的手法，那是胡碰亂撞，必失敗無疑也。

2. 是用細微的粘連，精細的跟隨，叫對方一舉一動都在我監視之中，然後乘機打之，無不勝。但是若無平素細微的練功，把拳意拳味練上了手，強用此不行，否則聽勁不準確，動作緩慢，必敗無疑也。

（一九七二年三月廿一日悟）

● 說比手

1. 比手莫妙於冷打，但冷打是以心勁打出，冷打是功夫成熟之後才行，否則是亂打，因增加些妄動，示敵以空隙，反而不妙也，關於這點務必注意之。

2. 但也有不用冷打而用巧妙打，也有戰勝敵人的，這是審對方的情形而動，不拘於一個方式也。

3. 總之是靈機第一，有了靈機，才能夠擇取當時適應的方式才行。如無靈機，不能在當時的情形中擇出適應辦法來，使不能戰勝對方的。

4. 故在平素練功以「養靈」為第一要緊也。

（一九七二年四月五日悟）

● 說聽勁

1. 練功第一要在養靈上用心悟覺，有了靈，自能聽勁。

2. 應敵要在聽勁上注意，聽準了，自能應付。

3. 最苦是神經麻木，感應不靈，對方之來，盲無所知。最苦是聽不出對方之勁來，不能採取對策，如此在盲目瞎撞，焉有不敗之理也。

（一九七二年四月七日悟）

● 說比手之心志力量

1. 比手以冷快絕倫、變化虛無為第一要著。眼神要銳利，神氣要充實，感應要靈敏，冷變奇快，效關夫子之神勇，眼睜時人頭已落地。
2. 心狠手辣力量足，這是要訣。如心慈面軟就不能談比手。

● 說比手和練法

　　在最激烈的比手，其辦法有二：

　　一是出手發勁，要狠要冷，如電之觸人，令對方在不知不覺之中打上，但此種功夫是要平素鬆著勁，虛無著練拳、練靈才行。一是用細緻的粘連功夫，使對方一舉一動都跑不出我的聽勁去，但這種功夫是平時鬆軟輕靈、虛空細緻的練功，把拳的意味練上了手，才能辦到，不然的話，感應不出對方的勁來，或聽勁慢了，用此辦法，一定挨打無疑。

● 說比手

1. 鬥靈動、鬥敏捷、鬥巧妙、鬥決心、鬥勇敢。
2. 膽氣充實，神足氣滿。
3. 尤其是要鬥沉著應戰，否則必敗也。

● 說比推手

1. 無論他吹得如何了不起，心裡不要怕，一定要出手摸摸他看，要有摸老虎屁股的膽量。
2. 如他能化得出我的手去，第二步出散手打他，如他能化得我的散手去，那他比我強，我向他領教可也，何怕之有！
3. 想楊老師是怎樣摸人的，是怎樣用手一挨上就令人無辦法，使大勁不行，使小勁也不行，動也不行，不動也不行，是個什麼味

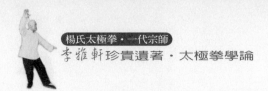

道，要天天想想。

● 說用法比手

1. 全憑神經靈快，變化神速勝人，否則的話，遇磨樁子身材、腳下有根的人，就不好打。
2. 全憑神經的感應，變化神奇贏人，這一樣別的拳不如太極，因其平素練拳是鬆著勁，所以養出了靈感，其他拳是用力，所以傷損靈感。

● 說比手

1. 凡比手就要奮勇向前，絕不可軟弱心善，如此則八分功夫可以增至十分的功夫，如心怕膽怯，雖有十分功夫，也會降成七八分功夫。
2. 一要沉著，二要決心（膽量），三要有取勝的信心。

● 說比手

1. 每對手要壯起膽子來，把平素的功夫拿出來，奮勇鬥爭，萬不可客氣，否則他不說你是客氣，他要欺負你。
2. 放開膽子打打看，輸了再練，跌倒再起來，不算什麼。
3. 功夫要勤練，不練要退化。
4. 為了健康要練功。
5. 為自己禦侮要練功。
6. 為保自身練功。
7. 甘心處下、受氣的活一輩子，辜負一生，辱沒先人，算什麼人也！

（一九七二年六月四日）

● 比武

比武全憑冷打突變，驚心動魄之動作，如老老實實的比，敗無疑也。

● 說比手

比手主要是奇特變化、冷快彈打，若是神經感應慢，雖有天大的功夫也得輸。

● 打鬥

不要怕，要勇敢，打打看，鬥鬥看，到底你有好大本事！

● 說打鬥

1. 軟而彈，輕而靈，一身的靈機，千變萬化的動作，無此則不能談打鬥。

2. 在鬥到熱鬧中，其神態的表現是一喜一怒、一哼一哈、一呼一吸、一吞一吐、一抽一長、一探一撒。其形態之美妙，令人難以形容，此太極拳之功最可愛者。

   此形態楊少侯有，高守武有，我未見別人有過。

3. 高某在浙江比武時，笑容可掬，大有武松之氣概。

4. 打鬥全憑一身的靈機，輕鬆的變化，有膽有心有計劃，以及不戰勝對方不止的決心。

5. 動作是要快有快，要慢有慢，準確合度，隨心所欲，要輕則如百無所有，要重則如泰山立崩。這是平素練太極拳養成的功夫，如他拳養不出來。

6. 在練功時，要一身輕鬆靈感去練，如稍滯不行。

7. 若問不用勁，何以有勁，無勁則在應敵時怎辦？

   在對敵時，要輕靈神妙的去摸索它，只挨其毛髮的摸它，則對方

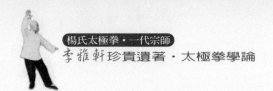

的一切動作早被我知，以我以太極拳功夫應付之，無不全勝。

● 說打鬥

1. 打鬥全憑步法跟得上，能進退自如，隨心所欲。
2. 打鬥全憑腰身脊樑之勁，如不知運用腰身脊樑之勁，總不是好的功夫。打不出精彩的發勁來，當運用腰脊上的勁於無形之中。
3. 外家拳無論他如何的兇猛，而他的來勁是要先被人知道的，如此只要大膽的打鬥，就一定勝他也。
4. 不要怕他的樣子多麼兇惡橫暴，著手之後便知他不行。
5. 腳腿是戰馬，拳掌是刀槍，這是外家拳一對手就蠻幹的說法。如太極拳的話，是要有巧妙聽勁才行，如只是腳腿是戰馬，拳掌是刀槍的蠻幹，是不夠恰當的，切記切記。

● 說比手

　　比手身心神經靈快，出手心狠手辣，發勁務要充實冷快，無此，不足與壞東西如某某之類談比手，切記切記。

（一九七二年八月四日）

● 說推手及打鬥

　　一出手就須把全身的靈機提起來，全神注意著觀察對方的起意，對方稍一存心立意，我便知道。對方稍一挨著我之皮膚或汗毛，我就順勢走化，叫他處處落空，摸不著實地，英雄無用武之處，俟其黔驢技窮而攻之，則無不勝也。但要注意化時剛剛恰當，動得不多不少，剛剛合適，不可多動妄動，這是要緊的。以後練功，本著這個道理去練。

（一九七二年九月五日）

● 說進攻

1. 進攻要有機會，機會一來，進入要來得快，出其不意，攻其不備。

2. 進攻要作（有）虛實，如直來直去，被對方知道不行，所以虛實變化是很重要的，此所以要練功使其腳步靈，進退如意，才能辦得到。

3. 神經感應得快，腳腿身手動輕快，妙在使對方沒有覺察，總之是要隨心所欲才行，如早了不行，晚了不行，要剛剛合適湊巧。

   以上全憑靈覺，靈覺出於神經，此所以太極拳的功夫，開始練功就講穩靜安舒，以養其神經之靈覺也。

   （一九七二年九月七日）

● 說比手

1. 比手無他，只是神經靈快。

2. 快快快，動若無形無蹤，冷快絕倫，打人於不知不覺之中。

3. 冷快冷快。

4. 勢如強弩，急如發機，使其鳥不能飛，獸不能走。

5. 練口練嘴，不如練胳膊使腿，拳打人不知，人知非好拳。

6. 變化神奇，動作莫測。如關夫子之神，睜眼人頭已落地。如趙子龍之槍法，鬼懼神愁，無法逃脫。

7. 變變變，一變再變，變變不已。奇奇奇，一奇再奇（奇中有奇），莫測端倪。取人於無聲無形之中，這才是太極拳。

8. 神氣充實，精壯無比，打不服你這些牛頭馬面，跳樑小鬼，還算什麼太極拳！班侯之英雄氣概哪裡去了！

● 說比鬥散打

1. 腳步輕快，身手輕靈，感覺奇快。動作難測，打人於不知不覺之

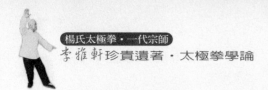
中，這才是太極拳，不信時就試試。

2. 如無感應靈快，雖天大的功夫不管用。

3. 未從出勢，先以二目向對方一盯，全身精神虛靈的提起來，對方之一切動作無不盡悉，則以我平生之推手練拳之功夫對付之，無不勝矣。

4. 靈智第一，實力次之。故太極拳平素練功夫，主要是在養靈機、養智慧、養神、養氣，使其精神旺盛也，如無精神的旺盛，則一切之一切皆談不到也。

5. 平素練功，要以神練，以氣練，以意練，如以筋骨肌肉的伸縮練則次之矣。

6. 發勁走化，進退取人，同樣是要用神用意用氣，如用筋骨肌肉之力則次之矣。

● 說比鬥發勁

1. 勢如硬弩，急若發機，其節短，其勢險，使其鳥不及飛，獸不及走。使對方難以覺察，早已打上，或雖覺察已不能走脫。

2. 此之謂來之不知，去之不覺，打人於不知不覺之中，才是太極拳，蓋皆用靈機智慧，不是用笨力也。

3. 每練功多想老師的神氣，這是要緊的。

4. 勁去如放箭，如槍彈，絕難察覺。

（一九七二年十月十九日）

● 說比鬥

1. 比鬥應進步進身，變手急戰，我有平素粘連聽勁之功夫，則必勝無疑。

2. 若外家拳的打鬥方法，在二人距離三四尺遠，互相鬥弄，則不是我太極拳所採的方法矣，故必敗也。

● 說比手

1. 神不足、氣不足，不足以比手，一定要神氣充足而後可比武也。
2. 平時多注意養神養氣，如只是苦練功夫，徒勞筋骨耳。
3. 除練功外，還須注意保精養氣蓄神。
4. 蓋如神氣不足，則靈機不生，靈機不生則遲鈍矣，焉能談比手哉！

● 對手

　　與人對手要有企圖，有目的，進去想把對方打個什麼手法，打個什麼樣子，要用個什麼變化成功。

　　如會打餘慕珍壞小子似的，心一怒上去了，然心中未有決定主意，要用什麼手法打他，又且心軟手善，下不去手，以致上去白上去，未沖出勁，以致叫張錫裴嘲笑，這是太無打鬥的經驗，以後要刻刻不忘防人突然之打來，刻刻提高警惕。

● 說打鬥

1. 心快眼快，手腳快，心快意快神氣快，虛實快，變化快，腳腿步法快。
2. 總要神氣提得起才行。
3. 不動手則已，動手則效關夫子之神勇，有我無他！

● 說比手

　　出手就有虛實有變化，哪個和你掤捋擠按！出手就打你個傻眉瞪眼，哪裡許你還手！

● 說打鬥靠靈機

　　比鬥全在比靈機，誰的靈機充實，誰就勝。

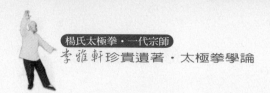

　　全在臨事應變，一刹那之間，靈機一動成功，這就全憑靈機，動早了不行，動晚了不行，要來得恰當得時。如此說來，靈機是人身之寶貝，故在練太極功，主要是在養靈，如靈機充足了，功夫就是長進了，如靈機不夠，雖天大功夫也不行。

　　故太極拳功夫每練時，未從出勢，就先要靜下心來，穩著性情而後出動，在動時始終是保持穩靜，不要動得把穩靜打散了。

（一九七二年十二月十三日悟）

● 打鬥

1. 打鬥是不容易之事，要有巧妙變化，也要有勁，如無勁，一壓就垮哪能鬥！輕快又要有沉著，否則浮漂怎能打？
2. 所以說，太極拳是不容易的，沉著也好，輕妙也好，總要有靈機，就什麼也好，否則就什麼也不好，關於這點要牢牢記著。

● 論打鬥

　　去勁以神氣貫著，化勁以神氣吸著，發勁以神以氣發，化勁以神以氣化，總之是不離神，不離氣，神氣是人之至寶至貴，故練太極拳首要在養神養氣上下功夫。

● 比鬥

1. 未從比鬥，要先有計劃，有企圖。
   出手要冷快，有變化，要謹防對方冷手傷人。
2. 未從接觸，就如撒魚網一樣，向其身上面上一撒，就將其罩著、掛著，兩手將其粘上了，即已接觸了，憑我練出來的靈覺動作，不丟不頂，順勢借力而應之，趁打以應之，必能作到好處，其勝利也就在其中矣。
3. 太極拳中真有奧妙，要耐心的好好鑽練為是。
   現在會攻守方法，不算會拳，不過是入門而已，還得好好的想、

好好的練，才能進步。

4. 比鬥全憑腳手靈快，要靈快必須多練習，否則不能隨心所欲，切記切記。

● 說比手

1. 出手則神妙無比，虛妙以極，有千變萬化之巧，神聖不可侵犯之勢。

2. 如此則才稱得起太極拳專家也。

● 說對手比武

1. 比武全憑手，然何手能快？

   答：輕鬆才能快，感應靈，動得恰當才能快。

2. 全身僵硬之力與四肢勁被筋束縛著，感應即不靈，動作安能更快！練太極拳要明此理。

（一九七三年三月三日）

● 說比手

1. 比手全在出手不能叫對方知道意圖。每手有變，變中又有變。

2. 要冷快絕倫，變化萬端，如老老實實的，不能比手也。

3. 手法要來之不知，去之不覺，打人於不知不覺之中，是鬥快、鬥變化，而不是鬥牛力。

4. 如對惡毒的敵人，出手要狠，如心慈面軟不行。

5. 出手要快。

   如是筋肉伸縮不夠快，要以神的快、意的快。

   勁去要叫對方如觸電樣，不知不覺之中一驚而跳出，這樣子才算快。

6. 太極拳有神鬼莫覺之妙，鬼懼神愁之勢，否則不是高手也。

7. 這種情況全是由平素鬆著勁練中養成的。

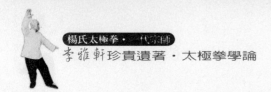
而又是按規矩在沾粘綿隨中練出來的。如不按規矩，圖走捷路，練不出來。

（一九七三年九月九日）

● 說比手

1. 要有沉著的心勁，未從出手，二目睜視盯定對方之兩眼，身勢略沉，馬上就幹，未有那麼多閒周旋，你來就是了，把平時的練出來的功夫拿出來試。

2. 要有冷快絕倫的變化。

3. 要有不勝不止的決心，有說幹就幹的豪氣。

4. 靈機是第一，平素練功，一定要把靈機練出來，才能對手，如拳術家靈機不夠，雖天大的功夫也不能與人比鬥，不能與人比鬥，還算什麼武術家！

5. 心要靈，眼要快，動作要敏捷，有說幹就幹、毫不在乎的精神，這是武術家的本色。

6. 如靈機充實，動作奇快，神鬼都害怕，何況人乎！

7. 這種說幹就幹的精神如何有？是功夫練好了自然有。如此說來，平素練功是最要緊的事。如無有功夫，就好出手對比，豈有不失敗之理！俗云：藝高人膽大。如藝尚未高，膽大有何用！

8. 拳無形，動無蹤，急雷暴發在五衷。又曰拳打人不見，才算真好漢。又曰拳打人不知，才算武藝高。神出鬼沒，動作神奇，能使對方驚心動魄，方是高手。

（一九七三年國慶日）

● 說比手

1. 要有心勁、有決心、有冷快，有奇特的動作、神妙的變化。

2. 一手之去，又有數手跟著而到，是早有成竹在胸，而不是一手一手亂想。

3. 冷快絕倫，使人無法預防，也無從預防。

4. 快的發勁要叫對方如觸電樣一跳而崩出。如作不到這一個，不算高手，只可是個一般的拳家，如這種一般拳家，何足爲奇！何稱得起是專家也！

5. 既爲太極拳專家，要打出神乎其神的動作來，神乎其神的氣度來。如關夫子之神武，睜眼就將其幹掉，這才夠味！如練不到這一步，算個什麼太極拳名手也！

（一九七三年十月十日悟）

● 比手

1. 憑虛無的變化，憑神奇的動作，憑心氣沉著，冷打丹田勁。

2. 虛無的氣勢，能使對方捕空捉影，英雄無用武之地。神奇的動作，能使對方驚心動魄，亡魂喪膽。

3. 出其不意，攻其不備，能使對方無處可防，冷快絕倫，人不及走，鳥不及飛，來之不知，去之不覺，打人於不知不覺之中，這才是太極拳。

4. 平素練功要本此，不在力大力硬上思想。

5. 要在虛虛實實，變化莫測上下功夫。

（一九七三年十月廿五日）

● 說比手

1. 比手除一身放鬆靈之外，還要效關夫子的神勇，在靜極之中，陡然一動，睜眼時，將其幹掉，非如此不足以談比手。

2. 斬顏良文醜，溫酒斬華雄之神氣，可見一斑矣。關夫子稱神勇，蓋其不用筋肉之動，而是用神氣之動，此所以冷快絕倫也。太極拳是用神氣之動，不用筋骨肌肉之假力，此與關夫子相同，故也曰神勇。

（一九七三年十二月廿日晚上）

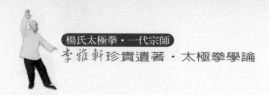

● 說比手

1. 一出手就去劃拉他，一定就會挨上他、粘上他。挨上粘上之後，他一定會有動作，我以我平素聽勁的功夫，粘連的順勢借力，他上哪裡跑！

2. 太極拳是玄妙的，但要狠下功夫才能找得著。
   手法的變化奇妙無窮，皆由於一身的鬆軟、一身的靈機而出。否則變不好變不快，我被人知道了，則無用處。
   要輕輕的摸，細細的找，萬不可以箍勁箍人。

● 說比鬥

1. 手是刀槍，腿是戰馬，渾身毛髮如千軍萬馬。
2. 出手如電，打上還嫌慢。
3. 閃戰騰挪動難見，不著不架就是一下。冷彈脆快，難以招架。
4. 講智巧，不講蠻力。
5. 講的是輕靈軟綿，打的是冷彈脆快。
6. 虛實變化神奇，走轉層出不窮。
7. 無則使其捕空捉影，進取則使其冷快難防。
8. 比手不比平時的練功粘上手慢慢的等推。要出手就變，變中有變，神出鬼沒，打人不見。又捕又挑又掃，打一個冷快絕倫，使其亡魂喪膽，哪個和你瞎鬥弄！
9. 又砸又劈、又捋、又削又攘送⋯⋯以及採挒並用，肘靠齊來，衝撞兼施，哪個和你瞎鬥打！
10. 最要緊的是眼急手快。
    眼不錯眼珠，死死盯著對方，有變動我必先知，手自然的就會去了。
    手快在刻刻鬆著勁準備著，對方有舉動，眼必見，手也必到矣。

● 說比鬥

1. 比鬥全憑手快眼銳，出手快發勁快，能打人於不知不覺之中，所
謂快打遲也，這個道理很對。

   但是快要有快的規矩，要感覺靈敏，有智巧，動的適當方可，不
然的話，一時的盲動、妄動、冒失動，胡鬧一摻合，動非其時，
非但無益，反而示對方以空隙，無益也。

2. 況眞的快，是由鬆著、慢著、輕靈著、虛無著，按規矩練拳而出
來的，而不是蠻幹用力練出來的，這個道理要明白。

● 如遇最兇惡的敵人打鬥

1. 一要防敵人冷手傷人。二要持以虛無的手法，並且預先作動若江
河的神氣。三要以眼神貫注對方之眸子。如此則其來手雖兇猛，
而我有虛無身手應之，必無害也。

   然後俟機攻擊狠打。

   在攻擊時，佯先作虛實變化，以使其莫可測想。

2. 出手要狠擊其要害，要打擊其抵抗力。否則的話，讓其再撲上
來，必更凶，就更難制矣。

● 說比手

常想想關夫子的事蹟，對比武有幫助。

1. 比手不是比手，是比精神充沛丹田氣度豪橫，誰的精神充沛，丹
田氣度豪橫，誰就勝。

2. 比手不是比手，是比膽氣，誰的膽氣雄壯，誰就勝。

3. 比手不是比手，是比勇敢，誰的勇奪敢大，誰就勝。

4. 比手不是比手，是比機智靈感，誰的機智靈感強，誰就勝。

   以上是對有相當功夫的人而言，若功夫相差太遠不行也。

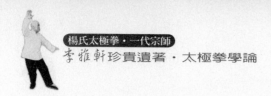

● 說比手

1. 未從出手，就先要以二目向對方的眼睛上一盯，無論如何不要錯（轉）眼珠，這樣子對方一切舉動，我無不先知矣。
2. 要刻刻留意防敵人出冷手來擊，如錯了眼珠，他冷若不防來了就無法知道，定要吃虧也。
3. 要時常想著，如遇李東園那樣又奸又壞的壞東西應如何打法。要以冷快絕倫的手法幾下將其摧毀，萬不可與他慢慢推手，蓋這種壞東西根本不懂什麼拳，不可以和他以道理研究。

● 說比手

1. 一要有關夫子的莊嚴神態，壓倒一切的精神，哼哈呼吸，喜怒變化，睜眼則人頭已落地，這種神態精神，如聰明人可想而知之，如糊塗人一生不悟！
2. 出手則有變有不變，不變則是冷快絕倫，神鬼難逃；有變則千變萬化，虛虛實實，不可推測。要快如劈雷閃電，要緩則細微難脫，此所謂天羅地網者也。
3. 打漂灑則神舒體若，摧枯拉朽，哪個和你鬥牛力！

● 說比手

比手全憑手急眼快的精神，出手人難見，以及心腦精氣神要有壓倒對方的氣勢，否則雖有天大的功夫，不能比手也。

● 說打鬥

時時要想著，如遇兇惡的壯漢要找我拼鬥，應以如何的手法對付之？談之如下：
1. 要兩眼對準其眸子。
2. 提起神來，身勢放輕靈鬆柔跟之隨之。

3. 以冷快的動作，迅雷不及掩耳的變化，狠狠的冷打丹田內勁，要
　　幾下將其毒氣打掉，否則就要被其打壞打傷。

● 說打鬥

鬥靈動，不鬥僵力。

鬥虛實變化，不鬥大力。

鬥智巧，不鬥蠻力。

鬥柔軟，不鬥剛力。

鬥虛靈，不鬥呆力。

鬥心勁、內勁、丹田勁，不鬥大力、頂力、硬力。鬥神氣，不
鬥死力。

● 說比手

1. 比手是憑神經靈敏，變化冷快贏人，如老老實實的不行。
2. 比手是以沉著的心勁及冷打丹田勁贏人，如心氣浮動，沉不下勁
　　不行。
3. 比手是以鬆軟冷彈之打法贏人，如慢遲遲的不行。
4. 比手是憑聽勁準確，順勢借力贏人，如硬打硬上蠻幹不行。
5. 比手是憑虛實變化，及冷快發勁贏人，如出手呆板了不行。

● 說比手

1. 一要有如關夫子莊嚴無比的神氣，二要有冷快絕倫鬼懼神愁的動
　　作，三要有冷快如電的發勁，四是有來之不知去之不覺，打人於
　　不知不覺之中的手法。如此種種，全憑平時鍛鍊成的心神意氣的
　　好身法。
2. 好身法是什麼？是鬆軟、靈機、全身虛無，又變化、又冷彈是
　　也。
3. 這種動作，打人如觸電，能入裡，能透內，也能彈遠，也能叫骨

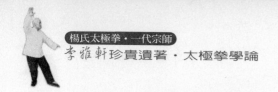

斷筋折，也能叫人五臟熟爛。

● 說比手

1. 全憑一身的靈機，審顏觀色，知敵於未動之先。
2. 一身鬆軟，能打冷彈脆快，來之不知，去之不覺，出其不意之勁，此勁能打人於不知不覺之中。
3. 有心、有膽、有精氣，有神明，有大無畏的勇敢。
4. 有豪橫的氣魄。
5. 有冷快絕倫、出其不意的發勁動作。

　　如有以上五條，戰而不勝者，未之有也。然這五條如何能有？全在平素有恆的練功，有深細的研究，否則只有蠻幹之勇，不行也。

● 說比手

1. 動手要快，要快，要對方防不勝防，要有膽量下手，不能專講那些規矩。
2. 所以俗語云：一膽二藝三下手，缺此何必費功夫！功夫是要有，但仍要配備心膽強壯，否則天大的功夫也贏不了人。
3. 第一是快，第二是快，第三還是快。
4. 快打遲、慢挨打，這是長拳的規矩，這一個規矩很好，不要以爲簡單。有細緻、有理論，當然好，但是實幹的學是可以管用的。

● 說太極拳的比手

　　未從比手，要先知對方之心理，如是冷不防的來手，要講究快打遲，如此誠然是不好對付的手法。

　　未從出手，即先以二目注視對方之眸子，如此對方無論如何，我已先知矣。

　　我之要訣，是全身鬆軟，先作動若江河的神態。如對方冷不防

的打來，必被我之江河之動緩解矣，然後以平素練拳養出來的神經靈敏，必將其粘著，在幾跟幾隨之中，對方之缺點必露，我即順勢借力打之，焉有不勝之理。

● 說比手

比手全憑平素的功夫，手眼身法步及心膽精氣神，配以神奇的虛實變化及冷快絕倫的動作，天天想不怕他鐵打的羅漢，砰砰幾下將其摧毀。

● 比鬥

1. 比鬥主要是機動靈感。
2. 鬆得好，打得脆。

   能冷快絕倫的打人於不知不覺之中，能發無形、動無蹤，如雷暴發在五中。會用神，會用意，會用氣。

   氣沉丹田神貫頂，滿身輕利頂頭懸。化勁令人不知，找勁令人不覺，勁去能令人驚心動魄。

● 說比手

1. 心裡什麼事也不要想，只是放鬆軟，放自然，放虛無輕靈就行。

   對方如來，我有這個虛無輕靈，自然一定會先有覺察，順勢而應，自會不先不後，恰到好處，這叫作以不變應萬變，以一法應萬法，得其一而萬事畢矣。
2. 若心裡先有個一定的主意，到臨時一定會來不及應付，就定會誤事無疑矣。
3. 練太極拳要悟得這個道理。

（一九七五年四月十五日與崔打手後的感覺）

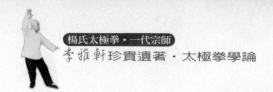

● 說比手

1. 無論是與勁大或勁小的人比，要以不丟不頂的技術贏他，以虛實變化贏他，千萬千萬不可用力量去爭勝負，不然就不是太極拳的道理，千萬記著。

2. 鬥輕快、鬥變化神奇、鬥來去難見的手法，鬥打人於不知不覺的發勁，鬥輕妙虛無的手法，鬥冷快絕倫的發勁，鬥入裡透內的發勁。

   不鬥呆板的着數，不鬥笨拙的動作。

3. 最要緊的是不鬥力量、不鬥硬力、不鬥笨勁。

4. 滿身的功夫，滿身的靈機，滿身的技巧，滿身的智慧，滿身的神妙，機智無比，著手就使他傻眉瞪眼，莫知所以。

   如無此功夫，不能談比手，若作不出這種神氣來，那是功夫未到家。

   （一九七五年四月十七日）

● 說在比鬥時應如何應付

1. 平心靜氣，一身放鬆，慢慢的練功夫，久而久之，身上會出現靈機。

   以此靈機，可以應付一切，無論對方如何來，我有靈機，自然而然的應付一切，不先不後，恰到好處。

2. 萬不可預先有一定的打算，對來手要如何如何應付，若這樣子反而慢了，故不可先有一定打算。

3. 故我可只是將一身放清醒明白以待之，就可以了。

   這叫萬法歸一，得其一而萬事畢矣。若捨此不為，而處處想些手法，追逐些着數，則追不勝追，逐不勝逐，這是捨本逐末也。

   此所以各地練太極拳的人，三十年都練不出味道來，全是這個關係。

4. 在練時保持穩靜舒適鬆軟，在打鬥時憑我的靈機，順勢而應，而無不恰到好處，萬不可先有一定的主意，這是最要緊的。

5. 各地練太極拳的人很多，大多是練錯了。

一是在練功時不敢放鬆軟，怕放鬆軟了，練不出勁來，不能打鬥。

二是在打鬥時先有個打算，不知順勢而應。

此所以練了幾十年太極拳，練不出太極的味道來，此所以在打鬥時，手忙腳亂。

● 說打鬥

1. 打鬥時不是鬥大力，而是鬥智巧，不是硬打硬上，而是講走化智取。

2. 不是皮肉之硬，而是練靈感。

3. 不以力敵而以神戰。

4. 在比鬥時，不是比力大，比猛幹，而是比變化，比巧打，比機動，比智取，誰的機動靈敏誰就勝。

● 說比鬥

1. 出手就變，變中有變，變一個千變萬化，神鬼難見。

來不知，去不覺，打人於不知不覺之中，這才是太極拳。

2. 勁去要叫對方如觸電樣一驚而跳出，如摧枯拉朽，傻眉瞪眼，莫知其所以。

3. 要勁去能入裡透內，壞其五臟六腑，外邊不青不紅，而內裡已壞了。

4. 要叫人如萬丈懸崖失腳，亡魂喪膽，驚心動魄。

5. 勁去要能使對方骨斷筋折，五臟熟爛，外面不青不紅，而內部已不能救矣。

6. 無論是練打或打鬥，要緊的是會利用哼哈呼吸。

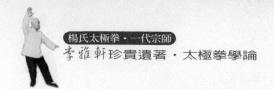

7. 以上全是太極拳內勁功夫，練太極拳如練不到這樣子，那是不懂內功內勁，或是太極拳功夫還未到家。

● 說比手

1. 比手全憑虛實變化。虛而實，實而虛，虛虛實實，變化不已。

2. 打一個千變萬化，神鬼莫測，拳打人不知，人知不算拳，來不知去不覺，打人於不知不覺之中，才算太極拳。

3. 攻其不備、出其不意，忽隱忽現，來去不見，變得快，打得快，所謂鬼懼神愁者也。

4. 出勁要快，快還想快，要快得奇特，快得玄妙。要使對方驚心動魄，亡魂喪膽。

5. 勁如電樣，要令其一驚而跳出，如觸電相似也。

（一九七五年四月十三日晚十時）

● 說比鬥

1. 全憑冷快無比，輕妙絕倫，變化神奇，哪個和你鬥牛勁。

2. 出手就變，變中有變，冷快絕倫，來去不見，打一個傻眉瞪眼，如摧枯拉朽然。

3. 最忌丟頂，失掉粘連。

4. 千萬不可存抗力的思想，要緊要緊。

5. 滿身的功夫，滿身的技術，出手以技術贏人，不以力大勝人，否則功夫不進步了。

一切用法，在於靈覺的聽勁，無靈覺的聽勁不能勝人。

● 說比武

1. 氣力、勇敢、膽量都要有。

2. 不過在比鬥時，要以智慧以巧妙勝人，以靈機勝人。

要以冷快絕倫的變化，進退如電冷快無比去勝人，要以冷快絕倫

的彈力去勝人。

絕不可以硬力去勝人，切記切記。否則的話，定要失敗也。

（一九七五年四月廿五日）

● 說打鬥

打鬥要快，要快得奇特，快得玄妙，要來去不見，發勁如電，打人於不知不覺之中才算快。

好似身上的神經驚然一下，令人驚心動魄，亡魂喪膽才算快，如只是普普通通的快不行。

勢如強弩，急若發機，其勢險，其節短，獸不能走，鳥不及飛，百發百中，百無一失。

● 說打鬥

無論如何說，無論是採取任何的打法，到激烈的時候，是要憑靈機的存在，然靈機要平素練功養就，臨時才能拿出來應用，若無平素的功夫，臨時哪兒有靈機，那只是盲動妄動，反而給對方以機會，那是不能取勝的。

● 說手法

1. 出手一劃拉。
2. 出手一揉挫。

處處可以發勁，處處可以縱勁發勁。

3. 冷劈冷打丹田氣，勢如強弩，急若發機。

（一九七五年五月十一日）

● 說打鬥

1. 論打鬥要有膽，有心，有勇敢，總要平素多操多練才行，只憑空想是不能實用的。

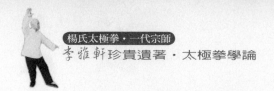

2. 平素要多見生手，多操實際功夫才是眞的。

3. 自己膽量勇氣還欠缺，這個缺點要知道。

4. 平素與學生們打手，他們不還手，怎說怎對，自己別以爲就了不起，要遇見眞打、眞幹，打贏了才算數。

5. 愈想董英傑的打法很好，他是指遠求近大膽近身，粘他連他，揉他措他，順勢制他、發他，就以這個法子在上海連勝九場。

6. 論打鬥，主要在靈機，又要大膽進身，如隔三幾步就與對方瞎鬥亂打，那是大錯。

7. 打鬥要一膽，二藝，三下手，如心慈面軟不行。

8. 打鬥是另一本經驗，只憑文明的推手不行。

（一九七五年五月十一日）

● 說打鬥

1. 只要平素把身體練強壯，練靈機，使其感應靈快，在應用時自己會不先不後地應付，無不適宜。太極拳就是這個辦法，若臨用時東想西想手法，早先準備一套動作，則無論如何想得全面總不會是對方和我預想的一樣，如此則誤矣，白費心機，反而誤事。

2. 若什麼也不想，只憑我平素練出來的功夫靈機，就會有很適當的應付。以前在張英振家（注：張英振爲查拳名家），我打山東大力士王應亮之發勁，突然一縱勁，他就往前栽了去，幾乎來了一個嘴啃泥，此是功夫有靈機後，自會應付一切的證明也。

3. 最忌在應戰時，心中東想西想，預先拿個主意。因爲先有主意，就會影響了我的自然靈機的活動，這個道理務要知道，否則就把太極拳的功夫變成了雜拳的功夫。

4. 應戰時，未從出手，先持以虛無鬆軟的身勢，以待其來，如來了憑我平素練出來的靈機，就會對付一切來的手法，這叫有觸必應。

5. 以上所說還是一般的道理，要是遇見不懂拳術道理的混小子，就

不能以常理對待，其方法如下：一出手就以冷快絕倫的手法連發不已，對方必驚慌失措，我就在這個激烈的鬥打中，乘機取之，無不勝矣。

6. 要有壓倒一切的沉著勇猛善戰的精神，要機智靈敏，敢打敢鬥。

7. 勇猛是一個辦法，如朱國禎之打胡風山，是勇猛又靈活。高章武之鬥劉培顯，韓慶堂之鬥王學慶等等都是沉著、勇猛。

8. 招法怕猛打，猛打怕沉著應戰，沉著應戰怕急如閃電的冷勁，冷勁又怕毫無驚抗的沉著。不驚不抗的沉著應戰的道理可以應付萬事萬法的爭鬥，太極拳就是這個道理。

（一九七五年五月十二日）

● 說比武對付壞人

1. 冷劈冷打丹田氣。

2. 強弓硬弩如發機，獸不及逃，鳥不及飛。

3. 其節短，其勢險，百發百中，要想逃躲比登天而難。

4. 其重要在於有關夫子之神氣。

5. 要打一個傻眉瞪眼，莫知所從，如摧枯拉朽然。

6. 若推推、摸摸、揉揉、化化，那是對付初學，對付好人，對付君子。

　　如對付壞人，非以前面的手法不可。

7. 冷快絕倫，如電相似，令其亡魂喪膽、驚心動魄。

8. 早年在沙利文打李東園就是這個動作。

9. 打得快，變得神鬼莫測，哪個和你鬥著玩！

● 說比手或搶手

1. 比手本是一個很好的運動，不比不足以引起人的最高的興趣。

2. 問題在於比手的人安的是什麼心，如安的是發揮最高的興趣，彼此提高技術，就是好心。

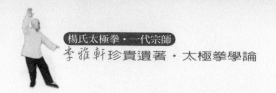

如是安心想出個黑手傷害人，那就是壞心。

（一九七五年五月十六日）

● 說拳鬥

如遇外家拳，他和你隔三五步遠和你瞎打，這應如何對付？

答：一、要沉著應對，不要被他引動。

二、得機時猛打猛上，猛劈猛碰，猛將其身勢打法打散打亂了，而後出冷勁打之，無不勝。

● 比鬥

1. 無論是用什麼打法，都須要來得快，如慢了，定吃虧。

2. 要用虛實變化，冷冷的，快快的，來之不知，去之不覺，打人於不知不覺之中才算高手。

3. 冷冷冷，變變變，有心有膽，勇猛向前，若遇壞小子，非照此不可。

4. 或問如對方也如此冷快，當如之何？

答曰：對方雖也想用快的手法，但他平時練的是外功，雖也想用冷快的手，快不起來，可斷言也。

我平素練太極拳輕靈的功夫，只要用時意念一動，就自然打出冷快絕倫的彈勁來。

5. 打人於不知不覺之中，打得對方傻眉瞪眼，莫知其所以才算對。

6. 在鬥的時候，兩眼要死死的盯著對方的眼睛，如此對方有什麼企圖，有什麼動作，我必會早先知道。

7. 在鬥時，打出手去，無論打著或未打著，眼神不要走了，還要好好的盯著，如打一下子眼神走了，就必定失敗也。

8. 打鬥全憑手急眼快，手腳迅速，決鬥精神，如手腳遲鈍，如瓜兮兮的，定要吃虧。

● 說比武

1. 要有平素純熟的功夫。
2. 要有巧妙的變化，及冷快的動作，冷快的發勁。
3. 勁去要找得巧、找得準，以使對方不能防備，也無從防備。

   蓋發勁如電樣快，使對方不能覺察，所以他無從防備。

● 說比手

1. 手去神出鬼沒，來去莫測，打人於不知不覺之中，鬼懼神愁，神鬼都怕，何況人乎！
2. 快，快到極點；軟，軟到如無物；虛，虛到如百無所有，哪個和你鬥牛勁！
3. 聲東擊西，指上打下，來去不知，變化莫測。
4. 全是用神、用意、用氣。不用力，用力則慢矣。
5. 拳打萬變，來去如電。入裡透內，心肝俱爛。
6. 精神抖擻，如烈馬發威。驚心動魄，亡魂喪膽，猛虎都怕得發抖，何況人乎！
7. 關夫子斬顏良、文醜，溫酒斬華雄，是個什麼精神，你要時常想想。

   這是神勇，不是一般的勇，太極拳就是這種勇。
8. 手去要叫對方不能抵抗，也無從抵抗，才算把好手。

   如奕棋一樣，前有當頭炮，斜有臥槽馬，近有勒馬車，叫對方不能抵抗。
9. 以太極拳的玄妙無比，就在於此。
10. 太極拳之異於其他拳者：

   一、奇快無比　二、入裡透內　三、用意不用力，打人於不知不覺之中。

   鬥虛無、鬥變化、鬥冷快無比，玄奧以極，絕不鬥蠻力。

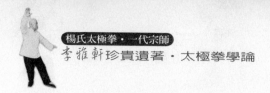
● 說比手

1. 先下實手不對，先下虛手不對。

2. 鬆著勁，虛虛的丟手去滑拉他，他一定會來手，我則順勢聽勁找勁，順其勢以應之打之發之，無不中。短勁有效，長勁無效。
   最重要的，別先下實手，要緊要緊。

3. 天不怕、地不怕，出手就是一滑拉。有千法萬法放在後頭，聽勁而後動，不怕你是千斤大力士，管教你捕空捉影，英雄無用武之地。

● 說比手

1. 比手不是力量戰，而是智巧戰。

2. 不是比智巧戰而是比神經戰。

3. 不是比神經戰而是比虛無戰。

4. 以此神經戰、虛無戰，可以打遍天下無敵手。
   一切之這門那門皆是俗手，不足道也。

（一九七五年六月卅日）

● 說比鬥

1. 無論對方以什麼手法來攻打，我總以輕妙的、虛無之身手以應之，沾之，粘之，摸索之，以聽其來勁而定方法對付之，審情度勢應付之，萬無一失。

2. 如對方來手是善的，我不可出冷手、重手，否則傷和氣。

3. 如對方是狠毒惡意的攻打，我則應出冷快的發勁擊之，總要打掉他的狠毒氣才行，不然必敗也。

4. 總之是未從出手，應聚精會神，虛靈著，注意著，不可呆板。

5. 對方以猛力來攻，我以虛無輕妙之身手摸之，走之，化之，閃之，空之，使其捕風捉影，英雄無用武之地，他必氣喘如牛，一

身臭汗，我則飄灑自如，若無其事，這才算太極拳的功夫。在民國二十五年，中央國術館有個卜六，與猶太人哥必克對打西洋拳，就是這種情形。蓋卜六人大力強，以為必勝，出手就進攻太猛，而哥必克身體靈便，空了他幾次，卜六就慌了手腳。後來哥必克在其心忙手亂之際，只進攻了他兩拳，就把他打垮了。此雖是西洋拳擊，也尚輕快，尚智慧，不尚力猛力大，可想而知也。

6. 對方以千斤之力來攻，我則身勢如百無所有，使他找不著方向，我勁去如電之快，對方想抵抗也無從抵抗，而早已五臟熟爛矣。拳本是尚巧妙，尚智慧，不尚力，可想而知也。

7. 觀猴子能鬥牛，憑靈快也；貓能鬥蛇，憑靈快也；蟋蟀能鬥公雞，也憑靈快也；太極拳能鬥蠻漢大力士，也是憑靈快也。總之是輕靈以行動，順勢以借力，巧妙以變化，冷快以發勁，以外無二法門也。

8. 出勢要持以虛無的氣勢是最要緊的，發勁進攻要如此，化勁也要如此，此所謂心化，意化，氣化者也。

9. 發勁還是要本以前的老論：「發勁須沉著鬆淨」。打遠的勁要這樣，打入裡透內的勁要這樣，總之是凡發勁都需要沉著鬆淨也。

（一九七五年九月二日）

● 說推手或比手

1. 主要是把平素的功夫拿出來奮勇的與其比鬥。
2. 要沉著不冒失。

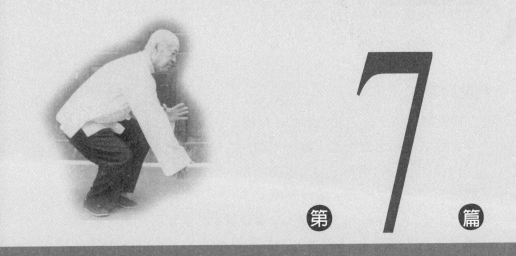

第 **7.** 篇

發 勁

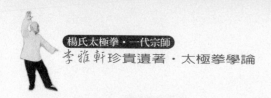

● 說發勁

1. 在發勁時，腳下一定要認端的才有根。

   李香遠之發勁也有可取之處，不過他的缺點是同某某一樣，拿著了再發勁，他的優點是有充實的內勁。因為是拿著了再發，如遇輕妙的好手就拿不著，就會失掉了作用。

2. 如在推手時，一要有大空虛，二要身腰柔，三要發勁沉，四要神氣足，五要勁能入裡透內，六要來得奇快，如觸電樣令對方不知，七要有驚心動魄的功能，有打倒打壞打遠之功能，有驚心動魄的效果。

3. 崔某之發勁，在鬆彈這一方面來言他還可以，因為他有點沉味。但是他的缺點是來得不靈快，他要拿穩了再發，如是比鬥就沒有這樣的機會，人家不能等你卡好夾好箍好再發勁也！

4. 楊師之發勁，打去鬆沉軟彈，有透力，有將人胸部之骨架打垮打塌之可能，透內之力驚心動魄，有令人萬分恐慌之感。如這種勁打來，無論你有多大的力量也是抵抗不了的，楊師之拳的奧妙就在此，我當好好的用思想想想，否則空有太極拳專家之名也。

5. 在發勁時，要用身勢整個的往下一沉一壓，將周身之勁擠到對方的身上去，這樣的鬆沉勁的發法，可以將對方打得跳起來。以上可用心細細的想想，否則得不到⋯⋯

6. 在推手發勁中，要細細地想如何才能運用腰脊，運用腿上的動勢。這是要緊的，至於兩臂只是聽著勁跟著去就是了，不要以兩臂推動，不要以兩臂挺力，如這樣子對方就不容易察覺，也不容易化掉。如是兩臂先用上力去，這就很容易被對方察覺，被對方化掉了。

7. 每去手，當先鬆軟著去，以察其變。如察覺對方有變的動力了，在這個時候，要順著他變的機勢、變的方向打之，無不生效。在去勁時，心裡要一急，以鬆鬆之勁打去，無不效也。

● 說勁

1. 打按勁要隔著對方的胳膊就能透在他的胸內、脅內、五臟內才算夠勁，否則是功夫不到。

2. 打擠勁也要用鬆沉之勁，能隔著對方之胳膊透到他的脅部內裡去。

3. 打掤勁一定要將自己的肩肘鬆開了，叫他如按在車軸之上，找不著一點的實地可用勁。

4. 打捋勁不可用力往下壓對方之臂，要以虛靈之手法輕輕的摸著對方臂上的皮毛，順勢往懷裡化。

5. 打採勁不可先抓牢再往回採，要輕輕地去手，然後連抓帶採，成為一個勁的動作。不可先抓後採，也不可先採後抓。

6. 打肘勁一點就了，這樣子才容易透過去。

7. 打靠勁要鬆開肩，用氣意將肩頭抖上去，向其一碰，要來得快。

8. 拳有六個用法，掌有六個用法，以後再談。

   凡人都有自衛的能力，如專靠政府的軍警來保護，哪有那麼及時湊巧。如沒有自衛的能力，自己不孝的兒子也會來打罵欺負你，何況他人，故武術不可不練也！

● 推手發勁

1. 在發勁時，要神氣的鼓蕩，又要以腰脊上的動力；不是以兩手兩臂先用力，腰脊上的力量後去，那就打不好。

2. 架式不宜太大，否則身勢脊樑上的勁用不上。

3. 兩手，兩臂，兩肩要鬆著勁去，不能先有支力。

4. 不能找人打，趕人打。不能捉、拿、擒，打人的機會，是二人動轉之中趕湊到手上來的，才能發勁，送到手上來的，才能發勁。如找人打，捉人打，硬抓硬拿，那是唯心，是主觀，不是客觀，不是唯物主義的用法，所以太極拳論說彼不動，己不動；彼微

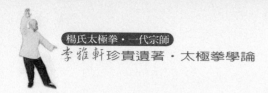

動,己先動。順勢借力,不丟不頂也。

5. 發勁時,要估計得穩準;發時要以腰脊之力,丹田之氣,勁要來得足,來得冷,來得巧妙,及周身配合得恰當。

6. 切記:鬥智巧,鬥靈機,鬥心氣,不鬥呆板的僵勁硬力。太極拳的用法,是不抵抗,這叫做不頂,但也不丟離。要以神氣將對方粘連著,萬不可頂。總之是隨機應變,才能變化莫測。

7. 有時喜悅可親,有時又莊嚴以極,有哼哈呼吸,也有喜怒不定,總之是虛實變化之兵不厭詐也。

發勁時,有時需要來得暴,來得猛,來得急。如這種勁,是需要鬆、沉的一種丹田的震動力,如無這種震動力,打去效果不大。有的發勁,是要用一種先去緩和的勁,然後再用急如閃電的暴力、彈力,這全在以對方的情形而定,不能以定法而用也。

8. 出勢一站,要有千變萬化之靈機,莫測之動作,使對方感到有神聖不可侵犯之氣概。如出勢呆若木雞的情形,那就是傳授不高,速求明師指教可也。

9. 如對方出手有硬力,其動作必遲,好對付也。如對方出手轉變靈動柔軟,我就要特別注意。

10. 對方笨重有力的手法,要用輕快靈動變化的手法去打。如對方是輕快靈動的手法,要用冷、狠、脆、快的手法,不能用一種手法去打也。如醫生之用藥,什麼病什麼藥,如用錯了藥不行的。

11. 練發勁要時時對手,如只憑空想不行,凡事要身臨其境的去研究,不能抽象的空想也。

推手的功夫,一定要在沾連粘隨上、不丟不頂上下功夫,才是正道;一定要做到能順勢借力,這是個根本功夫。如不在這個根本上努力鑽研,而只是在每一手、每一式上推求,這就不是太極拳正當的辦法了。蓋太極拳是萬法歸一的道理,這個道理是不丟不頂,

順勢借力，人剛我柔，沾綿粘隨，隨曲就伸，無微不至，如把這個功夫能練到手，就能應付萬變，無不恰到好處。如不在這個根本道理上用功，那就枉費功夫，練不好的。

推手是用這個方法，散手也用這個方法，一切打法、鬥法，比手比武等等，皆用這個方法，決無二義也。一切總在沾粘綿隨上下功夫，日子久了自有妙用。

● 談勁

1. 關於找勁，一定要有虛靈的感應，否則找不到對方的缺點，也掌握不好發勁的時間。
2. 以後要在找勁方面多下功夫。
3. 在未發勁之前，胸中要先有鬆沉的思想，有入裡透內的思想，如此打出勁去，才有入裡透內的功能。如思想上根本沒有這種想法，其勁發出也絕不會有這種效果，此理不可不知。
4. 發時要以神透，以意透，以心透，以氣透，這四種思想要心裡先有，否則絕做不到入裡透內的功效來。
5. 以上這四種做想都有，打出勁去才能收到這種效果。在我所知在練太極拳功夫的人中，只有楊澄甫老師才能做到，未見有其他人做到，這是楊師太極拳獨有的風格。如某某某某等人，只不過是知道點鬆沉之勁的意思而已，他們還未找到入裡透內的勁道。

● 說對手

1. 在對手時，務要先持以虛無靈機的身勢，俟其來，審情度勢，順勢借力以應之，沾連粘隨以跟之，在幾跟幾隨之中，他的一切則被我掌握，則無不勝矣。
2. 對手之時，不一定要搶先下手攻擊，否則怕被對方找著我的破綻，這是太極拳「彼不動，己不動」的道理。
3. 在發勁時，要趁著對方之動作形勢而去，不可盲目地硬闖。

4. 虛實是比拳的重要技術。在去勁時，勁大勁小，勁軟勁硬，要細微地估計恰當，如果亂動，就被對方有機可乘了，此不可不慎也。

5. 在對手時，全憑隨屈就伸的靈機變化，可以使對方撲空捉影，英雄無用武之地。在攻時，冷快絕倫，令對方無從抵抗，打他一個傻眉瞪眼，被打上還不知是如何一回事。

6. 在打鬥時，一定要提起神來，拔起背來，頂起頭來，如雞沖鬥，馬賽跑。把脖子拔起來，否則定有遲滯不靈之虞也。

7. 在平素練功時，定要本著「行功心解」老論去用功，不要懷疑，以俟功夫有了，一切用法會恰到好處。

● 說發勁的八大要領

發勁的要領，一要估計時間，二要摸準部位，三要找好方向，四要沉著鬆淨，五要心中一急，六要鼓丹田內勁，七要由腰脊而發，八要起於陡然往前一縱。以上八個要點，如能弄得整整齊齊，同時爆發，勁去就如火藥爆發，炮彈射出一樣，啪的一聲打在對方身上，使其無法逃避，如觸電一樣跌出，否則就很難打遠打脆。

● 說對方來手

凡遇對方來手，要以輕妙的手法去摸索之，跟隨之，順勢而應之，不可稍有抵抗。如以力去頂抗或撥架，反而得不到機會，相反的到處感覺著不得力，也就發不出乾脆的勁來。因為我之勁與對方之勁抵消，所以一切的動作均不能隨心所欲。

● 說發勁之動作

發勁的動作，有往下沉打者，有往上掀打者，有往前直打者，有往後、往下採捌打者，有往兩斜採捌打者，有往下擺皮打者，有用長勁打者，有用冷沉之寸勁打者等等。以上各種發勁的情形，要

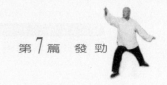

時常思想，時常練習，時常琢磨，進步才快。勁要去得冷快，去得穩脆，去得充實，去得陡然，才能使對方如觸電跳出，否則無效。

● 說蓄發勁與呼吸之關連

蓄勁要趁著吸氣，發勁要趁著呼氣，使動作與呼吸相互為用，勁去得才充實，來得才便利，此需身勢必須完全鬆開，方能辦到，否則呼吸與動作配合失調，則無從談發勁。故練太極拳身勢須放鬆，這是很要緊的。

● 說身勢鬆開

過去曾有人問楊澄甫老師曰：「未見您用多大勁，何以將人打出去那麼遠，打得那樣脆呢？」楊老師答曰：「我是鬆著勁打的云云。」有人問楊少侯先生曰：「您發勁時看著是很鬆軟的，如這樣子鬆軟還能有力嗎？」少侯先生答曰：「就是因為是鬆著勁軟軟的，打出勁去，就才大得很咧！」以上兩位老先生的答覆，證明練太極拳的功夫，無論是打拳或者推手，都必須將身勢鬆開才行，這是千真萬確，定而不移之理。如不本此理練功，則無益也。

打人不入內，是鬆的功夫不夠，尚未鬆淨，還有拘滯之力牽制。動先被人知，是尚不軟，有明力還未退淨。比鬥未久，便喘息不定，是缺乏練功。拳不管用，是身勢手法呆板，無虛靈變化。

吸氣若吞江，呼氣若長虹，發勁極鬆沉，打去如透紙人，因其心勁與神氣已合而為一。勁去可以斷其氣，打透其胸，可以使其鼻涕眼淚流出，可以使鼻口噴血，其鬆沉冷快可想而知。但非遇險毒之人、有心害我者，不可妄發。

● 說沉採與軟採勁

以手腕向其手腕往下冷然一沉採，可以使其身勢前傾，並可

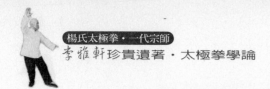

使臂腕發麻，此謂沉採之打勁。此沉採之打勁，只手腕接觸其皮膚時，得機便可使用，不必用手去抓去拿。此勁澄甫老師善用。又以兩手或一手採其腕部，陡然往懷中一帶，對方必感覺脖後大筋如觸電樣之麻痛，此謂之軟採勁。

味不過五，其變不可盡嘗。聲不過七，其變不可盡聽。色不過五，其變不可盡觀。兵法不過十三篇，奇正之變，主客之分，其妙用無邊。太極拳不過十三勢，其變化亦莫能窮其用也。

善攻者，對方不知何處可守，蓋出其不意，攻其不備，來之不知，去之不覺也。

善守者，對方不知何處可攻，蓋身勢完整，神氣均勻，包羅萬象，無隙可乘也。

進而使其不可禦者，避其銳而攻其虛；退而使其莫能迫者，出其意料之外也。在攻時，陡然早到，攻其一點，堅不可比，故對方不能防。在退時，冷快絕倫，伊尚未察覺，故不能迫。要輕如百無所有，重似泰山立崩。發勁無形陡然到，化勁乾淨虛妙玄，微乎之至於無形，神乎之至於無蹤，英雄所向無敵，概由此而及也。

若將去不去，不去又去，遲遲疑疑，游移不定，乃技擊之病。不去時，亦須刻刻留意，以防倉卒之變；要去時，則一發再發，發之不斷，使其無變動之機勢。

攻者則已去，再去，去之不已，緊上加緊，如守時則一化再化，化之不息，以上兩者須在需時用之，刻刻留意，變不見變，化不見化，動於無形，來去難覺，方是高手。

進時神氣意吃著，使其無變動之機會。退時轉折虛無，令其找不著實地。丹田之氣，用之得法，一發可以致勝，走化來得乾淨，令其捕風捉影。細思虛無走化之功，一切妙用全在其中，故無須多招多法也。如對方以招術來犯，遇招術多者，隨其多而多變，遇力大者來犯，我隨其力大而大用，此所謂捨己從人，逆來順受，變化

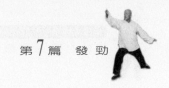

無窮也。

　　大膽進身，無不手到成功。支撐閉門，一定吃虧。放開心膽去做，逢凶化吉。拘謹膽小，定敗無疑。

● 說發勁

1. 發勁時，要以心意氣指揮動作，這樣才快，而不是以筋骨肌肉的伸縮來指揮。也要全身內外放鬆軟，放沉著，這樣子心神意氣才能指揮得動身體。如全身尚有拘緊之力，心意氣便不能隨心所欲地指揮發勁。

2. 發勁是要沉著鬆淨，又要打冷彈之力，勁快而短也。能入裡透內，如炮彈之出口，塞在身上，外面雖不青不紅，而內部已熟爛矣，這才是太極拳的發勁。這是用心神意氣打軟彈之力，故而能有這樣的情形。如身上臂上，拳上手上稍有筋骨的拘束之力，是打不出這種勁來的。

3. 如以筋肉的伸縮之力發勁，更打不出這種勁來，因為它不夠快。

4. 太極拳之動是以心神氣來指揮，亦就是說以神來指揮，所以它來得特別快，勁去之時間只有一秒鐘之十分之一。這種勁，未發時是無所有，已發時又是鬆軟如無物，所以能打人於不知不覺之中，使對方不能防備，也無從防備也，此皆因其奇快無比也。

● 說太極拳之用勁有各種不同

　　一、要想打遠的勁應如何打。

　　二、要想打倒的勁應如何打。

　　三、要想打透的勁應如何打。

　　四、要想叫對方外面不青不紅、而內臟已壞的勁應如何打。

　　五、要想打外面雖皮開肉破、而內不傷的勁應如何打。

　　六、要想使對方驚心動魄、亡魂喪膽的勁應如何打。

　　以上各勁要常常思想，打拳也如名醫之用藥，要根據病情下藥

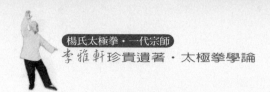

方，有輕重緩急之區別，不是一味的用蠻力也。又如孫子兵法不過十三篇，名將用之打勝仗，庸將用之打敗仗，全憑個人聰明智慧領悟能力罷了。太極拳更要注意這一條，一是要有聰明，二是要勤學苦練，三是要有名師傳授，以上三者具備可以有成，如是跟練雜拳的人學太極拳，那是緣木求魚耳。

● 說推手發勁有各種問題

一、打的方向問題。

二、打的面積大小問題。

三、發勁時間先後問題。

四、全身各部腰腿肩肘先後、剛柔、大小配備問題。

● 說練功及發勁

太極拳講柔軟，此人所共知也。但所謂柔者，是說周身一致之柔軟，而不是局部的柔軟。如練他家拳扳個朝天蹬，以為這就是軟了，我卻以為這是局部大腿上的韌帶軟，其別處並不軟，這不是練太極拳的需要。因為這種局部的軟，發不出周身的彈勁來，也就是打不出鬆沉軟彈之勁來。

勁有心勁、內勁、氣勁……總謂之內勁，在發時有鬆沉，有軟彈，又有神氣意識的配合，這才算得上太極拳的勁。

又要能將對方之鼻涕眼淚打出來。又能以神打神，將對方的神識打散亂了。又要能以氣打氣，叫他的氣斷了。又能叫對方之氣哼一聲被打出聲來。又能叫對方亡魂喪膽，驚心動魄，如萬丈懸崖失腳感。又要能以心打心，叫對方喪失鬥志。學者若能找著了這種勁才算入門，否則是功夫未成，還要恭而敬之的求教老師。如你為人慷慨義氣、誠實，老師是肯教的，如你是油頭滑腦的，雖萬兩黃金不教也。

● 關於太極拳發勁方面

凡屬發勁一定要出其不意打去才有效，如事先被人先知那就效果不大了，雖有天大的氣勢打去也不會脆，所以兵法云「出其不意，攻其不備，出奇制勝也」。

對打時，一定要有變化，有聲東擊西，指上打下，有虛有實，神鬼莫測之勢。

出手就變，變中有變，輕靈無比、變化多端，要輕則百無所有，要重則泰山立崩。

要來得奇特，來得冷快，有迅雷不及掩耳之勢，虛則實也，實則虛也，虛虛實實，莫可測想，所謂兵不厭詐也。

在發勁之前，要先吸一口氣，這是內部蓄勁在發勁前，先在破他的手法。我的動作中蓄勢同吸氣，蓄勁之吸氣同時做，然後以身勢，以心勁，以氣鼓，同時向對方打去才有效。若是身勢蓄勁先做，然後再吸那就不行了。

用法無論如何說，在動手時，一定要先提起自己的全身靈機來，不然就慢了。在發勁前先吸一口氣。在發勁時就以這口氣在內部鼓勁，使這口氣撞到打對方的發勁點上，不可以將這口氣又從口中放出來，放出來身上就沒有勁了。

在交手之時，無論出任何手法，總要有靈感性。

在與對方既已接觸了，就要如奕棋一樣，先要看下幾步棋去。每出手就要以三四手的準備，臨時才來得快。比如說我出這一手去，對方非出如何一個手法不能破，他即出了如何一個手法，但我的另一個手法又早在準備了，不等他來了我就靈敏迅速地又將他破了，第三手又去將他打出去，以此類推。比手發勁都要如此。比如說我這發勁，對方非如何手法不能化掉，他如用這個手法，我的第二手正好破他這一手。太極拳一要有靈機的沾勁，二要有巧妙的變化，打得冷，打得脆，有出手神鬼莫測之勢，否則，雖有天大的功

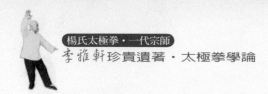

夫不管用也。

在技擊方面來說，最寶貴的就是「靈」，有了靈才能打，能鬥。又要有巧妙的動作，如只是有靈，將對方的來意知道了，但自己的身勢手法不巧妙，稍微一動就被對方知道了，那還是不能用。

太極拳在應用方面，打鬥方面，有功夫、有智慧還不夠，尚須有勇氣，有膽量，有魄力，有冷、狠、脆、穩丹田之勁，否則有天大的功夫也不管用也。

對方如來手，我能以虛無的氣勢將其化掉於不知不覺之中，審情度勢而應之。如對方來勢兇猛迅速，我無時間來做沾粘跟隨之手法，我當在未接觸之先就以神經氣勢將其吸著了。俟其進，我以伸縮之動作跟之隨之，使與對方之距離漸漸接近，在幾跟幾隨之中已與對方接觸矣。接觸之後，對方之一切動作吾無不盡悉，便可因勢而取之矣。

在發勁時，定要有丹田沉厚之勁，有入裡透內之功夫，否則不足以見真仗也。

兩臂要極軟打去，如炮彈又脆又沉重，又冷彈又快，有令人無法預防之妙，奇特無比，奧妙以極，如這樣子才可以打人於不知不覺之中，否則不足以敵高手也。練太極拳應本此意思去找，如只會趟空架子，無味也。

無論真打還是假練，都不能離開沾粘的方法及順隨的方法。腳步方面要放得輕妙無比，進則令其覺察不出來，我已進去使其不能逃避，退則令其不知我已脫開他發勁的範圍，決勝之道在其中矣。

凡是對打要有真的傳授，真功夫，神經奇快，靈機無比，心膽豪橫，有氣壯山河之勢，若只是柔柔扭扭的弄兩下子，不可以見真仗也。

冷快絕倫勢如觸電，發勁如是，進亦如是，退亦如是，如神經遲鈍不行也。

一身是變，變中有變。神氣抖擻如烈馬發威，矯捷無比。神氣

貫注似蛟龍騰空，穩如山嶽，動若驚鴻。輕則百無所有，重則泰山立崩。轉則令其不知，退則使其不覺。進則忽然逼進胸面，發則五臟爛矣。倏忽退出，對方要攻已夠不上矣。其神出鬼沒之勢如此，其情形可想而知。如手法呆板不行，如心軟手善不行。無論如何說。如無虛靈變化，冷快絕倫之動作，打人於不知不覺的手法就不會管用。

　　在平時練功，時時刻刻不忘在充實丹田內勁上著想，刻刻不忘在清醒智慧上著想，這樣才可以給發勁時的靈感打下基礎。有了這種基礎，勁去才充實無比，如透紙人一樣便可打穿打透，如無這種平素修養的功夫，那就作不出那種情形來。

　　發勁時，一要身勢遷就跟隨得好，二要身勢鬆勁蓄得好，三要會利用丹田心勁，四要打得陡然、來得脆猛，如這樣子才能使對方如觸電樣的蹦出，不然則不管用也。

　　發勁時要將身勢鬆得鬆鬆的，吸口氣將身勢收回來，而後以丹田腰身之力用心勁往其身上一鼓，一沖，一吐，沉著勁一突，所謂發勁時必須沉著鬆淨也。

　　凡是對打總要避實擊虛，又要出其不意，攻其不備，來於陡然之間，要使對方如觸電樣的一驚，才可以打得出去。若出勁先被對方察覺則無效也。如對方防備甚嚴，無空隙可乘，就必須用虛實的辦法以晃之，俟其手法自亂而後擊之，所謂兵不厭詐者也。

　　打長勁可以打遠，是表演用的東西。若在比手時，只用短勁，蓋短勁打出去可以入裡透內，令人不知也。

　　未從發勁，要將兩臂鬆得軟沉沉的，然後心中陡然一急，用氣意向對方鼓去，要令對方嚇一跳似的如觸電似的為對。楊澄甫老師每與人推手，對方每感覺膽戰心驚，心怕氣餒，澄甫師雖是並不一定要發勁，但是對方有感覺自己生命未有保障，這是什道理呢？無它，這是澄甫師的精氣神充實無比，他之精神已把吾吸著了，假如

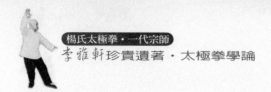

他一放勁，吾們就完啦！以上這種味道是怎麼搞的，平素要多思想思想。

對打的要領是以氣打氣，以意打意，以神打神，以膽打膽，誰的氣壯誰勝，誰的意堅誰勝，誰的神足誰勝，誰的膽壯誰勝。

沾手就將對方吸著，鼓氣發勁時就將對方打出，一吐一放，一哼一哈，一呼一吸，一虛一實，打人於不知不覺之中，才算太極拳也。

對打要有豪橫的思想，有機智冷變的動作就沒有不勝之理。

發勁有透裡勁，有壞內勁，打斷對方氣息勁，使對方說不出話來勁，如被鐵錘撞翻勁，打斷其根如斷線風箏勁，或者是身如觸電驚然蹦出勁。

● 普通之發勁手法須有四種

1. 是腰腿配合身手完整之打法，能打遠但不夠快，如真的比鬥不宜用也，這謂之長勁。
2. 是以沾粘之勁，沉著去沾、去粘、去掛、去領，而後鼓丹田之勁以打之，此謂之打沉勁。
3. 是以輕妙的手法將對方之來手引勁落空化掉，而後以極迅速之手法打之，此謂之輕快勁。
4. 是以虛無之身勢，虛無之手法，與其接觸，以神走氣化的功夫將對方之來力化掉，這完全是以身勢遷就，「柔屈百折若無骨，撒去全身皆是手」的辦法與對方周旋，要使對方摸不著實地，使其到處捕風捉影，在此情況下，對方之缺點必露出，我則順勢以制之。輕輕地找準他的缺點，等到他不能維持至站立最後的一點時間了，我則在其最適當的地方去勁壞之，必成功無疑。如尚未到他不能維持站立的時候去勁，早了無用也，此謂之虛無勁。

太極拳手法中除了隨機應用，多種手以外，尚有以下數種

1. 以掌找其腋窩，往前上托之勁。
2. 以陽掌找其小腹，往下塞掌之勁，以上二種崔某常用之。
3. 以陽掌找其胸口部，以沉著之勁往前上撮之勁，這是我常用的手法。

   以上這三種勁都要經常想想找找。
4. 以陽手之腕部將其沉著，有時去，有時回。去時有機會可以發，回時要將其粘來。以上無論如何都必須用鬆軟沉著之吸力，否則手法不管用也、
5. 如對方以兩手撥我之兩臂，往我身上來勁時，我當以軟化之，用軟腰，軟肩，軟肘之辦法順隨其來力給他化開，隨後順勢以一手托其肘節，以一手背抵其掌心，以使其臂直，然後往其後上方創之，這也是崔毅士常用之辦法。

● 說練推手的階段及找勁

1. 在初學推手的階段中，最要緊者是掤捋擠按須認真，以打下良好的基礎。
2. 基礎有了之後，就要細細地鍛鍊沾連粘隨，以作到不丟不頂。
3. 不丟不頂既已做到了，第三步就要練習虛無氣化的功夫。
4. 虛無氣化的意思已有了，應要練習虛實變化的動作。
5. 虛實變化的意思有了，能夠將對方之來力化之於無形了，然後可以練找勁的功夫。

● 如何找勁

1. 在未接觸之前，就要以輕妙的手法與其接近，以聽其來力意思，務要聽得準確，然後順其背面以找其缺點，順勢以制之，出勁以找之，則無不中。最忌在尚未摸準對方缺點之前就去硬勁攻擊，更忌硬手硬腳地去抓、去拿、去撥、去頂、去卡等等手法。
2. 如對方功力很大，樁步很穩，我雖以虛靈的手法將他的來力聽出

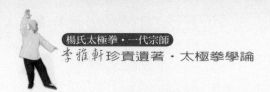

來了，但無法將其打出去，此時怎辦？這當以虛無變化之手法去晃之，以聲東擊西的手法以驚之，俟其神意斷散、步法零亂時而打之，無不效也。

● 說太極拳的勁道

1. 我之去勁，為什麼一般的人化不了？
   因為我之去勁，又鬆又軟又沉著，又掌握了各種聽勁的方法，所以對方化不了。

2. 我因而想起楊老先生說過：「發勁，有二種勁，一曰打由己的勁，楊班侯先生就善打這種勁，別人化不掉，百發百中，因為班侯功夫深奧又具備各種聽勁功夫，此所以別人化不了。二曰打由人的勁，是在出手要發未發的時候，心中無一定的主張，以俟對方來化時，順著對方化的方向去打之，也是百發百中，當先健侯先生善打此由人的勁。」

3. 我師澄甫公對這些勁的奧妙兼而有之。有剛暴之由己勁，又有柔化的由人勁，所以人稱「太極泰斗」。能用這兩種勁都是有多年成熟的太極拳功夫才能發，如功夫未到即學打這種勁，那是畫虎不成反類犬耳。

4. 因而我感到凡事須多下功夫才有把握，不獨練拳也，如冒冒失失地來幾下子，以圖僥倖成事，是不行的。

● 發勁的要領

以神打，以意打，以氣打。以神打神，以意打意，以氣打氣。要鬆柔，要冷快，要使對方如觸電一樣一蹦一跳而出。要對方有五臟透爛之感，要使對方有頃刻氣斷之感。如只是以雙手兩臂鼓勁去打是不行的。

拳不管用是無變化，勁不入內是鬆的不淨。勁不充實是氣不沉，發勁打不出去是先被人知、二是找的部位不對，三是去的方向

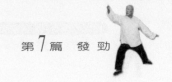

不對。四是打的方向不對。

如神氣還未出現，自己作些有神氣的樣子，那更難看。

神氣是在練功時含藏著練，日久它才出來的，不是做出來的。

有些人功夫不成熟，神氣尚未練出來，就要練拳故作姿態，做些假樣子、假神氣，精神外露，毫無含藏。這樣子就以為功夫大大進步了，殊不知這樣的神氣活現的一來，那拳意就不上手了，是身勢未沉未鬆，上下相隨未合，心氣內外未配，是心性未穩未靜，這樣的功夫就要不得。

手法不驚人是內勁不足，勁去人不怕是發勁不冷，作不到來之不知，打人於不知不覺之中，如何使人驚使人怕也，這是功夫不到家也。

發勁必須身鬆氣沉鼓丹田勁，不要弓步近身去打。如是弓腿近身去打，是容易被對方的捋勁化掉也。如以鼓氣打，只要身勢鬆正的往下一沉，神氣一去，就可以將對方打出，並不是近身弓腿，所以對方就不容易化掉。

（此於一九六五年一月廿四日與小雷推手後有感）

楊師：輕找勁，鬆沉勁，冷動勁，鬆軟打，以神打神，以意打意，以氣打氣的勁道極好。

少侯先生：變打斷打也好。

紹先：蓋打及其腰脊的軟動也好。

曼青：前鑽縱打，鑽 進挺身打也好。

我自己的：肩打肘打腕打沉掌推打，沉氣打，鬆斷打，臂推打，冷彈打，偷進打，採倒打，倒攆猴打，哼哈呼吸打，大掄大轉使其站立不穩打，變化虛實打。

我以為發勁必須冷變鬆沉，機變難測，否則就打不出人也。

（以上一九六五年一月悟）

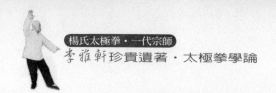
李香遠每發勁在蓄勁的時候，他的形態如心中很難過，好似悲傷要哭的神氣，其心中之急切可想而知。

以上情形卻有些道理，我也要時常想想爲是。

（以上一九六五年一月廿二日）

李香遠每發勁蓄勁時，其面目如哭了一樣，如此可見其心內之急也，所以他的發勁很好，以後要想想他的意思。

陳微明之手法云「柔曲百折若無骨，撒去全身全是手」。

以上這種意思很好。

（一九六五年一月廿五日悟）

● 大鬆大軟

推手的發勁，一定要由大鬆大軟之中發出來的才有效，如只是由剛性的伸力發出來的勁不行，因爲這種勁打在剛硬的身上才有效，如打在大鬆大軟的人的身上就無效。

（一九六五年三月三日悟）

● 推手發勁

發勁時務要往下鬆沉著打，才能將對方打蹦打跳打遠，如是不沉不鬆不重，就不能將人打蹦打跳，以上要切記切記，要緊要緊。

楊家的鬆沉勁很好，但要來得奇快無比，若以崔之拿好了再發，就被人家靈快的動作給化了。所以如崔之發勁，只可以打初學者。如打高手打不著，以後發勁要練來得快，機會趕到他方時已去了，萬不可現作機勢，如現作機勢就慢了。要以神打，而不是筋骨肌肉之勁。

現在一般的推手都是鬥體力，誰的體力壯誰勝，這不是高手。要鬥神，以神打神的功夫，如電奇快無比，又如烈馬發威，冷然一

下，比電還快，能使對方神經一驚，在不知不覺之中已蹦遠了，這才是好的功夫。

（一九六五年六月十九日悟）

● 發勁

力由脊發，步隨身換，進身進胯，配以丹田氣勁沉著冲進，心意氣相隨，完成一致。

心爲令，氣爲旗，腰爲軸。

練其兩臂如掉下來一樣的沉，自己的軟沉，而不是壓沉。

推手不應先有個發勁的手法，應先以試探的手法，以聽其勁，聽準了他的缺點在哪裡，然後對付之才行。如先有一個發勁的手法去發，那就很容易被對方給化掉，關於這一點要特別注意。

傅如海之推手，以腰身肩膀左右扭挪，這種辦法也可以用，傅有點與郝家拳之旋膀轉腰暗合，眞奇怪。

傅有打拳的天才，成都學生要算他好些。

以後打拳練功要注意掤力。

董之旋膀轉腰扭挪勁可學。

曼青之近身鑽打、挺身打可學。

李寶玉之內勁可學。

崔之鬆沉打可學。

楊師之冷打更可學，少侯之斷打可學。

郝之對吞發勁可學。

我自己的吃進打可學。

千說萬說總不行，最要緊的，是要下過硬的功夫。要有此本領，就是要苦苦練，不能專憑空想，要緊要緊。要練得腰胯身勢鬆下來，有雄偉之氣勢，有豪邁之精神，有沉著的心勁，俊美的身勢，才不愧爲太極拳的妙手。

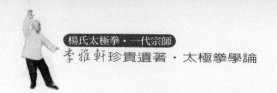
發勁不是推出去的，而是擁上去的，而是鼓出去的，而是蹦出去的，切記切記。以後練功，就要本著這個方式練好了。

（一九六五年六月十二日悟）

軟打的發勁，龍行的發勁，內鼓的發勁，用心勁，用氣勁，用神打，用氣打，用靈動的打法，用變打，用冷打，神打快打，總之要多練為第一。

● 發勁

發勁講「空」講「對」，但是見對方撥力對不上，就要稍鬆一鬆勁再對，如再對不上，就變一變勁再對，萬不可以箍著的勁去對，切記。

又練功要兩臂兩肘如斷下來一樣的勁去練，如有箍勁、拘勁、固勁皆不對。

發勁要有充實的心勁，要冷要狠，要靈動，要猛烈。

手去如被對方的來力粘著，我便以身勢腰腿的心勁將其粘著，將其來勁拿開化開走開，順其背面添勁，任之重心不穩而打之，無不成功也。

● 發勁

用勁箍著的打去，如對方化勁好，就容易被人化掉。以後要在鬆沉軟彈勁上下點功夫，要緊要緊。

練太極拳者有兩種功夫，一種是練得兩手兩臂鬆沉有力，在推手時向對方一粘，對方就沒有辦法脫開，非被我打出不可，這是一種粘沾柔動之功夫。一種是將身體練得如虛無所有，與對方動手或推手時，用一種蠅蟲不落，寸草不沾，虛無奧妙輕靈以極的手法，在對手時，只用意思虛虛的一沾，我沒有絲毫的自動主張，是完全聽對方的動作，俟其來手來勁，我絲毫不頂，順其來勢，完全以虛

無的氣勢走之化之，使對方毫無著落，到處撲空捕影，如油缸裡掙葫蘆，到處抓摸不著。他如亂扯亂裂進攻時，在這個時候，他的破綻必然百出，我則順勢一彈，必將其打出無疑。

(一九六五年七月廿一日)

我對太極拳獨有的風格是：在練功方面，是講大鬆軟，大自然，完全用意不用力。在推手時，敞開大門任人進，完全以空虛的走化，以氣勢走，以氣化去化，絲毫不丟不頂。

(一九六五年七月廿二悟)

發勁的時機，不一定要摸著對方的胸或肩膀等處的實地，如對方是有力支著，就算是在他的手上拳上胳臂上，我一樣發勁將他打出去，但是要來得冷快，出冷彈力。心裡一縱，陡然突去了。如出長勁，就不能將其打出去，因為他手上拳臂上有伸縮力，也可以給我將勁緩化也。如出冷快陡然的勁打去，對方沒軟下來，如心裡想軟化時，其兩臂還未能反應得到，勁已到了，所以他仍要被其打出也。所以說無論什麼勁，長勁短勁，各有用處，要看在什麼時間的情況而論也。

(一九六五年七月廿五日)

身勢儘管是大鬆軟，可是我的腳步與身勢，儘量的向對方的身邊走，向對方的身子欺進，向對方的身去貼緊，此謂打人如親嘴也。

手法出勁，仍要急要冷要狠，否則不管用也。

(一九六五年七月廿九日)

用輕妙的步子直往對手身體逼進，這是很好的打法。

太極拳練法有了基礎之後，應在藏神上用功，不宜專在肉體

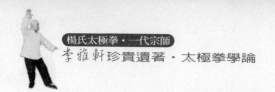

上求。如此，某某之專在柔扭上下功夫找發勁，這證明他並非高手也。就連上海某某、永年某某都是在肉體上的功夫，不是妙手也。

以前發勁，多是拿不準就冒失的發勁，所以如遇見身勢柔軟的人，就給我化掉了，這是一個大的缺點，以後要多多注意。一定要拿準摸穩，有了十分把握了再去勁，不可再冒失著去勁了，千萬千萬注意。

就算是摸準了，如估計對方身上尚有莫測的變化，吾們還要慎重發勁。是用冷快迅雷不及掩耳，來之不覺，去之不知的發勁，或是要用虛實變化莫測的發勁，或是用兵不厭詐的發勁，以上要以對方的情形而選擇之，此要緊要緊。

如遇比手，以鬆軟輕靈冷快的手法對付之準行，不要與其對抗力。

（一九六五年八月五日）

在沒有把握，還未摸實在的時候，萬不可就冒冒失失的發勁。

每一勁去，如打不透裡，打不入內，打不氣隔，打不服人，還在想動彈，不能使其心驚膽顫，口服心服，就不算太極拳。

發勁以打透勁爲第一，以意以氣以神去，不只是用體去。用意用氣用神，能沉能鬆能軟能彈能透，才是妙勁。

（一九六七年六月十八日）

見手就變，變中有變，變變變，層出不窮。見勁就化，化了又化，化化化，屢動無已。以上是兵不厭詐也，要是眞的打鬥，非此不可也。神如搏兔之鶻，形如捕鼠之貓，就是這個道理。

（一九六七年七月二日）

　　人家說我：你老人家的拳功已到神化境界，變化莫測，無聲無嗅。他們意見都認為功夫是已到神化境界，所以變化無窮，他們認為不愧一代大宗師，大拳王，不特技精入神，而且已由技合道。以上的評價，我將何答之？我從此更要好好鑽研功夫了，鑽研的方式，不是一味的苦筋骨肌肉，是要找神妙神化，虛無變化，無聲無嗅，變化無形的方式，狠下功夫。

　　　　　　　　　　　　　　　（一九六七年七月六日）

　　勁去要冷，令人難覺，要使對方有驚心動魄之狀，有神鬼莫測之勢，才夠味，來之不知，去之不覺，打人於不知不覺之中，這才是太極拳。出手人難見，能見非妙拳，發勁打去，能令對方如觸電樣跳出，這樣子才算對。

　　　　　　　　　　　（一九六七年十二月一日同龍驤悟）

● **說勁**

1. 柔的勁發出是無窮大。
2. 神的勁發出是無窮快。
3. 意的力量發出來是無窮的變化。
4. 氣的力量發出來是無窮的充實。
5. 心的力量發出來是無窮的堅強，也有無窮的變化。
6. 身勢的力量發出來是無窮的優美俊俏。

　　故太極拳功夫，首先在用柔、用神、用氣、用意、用身勢上注意，不在四肢胳臂腿的動作上注意也，切記切記。

● **說勁種**

1. 勁去能把對方胸部打透打穿打熟爛，而外邊不紅不腫，此謂之內勁、沉勁、透勁。
2. 勁去能把對方打遠、打倒，這謂之按勁，謂之扔勁、抖勁。

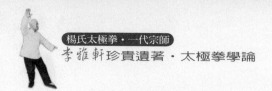
3. 勁去能把對方抽痛皮膚，抽破摔爛，這謂之抽勁、摔勁。

4. 勁去能把對方神魂打掉，使其驚心動魄、亡魂喪膽，此之謂冷勁、閃電勁。

　　太極拳如無此，不足以對付兇狠的野蠻漢也。

● 說發勁要領

1. 發勁要冷、要彈，要以丹田勁，要以鬆彈的勁。

2. 勁以入裡透內為貴，打遠次之。如此非冷快，心動氣動神動不為功也。

3. 要使對方如觸電一樣被打出打倒才對勁。

4. 發勁一定要距離的近，距離遠了不行，先被人知，打不好了。

5. 勁去一定要起於陡然，使其不能有準備。

6. 勁去如電，使其不防，使其不知為善。如勁去緩慢，被人察覺，就算不了好手。

7. 發勁要領是使全身四肢百骸，以及精神氣意，統統一齊在頃刻之間隨著意念打去，其迅速只占一秒的十分之一，就可將全身精氣神四肢百骸，所有力量一下子全部打出去，這樣子才有效，否則無大效果也。

● 說用法及用勁

1. 每每打不出效力來，此是對方有功夫，腳下有穩力，有柔力，身勢有柔動力之故也。
   此須以剛柔之勁將其制著之後再打，否則不效也。打時要用心勁、沉勁、透勁、內勁、陡然勁，如浮漂之勁不行也。

2. 如對方剛柔都有，樁子又穩，打不動，推不動，怎辦？此必須以冷勁打之，以虛實變化的勁或手法打之，要來得冷快，來得奇特，來得巧妙，用冷快絕倫、變化不測的動作打之，所謂出其不

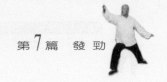

意，攻其不備者也。

在熱鬧緊張之際，要打一個虛無變化，神鬼莫測，冷快絕倫，來去難見，迅雷不及掩耳，則無堅不摧矣。

硬功拳以硬、以力大為能，這個不驚人也。如以太極拳之冷快絕倫的精神打之，才能令其驚心動魄也。

冷快絕倫，非快不行，所謂閃電戰者也。

冷快、冷快、冷快！要打人於不知不覺之中。

● 說發勁

1. 找著實地了，是以打冷沉的透勁為對。
2. 正在推著走著之時，互相不必找著對方的實地，就可抖手打之。這種勁不必摸著對方的實地，就算是挨著他肩膀或腕臂肘拳也可抖手打之，也很可能將對方彈出也。

這種勁楊師打英傑，我打趙華錦、清溪彈星橋等皆是也。

（一九六八年五月廿九日悟）

● 說發勁方法有五

1. 與其擠攏，以柔扭之勁進逼之，在柔扭之中，以我兩臂上的自然掤力，再加上我意識上的力將對方崩出去。
2. 是在大推大轉大散之中，俟其機會趕就到手上來時，我的意念一動，將其彈出。
3. 是以虛無輕妙的手法與其周旋得機時，以奇特之動作陡然變手，在迅雷不及掩耳之間陡然打之，這種勁能驚其靈魂。
4. 出手難見，冷快絕倫，在迅雷不及掩耳之間給其打進。
5. 每出手有神鬼莫測之變化，使對方傻若木雞，才算高手。

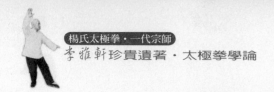

拳打人不知，人知非好拳，來之不知，去之不覺。神妙無比，奧妙玄奇，有神鬼莫測，驚心動魄之勢，才算高手。

● 說比手和發勁

一要冷動冷打丹田勁，無堅不摧能透內。

二要氣勢莊嚴冷快狠，當者披靡似拉朽。

三要來去不知人難見，虛實變化驚人魂。

四要勢如關公之睜眼看，人頭已落地。

以上是我打了幾手散手的動作，精神感覺煥發，所以想起了以上四句話，特賜吾弟琢磨。以上是什麼味道，要常想想，得來不覺費功夫。

● 練功與發勁

1. 平素練功，務要注意養靈養氣，養虛妙之靈，養心中之壯氣。

2. 蓄勢要滿滿的，發勁要足足的。

3. 在戰略上蔑視對方，在戰術上重視對方。

4. 鬥輕妙虛靈，則身勢輕快，身心愉快，如鬥頂勁鬥大力，便覺全身不舒服。

● 關於打拳推手發勁等等

1. 最要的是多想楊老師打拳推手發勁的一切神氣，就會進步很快。如東想西想，胡思亂想，都是瞎想。

2. 他打田兆麟是如何打的？打牛靜軒是如何打的？打董英傑是如何打的？打楊開儒是如何打的？

3. 以上這些情形，要多多的思想。

4. 一定要將兩臂鬆軟的如同掉下來一樣才行。如不是鬆軟的如同掉下來一樣，那就打不出入裡透內的透勁來，沒有這種入裡透內的

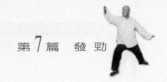

透勁來，就沒有楊老師的味道。

（一九六八年八月廿三日悟）

● 說用法

1. 一定要在沾粘綿隨、不丟不頂、順勢借力、逆來順受上下功夫。
2. 這些功夫，要作到精微細緻，奧妙神奇。
3. 不但是手上要有，就是身上腿上腰上，也要有這些精細的功夫。
4. 心裡眼裡思想裡也要有這些不丟不頂、順勢借力、沾粘跟隨的功夫，並且要到了精細無比，否則就不算太極拳的高手。
5. 講發勁主要是用心用意用神用內勁心勁，如只是四肢上的力不行。
6. 勁去要冷，要起於陡然，無形無蹤，不能先被人知，這是要緊的。
7. 又要有虛有實、有真有假，否則不勝也。

● 發勁要領

一要來得鬆軟沉重，有入裡透內之效果。

二要來得冷快絕倫，有不知不覺之妙。

三要來得冷彈絕倫，有令人防備不及之妙。

四要充實無比，冷快以極，有令人無法防守之妙。

● 說勁

1. 在老玉紗街時，我的一種混沌勁現在思之，還是很好。這種勁在臨時不用勁，也無一定的主意，只是鬆著勁湊去，俟其來防時，我便順著其來防守的力量，往其來勁處頂他就出去了。
2. 這種去時無一定主張，全在臨時靈機一動而去，無不中。若早有主意，不能臨時變出這種勁來，就算變得出來，已先被人知，打

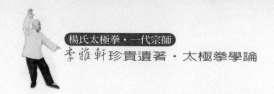
不脆矣，此理不可不知。

3. 這種勁全靠靈機，靈機來得快，太極拳以靈爲第一，要緊。

此所以練太極拳首先在鬆著勁養靈機爲主要功夫也。

● 說勁

1. 形意拳是撮勁、杵勁、沉勁、橫勁、劈勁。

2. 劈掛是摔打斷勁。

3. 南拳是胳膊、肘、手、拳，四肢之勁，不是通身一致勁。

4. 八卦是撥勁、按勁、擠勁，也有柔軟。

5. 太極拳術的勁是神勁，是氣勁，是巧化勁，是虛無勁，有軟掤，
   也有冷掛，也有脆彈，它是拳種中最上乘的技術，要好好思想研
   究，才能達到化境。

   有軟打，有點打，有沉打，有摔打。

   有冷打，有柔打，有驚手，有捌手。

   有採手，有劈手，有軟柔手，有錯手。

   有撅手，掤捋擠按。

   以上樣樣都有，想什麼是什麼，隨心所欲也。

● 說鬆沉對發勁之重要

1. 出拳拳鬆沉，出掌掌鬆沉，出肘出腿出腳，用肩用肘用腕皆然。

2. 一切不能忘了鬆，否則不管用。

● 發勁

打入裡傷內之勁，打鬆沉之勁，打冷彈之勁，使被打者如觸電
樣蹦出。發勁要快得奇特，快得奇妙，快得冷脆，如是一般的快不
行。

● 說鬆靈

不鬆則動作不活，不活則感應不靈，所以說太極拳非鬆靈不行。

如不鬆不靈，動作不恰當，就不管用了，況且不靈則動作不快，不快則不能及時到達，就誤了事了，以上要切實注意。

不鬆，則不能打冷快如觸電之勁。

不靈，則不能聽對方之來勁。

不鬆不靈，則不能使勁及時到達。

● 發勁

1. 要心去意去，神去氣去。
2. 還須要鬆沉軟彈，氣狠脆穩，缺一不可，切記，不如此不是太極拳。

● 心勁與靈機

發勁最要緊的是要用心勁，無心勁、不足不狠不充實，不是內勁也，切記切記。

心勁心勁，還是心勁，不可忘記，平時練功練拳也是爲了養心勁。其次養靈機，無靈機動不及時，也是要緊的，要心勁，要狠勁，要意勁，打去才充實有力，如無此勁去打不出效果來，切記切記。

● 說對於善軟化之人如何發勁

1. 發勁如打在善於軟化的人身上，則不發生效果。
2. 對善於軟化的人：

　　一要摸實在了再發勁，發早了不行。

　　二要出極其冷彈的勁打，如不是極其冷彈的勁，打上不生效。

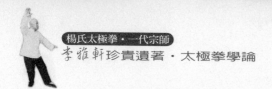

3. 太極拳勁是打硬不打軟。

提起靈機來，身勢手勢都放鬆、放軟。

有靈機則無遲滯之虞，能鬆軟則對方打來不生效果，所謂以柔克剛者也。

● 釋勁

掤勁：出於兩臂兩手，往上或往前，掤以柔彈之力。

捋勁：本作攦字，是以兩臂兩手佈滿意思，將對方之來臂來手順其方向往後梳，往後順的意思，近人多以兩臂兩手將對方來臂往下壓則錯矣。

擠勁：是以臂之前節隨其收回之時，勁往其胸或肋處貼牢並用力向前方排擠之，以將對方打擊也。

按勁：是以兩臂挨近對方之胸或腹部，或是按準對方之肘節和腕節兩處，順其來勢，往對方之胸或腹或肋等處出勁按之。意思是想將勁透入到對方之身內去為目的，至於打得近或打得遠，並不是要求的主要部分。以前所說的如出長勁可打遠，如出短勁或冷勁就不必打遠，但其打擊方面效果是很大的。

此按勁與推勁不同，按勁是本身不動而可以將對方打遠或是打透，而本身仍在原位未跟著去。推勁外形與按勁一樣，可是將對方推出去時，其本身也就跟了去，不可能使對方脫離了我的身位，將對方打遠，也不可能使勁透入對方之內部，這是按與推不同之點。

長勁：此勁可打遠，不可能打傷，因其來勢長緩故耳。

周身之勁一氣成，排山倒海往前湧，勢如長江波浪猛，力大無窮萬馬騰。

短勁：也是冷勁，言其來得很快，讓人冷不及防也。

練此勁時，要有推手和長勁的功能，善於作虛實變化。虛則百無所有，實則能山嶽立崩，善於運用丹田之氣，有了以上的功夫，再練此功，就容易了。

　　此勁在發時，運用丹田之氣，心中一急，神經一振，身勢一坐，如火藥翻身陡然向敵打去。勢如炮彈之出炮口，又鬆又沉的向敵打去，有令人迅雷不及掩耳，無從防護之勢，打人於不知不覺之中，可以讓對方如觸電一樣在不知不覺之中蹦出，有令人驚心動魄，頃刻致命之感，此勁能打傷打死打倒，能打筋骨折斷，能打鼻口出血，能打五臟六腑熟爛，因其來得鬆沉陡冷，且令人不可抵抗、也無從抵抗故耳。

● 說發勁

1. 發勁主要是時候恰當，才有效果。
2. 發勁要來得無形，不叫對方知道，如先被對方知道，就會被化掉了。
3. 發勁要充實，如不充實，雖打上也打不出效果來，反而鬥出他的蠻力，更不好對付。

　　以上所以練功要細緻的，聽勁要有靈機，估計好時間，無形的思想內勁，打充實冷快的內勁，那麼以上三點都可以解決了。

● 說勁

1. 心裡發狠兩臂鬆，打出勁去神鬼驚。
2. 發勁要冷，防守要冷，動作也要冷。
3. 要使對方驚心動魄，心驚膽戰。不如此，不足以對付野蠻漢也，要緊要緊。

● 說勁

1. 對堅強有力的對手，要以無堅不摧的內勁打，如用軟彈力打無效也。
2. 對靈軟機動的對方，要以冷脆狠的彈勁打。

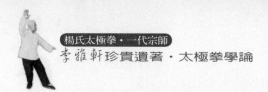
3. 如能把這兩種勁柔合成一種又堅強又靈彈，又柔軟，又機變的一種勁，那就算太極拳功夫到上層了。不過自古至今，除號稱「神拳楊無敵」楊祿禪之外，還未有這種高手也。

● 說發勁

　　發勁要用丹田的勁，心中的勁，打出去才有勁，不然，打出去無效果。

● 發勁

　　要練鬆沉軟彈勁、冷勁、斷勁、彈勁，用長勁是打不著人的，不能敵高手。要來得冷快無比，要來得無形，來得充實，如不充實，打不服野蠻漢，如有形，被人已知不管用，如不來得冷快，對方已知道打不好。

● 練功與發勁

1. 每手要想進攻須如何？防守須如何？聽勁須如何？化勁須如何？
2. 入裡透內之勁如何發？鬆沉軟彈之勁如何發？
3. 勁去如何令人不知不覺之中已給他打進去，其內部感覺熱燙，其外層不青不紅不腫？
4. 發勁令對方不知，如嚇一跳一樣，勁已打上。化勁要來之無形，令對方還不知道，情形已變了。

● 說發勁

1. 要打柔勁、內勁、彈勁、鬆沉勁。
2. 要來得脆，來得冷然陡然，令對方不知不覺之中已打上。
3. 勁去要入裡透內，有驚心動魄之勢，被打者如觸電樣的崩出，這才算太極拳勁，否則是未入門。

● 發勁

1. 身勢收含是蓄勁，身勢開展，就是發勁，發勁就是往外打力。
2. 發勁要以神發，以意發，以氣發，以心勁發，以丹田發，才能來得充實，才能來得神奇。發勁要來得鬆淨，來得沉著，來得冷快，不讓對方先知，才算高手。

● 說發勁

1. 發勁要有鬆沉，有軟有重，有神有氣，有意有冷彈。
2. 要來得充實，來得奇特，來得冷快無比，否則打出去無效。
3. 勁進去要打掉他的戰鬥力，打掉他的毒氣、兇焰、蠻橫，否則不如不發勁。
4. 如打一輩子楊家太極拳打不出這種勁來，可恥也。
5. 拳不管用，是無變化；勁不透內，是未鬆淨。
6. 出手要有虛實，有變化，有哼有哈有呼吸。
7. 動作神奇，變化玄妙，無此不足以敵高手也。
8. 身舒體泰，意輕骨爽，淋漓痛快，乾脆以極，來之不知，去之不覺，打人於不知不覺之中，如摧枯拉朽，才算高手。
9. 要叫敵人傻眉瞪眼，打上還不知我勁之如何來的。
10. 勁去要有神出鬼沒之勢，奧妙玄奇之變。
11. 要使敵人驚心動魄，如萬丈懸崖失腳，生命不可保證之感，方是高手。
12. 以上之功夫，是由平素靜心鬆身穩穩的練功中、修養中得來也。如平素粗心浮氣的練法，無此穩靜的修養心性之功夫，是做不到的。

● 楊師練拳推手發勁的回憶

1. 楊師每往我身上稍一發勁，我感覺我之胸部如紙紮人一樣，有被

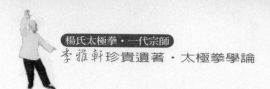

打垮、打透、打扁之可能，驚心動魄，萬分恐慌。

2. 楊師來手稍一接觸，我便感覺如笨漢下水，氣急胸膛，呼吸感覺萬分難過，驚慌失措，生命不能自保。如楊師稍一出勁，我感有胸肺熟爛，骨斷筋折之可能。

3. 若楊師每用手一粘，我便感覺動也不行，不動也不行，用力也不行，不用力也不行，感覺毫無一點辦法，以上這些勁道是如何才有的，平素要想想，以上這些情形要經常的思想之，功夫當有進步也。

● 說剛柔相濟勁

1. 凡事要講剛柔相濟，這話是對的。所謂剛柔相濟者，不是說它的勁由剛柔兩勁混合練成的一種僵柔之力。

2. 而是指的柔之至軟之極以後，才能出來的一種極其剛堅無比的勁，這種勁才能所向無敵，無堅不摧。

3. 這就是太極拳論中所說的「極柔軟，然後極剛堅」，極鬆軟然後能靈活者也。

4. 一般人心目中的剛柔相濟，是剛勁柔勁合組參夥成的一種剛柔混合的僵柔勁，這種勁柔而不靈，是柔也柔不純淨，剛也剛不到家，這種勁在打鬥中無大用處。

（一九七○年四月廿一日悟）

● 說勁

1. 以一般的勁，你有人亦有之，故你不能取勝。

要有冷快絕倫，奇特無比之勁，才能勝人勁去使其不知道，才能勝人。要有驚心動魄之勁，才能勝人。要有神出鬼沒之變化，才能勝人。要有令人如觸電樣之勁，才能勝人。

2. 這種勁如何才能有，是平素練拳輕靈著鬆勁，虛虛的、穩穩的、靜靜的練拳以養出來的，如硬手硬腳的練拳，是不會生長出這種

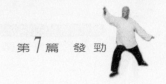

勁來的，切記之。

（一九七○年五月十日悟）

● 各種勁的打法

1. 勁有長勁、短勁、冷勁、內勁、彈勁、斷勁、抖勁、摔抽勁之不同。

2. 各勁有各勁的方法，不能以一樣的打法。

3. 關於此點要細心的研究：

　　(1) **長勁**，要以腰腿身勢之勁送到底，如弦上之箭，一往而去。能把對方發遠發倒，但不傷內。

　　(2) **短勁**，要心中一急，陡然震之，透其內部，使其五臟六腑有熟爛之感為對。

　　(3) **冷勁**，使對方在不知不覺之中被打中，使其傻眉瞪眼，不知何處來的。

　　(4) **內勁**，又名心勁，要由內心發出，能壞其內部，能使對方鼻口出血為對。

　　(5) **彈勁**，要以心意氣合而為一，向其身上、頭上、臉上彈之，能使其皮破為對。

　　(6) **斷勁**，我之兩臂兩手如斷下來一樣，向其身上點之，能使其驚心動魄為對。

　　(7) **抖勁**，與對方比鬥到緊要關節之時，心中一急，全身如一抖擻的樣子，向對方打去，能使對方頃刻間受內傷為對。

　　(8) **摔抽勁**，要以如斷下來一般的、兩臂兩手如抽鞭子似的向對方抽去摔去，能使對方皮膚破裂出血為對。

　　以上各勁，發法不同，用的時機不同，要看對方的形勢如何而用之。

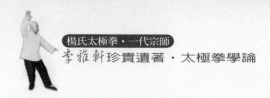

● 說發勁和用法

1. 軟能化硬，故未發勁打人時，就要先審查對方的軟硬如何，這就須先接觸手，以粘連的手法摸之聽之，如對方的身勢是硬的，那麼出鬆軟沉透勁打之準效 。如對方身勢是軟的，你冒冒失失的發勁打去，就被其化掉了，那是無效的。

2. 如遇身勢軟的人，要以冷快絕倫的斷勁打之才有效，蓋斷勁來得快。

● 說應用

1. 無論拳、刀、槍、劍的應用，其主要是在粘連跟隨中找。

2. 或曰：對方之攻擊，是非常突然冷快的，我的粘連跟隨如何能跟得上呢？答曰：是可以跟得上的。因為我平素慮妙著練功，已養成手上的非常的靈感了，有此非常的靈感，故可以無論對方來手如何奇快，我的手上必自然的預先有所感覺，以此感覺而應付之，則必萬無一失。

3. 此所謂「動急則急應，動緩則緩隨」；又所謂「彼不動，我不動；彼微動，己先動」；又所謂「後發先至」者也。

4. 如想做好這一點，必須在未接觸之前，就以神氣將對方吸著吃牢，否則臨時怕跟不上也。

● 發混沌勁

勁去先不定方向，俟其化時，隨順化的方向，陡然變勁打之才有效。若初去就發勁，必被其化掉無疑，這叫隨機應變，但要來得巧妙才行，所以我常說，勁不入內，是未鬆淨；拳不管用，是無變化也。

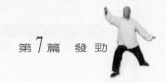

● 說發勁

發勁一定要狠要猛，如李廣之射虎然。

（一九七○年七月十二日晚）

● 說發勁化勁變化

1. 打冷脆勁，打冷彈勁，打靈脆勁，打鬆沉勁，打神不知鬼不覺之勁，打入裡透內之勁，打鬆軟靈彈之勁。
2. 以神打，以氣打，以意打，以身勢打。打抖擻勁，打冷動勁，打驚心動魄勁。
3. 不打硬勁，僵勁，笨勁。
4. 化要化之無形，化得巧妙，化得對方不知。
5. 變要變得無形，變得難測，變得恰當。

● 說發勁

1. 主要是能把身上的力隨著意識，隨時隨地的可以集中。
2. 要將身體鬆開了，在發勁時，才能一致把勁集中在一個點上去，思想上鬆開了，精神氣意力量才能到達一個地方上去，這樣子又有體力的集中，又有精神氣意的集中，發出勁去，所以充實無比，無堅不摧也。
3. 如是身體各部零零碎碎的集中不到一個地點上，思想上也不一致，那發出勁去也就不充實了。
4. 可是要想將力量配合著精神氣意完成了一致，隨時隨地的打到一個點上去，那就非將全身放鬆，思想上放鬆不行，否則一身軟硬不一，那是集中不起來的。
5. 太極拳之勁是要能隨時隨地的隨著自己的意識而去，不先不後，剛剛湊巧的打在一個地方上，關於這一點，也是要隨時的思想之。

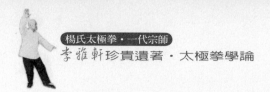
6.此所以說丟鬆放軟的練法是練太極拳的寶貝，此理不可不知也。

● 說力

1.有人說拳術是武術，武術是要能打鬥，打鬥全靠拳腕的力量，如此非單操單練，將拳腳上的力操練出來不管用，這是長拳類的想法，我以爲不然。

2.我以爲腳手上的發力，也全賴於全身一致力量之供給，如只靠局部上手腳上之力量是不夠的，如此還是用太極拳的練法，將全身鬆開，將全身一致力量練出來才行，如不將全身鬆開，全身是不會一致的。

● 發勁

1.要學發鬆沉勁，這種勁要先鬆身，吸口氣，蓄好勁再發。

2.要學發抖擻勁，這種勁要來得極快，打人於不知不覺之中，非以神發不夠快，要能叫對方如嚇一跳一樣的蹦出，才算對。

3.要學發彈勁，這種勁只要挨著對方的胳臂手腳腿，就可以把他整個人打出，不必找著對方的胸部身軀再發，蓋他的兩臂一定會有力，我勁去打在他的胳臂上，自然的勁會通過胳臂自然在他的身上 ，將他整個人打出去，因爲對方臨時再想臂上鬆來解我之去勁，已來不及了。

4.但是如在對方兩臂兩手是虛靈鬆軟的，用這種打法去打不效也。

● 說發勁

發勁要發內勁，發心勁，要氣一鼓，意一去，神一往，全身一致同時的振作才有效，如不整不一致，決不行，切記。

（一九七〇年九月六日悟）

● 說氣勢

1. 無論練功或發勁或推手，氣勢最爲要緊。如氣勢不對，一定失敗。

2. 要先持以虛無所有的氣勢，含藏萬機的氣勢，使對方手足無措，不知何處可攻爲對。

3. 我如攻人，則是虛實莫辨，來去難測，使其不知何處可守，如何可守爲對。

● 說打法發勁

1. 打法要有虛實變化的發勁，要找得巧妙，發得冷、準、快、脆、狠。

2. 平素發勁不巧，發勁不夠充實，發勁不透裡入內，發勁先被人知，以上這都是功夫不深不到家的關係，以後要細細用功夫才行。

● 說發勁和打法

1. 打法非有虛實變化不可，發勁要來得巧妙才行，要冷準脆穩，充實狠辣才行。

2. 平素發勁不巧，又不充實，又不鬆沉，又不入裡透內，又發時先被人知，以上皆是功夫不到家的關係，以後還要細細的找，多多的練才行。

● 說勁

1. 勁去妙在無形之中，使對方不知不覺將其打出、打壞、打扁、打痛、打透。

2. 勁去使鳥不及飛、獸不及走、人不及防，打人於不知不覺之中，才是太極拳。

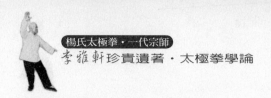

● 說勁

1. 心中要時常的思想，勁去該如何才能透其內臟？如何能使勁透內意透內？

2. 每練功要以這種思想，貫在手上、指上、拳上或掌上，或是腳上、肘上、肩上，如此常常的用這種思想意識去灌輸的功夫，久而久之，各部分上之力量就隨著意識上之想法，能貫到所想的目的地，以成太極拳高級的功夫。

3. 如平素不這樣的想法，那是練不出入裡透內之勁道來的，要注意。

4. 我這些年練功未注意這種想法，此所以功夫不進步吧！

（一九七一年二月廿四日）

● 說蓄勁發勁

1. 發勁必先蓄勁而後發，才能充實，打出去有效，否則勁去打不出效果，不如不打。

2. 蓄勁要把身上放鬆，吸一口氣，便把勁蓄起來了，如此打出去，才有效果，李香遠、崔毅士都是這樣的辦法。

3. 如楊師之推手，吸氣蓄勁於人不知不覺之中，將人打出，人也不知不覺，這才算高手也。

4. 吾人學蓄發勁，當學楊師之功夫。

5. 這種蓄勁發勁如何練，在於平時鬆開勁，輕靈練拳才行。
   這種蓄勁發勁，百發百中，自己要有信心，不要以為不管用，大膽試用可也。

● 說發勁

1. 發勁要內勁、心勁、彈勁。如放箭的勁，如炮彈的勁，如放弩的勁，使其鳥不及飛，人不及防，中者如中電一樣，心中一驚。

2. 冷快絕倫，打人於不知不覺之中。

3. 發勁要充實無比，勁去能摧毀敵人，否則不如不發勁，這是很要緊的事，要注意。

4. 老師當日每發勁，有將對方之胸部按垮之可能，有叫人頃刻死亡之感，有如按泥人一樣一下按扁之可能。

　　以上是怎麼蓄的勁，怎麼發的勁，以後要常想想。

（一九七一年四月一日悟）

● 談發勁

　　動如發機，速若放箭。奇快無比，打上難見。

● 說勁

　　發勁打不出人去，不是勁大勁小的問題，而是勁巧不巧，是時候不是時候，是部位不是部位，或是快慢用得適當不適當的問題。如用的時候對，找的部位、快慢、剛柔、力大小適宜，就一定打得出人去，否則打不出人去。

● 發勁

1. 發勁要抖動全身鬆沉內勁，心中一急如觸電一樣的往他打去，這樣子才打出點情形來。如不沉、不重、不狠、不大、不透、不足的發勁，如同兒戲，實無意思也。

2. 以後發勁多想楊師澄甫之神氣，如何才能神速如電樣的給打進去。

● 說鬆軟著練功

　　要有虛實、有變化、有巧妙。緩則如抽絲，急則似放箭，似電流，似強弓硬弩，發無不中，要使對方如觸電一樣，驚然而蹦出在

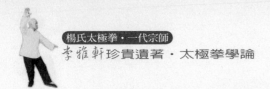

不知不覺之中才夠味。要動隨意而動，要動之於無形，要打人於不知不覺之中。如此在於平素鬆軟著練功，把鬆軟養成習慣，否則勁就不能隨意而去的靈便及時。

● 說發勁

1. 再行把前些年的混沌勁細細的想想，如何去時無一點目的、一點力量也不用，只是往前而已，俟對方化時，就其化的方向陡然變勁打之，在去勁時意念一動而去，要來得自然。
2. 發勁有往其空虛處擊之，有往其頂勁處打之。以上兩種發勁，要細緻的想想。

● 說發勁

勁去要充足，能入裡透內，能震動人的五臟六腑才行，否則空有太極拳之名也。

● 說發勁要鬆開

發勁一定要鬆開，如不鬆，發不出驚人的勁來，也不能入裡透內，打不痛人，切記。

● 說發勁

1. 勁去不能使對方驚心動魄，亡魂喪膽，這是鬆的功夫不夠，軟的功夫不到，還須細細的求，勤勤的練，尤其要多多思想老師的味道，不達到這個地步不止，如以為自己已經不錯了，那是夜郎自大，一遇高手，必身敗名裂也。
2. 千萬不要忘了鬆，只是一般的鬆不行，要鬆得兩臂如掉下來樣，如只用一個繩兒拴在肩上的一樣，那才夠味。好好的記牢吧！不如此鬆，打不出驚心動魄的勁來。
3. 兩拳如裹綿鋼錘，沉沉甸甸的。兩臂如軟節鋼鞭，重砣砣的。

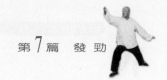

● 說發勁

1. 要常常思想楊師在世時與楊開儒推手的按勁，他是用兩掌按牢了之後，內勁一鼓，如觸電樣將其打出，不是用掌按踏實了再發勁去，要使其在不知不覺之中，這才是太極拳。
2. 我還記得楊師的幾句話，他與楊開儒推手之後云：「他好打得很，你如何打不出去呢？」
3. 拳術全憑神奇的變化，打人於不知不覺之中，這才是太極拳，如其專以力量去抵抗，那還有什麼藝術之可言也！
4. 太極拳之道，最忌用力去頂對方，彼此鬥勁，或多動妄動冒失動，胡頂亂撞，瞎鬧一摻合。

● 說發勁

　　近些年來，發勁不如以前充實有力，以後要注意這個問題。發勁要充實，要貫上氣用上神，能入裡透內才行，否則等於兒戲，無意思。

● 說發勁

　　發勁要沉著鬆淨。
　　一要心中一急，二要吸一口氣，三要丹田一鼓，這樣子的陡然打去，此意勁內勁，這種勁急如電，沉如山，效能入裡透內，摧毀五臟六腑，但無有成熟的功夫不能也。

● 說用法

1. 要虛靈以極，穩如泰山。
2. 要冷快絕倫，入裡透內。
3. 要輕如百無所有，重似山嶽立崩。
4. 化勁要使對方不知不覺為妙。

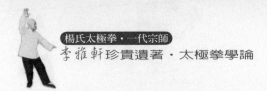
5. 發勁要起於陡然，使對方不知。

6. 發勁時是要鬆沉，才能入裡透內，但要來得快。如不快，被人察覺，則無效也。

● 說發勁

發勁有趁其虛而發者。

發勁有頂著勁而發者。

發勁有側著勁發者。

發勁有抵著勁發者。

總在功夫成熟之後，隨心所欲，無不有利。全在估計對方形勢，看如何對我為有利，便如何打，無不得心應手也。

總之，無論發勁化勁，萬不可令對方先知，所謂攻其不備也。

總之，還是那句話，要看對方之情況，對症下藥才行，不拘於一端也。

如此時常推手練習，是有好處的。

使其聽勁準確，敏捷。

使其去勁靈脆，化勁無形。

每發勁，務要使腳腿上的勁通到手上來，才有根，否則浮動勁不好。

一發勁要出其不意，如功夫好，也有雖被其預先知道，但已無辦法避免或化掉。總之，太極拳是多方面的功夫，應當度勢而用，不是拘於一端也。

也有不丟不頂用法，也有頂的用法，也有空的用法，有先發制人的用法，也有後發制人的用法，有用定勁時，有用化勁時，有用空勁時，有用抵勁時，全看對方形式用之，不拘一端也。

● 說各種勁

1. 練粘手，練跟隨手，操冷彈手，操長彈勁，操冷快絕倫手，操打人不知不覺手。
2. 發入裡透內勁。

● 說發勁

每發勁務要摸好估計準了，蓄著勁去，估計實在了再發。

怕是對方功夫好，身勢軟，打去不生效，反丟面子，所以不能冒冒失失的發勁也。

發勁要往前掀著點使根自斷，然後好使勁打出去，以後要試試看。

● 說發勁

1. 只有楊師之發勁才適用，因蓄勁無形，發勁無形，能打人於不知不覺之中。
2. 如某某之勁要鬆勁，先蓄勁，然後發勁，如此形跡太大遲慢了，被人知道了，如何能打得著人！
3. 蓋二人交手瞬變，某某這樣的緩慢，決不能勝人。
4. 尤其是在比手之中，如何能適用！
5. 此等之勁只可用於友誼推著玩，絕不可真打真幹。
6. 至於某某之笨傢伙，那就更是蠢東西。至於某某之粗魯野蠻東西，那更是一點太極拳味也沒有了。
7. 某某也笨人也。某某只是有點笨勁。
8. 某某更不行。
9. 以上之諸人，都不足道，至於那些練雜門太極拳的人，那更是胡鬧一摻合也。

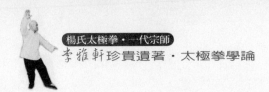

10. 我用功一本楊老師，發勁令人不知不覺，在不知不覺中把人打
    出去。

（一九七二年七月廿八日）

● 說發勁

　　發勁有時要冷不防而去，有時是要輕輕的摸，輕輕的逮，使
其無法逃脫時發勁打之，所謂無法逃脫也。不是捉，不是逮，不是
逼，而是以意識顧及，使其感覺用力不行，不用力也不行，快走不
行，慢走也不行，動也不行，不動也不行為對。如這種情形只有楊
師有，別人統統未有。

（一九七二年八月廿五日）

● 說發勁

1. 發勁務須沉著鬆淨、專注一方。勁由脊樑發，勁由內心發，勁由
   丹田發，勁由氣意發。
2. 用彈力、用鬆沉力、用內力，不用僵力、不用明力、不用硬力。
3. 發勁之初，不用硬力，而用意到。發勁之最後，也是不用硬力，
   而用意到，對方脫手而出，也是用意的關係。始終不用硬力而用
   意，才能如放箭一樣的一往直前而去。
4. 如以為在發勁之最後，把勁一緊，就可以把人打遠，那就剛剛相
   反。
5. 要發勁時，始終用意用氣，鬆鬆的一往直前而去，這樣才能把人
   放遠，如用上點硬力，反而打不出人去了。

● 說發勁

1. 發勁以由心發，由神發、氣發，由心意發，由脊發，由神經發。
2. 練腰的軟，練腿的軟，練兩臂的鬆軟，練身勢的軟，總之，一切
   都要練鬆軟。不只是軟，還要靈機注意的天天往這個鬆軟靈機上

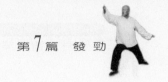

用思想，切記鬆軟了才有靈機，才有感覺，才能應付一切。

● 說練功發勁推手等等

1. 練功夫要在虛妙上找，鬆軟上找，穩靜上找，靈感上去體會。
2. 推手要輕妙著找，虛虛的逮，摸準了才可以打，否則被其化掉矣。
3. 發勁要輕輕的摸，虛虛的逮，摸準了打，沉穩著對準了，試探著發勁，否則被其化掉矣。
   或冷快，或奇變，或用丹田氣勁，或用內心勁，要一往直前，要來得冷快。
4. 如發長勁，浪子要長，浪頭要兇猛，衝力特大。
   如發短勁，要充實，能入裡透內，打透打穿其五臟六腑。
5. 要打楊師之冷勁，要打李香遠之內勁，要打楊師之鬆沉勁。

（一九七二年十月五日晚悟）

● 太極勁

1. 想起四十年前1930年在杭州，張玉與楊開儒推手時，張玉發勁一縱把楊開儒縱出去了，這個勁很好，我應時常想想為對。
2. 這個一縱的勁就是太極拳的彈力。
3. 趙清溪推黃星橋之一彈而彈出去了，也是太極拳一縱一彈之勁，都要好好的找找，因為這真是太極勁。

● 說各種勁法

太極拳勁非一端，總要聰明人去找。張玉、趙清溪一縱一彈是一種，崔一軟一彈是一種，鄭曼青一鑽一挺是一種，董英傑一揉一措、繞旋著進是一種，田紹先之斷打是一種，我之鬆軟撞點是一種，楊師之冷打丹田勁是一種，楊師之輕找然後縱勁打是一種，楊少侯之叮噹斷打是一種。還有未發現之各種勁，要靠聰明人去找，

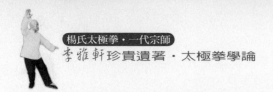
事物是發展的，全靠聰明人去找。

● 說發勁

用腰腿上的勁，用心勁、用神勁、用氣勁。

用氣意上的勁，用周身一致的彈勁。

● 發勁要打會化勁的人

1. 打不會化勁的人不算能手，要打精通太極拳的人、善於化勁的人，才算能手。

2. 如此要注意鬆軟靈機，動轉使其難測。

3. 發勁起於陡然，令人不知，化勁化於無形之中，令人不覺，否則硬來硬幹，非太極拳也。

4. 學拳要先學化，會化了使對方無用武之地，沒有辦法，那麼我去勁時，他必不能化我之手，則我勝矣。

5. 出手則機動莫測，千變萬化，才能打人於不知不覺之中，如此則要全身鬆軟靈機才可以。練拳要找輕靈為第一，如出手硬幹蠻幹硬上，則非太極拳矣。

6. 故練拳時要找輕靈鬆軟，這是最要緊的，如滿身帶勁，精神外露，不是太極拳。

7. 但找鬆軟靈妙，得耐心的細細摸，否則鑽不進去。

8. 拿定主意，太極拳一定要在鬆軟輕靈上找，並且要耐心的細心的摸，如粗心浮氣的摸不著，千萬千萬記著。

9. 每練功要將精神含藏起來，不使其外露，要緊要緊。

（一九七二年十月廿二日）

● 說發勁

發勁時是使後邊的勁湧上去，如只兩臂兩手之勁不行。

1. 凡打擊勁，手要將對方抵端了，要找準找舒適的對端，但是要鬆

著勁順其自然的對端，而不是用著勁的對端。用腰腿之勁打去，要透到底，如鄭岳、郝玉如二人之打一手揼即是也，不能在半途就縱勁去了。

2. 凡打彈勁或斷勁，就不等挨上就彈了。

3. 凡打透勁就須挨上才鼓內勁打之。

4. 發短勁總要快，慢了不行。

5. 要觸電樣令人一驚跳出爲對。

6. 主要是發勁不能令人先知。

7. 勁去令對方不知不覺爲對。

8. 勁去要起於陡然間，打人於不知不覺之中爲對。

9. 勁回也起於徒然，令對方不知不覺爲對。

10. 發勁如放箭，發勁往前送，切記了力由脊發，步隨身換，進退須有轉換。

● 說發勁

1. 發勁時要鬆著勁，以心神氣意往目的地一縱，準對，好好的記著吧。

2. 發勁要如觸電打一樣，在不知不覺之中，一驚一跳而出，要有如此之快才行，如慢了打不出人去。

（一九七二年十一月六日早六時悟）

● 說發勁

1. 發勁必須沉著鬆淨，專主一方。蓄勁如開弓，發勁好似放箭。

2. 力由脊發，步隨身換。

3. 勁發如電，要使對方在不知不覺之中，如觸電樣驚然一下跳出。

4. 發勁要由內心裡起，要由脊樑上起往上縱放。是由腳起，經過膝胯腰脊，一節一節的通上來往前送到的。

5. 不過這些一節一節的可以在極其短的時間內，一下子很快的打出

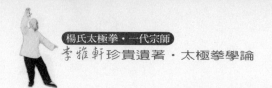

去，時間是在一分鐘之幾十分之一，因爲他去得極快，就會一下子成一個打去，就分不出是一節一節的打去了。

此上這個發勁先後的說法，容易使學者明白。

6. 勁是在極短的時間內將周身之勁集中在一點，往對方之一點打去的。

7. 勁去要使對方有驚心動魄之感，有亡魂喪膽之效，否則是功夫未到家，還得苦學苦練。

8. 發勁是身勢往上一縱，總要對準對端對正，摸穩，才有效，否則打不出去。

又要估計時間，早了不行，晚了不行，又要摸準部位，摸錯了不行，又要找準了方向盤去，偏了不行，以上都須要自己的才智、自己的靈機感應才行，如無才智靈感，雖有天大的笨力，是學不好太極拳的，總之是才智靈感，只憑力大是學不好的。

● 說發勁

1. 要節節貫串鬆軟，要氣化，要身腰腿沉著往下一鬆軟，這個方子很好。發勁如是，化勁也如是，切記切記。

2. 發勁必須吃進身去才行，如在手上膊臂上，瞎撲打瞎撥拉不行，切記切記。

3. 發勁把人打出去，如托彈丸一樣把人彈出去，鼓碌碌的樣子，這是個什麼勁，要常思想思想。

● 說發勁

1. 按現在我的思想，我感到我前幾年對太極拳一些個覺著很不錯的打法，以現在的想法不對。

2. 如我與某某的摔打斷勁，如擠勁、按勁、斷勁都不夠好。因其無腰腿上身勢上之挺力、彈力也。

3. 這是悟道有早遲耳，今後當本我今日之悟想下功夫，如以後再有

拳的感悟，當再改變。

4. 我學了幾十年太極拳，今日才知注意這個鬆軟輕靈，今日才悟解這個由腳而腿而腰以及脊肩的完整一氣，今日才悟解了這個力由脊發、步隨身換的奧妙。

由此可證悟道不易耳，從此我要下功夫思悟練習，絕不再睡懶覺，如再不發奮，身體將日馳而下了。為了爭氣，為了身體，絕不再睡懶覺，切記切記，要緊要緊。說了話算數，男兒要立志，如馬馬虎虎活著，有何味也！

● 說勁

1. 練其他拳有力無巧，無冷脆，無虛實變化，故不高也。
2. 練太極拳有巧妙、有空虛、有冷脆、有虛實，又有力、又有勁，所以能有用。
3. 心裡有勁，身上有勁，腿上腳上也有勁，手上掌上指上也有勁，問題在於靈機虛實變化。
4. 勁勁勁，勁是巧勁，不是硬勁，不是蠻勁，而是有靈機、有變化、有奧妙的勁。
5. 尤其是要有心勁、內勁、神氣勁就更好。
6. 冷狠脆準，是在千變萬化中打出去的。
7. 沒有實力不行，有實力無靈機也不行。
8. 以上所記，要天天想天天練，天天抖槍，進步一定快。
9. 手上勁、抓拿勁也要有，並須要天天練，切記。
10. 要勁時周身是勁；不要勁，頃則變為百無所有。
11. 說有勁，則充實無比；說沒勁，則寸草不挨。
12. 有無之間，千變萬化，神出鬼沒，令人驚心動魄，然則要有靈機，能聽勁，否則如姜某苦練一輩子，還打不過一二年功夫的楊紹西，何也？由此可見光有勁不夠也。

以上要天天想想。

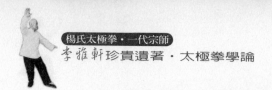

13. 遇打硬力者用巧打，遇打空架子者，當用沉著勁打之。

14. 不患硬而患不均不勻，如均均勻勻，不愁練不好功夫。如不均不勻，雖軟也練不好。

15. 身上手上腳上要有力，但是活力，如死了不行，呆板了不行，切記切記。

（一九七二年十一月廿四日悟）

● 說勁

1. 勁第一要通到腳下，由腳跟下返上來的節節貫串、有活彈力才行，局部勁不行，無彈力不行，不巧不妙不行。

2. 發勁如老老實實的不行，因為老老實實的就慢了，被人先知，所以打不著人也。

● 說發勁

1. 全身的鬆彈勁配合心意氣下上內外，完整一氣。

2. 上下內外心意氣完整一氣，睜眼時，人已如觸電樣驚然跳出。

● 發勁

1. 練功夫要在心意氣配合上多思想摸索，要緊要緊。
   至於身腰四肢次之。

2. 當先楊師之功就是這樣的，所以每發勁時，令人如觸電樣跳出，所以每發勁有那樣驚人！

3. 楊師只要往我一看，我就叭一下子摔出去了。
   這是個什麼勁，要天天想想，要緊要緊。

● 說勁及用法

1. 勁是要有，但是要鬆沉勁，要鬆淨勁，要順勁，要彈勁，要靈活勁，要專主一方勁，要有智慧勁，要柔勁。

2. 不要僵勁，不要死勁，不要拘勁，不要別勁，不要冒失勁，不要四下固著的勁。

3. 出手若有機變難測之勢，千變萬化之勢，令人不可揣摩爲是，不要挨板之勢，不要呆癡之勢。

4. 出勢有變，一變再變，變變不已，一發再發，發發不窮，此之謂虛實莫測也，此之謂兵不厭詐也，哪個和你鬥牛勁，哪個和你傻柔扭？

5. 打一個乾淨俐落爽脆無比，要使對方傻眉瞪眼，如摧枯拉朽然。

6. 色不過五，其變不可盡觀；味不過五，其味不可盡嘗；音不過七，不變不可盡聽；兵法不過「奇正」二字，其變化豈有窮哉！

7. 若出手呆板，雖一輩子苦功，變難以致用也。

8. 在對手時，有鬥智、鬥巧、鬥變化之別。

● 說發勁與應用

1. 身手要鬆軟，手才靈快，令人不及防守，如手上身上有力，就動作不快不靈，去手去勁就慢了，慢了被人先知，有了防備，就打不出人去了。

2. 鬆軟著，變手快、去勁快，令人難防，有獸不及走，鳥不及飛之快也。

3. 如發勁用意去、神去就更快，能打人於不知不覺之中，使人如觸電樣驚然而跳出也。

4. 若問這種快是如何有的？

答：這是平日鬆著勁練拳養出來的。

這以上的體會要好好的記著，要緊要緊。

● 說練功夫發勁及推手

1. 氣勢沉著，腳下任端的，才能發出勁來。

2. 蓄勁似開弓，發勁如放箭。

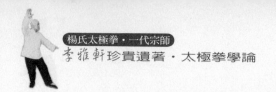

3. 在比鬥時，二目一睜，注視對方之眼睛，意念一動，即令人心驚膽戰。

● 發勁情形是多樣的

第一個，是如放箭樣射出，使對方摔出。

第二個，是去勁透其內部。

第三個，是使對方驚然一嚇，如觸電樣跳出，或是驚然一下崩出，要使對方有驚心動魄、亡魂喪膽之感覺。

● 說勁及打鬥

1. 鬆勁、沉斷勁、冷彈勁、沉著勁、空虛勁、虛無勁，勢探攞皮打，閃電驚人魂。

以上總要心中之勁才行。

2. 挨、幫、擠、靠、推、拉、攮、送、吞、吐、納、哼、哈、呼、吸、喜、怒、哀、樂十九型勢，樣樣俱全。

好功夫要打出這十九樣形式來，否則不是高手。

3. 天下事就是一個不怕，橫起心來，奮勇抵抗，保證行。如怕了是軟骨頭，豬仔一樣，空披人皮，可恥之至！

（一九七二年十二月廿七日悟）

● 說丹田勁、心勁

1. 勁要鬆沉，要周身一致，要用丹田，用心勁。

2. 要沉氣，要用意，要思想。

3. 要用身勢，用神、用氣。

4. 要時常想、時常貫輸、時常形容。

5. 行走坐臥，時時注意丹田，要緊要緊。

這一段時間把注意丹田忘記了，可惜可惜。

6. 丹田心勁是本錢，是寶貝，是生命主宰，無論什麼事離了它不
行。

等於放風箏，沒有尾巴，就要倒撞下來。

等於上陣，沒有心勁丹田勁，就要敗下陣來。

等於爭鬥，沒有它就失敗下來。

此丹田心勁之重要性可想而知之，尤其練太極拳，如忽略丹田
勁，就一輩子瞎胡鬧也。

（一九七三年一月七日）

● 說發勁

1. 發沉勁要一定練充實，不充實不行。
2. 天天在充實上用功夫，否則不算好手。
3. 要苦練細審，要緊要緊。

（一九七三年一月十五日，此與龍驤推手的感覺）

● 說練功與勁

1. 練功要在輕靈上找，在意思上找，找拳味上手，找拳意上手，如
不上手，要靜下心來細細的找。
2. 發勁要遇著硬地才發，在發時，只要意念一動，勁就如箭樣打
去，要對方如觸電樣蹦出，決不叫對方先知。
3. 勁去要使對方來不及化，來不及走脫，方是太極勁。
4. 這種勁要細細找，天天想，方可學到手。

（一九七三年一月十五日）

● 丹田內勁

1. 無論打拳、對敵、作事、寫字、唱戲、言論及任何大小事情，非
用丹田內勁是辦不好的，切記切記。

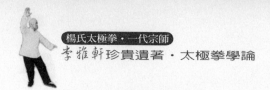

2. 丹田內勁如何有？

　　一身鬆，意鬆，心鬆，氣鬆，如此，則全身之意自然會集中在丹田裡去了。

（一九七三年一月廿六日）

● 楊師在世之發勁

1. 打田紹先之擠勁，輕輕往其左上臂一放，田已無法走了，稍稍一鬆勁，打了一個四體朝天，如這種奧妙，是如何有的！
2. 我今年已七十九歲了，經過這些年鑽研，到現在才知道一點點楊師之味道之少許。
3. 總而言之，無非是輕靈虛妙而已。
4. 一身的靈機，一身的輕妙，所以有神聖不可侵犯之勢。
5. 不動，則神聖不可侵犯；動，則玄妙萬分。
6. 勁去則鬼懼神愁，驚心動魄，令對方亡魂喪膽。
7. 發勁要能透其五臟六腑，要能使其骨斷筋折。
8. 要透其內部如透紙紮人一樣，一按打垮。
9. 如打其四肢，如高糖箱（碎糖）一樣，一打即斷了。

● 說發勁

1. 主要是快，比電還快，非快不行。
2. 其次是巧妙靈機。
3. 要天天在靈機巧妙上下功夫。
4. 打人於不知不覺之中，切記切記。
5. 伸縮靈動，知覺神快無比。
6. 拳打人不知，人知不算拳。
7. 每練拳將大小關節通通鬆開，要緊！要緊！注意！注意！

● **說發勁**

　　要細細體會「蓄勁似開弓，發勁如放箭」之老論，要細細找其中奧妙。

● **說發勁可能之缺點**

　　凡發勁被對方化掉，或打不脆，其缺點有四：

1. 身勢不夠虛無，不夠鬆軟，身手上仍有勁，已被察覺。
2. 去勁不夠細緻，找得不巧，或剛柔配備不恰當。
3. 內心勁用得不夠好。
4. 出勁不夠冷快，或呆板無變化，已早被人察覺。

　　以上千萬要注意這幾個問題。

　　又，空虛著打，鬆鬆的打，混沌著、空空的、虛虛的、鬆鬆的去勁，如有臨時感到不合，就臨時陡然變勁打之，百發百中，決不含糊，切記。

● **說發勁**

1. 因周身是軟的，所以到處能發勁，不只是拳、掌、肘、腕、肩、腰、胯、膝、腳之九處九個部位也。

　　如此意念用在哪裡，哪裡就發勁，勁可以隨意念而去。

2. 在比鬥之中，哪一部位可打，就打哪一部位，哪一部分得便，就用那部位打去。去勁要充實有力，有打透摧毀之可能為對，否則不如不發勁也。

● **說發勁須沉著鬆淨**

1. 發勁要全身一致真正的鬆開，勁去才非常之大，無論什麼這勁、那勁都是這樣。
2. 蓋發勁是要快，慢了打不著人，但何以能快，答之如下：

是要身心俱要純粹的鬆開，然後才能以心意指揮得動身手，才能作到快。如心身未純粹的鬆開，而是一身的僵扭拘滯之力在身上束縛著身體，動作不輕靈，那心意何能隨心所欲的指揮身手發出勁去，作到發勁這個要求呢？老論上說「發勁須沉著鬆淨」這句話，要多多思想。

（一九七三年五月卅日下午九時悟）

● 說高深一點的太極拳發勁

1. 高深一點的太極拳發勁，是有深細的道理的，而不是用力大小的問題。

2. 它的身手腰腿各部的先後配備是有規矩的，如配備好，發勁就生效，如配備不當就無效。又如手眼身法步的配合，這是外部，如心神意氣的配合，這是內部。

3. 但要注意的還是以心為主，以心領內外各部，此所以老論上說「心為令」者也。

4. 要使以上內外兩部在主部的（即心部）命令下發勁才有效。然而這是不是說如這樣就行了呢，而尚有其他問題須研究呢？還不行，還有很多的東西須得隨時注意，這說明太極拳功夫是無止境的。

5. 如哪部分當先去，哪部分當後去，哪部分當緩，哪部分當速，哪部分當剛，哪部分當柔，使各部分配合著而行才行，而不是一味的用蠻力可以了事也。

6. 更須說明的是，在什麼時機而發，往什麼方面而發，接觸對方的那一部位是面積大小的問題，要先剛後柔嗎？要先緩後速嗎？等於名醫師之治病，當憑脈象下藥，早遲先後都有莫大之關係。如同一樣的病，診斷不正確，先後分量之不配，就有生死之別，太極拳道理也是如是，豈可不詳細察之！我寫的這篇東西，所以叫「說高深一點的太極拳發勁」當如此。

7. 練太極拳的人如不懂得這個道理，就學不高深。

（一九七三年八月卅日悟）

● 推手發勁化勁

1. 發勁時要摸準對方已無伸縮性退讓力了再發，如對方尚有伸縮退讓的力，勁打去必被其化掉無疑也。

2. 化勁時要先將一身氣勢放鬆軟，在對方來勁時，我身勢一軟，就將對方來力化掉，對方打來無效。如身勢一硬，對方打來，以剛碰剛，必被打出矣。

3. 問題在於如何能摸得準對方，如何能將身勢氣勢放得鬆軟，預知對方有沒有伸縮力能退讓，這要靠平素練功夫養出來的靈感。身勢氣勢的鬆軟，這要靠平素練功夫養出來的鬆軟。

4. 如想把對方摸得準，這要有靈感。如何將自己一身放得鬆軟，這主要在於平時練拳對不對的問題。

5. 如靜下來練拳，可以養出靈感來。如鬆開身心練拳，可以練出鬆軟來。

6. 如心不靜，雖練拳養不出靈感來。如身心未俱鬆開，雖再練拳，養不出鬆軟來。

7. 推手總要多打，多找竅門，多有經驗。如其經驗有了，功夫亦在不知不覺之中長了。

（一九七三年九月卅日）

● 說發勁

發勁時不是以局部用勁往對方撮，而是以身勢腰腿上的鬆沉勁向其一縱一彈，把人打出去，如是以局部用勁向其撮，反而打不出人去。

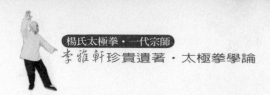

● 說發勁

1. 發勁不充實，打出效果不大，打不服大力野蠻漢，關於這一缺點，一定要想法子補上，否則有何專家之可言！

2. 發勁是要用心裡的勁，以心神氣意和身勢往目的地一縱，要叫它打能遠，也能入裡透內，這才算功夫。如能入裡透內不能打遠，或能打遠不能透內，這都是功夫不到家也，需要苦練，否則徒有虛名可恥也！

（一九七三年十月廿一日）

● 說練功及發勁

1. 要叫身勢能無微不至的能伸縮婉轉自如。要伸得很遠，又能縮得很小，便利從心。

2. 蓄勁令人不知，發勁令人不覺。

3. 蓄勁如開弓，發勁似放箭，吸氣時開弓，呼氣是放箭，意氣一到，人即打出，發勁能打遠、能打倒、能入裡、能透內，能叫對方驚心動魄，能叫對方亡魂喪膽。

　　勁能突然而至，陡然而到，如電之快，使對方不能準備、不能防守，也無從防守。

4. 要叫對方如觸電樣，一下子崩出才夠快。

5. 如打不出這樣的勁來，還算什麼太極拳專家也！

（一九七三年十月廿二日）

● 說發勁

1. 欲學發勁，須知內外。

　　內則心神氣意是也，外則身腰四肢是也。又剛柔內外配合，心神氣意身勢腰腿的配合，以及快慢先後剛柔的配合。

2. 如把以上這些情形弄好了，發出勁就有神出鬼沒之妙，否則差之

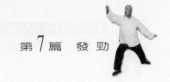

毫釐，謬以千里。

● 說發勁

　　冷彈的勁，能打人於不知不覺之中，令無從防備。某某的長勁，雖叫對方知覺了，但也無辦法防備，這也是好的。

　　以上這種功夫，是平時練鬆軟的功夫練得好，心神氣意跟隨得好，一身的靈機來得充實，否則達不到這種樣子，所以說平時要多練功夫。

（一九七四年二月三日）

● 發勁

1. 無論打透勁、軟彈勁、長勁、短勁、冷勁、寸勁，一切之一切，都非放鬆放軟放沉不可，否則打不出以上這種勁來。
2. 長勁要打得準、摸得準，先後方向、時間要聽好，又要動之於無形，如有一不到，就失效了。

　　如下棋一樣，如一步走錯就輸了。

（一九七四年二月三日悟）

● 說練太極拳的也各有不同的勁道

1. 練太極拳的因各人的傳授不同，各人的性格不同，故所以他們練出來的架勢，發出來的勁道也各有不同。
   (1) 有的是走輕快靈活，它來之不知，去之不覺，打人於不覺之中。
   (2) 有的是虛無奧妙，來去無影無蹤，令人絕難覺察，打出勁來，令人驚心動魄，喪魂亡膽。
   (3) 好用粘連綿隨，神妙無比，但發出勁來，能入裡透內，令人無從防備。
   (4) 有的是氣勢雄偉，神氣一振，打人於丈外，其神氣如關夫子之

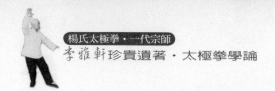

睜眼一看，令人跌出丈外，如之所謂神勇者是也。

2. 以上所講輕快靈機者，打人於不知不覺之中，奇快無比，楊祿禪先生是也。

3. 虛無奧妙，來去無蹤，打人於不知不覺之中者，陳長興先生是也。

4. 有的是剛暴無比，充實無比，勁到則如炸彈一樣，他可以令人心驚膽寒，所向無敵，楊班侯先生是也。

5. 有神妙粘連，奧妙以極，就算是麻雀落在手心也飛騰不出去，如楊健侯先生者是也。

6. 有氣勢雄偉，莊嚴正派，令人可敬，他可以打出勁來，如山嶽之沉重，如神聖之氣概，如楊師澄甫者是也。

7. 有的是工於靈動，輕快無比，他可以輕點人的要害如探囊取物，非常靈便，楊少侯先生是也。

8. 有的練功時氣勢雄偉，發勁神妙難測，可也上下相隨，腳腿並用，身手相隨，剛柔並用者，李雅軒是也。

9. 以上這些勁道雖好，但也並不是無有破的，今寫之如下：
   ⑴輕妙之勁雖好，但一遇虛妙虛無之勁比它更輕，則無用矣。
   ⑵虛無之勁雖好，但一遇強大之籠力則無用矣。
   ⑶強大之籠力雖好，一遇靈動之力則無效矣。
   ⑷靈動之力雖好，一遇腰腿柔軟之力則無用矣。
   ⑸腰腿柔軟之力雖好，一遇沉著之心勁也無效矣。

10. 總之是各有所克，各有所怕，不外乎虛實開合，則變化無窮，全在個人之使用（體會）。

● 說發勁及發短勁

1. 凡發勁不是局部之用力，而是腰腿身手之配合。

比如發勁是由腳下借地下之力，由腳而腿而腰而脊背而肩而肘手，一節一節的往上通上去的，以通到手上發勁。以勁達對方之身

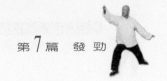

體上的，而不是局部的用勁，這是規則。

2. 至於短勁，也不能離開這樣的規則。

　　不過是把這些規則使用得巧妙熟悉，能在短時間一下子把這些規則完整一氣而矣。因集中得快，所以謂之短勁，而不是短勁就可以不用由腳而腿而肩而肘之總規則了。

● 說練拳推手和發勁

1. 要時時刻刻想著將身勢放鬆軟。

2. 絕不可身上稍有用力用勁，或心裡稍有用力用勁情形，否則就一輩子練不出太極拳味來。

3. 在推手發勁時，如稍帶勁，就變化不靈不快了。如稍帶勁，必定就早先被對方知道。

4. 如此勁去對方有防備，就發不出人去了。

5. 總之，在不用力、不用勁原則下多練多推，長了功夫，有了經驗，就會生出巧妙，有了巧妙，就能千變萬化了。

● 說發勁

　　凡發勁必須是由腳下通上來的，由內心作想往前一縱而去，這樣子才有效，而不是手上臂上之局部力。

　　以上言發長勁發短勁，皆具備這些條件，不過由於發勁者功夫純熟，發得巧妙，來得迅速，好像似一下的就發出了，在外面形跡上看不出來耳。

● 說發勁

1. 太極拳是個圓的，到處都可發勁，到處都可含化。在打鬥之下，如哪一處需發勁或需含化，只要意念一去，就可應心得手的作到發出或含化。

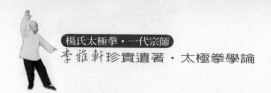

2. 處處可以如此，不只是拳、掌、肘、腕、肩、腰、胯、膝、腳
也。

● 發勁的機會

1. 發勁的機會，是二人在打鬥之中趕就手上來的，應趕在哪裡就在
哪裡發勁打。不可換手再打，否則貽誤機會，再打已無效矣。

2. 發勁的機會，不是自己作出來的，因為這樣子打不巧妙。

3. 凡是激烈的打鬥，全憑變化，全憑虛實，所以能打人於不知不覺
之中。

4. 出手就變，變中有變，虛實運用，神鬼難見，此兵法之不厭詐
也。

● 說冷勁、長勁、短勁

打丹田之冷勁，這種勁是平素練拳鬆軟練出來的，有了這種
功夫，在發勁時只要意念一動就可以陡然打出。可以入裡，可以透
內，可能透五臟六腑，可以令人驚心動魄、亡魂喪膽。

這種勁來之於人不知不覺之中，這為之短勁，也謂之寸勁。至
於長勁，對方雖已先知，但已無法逃脫，這是由於善於運用腰腿之
柔勁的關係。

更有攞皮打、快打，都有特別的妙用。以上皆是由於平時的鬆
軟著練拳得來。

● 說發勁

1. 先要虛著去，第一要摸索準再發。

2. 發勁是要試著去，等他來化，順其化勁的方向，變勁打去。才有
效，萬不可冒失，否則有害無益。

● 說發勁

1. 長勁可以把人打遠，是如何打的呢？是以腰腿肩臂上之鬆軟彈力打的。在發時，意念一動，以周身均勻之力往前一縱而去，就可以把人打遠。
2. 在蓄勁時，等於開弓，在發勁時，等於放箭，一繃就去。
3. 勁去奇快無比，其急如發機，其快如觸電，比強弓硬弩還要快，鳥不能飛，獸不及走也。
4. 平素要想當先老師發勁的情形，如此進步就很快。

● 說勁

1. 打冷勁要起於陡然之間，令人不知不覺，才算妙手。
   勁去若放箭，腰如弓，身力要來之深遠，將其彈出去，如箭脫弦而去然。
2. 使粘連勁要輕輕的一放，就可將對方吸著吃牢。
3. 在轉折回頭時，勁的意思要不斷，要走圓，勁又要有折疊，來得無形。
4. 凡是一切對打，全憑有好的粘連功夫。

● 說太極拳之內勁

1. 太極拳之內勁是怎麼有的，全是平素鬆著勁練拳練出來的。
2. 只要有了這種內勁，在發勁時，就不是愁勁去打不出效果來，而是愁勁去一下子把人打壞了。

　　如有了這種功夫，才算把太極拳好手，不然是功夫還不夠，要加功練，如只是平素柔柔扭扭的動幾下子就毫無意思，那是練不出來的。

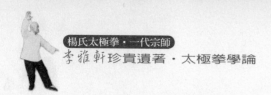

● 說發勁主要在鬆軟

發勁第一是要鬆軟，第二是鬆軟，第三還是要鬆軟。蓋不鬆則不能軟，不軟則不能重，不鬆軟不重則不能彈，不彈則不夠快，不夠快則勁去先被人知，發勁則無效也。

況不重快則不能入裡透內，勁打去只是外皮痛，則等於外功之勁也，還有什麼太極拳之可言也！

（一九七四年七月十五日）

● 說推手打手發勁

1. 出手務要虛無輕妙，以聽對方之勁。
2. 發勁要摸好，要找準，不能冒失。
3. 在找勁時，要有神奇的變化，來之不知，去之不覺，打人於不知不覺之中，才算高手。

   如勁去先被人知，是功夫不夠，還要苦下功夫。
4. 勁去要以神打神，以氣打氣。
5. 全憑鬆軟無比、冷彈絕倫，來得奇特，來得神快。

   若能如此，才算進門，否則那還離拳遠得很也！

（一九七四年九月廿二日）

● 說發勁

每發勁都要由腳下出，不要只是兩臂上的力。勁自腳下經腿，通過胯，通過脊樑，到達肩臂腕手，到達對手的身上，切記切記！如不是這樣，勁去不生效，切記切記。

（一九七四年九月卅日悟）

● 說發勁

要發冷彈脆勁，身勢合作，心神一致，缺一不行。

　　心神氣意全身合作，缺一不能用心勁、意氣勁、神經勁，不用身上筋骨肌肉之力，此之所謂太極勁。

　　動作要快快快，完全以神經之勁，以神經使用全身動作。

　　要作到隨心所欲。

　　要作到如電之快，如炸藥之快。

　　要作到驚心動魄，亡魂喪膽。

　　如不冷快絕倫辦不到。

（一九七四年十月一日悟）

● 說發勁

1. 只是退讓不行，要以心勁抵著化，才能用腰腿上的勁達到手上發之，無論是往前去勁，還是往左右去勁，皆是這樣，切記切記。

（一九七四年十月五日教李敏弟）

2. 勁是各種各樣的，要全會才行。

　　在用時對症下藥一定成功，如只是會一二種勁，到時不夠用的。

● 說發勁

　　發勁要入裡、要透內，這就必須沉著鬆靜，又要以心意主使。三才具備，才能作好。

（一九七四年十二月七日悟）

● 太極拳發勁種類及心神意氣之配備問題

　　以全身重量往其撞去，向其鼓去，向其碰沖去，以柔勁向其挫去、粘去，向對方縱去，向其抖去，向其彈去，向其劈、向其碰，向其捋，向其抽，向其探，向其捌、向其撮、向其格、向其搶、向其拉、向其挑、向其挑格撥拉。

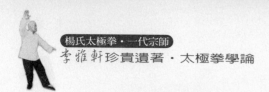

心神氣意的配備問題

以上種種情形，配合得好則百發百中，否則，勞而無功。

有的勁去是須要螺旋式的鑽進。

有的勁是要如放箭似的直去。

有的勁是須先緩後急。

有的勁是須先急後緩。

有的勁是須柔彈。

有的勁去是要冷彈脆快。

有的勁去要往回抽帶。

有的勁去須要點勁。

有的勁去須往上措或往下掛，往上搶勁。

有的勁去頂它，挨它，幫它，須隨它以及推拉攘送視用之不同，有的勁須往其來勁去處順勢引之。

以上這些勁全在乎平素練功養成了靈機，臨時聽勁而用。如同名醫下藥，要摸準了病而後開方下藥也。由此可見平素練功以秉「老論」是最要緊的。

（一九七五年十月廿日）

● 斷勁

在發斷勁時，要將周身鬆開，尤其是兩臂兩手要鬆得滴溜噹啷的如繩栓上的一樣。發勁時要心裡發狠，兩臂鬆得沉沉的，在心裡一急之間，徒然向對方摔去，要對方感覺如鞭子抽在身上的一樣為對。但此勁只可打外傷，無內透的力量，不能傷內也不能打遠。

● 發勁

發勁要以鬆沉彈之透力，這種勁能入裡透內，對方化不掉，如不是鬆沉軟彈的勁，就容易被人化掉。

● 說理篇

某某之勁，是初步的勁，不是老練的功夫，初學可學，到中乘功夫，就不宜學了。

● 說各家的太極勁

楊師是打丹田勁，可以把人打壞吐血。

祿禪是打輕妙虛無勁，可以使人捕風捉影，可以服人。

班侯打的是暴力，這種力利於比武比手。

健侯打的輕靈綿軟沾粘手，大可學。

我自己架子開展，氣派雄偉。打法是腳手並用，冷快絕倫，打人於不知不覺之中，這是我獨有的天才風格，他人學不來。

某某笨牛，有柔扭力，推手可以，散打無門。

武匯川好，可惜已死去。

崔是有鬆沉勁的，散推手可以。

某某也是笨傢伙，有挨板的功夫，無靈機天才。

李寶玉有內勁，有真功，勁厲害。

鄭曼青天才高，手法有獨創的東西。

● 說發勁

發勁主要是以神打、以氣打、以意打，用點勁、用冷勁、用閃電勁，主要在快。

勁去要在對方不知，要打人於不知不覺之中。

● 說應用發勁

1. 主要是勁發去，要充實有力。如發勁不充實，打不出效果來，就不如不發。

2. 如練發勁要操練，總要勁能打出效果的才行，否則不如不發也，

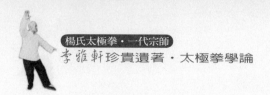

切記切記。

3. 細想起來，太極拳眞是豐富多彩，無論一手也足以贏人，全在運用的精巧耳。

4. 與高個子鬥，找當胸，找兩脅小腹，如及踹腿蹬腿等。如是與矮個子鬥，當找其上部，頭，臉，兩耳，單雙貫耳，扇面掌等。

● 說各人的發勁情形

1. 要學楊師的發勁，在人不知不覺之中人已出去，這是什麼味？這是彈出去的，射出去的，眞所謂發勁如放箭也。這種發勁，但我感到比放箭還快。觸之如電一樣，在人不知不覺之中蹦出也，這種味道要時常思想。

2. 其次崔毅士之發勁，先吸一口氣，身勢一鬆一沉的發法能打出人去。

3. 武匯川的學生名張玉者，發長勁的鬆彈力還不錯。

4. 董英傑力大，膽大，敢打敢上，這是他的長處。

5. 李寶玉一輩子的苦功，身勢曲折柔軟很夠，尤其是他的發勁比任何人都充實，其勁能入裡透內，確實是一把好手。但是我認爲在機變奧妙方面還不足，如此更可知太極拳之難也，得一位很完全的好手實不易。一百多年來只出了楊祿禪先生一人，其次楊班侯、楊健侯、楊澄甫老師也。

我本人是更不行，雖在機變虛無奧妙，冷打、丹田勁各方面都有點，因跟澄甫先師十餘年之久矣，可惜早年未善用功，本身天資也不夠，以至成就不深，誠可惜也。

● 說各人發勁情形

1. 祿禪發勁是虛無所有的打法，被打者挨上後還不知是如何挨的打，算的是神妙以極。

2. 班侯發勁如晴天之霹雷，啪的一聲，已把人摔出丈外，很多人已

被打壞。

3. 健侯之發勁以輕妙之手法摸之，手法雖輕可以使其跑不了，而後如放箭一樣將人射出，眞可稱爲神沾聖手了。

4. 少侯之發勁是鬆靈致極，冷快無比，他鬼鬼崇崇的令人不好琢磨，不好防備，人已被他打痛了。

5. 楊老師之發勁是冷打丹田勁，臨發時心中若有所思，在勁去時，如關夫子之斬顏良誅文醜，瞪眼之際，其人頭早已落地，眞稱得起是內家拳神勇也。

6. 武匯川專打一點柔彈勁，不愧是楊家的弟子。

7. 崔毅士會發沉勁，發時先吸一口氣，然後以鬆彈之勁打去，此勁可以把人打出聲，此謂以氣打氣之功夫。

8. 李香遠是幼年長拳功夫很深，後從楊鳳侯學太極拳，功力大，勤學好練，他的發勁能透入內部，充實無比，後也拜楊澄甫老師爲師。

9. 董英傑善揉措勁，他可以將人揉得東倒西歪而後倒也。

10. 鄭曼青善於打一種摸準了之後，而後挺身進步將身攻出的打法，人雖小，有功夫，有膽量。所以對方雖其有備，亦被其打傷。

11. 田兆麟的如斷下來樣的軟打功夫也好。

12. 我的長處神機變化而來，是用機變難測手，打冷快閃電勁，不喜歡與人沾沾粘粘的鼓湧。

（一九七五年十一月一日）

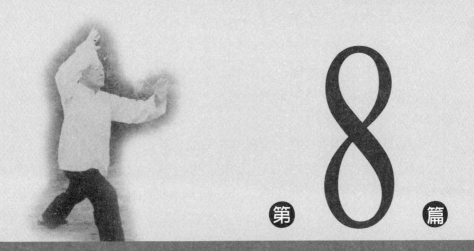

第 8. 篇

拳學筆記

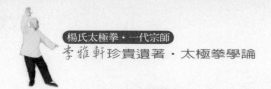
　　我對現時的這些太極拳老師們，心中常有一種估計，我認為：

　　某某的功夫，揉措之勁是不錯的，軟打的手法也好，但他的虛靈頂勁沒有，巧妙不夠。

　　某某則功夫雖好，但在虛靈頂勁方面也不行，且膽氣差。

　　鄭曼青發勁的手法頗好，天才聰明也夠，所以他與某某推手時，「啪」一聲，將其摔在牆上（在南京軍校內，有張英振在場看見）。

　　一九五六年，在北京全國武術運動會上，有一練吳家拳的湖南運動員易在勤，其推手的功夫還好。他的身上很柔軟，跟隨得很巧妙，化勁很好。有些太極拳的老手，與之推手，還打不出他去。我與他推手時，雖是打出了他幾次，但我感覺到他身上比那些練雜亂太極拳家們都好得多，今無怪吳家拳在武術中能獨開一派也。

　　我近來又體會到一種化勁。這種化勁，我覺得比以前我以為很好的化勁還要來得巧妙，今特記錄下來，以便記憶：

　　未從出勢，先將自己的肩、肘、胸、腰、腹、胯、腿、膝以及周身各部完全放得鬆鬆的，心裡也放得靜靜的，使身心內外成為一個整體，全神普照通身，不要注意哪一處，好似太極宇宙之大，虛無所為的樣子。如此。則身上會起一種靈感，這種靈感就是由於身心泰然一體，無所為之中生出來的。有了這種靈感，在推手時，就可以無論對方如何來手，在其將到未到之際，我自己莫名其妙地就會預先知道。在這個時候，我的神經氣意就會很自然地順其來勢，不先不後，很巧妙地將其來力化之於無形。

　　假如我持身立勢先有定見，專在某一部、某一手、某一式上注意，如對方來力，反而不能很自然地將其來力化除，蓋顧此則必失彼，掛一必漏萬也。這種道理很微妙，以後要多多思悟，對功夫當大有補助。

　　以上所說是指對有高深研究的太極拳家的辦法。如對一般的

人，就不必小題大做，只是用如班侯所說，打由己勁的手法就行了。蓋一般的功夫，沒有深奧的化勁，沒有深刻的聽勁，沒有好的柔軟耳。我這種化勁，是由於平素練拳經常不斷地做靜心的功夫，不斷思想老師當先打拳推手的情形，而後一點一點地悟會出來的。不過我體會得還不夠精細，尚須不斷地經常地用功才行。

以前楊澄甫老師發勁的情形，是以腰脊之力，丹田之氣，周身整個之勁，是往下陡然一坐，往前陡然一鼓勁，又像是往前一縱，往前一彈，往前一吐的神氣。所以被打者如觸電樣而崩出，而不是只憑兩手兩臂肌肉之勁往前撮、往前杵之力量，否則力量雖大也必拖泥帶水，打不乾脆也。

● 說各人發勁時臉上的表情

1. 班侯發勁時是怒容。
2. 健侯發勁時是笑容可掬的樂相。
3. 少侯發勁時是詭詐的臉容。
4. 楊師（澄甫）發勁時像怒的樣子。
5. 李香遠發勁時是如笑嘻嘻的樣子。
6. 崔毅士發勁時是愁相。
7. 我發勁算是近於怒相。

太極拳發勁時各有不同的表情如喜、怒、哀、樂，這是有功夫，找著勁的表現，如無這些表現是功夫還不上手。

● 我以前用過的發勁

在一九五五年一月三日，在老玉紗街25號附1號，我與栗子宜練習推手時，我忽然找到一種勁道來，這種勁對子宜的這種身架的情形用之頗有效，特為記錄如下：

這種勁在初發時沒有一定方向，無一定著意點，若無所為，

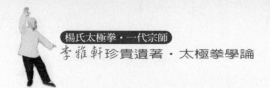
只是以鬆鬆軟軟的身勢向對方緩緩的透去就是，以俟對方來化時，我便順其化勁的去向隨之，在這種隨動之中，一定會審出對方之根基重心點來，我便陡然出一個突擊之勁向其重心點鼓之，其必跌無疑。

此種發勁，因為它去時如渾渾混混無一定的注意點，全憑臨時因對方之化力而作決定，故我命名此勁為混沌勁。未知合理否，以後請高明審定之。

此混沌勁，在初去時，無注意點，為如所為，其作用全憑臨機應變，一頃刻間的心氣意念之一動，將對方打出。這是由無為之中生出來的靈機，感應出來的陡然之動作，所以能來得很突然，能使對方不覺，能打得響脆也。假如出手時先有一定的方向部位，注意點，那就是出手先有所為了，既有所為就是有一定的注意點了。假如對方來的化勁，與我預先準備的注意點情形不合時，那就應付不靈了。如去早了，時機未到，已被人知；如去遲了，時機已過，不發生效果，這是由於先有主見的關係，此理不可不知。

查此勁，我於一九三一年在杭州浙江省國術館時，與楊開儒的朋友華夷推手時，曾找到過這種勁。當時華夷的功夫很好，化勁很活，我比他的功夫稍高也有限。我以手法找住了他再發勁，總是打不乾脆，在無可奈何之際，我忽然找出此勁來，連去了幾個，屢試屢驗。因為我這些年與人推手，因未遇過有好化勁者，所以二十餘年未用過此勁了，幾乎忘掉矣，今幸與栗子宜推手中又找了出來，心竊喜之。

按此勁澄甫老師善用，每與人推手打得很脆，當時我還體會不到，現在應當時時記住。

在杭州民權路大禮堂，我與周聲供打手用的反掌打，以右手向其面部虛揚一下，他以右臂往上猛架時，其右脅已露出，我便以右手由上往下一翻，向其右脅間輕脆的一彈，他便兩臂抱胸蹲地，說不出話來，以手示意要回宿舍。我扶他起來，送他到宿舍，修養了

七天，連吃了幾劑七厘散而愈。蓋因我去之勁雖是不大，但正在他呼吸的時候，於不知不覺之中被彈了一下，打隔了氣，並非是打傷他。

我與劉湘女推手時，用的右腕打，以右手向其胸部一去，他便以右手由上往下向我右手腕往下壓力，我便借其壓力一鬆，露出右腕來，便以腕向其胸部一鼓，他便如彈丸而出，碰門倒地。

我在杭州昆明路國術館，與楊開儒打手，他忽然亂其推手的規則，以雙手向我腰部抱來，我當時心中一急，以雙手向其胸部用寸勁一按，他便驚然倒地，後腦勺摔在地板上，「啪！」的一聲頭暈了數分鐘，才恢復自然。

我在成都將軍街夏宅，與楊紹西打散手之用腿，勢如窩裡放炮「啪！」的一下，使其不及逃脫，此事張英振在場親眼看見。

我在輪船上的房艙中，與吳某某推手之發勁，勢如連珠跑響，嘣嘣聲不已，吳之後背亦撞鐵門者再。

我在成都西馬棚街12號之堂屋中，與鄭某某推手之擠勁，「啪！」的一聲，將其打在隔板牆上，將板牆打裂寬縫數道。

我在成都天仙橋街永興彈花廠中，與牟祖綏打散手之踢腳，我右手虛晃其面部，他以右手向上迎架時，其右脅已亮出，我便經其右側往其右側往其右後闖兩步去，提右腳向其右脅踢去，其勁竟透至其左側，疼痛不已。

我在成都西馬棚街，打鄭某某之小按，稍一鬆勁，他便墩在床上。

我在成都東勝街張英振先生家，與大力士王應亮動手，我以大腿膝胯部打的截勁，在其將用「大別子」上右腳時，我在其將來未到之際，以右腿出截勁向其右腿一鼓，王則滾出丈外，此事張英振先生在場親眼看見。

我在成都槐樹街請客吃飯時，有某某之朋友孟某者，素有通臂之功夫，言談輕視太極拳，說太極拳沒用，要與我較量手法，舞動

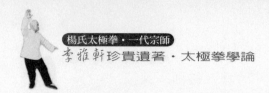

雙拳向我攻來，我便以迅雷不及掩耳的手法，陡然進身，分開其兩手，便順勢以拳向其胸部點之，但不過意思而已，並未打上，然他因驚叉氣，疼痛多日始癒。

我在成都藩署街文熾昌寓，與朱某推手之化勁。按朱力大勢猛，推手向來無對手，素有坦克車之稱。在閒談間，朱忽然用十分猛的力量向我湧來，意圖一下子將我推到牆上，以顯示推手唯我獨尊。但我知他之來力甚猛，不可以抵抗，遂用一種極柔輕妙，蚊蟲不落，寸草不沾的極其虛靈的走脫之化勁，他連來了三四個猛勁，我也連用了幾個一化再化的乾淨利爽，統統給他化掉。他因連撲了好幾個空，身體打了一個大轉轉，站立不穩，背部向著側面立櫃倒去，我怕損壞了人家的家具，遂速以手將其拉回，然立櫃已撞得嘩啦一響。後來朱對我說，你近來的這種橫勁很好云云。他的意思是，以為他之所以撞側面的立櫃者，是我的橫勁好，打著他。這種說法，是對我用的虛靈巧妙的化勁，他還未瞭解清楚。

● 說太極拳是醫病的神法

1. 太極拳是能醫療病的，不要失去信心。
2. 我當天天練，不要間斷了，我的病是可以練拳好的。

● 鍛鍊身體

1. 無論在什麼情形之下，每天要保持兩趟拳。
2. 每練拳一定要身上出點汗，不然身上的熱得不到排瀉，熱在內裡，就一定會鬧病，不是尿血就是腳腿痛，或是其他方面發現病症，以上要千萬記著。雖病一定要保持每天兩路拳，日子久了，病全會解決。

（一九六八年八月八日）

● 防病

1. 每天要打拳兩路，就不會尿血，不會腳腿痛，因為出了汗就可以
   排出熱，內部沒有熱了，就不會有病了，這是很明白的道理。
2. 如人不出汗，好人也會生病。

● 評論

1. 黃星橋的靈感很好，惜身勢的上下不通。
2. 趙清溪的彈力不壞，惜身勢有些地方去不了。
3. 龍驤的冷快尚有些，惜拳的經驗尚不豐富。
4. 粟子宜的功架還正派，但無沉力。
5. 子能有些鬆沉勁，但腳下虛實不靈動。
6. 仲橋有些鬆沉勁，頂勁不差，但功架不正派。
7. 林墨根有些蠻幹勁，也有練功。
8. 何其松硬，臂硬身硬思想硬。
9. 陳萬川勁散漫，腰上丹田上無拳味。
10. 吳聲遠經驗不夠。
11. 戚建海用心太過，雜念太多，功夫不純潔，思想幼稚。

● 論別人

1. 崔毅士會打個鬆沉軟彈勁還不錯。
2. 張玉有點軟彈味，但沒有散手經驗。
3. 馬岳梁粘的軟綿的功夫滿夠。
4. 某某則死硬，無一可取，死笨牛也。
5. 趙清溪周身還隨，會打點彈力，打黃星橋可見一斑也，惜腿腳慢
   了。
6. 黃星橋的靈動還來得不錯，惜身樁不通不整。
7. 付如海有天才，柔扭勁軟化勁都不錯，惜膽量太差。

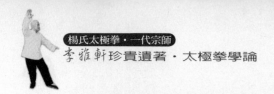

8. 陳龍驤腿腳尚快，膽量不足。

9. 某某苦功有，樁子穩，但用得不整，身勢也隨得不夠味。

10. 某某死硬亂動，無可取也。

　　功夫有了基礎之後，應在藏神養氣上用功，不宜專在肉體上苦求，如崔某之拳，專在柔勁上苦下功夫，發勁上死找，這證明他不是高手。李某某是崔的老師，這證明李崔皆不是好手也。

● 說各人的勁

1. 鄭曼青慣用一種手臂軟著，杵在對方之胸上，順勢進腰進身挺手，往對方之身一鑽一杵，就可以將身高馬大的人給發出去。

2. 李寶玉有一種下勢扭腰往後打的勁。

3. 楊師擅打一種鬆彈勁，一下子將其彈出，如打董英傑是也。

4. 崔毅士能打一種鬆沉勁，能把人打出氣來。

● 養病的練法

　　太極拳主在養腦，把腦養清醒了，人就會健康了。如此須要穩靜，穩靜才能養腦，腦健人也健康了，蓋腦是一身之主宰也。

（一九六八年八月廿九日悟）

● 摘　抄

　　易經曰：修養之道，先要存心養性，心性一反於自然，斯後天之精氣亦返為先天之精氣，倘未見性明心，徒以後天氣質之性知覺之心為用，則精屬凡精，氣屬凡氣，安得有真一之精、真一之氣合而成丹乎！修行人須從一個本源上尋出一個大本領真頭腦出來作主。不但知太上之經，治世修身，處處一串，即四書五經，無再非丹經也。

　　老子又曰：樂天知命故不憂，只在還於虛寂，純任自然，適

己之天，複己之命而已矣，又何足畏之有耶。但下手之處，務須收斂神光，一歸混沌，於動於靜，處常處變，俱如洪荒之世，天地未辟，浩浩蕩蕩，不啻夜之未央，如此則中有所主，外物不擾。

以上道理很似太極拳的道理，故抄下來。

老子又曰：氣能爭在有爲年間耳，治安之道，以精安爲民安，以氣正爲國安。煉之則精定，直養則氣足。極之浩然剛大充塞兩間，亦若視固有之物。平常之端不驚功能，不逞才智，渾渾沌沌。若並忘爲盈滿者然無爲也，而有爲出焉矣。學人到此精盈氣足，養之養之，自然裂頂而出，可以高駕雲霞，遨遊海島，視昔之恪守規中，專氣致柔其大有間矣。故曰天門開闔能無雌乎，此言前日調神養胎不能不守雌也，而今則陽神充壯，脫離凡體，衝開天門，上薄霄漢，誠足樂也。氣何壯乎。到此心如明鏡，性若止水，明朗朗天，活潑潑地，舉凡知覺之識神，化爲空洞之元神矣。老子又曰：而要皆以氣爲本，有爲爲用，當其陽未生，則積精貫氣以生之，極其陽已生，則寶精益氣以蓄之。

● 續抄

又曰：倘一有其身，自私自立自重，與人爭名爭利，爲己謀衣謀食，經之營營擾擾紛紛，爭競不息，攘奪不休，不旋踵而禍患隨之矣。（經營經營）

老子又曰：洗心退藏於密，安其天，定其命，大智若愚，大巧若拙焉耳。又曰：太極一圈，混沌在抱，混沌兮如雞子之未雛，無從見爲陰陽也，且毫無知識，俗人則昭昭然，無事不詳，我獨昏昏然。一無所識，俗人則察然無事不曉，我獨悶悶然一無所明，豈眞昏而無知，悶而無覺哉。殆晦跡韜光，寓精明於混厚，日增月益，丹成九轉，德極聖人，而成萬古不磨之仙人也。其大而化也，若天地之晦蒙，萬象咸包念內，其妙而神也，若行雲流水之無止。

老子又曰：蓋凡人紛馳於外，失其本來之天，聖人涵養於中，

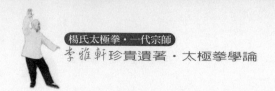

保其固有之性，聖異於凡，皆由後天以返先天故耳，夫後天爲情子氣也，先天爲性、母氣也。

老子又云，孟子云學問之道無他，求其放心而已矣。聖狂之分，只在一念，道豈遠乎哉！豈多乎哉！人欲修道，不於沖漠無朕之際求之，又從何處用功！故曰。

又曰：聖人絕學，已得常樂我靜，並無憂慮，日用行習。一歸混沌之天，不雕不琢，無染無塵，所謂仰之彌高，令人無從測度。

以上用之與太極拳，行功甚好。

● 回憶前後練功的節段

1. 在民國四、五年時，我曾想了些手法用法，當時還以爲這些手法用法不錯，但至民國十五年到了杭州武術館時，就以民國四、五年的那些想法太幼稚了。

2. 民國十八年，經過中央國術館，又到杭州國術館，我又想了些用法，當時以爲很不錯，但到了民國二十三、四年，又以爲我那些想法用法，完全不行。

3. 我民國二十三、四年，又想了些用法打法以爲很好，但到民國二十六、七年就感覺到那些手法沒意思。

4. 民國二十八年進川以後，我曾想了些用法以爲不壞，但到民國三十一、二年時，又感我之民國二十八、九年的想法是不太好的，那時連個含胸化都弄不好。

5. 到了民國三十五、六、七年，我就又想了些用法以爲很好，但到了一九六一、二、三、四、五年，又以爲以前那些想法實在不太好。

6. 到了現在，我又以爲一九六一、二、三、四、五、六年的那些想法也不太好。

7. 一九六八年，我雖是在有病中，我想起些用法如下：
我以爲用體力的作用，不如用氣的作用好。

我以爲用氣的作用，又不如用神用意的作用快。

我以爲要練虛無奧妙，要練冷快絕倫，要講出手人難見，能見非好拳。

如來無蹤，去無影，打人於不知不覺之中。

純粹用神用意。

如用體力則笨了，如用氣力則慢了，皆非好手也。

所以我覺著以前的想法用法手法均不夠好也。

8. 這說明功夫是一個時段，一個時段的上進，如停一步在一個階段是不成的。

（以上一九六八年九月八日悟）

● 說對比

1. 意念想到丹田，靈機出現手上。

2. 腳腿步伐靈彈穩，身腰兩臂鬆軟沉。

3. 神氣頂到頭部，雄心藏在胸襟。

奮鬥思想堅決，有我無敵必勝。

拿定毀敵無疑，不攻則穩如山嶽，要攻則所向無敵。

● 說勇

1. 用神用意用氣爲主的動作，不用以筋骨肌肉爲主的動作。

蓋筋骨肌肉爲主的動作不夠快，以神意氣爲主的才夠快。

2. 張飛猛勇，趙雲英勇，馬超武勇，黃忠心勇，關夫子是神勇。

猛勇人難當，英勇無人擋，武勇雄蓋世，心勇感氣剛，神勇能百萬軍中斬上將，睜眼時人頭落地。

3. 吾輩練太極拳，要學關公黃忠之神勇、心勇，長拳才是學英勇、猛勇、武勇也。

4. 猛、英 武之動作雖好，然是一般的好，不神化，不奇特。

5. 太極拳是用心勁、神勁上的神妙奇特。不用時如百無所有，在用

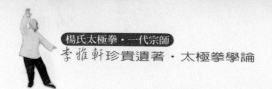
時能在人不知不覺之中，將其幹掉，此之所謂神勇、心勇也，以上要時常思想之。

6. 在練功時，要輕有輕，要重有重，有時有，有時無，不是如長拳之一味的傻練力。

7. 有輕有重，有有有無，用思想，用悟覺，不是長拳之一味的費力也。

（一九六九年四月十四日悟）

● 說勇敢

既爲武術家，不能怕了，要用勇氣，不能畏首畏尾。

要學古人英雄事蹟，如五虎上將關、張、趙、馬、黃之事蹟。

君子自強不息，功夫經常苦練，如功夫退了，什麼志氣剛強也不能保的著了。

這兩句話要緊，處處要思想它。

● 說好手

好手還數楊家拳。

楊祿禪的輕快虛無。

楊班侯的冷打丹田勁。

楊健侯的輕妙神沾手。

楊師澄甫的氣勢雄厚。

以上都可學也。

最妙的還是學祿禪的輕妙虛無奧妙，不宜東想西想也。

以後天天想楊祿禪的功夫，不要自己亂想，要緊要緊。

● 想以前的手法

1. 與子宜推手的混沌勁。

2. 在北京與天驥推手的空虛敞大門。

3. 與老耿推手的驚彈打法。

以上都是比較好的動作，可回憶也

4. 大走、大化、大轉，順機偏找也好，總之是不頂勁。

5. 還有一種虛無的推，空空的走的氣化的推手法都好，可天天想想，要緊要緊。

● 評某某

他的功夫雖是跟吳鑒泉學過，但鑒泉柔，他十分中連二分也未有，弄成了漂虛，腳下無根，身勢挺硬，可以說一點太極拳身勢也無有也。

● 評論

1. 戚繼海由西安來，說西安的某家拳如何好如何好。但是說來說去，他們都是講究手法，如何拿人，如何挑人，如何撥，卡人捉人等等，我以為這些辦法都是硬拿硬上，主觀主動，毫無聽勁因敵變化的情形，這是外家拳的唯心主觀主義，非客觀唯物主義也。

雖是憑功夫大，有把子勁，可以戰勝一般的人，我以為非太極的勁，虛有太極拳之名而非太極拳之實也。

2. 如此更顯示真太極拳楊家功夫之可貴也。

● 說用法

1. 一定要用軟打，不用硬打，要用彈勁打。

2. 虛無軟是太極拳的寶貝，刻記得在心，練功或推手比武皆然。

3. 龍驤手腳快，腰不夠軟。星橋手靈，惜身不通，頂不起頭來。趙清溪有點味，惜無散手經驗。

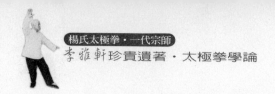

● 說過去的事（實力家失敗的事）

1. 劉高升被曹宴海馬金庭打了。
2. 胡鳳山被朱國祿打了。王子慶被朱打敗。
3. 李存義被山東楊洪修打了。
4. 姜廷選被楊紹西打了。
5. 大槍劉被楊班侯打了。
6. 劉崇俊被祝太森打了。
7. 徐俊被楊紹西打了。

   以上這些實力家，武術都是震動全國的名師，都被輕捷打倒了，這說明武術這個功夫，只憑力大力硬不行。

● 說對太極拳的體會

1. 太極拳是內功、是氣功，每練時，是用神、用意、用氣之功夫，每練時要想到這一點。每發勁，要以內勁發、以心勁發、以意發、以神發，不以筋肉去。
2. 每發勁時要在內中求，心中求，意中求，氣中求。
3. 不能妄動，不能盲動，不要專在筋骨肌肉上求，不能明勁上求。
4. 在對敵時，要變化尙靈巧，用神打，意打，氣打，才能來得奇快無比，如只以筋骨肌肉的伸縮打，不夠快。在平時練功時，要靜下心來找這個味。
5. 平素與人推手，也要心鬆身鬆。

● 說其他太極拳功的人

1. 這些人無論推手或是自練，大多是自動、盲動、多動、妄動、冒失動，無太極功夫的味道，無用神用意的味道，多是以力敵，以勁抗，勁足的力大的是誰，誰就勝也。
2. 觀關雲長之刀法是以神奇勝人，趙子龍之槍法是以變化勝人，不

是以大力勝人也。

3. 太極拳功深的，其神意是含藏的，是修養的，是有心勁有內勁的，而不是神氣外露的、劍拔弩張的洋盤勁。

● 對老師推手打拳的味道回憶

1. 老師和英傑推手於廣東大客廳表演，掌稍一動，打出一丈，是個什麼勁。

2. 老師和英傑推手於南京南洋旅館，以掌打鬆勁，打出丈外，是個什麼勁。

3. 和紹先推手於浙江省國術館教務長寢室，輕一拿，用擠勁輕輕的一送，紹先四腳朝天仰在鐵床上。

4. 與牛鏡軒推手於上海，用擠勁往下一看，將其打在桌子底下出不來了。

5. 與崔立志於北京西京畿道，打肘下捶，崔感覺如木塞子一樣給塞進脅肋裡頭去了。

6. 在北京行健會，同楊開儒於杭州工學院表演，和拍皮球一樣一下子叫他蹦出去。

以上是什麼勁，要常想想。

● 說用法

1. 當先楊少侯先生及田兆麟二人，每推手，有一種靈動斷勁的打法，這種打法可以使對方不好防備，平素多想想，對推手也有好處。

2. 我卅年前在沙裡文表演與李東園推手變散手的動作，風神氣派，動作冷快，很好，以後要時常練練想想。

3. 楊師與田兆麟在浙江武術館推手打擠勁，輕輕虛虛的一拿，打了他個四腳朝天，是個什麼勁，要常想。

4. 楊師在廣州省府大禮堂與董英傑推手，是如何的掌指一動打出丈

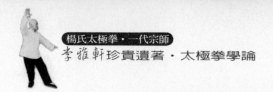
外的，這是如何用勁的，也要想想。

5. 總之一句話，動手無巧妙不行，無冷快無比也不行。

（一九七〇年七月十一日）

● 說練功

在病期的一兩年時間，每練拳未注意體會手上、掌心、指肚上的有鼓脹和發泡的味道了，這是我功夫的退化的證明，以後我要再細心的再找回來。

● 說功夫的步驟

1. 練沉勁柔勁，非有不可。
2. 練鬆軟，非有不可。
3. 練細緻靈機的進退轉換，非有不可。
4. 練變化的神奇，非有不可。
5. 練虛無神奇，巧妙無比，令人不知的動作，非有不可。
6. 練冷快絕倫的彈勁，非有不可。
7. 練充實而又能入裡的鬆沉勁，非有不可。
8. 練令人驚心動魄的威力，非有不可。
9. 練如關夫子的神氣，睜眼處人頭已落地的神勇，非有不可。

● 說練的體會

這幾年之中，因在病中功夫少練，即練也不過敷衍了事，忽略了細心體會手掌中的鼓脹、指肚中的發泡，以致功夫退化了，以後當細心將這種情形找回來。

● 回憶楊師的情形

1. 楊師是怎樣神氣一振，抖手間將人打出丈外？
2. 楊師是怎的往人身上一按一擠，或是一掌，人就感到五臟爛熟，

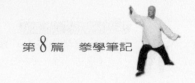

內部發燒的？

3. 楊師是怎樣輕輕往人身上一去勁，便把人的氣打出來？

4. 楊師是怎樣眼神往人一看，人便有驚心動魄之感的？

　　以上要常想想，否則空有楊家拳之名。

● 論英雄人物

　　關夫子斬顏良文醜華雄是什麼氣度？

　　趙子龍長阪坡大戰是什麼氣度？

　　張飛夜戰馬超是什麼氣度？

　　馬超戰許褚是什麼氣度？

　　黃忠刀劈夏侯淵是什麼氣度？

　　竇爾敦與黃坦對話是什麼氣度？

　　白玉堂，李金玉，草上飛，田生，宋希朋，楊祿禪，楊班侯是什麼功夫？

　　以上的英雄好漢，心裡要常想。

● 想楊師之發勁

1. 楊師在杭州國術館與田紹先之發勁、與田紹先之推手是如何之搭手，是如何輕妙的一挨，田就無辦法了。楊師輕輕的一送，我未發現用勁，就把田打了一個四腳朝天。這是一種什麼勁，要多多思想。

2. 少侯推搬攔之靈勁也有可取。

3. 張玉在浙江武術館與楊開儒推手的按勁，不知怎的身勢一鬆，氣往下一壓擠，就將楊開儒給鼓出去了，這種也有意思。

4. 崔與人推手，身子鬆軟軟的，在發勁時吸一口氣，心裡一煩的樣子，身勢一沉，氣一鼓，把人打出，這也是他的一件長處。

5. 李寶玉之蓄勁之狠，發勁之毒，也有可取。

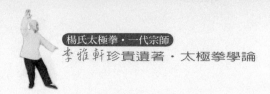

● 養病練拳

1. 練功要想著養腦、養心、養性靈，因爲腦是一身主宰。
2. 拳要天天練，否則身體虛弱了，還算什麼拳術家！

● 說太極拳

太極拳是拳類中最深奧的技法，但須有傳授、有聰明，再好用功鑽研，就能夠練到絕頂之處，健身也好，打鬥也好，都是比任何拳術妙得多。然而不鑽研，反而不如外家拳，這是學者須注意的事。

● 自戒

我以拳技名，不以力聞，年老以後更不與人較力。孟賁烏獲都無好下場，以匹夫之勇不足奇，何況當今時代力何能爲也！

● 太極拳應用

1. 在對方來手時，我如搓麻將牌一樣，兩手輕靈著一滑拉聽其來勁，順其來勢而應，無不恰到好處。
2. 主要在順勢，決不能頂，不能抵，要緊要緊。更要注意將兩手虛靈起來，否則聽不準對方來勁。
3. 在聽準對方之來勢時，找著他的缺點，扶之挫之揉之進之，如揉得好挫得好跟得緊，對方就腳下不穩，站不住腳以致倒地。

   這第三項是董英傑的用法，我的是冷快絕倫的手法。我的冷快絕倫的打法，是我天生特長，別人學不了。

（一九七一年六月三日悟）

● 說打拳與寫字

1. 打拳出勢，要鬆柔沉著，不能浮起，否則不成事也。

2.寫字下筆，要鬆柔沉著，也不能浮起，否則不成字也。

3.打拳要有鬆軟沉著，也有靈動，不可死板，要有活動的氣勢。

4.寫字每出筆要沉著，有柔軟，也要有靈動，才有活動的氣勢。

5.寫字打拳，道理是一樣，用勁也是一樣，總之是要連串，要勁整，不要有斷續處，要貫氣如一線穿成，氣勢一致也。

● 說寫字與練拳

1.既練太極拳和寫顏字。

2.因為太極拳講柔妙，顏字也是講柔妙。

3.打拳練硬功，則味不厚。

4.寫字如用刀劈斧砍的筆法也是味不厚也。

5.練拳味要厚，只有太極拳。

6.寫字味要厚，只有學顏字。

7.如顏字寫好了，自己再觀看自己的本性變本體，這種筆法自成一家，人所不能學也。

8.古來多少名寫家都不一樣，但都好，就是這個原因，各人之妙，人所不能學，此之所謂墨寶也。

● 練寫字練拳術

　　無論是打拳，是寫字，總以渾厚篤實為本，一切只好看、浮滑、漂亮之動作皆不是腳踏實地的用功方法。以上要牢記。

　　太極拳功夫，總以多想多練為主要，如只憑空思想，不進步也。

（一九六六年四月十一日）

● 練寫字練拳術

1.拳術已有了功夫了，要發揮自己的天才所長，不要拘拘的學別人。

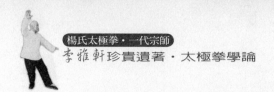
2. 寫字已有了基礎了，要依隨本性發揮自己的天性，不要拘拘的學別人。

● 寫字與拳

1. 若講濃厚有力，還是寫顏字麻姑仙壇記，其他字不夠沉厚。
2. 練拳也要深厚有力為基本，然後變真虛靈，若沒有沉厚有力的基礎，就學虛靈，那是浮漂，關於這一點要知道。

● 論寫字和練拳功

1. 寫字應學有柔化、有含藏、有婉轉，神潤內藏，奧妙無窮的筆法，意味深長的筆法的麻姑仙壇記。
2. 不學那些如刀劈斧斫用筆的硬筆法。
3. 練拳功夫，要練有氣功、有內功、有柔功、有軟功、有輕靈功、有靜功，神意內合，意味無窮，巧妙無比，能養心養性養氣，而又能打鬥變化神奇的太極拳。
4. 不學那些剛暴明顯、神氣外露的硬功夫。

（一九七一年元月七日悟）

● 說寫字練拳

1. 自今日起，寫顏真卿麻姑壇，不寫其他。
2. 一生練楊家太極拳，不練他家拳。

（一九七一年六月十一日）

● 說練拳與寫字

1. 無論是寫字或練拳、推手、散手等等，都要放鬆軟，蓋鬆了才能沉，才能靈活的運用，鬆軟了才能使虛靈活潑的神氣用得上。
2. 在推手時，如遇硬手硬腳硬腰硬腿的人，則容易對付得很，一發勁就打出去了。如遇鬆軟手法，鬆軟腰腿就不好對付，無論用多

大的勁，往往打了去不生效果。

3. 所以說無論你的拳多好，如鬆軟的功夫未到家，如一遇鬆軟的妙手必失敗。

所以說練太極拳的人，只有把子力氣還遠遠不夠，還要在鬆軟的功夫方面找著些奧妙才算把手。

4. 至於寫字總要寫顏字麻姑仙壇記，細心的領略其精神味道，若粗心浮氣的絕對不行。

既練太極拳，就更要以學顏字的麻姑仙壇記爲最相宜。

（一九七四年二月十九日至二十二日）

　　七月六日住醫院，死去幾次，蒙省醫院醫師搶救，得活過來。九月十四日出院，住院二月又八天，又在家養了一月多，這段時間，我未想拳。今日稍好些，又想起拳來，今寫之如下：

1. 練太極拳，以大鬆大軟爲絕對要訣，捨此是一輩子瞎胡鬧，找不著要領也。

2. 可見我早年時的想法是絕對正確也。

3. 今後要仍本此意思用功，至要至要。大鬆大軟，大鬆大軟，要緊要緊，連掌心指節思想都要放鬆，況其他也。

（一九七一年十月十九日）

● 說打拳

1. 一定要學楊家的太極拳，這種拳神妙無比，有如老子道德經的無爲虛妙、至柔至剛之玄奧，不是其他拳劍拔弩張，剛暴粗俗之乏味也。

2. 是氣功，應在運氣上找；是內功，應在內勁上找；是柔功，應在柔軟上找；是神勇，應在神上找。如關夫子之斬顏良、文醜、華雄，眼睛一睜，人頭已落地，其玄妙如此可想而知之。

3. 出手時要使敵人驚心動魄，如萬丈懸崖失腳，這是有點功夫了。

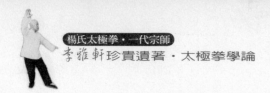
● 說用功夫

　　無論練拳或是寫字，還是晚上爲最好。因爲晚上無打擾，心裡靜，容易悟會出道理來。以後練功，還是晚上，不過白天要睡點午覺，否則養不起精神來。

● 對各人的評論

　　某某敢打敢上，算打手，惜無藝術。

　　某某蠻小子一個，只是敢幹敢拼而已。

　　某某笨傢伙。

　　某某功夫有，惜不靈快。

　　只有武匯川全面，惜大煙鬼，誤了一生。

　　某某不懂太極功夫，所以不行，粗笨人也。

　　某某只會點長拳，平時全仗蠻幹，不算好手，且品性極壞，是武術界敗類，不足道也。

● 出奇致勝之道

　　在比鬥時，如老老實實的，贏不了人。

　　全在要緊的時候，出奇特之手法，莫測之動作。何爲出奇？即變化妙用，攻其不備，出其不意也。

● 說出奇致勝

1. 奇特之變化、虛實妙用，有的奇快無比，有迅雷不及掩耳，冷快絕倫，驚心動魄，無此雖有真的功夫難勝也。
2. 若有此動作，如某某之輩不足道，至於某某更其小事耳。
3. 如此要天天思想，虛虛實實、冷快絕倫的變化，是要緊要緊的。
4. 練冷快絕倫，練虛實變化。功夫到了上層，要如此練功，不要再學初步的思想。

5. 哼哈呼吸，一喜一怒。

有喜有笑，有惱有怒。

神色氣度也是變化莫測的，這才是高手的神氣。

6. 有此種樣子，鬼神也難防，況其人乎！

7. 打鬥全憑正奇動作，虛實變化，雖千變萬化，不出此虛實奇正互

變也，惟全在其人神而明之。

8. 太極拳是聰明智慧拳，笨人學不來。

（一九七二年六月六日悟）

● 過去的好手

祿禪之冷快絕倫。

班侯之奮怒好氣。

健侯之神粘手。

楊師之發勁。

元甲之功力，有我無敵。

英圖之勇敢盛氣。

● 說拳之功夫

1. 戚建海由五七幹校回來，說他叔叔的拳功夫如何如何。

2. 無論如何說，我是決定本著老論上，本著虛無綿軟上，精巧細緻

靈機味道上下功夫，萬萬不可勉強。

● 說拳術家

1. 既為拳術家，不能怕比鬥，但也不欺軟，斷不能怕硬。

不管什麼樣的壯漢大力士或惡徒，只要他挑鬥，就和他幹，否則

空為拳家妙手也！

2. 我有太極拳走化粘連功夫，冷快絕倫的發勁，巧妙難測的動作，

無論什麼也可以對付，況其一批粗野的漢子！

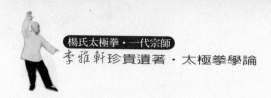

● 說些人的長處

1. 祿禪的輕快絕倫，動作無形無蹤。
2. 班侯之剛暴的發勁，著手就打出。
3. 健侯之粘連綿隨，任何人也逃不出去。
4. 少侯之小手斷打，及其軟冷之勁道，也有可取。
5. 楊師之冷打丹田勁，又快又充實，且來得巧妙無形無跡，令人不可發覺。
6. 崔毅士之鬆沉勁不錯。
7. 李香遠之內勁，入裡壞內，充實有力，然遠不如楊師之勁來的無形。
8. 董英傑之揉撒勁。
9. 鄭曼青之軟隨勁，以一粘軟鑽進挺身用神力推打，且腳步特快，及其軟拳擊人可取。
10. 我之長處，以上各家兼而有之，尤善散手，尤善挨幫擠靠，尤其是這個「挨」字，別人少有，而我獨善用。

● 論各家拳

1. 他家拳講手法會得多、記得多，在比手時好用，然手法之多，不下千萬，何能記得全？就算記得多，在用哪一手法，何能來及！況平素腦筋記那麼多，豈不負擔太重，有累身心的修養，還能使身體健康嗎？次在應用時，倉卒之間來手，何有那麼多選擇應用之手法哉！
2. 我拳只是平素練功以養清醒明白，靈機感應，用功久了，有感必應，百無一爽，且深切的體會其來去快慢緩急，順手順勢而無不恰到好處。
3. 平素練功，只注意養靈就足矣，得其一，萬事畢，腦筋既清閒，又可以使身心自己發揮它的健康功能，豈不比記大連串，背一大

堆包袱好得多多！何苦使良好的身心受些無故之疲累，使寶貴的神經受冤枉苦惱呢！

4. 我不記那麼多的手法，而只記物來順受，不丟不頂，不抵不抗之一法而因敵方來勁變化無窮，得其一法，則萬事都在其中，又何必徒苦腦筋，受那些無邊的方法方式之苦哉！蓋我之功夫，是清醒以養靈機，靈機是能聽出他之來勁大小、遲快、偏左偏右、剛柔大小之別，按其勢以應之，無不恰到好處。

5. 此之靈妙有真傳，無楊家太極拳之練功練不出來，雜牌子太極拳絕不能有之。

6. 太極拳主要是鬆著勁，以養手上之靈，有了靈，打散手亦好，推手也好。

如不鬆勁練拳，就養不出手上之靈來。不只是鬆手鬆掌以及腕指就算鬆，掌心指肚之中要鼓脹脹的感覺才對，否則未進步也。

● 說楊師推手二三事

1. 楊師在南京旅舍內，打董英傑之肩頭之掌，一崩而出，我問師，師云：鬆著勁的。

2. 楊師之打牛鏡軒於上海，眼睛一看，打在桌子底下去了。我問師，師云：是仰之則彌高，俯之則愈深。

3. 在浙江省國術館打田兆麟之擠勁，輕輕的一擱走不了了，一縱勁時，打了個四體朝天。

以上各勁是什麼味道，要天天想想。

● 練功

1. 首先要養神養氣，神氣充足，自能有無窮妙用，故不必多思多想也。

2. 關夫子斬顏良文醜誅華雄，就是憑神憑氣，所以稱神勇也。若只是一股子筋肉之僵硬力哪能行！

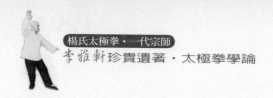
● 說打鬥

打鬥全憑神氣的變化，令人難防，如慢了那是不行的，但是早了也不行，要不早不晚，剛剛湊巧才行。

打鬥要有壓倒一切的英雄氣勢，否則必敗也。效關張趙馬黃五虎上將之氣概，平素也要有如此氣勢。

● 說打鬥

要以虛實變化贏人，不以硬勁取勝。

● 說各拳家之發勁

1. 鬆沉著打，冷快如電，此楊師之勁也。
2. 鬆懈著打，是李崔入內勁，此李崔之勁也。
3. 少侯、紹先、香遠、毅士、鄭曼青等都是如此。
4. 楊師、匯川是鬆沉著打，有頂勁，此勁去如電，奇快無比。

   打楊開儒之按，兩手往其胸一挨，人就出去，此鬆沉內勁也。打牛鏡軒之擠，兩眼向其一看，人打得鑽進桌子底下去。打田紹先之擠，輕輕的往其臂上一挨，他則無處脫逃，當其想要走化時，楊師意念一動，已打他個五體朝天，仰倒在床上。

   此上這些情況是個什麼勁道，要天天想想，至要至要。

5. 楊師之發勁，如放箭一樣，打人打至目的地上，所以能打遠。李崔之發勁，被打者一跳而出，也能入內，但不能打遠也。

   鄭曼青也是鬆肩地發勁，但不能內透，這一點不如李崔了。

   武匯川、李雅軒、董英傑有楊師之味，張玉也有點匯川之味，至於某某已變了楊師之味了，想是看他人的書受影響的關係也。

● 說練功保身

1. 功夫出於健康的身體，故練功夫首先保身體。

2. 功夫出力量，力大須久練功夫。

3. 作打鬥的本錢要有力，只是有力也不夠，還要有靈機。

　　故力量與巧妙和靈機要並練才行。

● 說他人

　　李香遠之入內勁，崔毅士之鬆肩壞樣子的勁，鄭曼青一個指頭的勁，楊師之丹田勁，少侯之輕靈勁、鬆沉勁，祿禪之輕快勁，健侯之粘連綿隨勁，班侯之剛暴勁，英傑之揉措勁、轉腰勁，我的散打虛實勁、變化勁，以上要多多思悟練習。

　　我自己的虛實靈巧變化勁，冷打閃電勁，以上要多練多打。

● 學他人

1. 楊師之丹田勁，張玉之縱勁。

2. 崔之鬆沉勁，英傑之揉措勁。

3. 祿禪之輕快勁，班侯之剛暴勁。

4. 少侯之小巧勁，香遠之意勁入內。

5. 我自己的散打勁，神經冷動滋味變手勁，趙某之縱彈勁。

　　以上都可想想。

（一九七三年一月六日悟）

● 說打鬥

1. 心裡要時常想如遇壞小子李某某狡猾萬分，陰毒無比，與之拼鬥，我當如何對付？一要冷快無比，驚心動魄，機變難測的動作才行。

2. 如只是規規矩矩、老實動作決不行。

3. 我相信以我平素練功養成的靈機輕快動作，絕對可以對付。

4. 不出手則已，出手則冷快絕倫，迅雷不及掩耳，如嚇一跳樣的動作才行，否則要吃虧。

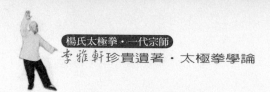
5. 冷快、冷快，要緊要緊。

6. 無論什麼功夫都講快，不快要挨打，不快打不著人，不快不能化
   對方的來手。

7. 然而太極拳爲什麼不練快而要慢也？

   答：練慢是爲了養特殊之快，如只是平常之快不夠用也。

● 說拳理

　　今天下午給尹、賀、楊三人講拳很好，但我自己何不細找找，
只是說人聽也。

（一九七三年一月廿一日）

● 丹田

　　無論作任何事情，心氣意要由丹田出才可，否則無味也。

　　楊老師發勁，是用丹田。周信芳之唱戲用丹田，貫大元之唱是
用丹田，夜半歌聲之歌是用丹田，蓋叫天之武松是用丹田，周信芳
之跑城是用丹田，李萬春之野豬林用丹田。

（一九七三年二月五日）

● 腦的寶貴

1. 聰明靈覺智慧，全是腦的關係。舒適穩靜也是腦的關係。

2. 長壽健康也是腦的關係，一切的疾病，也大多是腦有關係。

3. 練太極拳出勢一站，停一下，然後出動，也要穩靜，這一切的一
   切，無一不是爲了養腦，腦力健康了，一切之一切全解決了。

4. 每天最好要多作靜坐功夫，以輔助練拳功夫，要緊要緊。

（一九七三年二月廿一日）

● 說發勁

　　多想楊師之神氣。楊師之蓄勁是個什麼樣子？發勁時是怎樣神

一動，被發者如弓上之箭蹦了出去，這是什麼味道、什麼勁道？要心裡如何作想才能夠這樣？心裡要時常想這個道理。

（一九七三年二月廿七日）

● 說練功

1. 功夫要練，以不怕苦、不怕累的精神去練。練必細審重心在哪裡，各種規矩作到家未有，絲毫不苟的找對找好。

2. 我今年北方的說法已八十歲了，感覺我的功夫仍有作不到家處，我雖八十仍想進步，從今日起，再從新下一番功夫，決不氣餒。

人家稱我是一個太極拳專家，如我只是這點一知半解的本事，那不是有名無實嗎？所以說以後的功夫要細加研究才行。

● 說養病與吃藥

養病之法，最好是練拳。如吃藥還許與身體有害，以不吃為是，最好是養，最好是練拳鍛鍊，比什麼藥都好。

● 練拳要在基本上求

練拳要按規矩，加強基本上的功夫，不可只圖表面好看，如圖表面，勢必白費功夫，到後來全部垮臺。

● 說練上乘功夫

練上乘功夫，以練靈機為第一，虛無走化為第一，有了虛無走化，則什麼手法都可對付。

● 平時態度

練功夫的人平時行走起坐，也不要忘以下幾點：
虛靈頂勁、氣沉丹田、鬆肩垂肘、拔背頂頭。

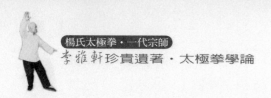
● 說推手

1. 五九年春節後，我與黃星橋推手在落鳳橋一號他的家裡，那時我是用捉拿固逮的方法，費勁大而打好且很吃累。

2. 在六六年春節後，與黃星橋推手，我用冒失冷打的方法，但是發十個勁，被其化掉了四五，此方法也不太好。

3. 到七三年春節我與黃星橋推手，是十分輕妙摸準的變化虛實的打法，打十個，十個準，黃一手也走不脫，如此我認證這個打法，以後當奮此用功為是。

4. 黃星橋云：想不到老師在病這幾年的推手方法反而更神妙了。由此可見功夫無止境，只要肯用心鑽，人雖老了，還可進步。

（一九七三年五月卅日下午十時）

● 說練拳推手

1. 練拳要學楊師的穩靜鬆軟，找拳意拳味，絕不用力。

2. 推手要學楊師的以意輕輕去逮，找對方的缺點，絕不用捉用拿用固的手法去逮。

（一九七三年五月卅日下午十一時）

● 說比手

比手要學關聖人斬顏良文醜的神氣，以神氣勝人，其動作神快無比，此所以所向無敵也。

此全是神動意動氣動的關係，若以肌肉的伸縮之動則太慢太慢矣，雖有天大之力也難成事也。

● 練功

1. 太極拳如練至通身皆手，通身皆是發勁打人的手法，處處可以發勁，到處可以打人。

2. 務要輕輕的、靈靈的找，多多體會，功夫久了就行，如功夫不成，則全無用。

● 說練功夫時時刻刻要想著老師練功時的情形

老師每練功夫時，是個什麼味道、什麼樣子，每一動作是個什麼情形，每推手時是個什麼味，每發勁時是個什麼情形，散手時是個什麼味，每化勁時是個什麼情形，蓄勁時、發勁時是個什麼情形，在虛實變化時是個什麼情形，以及一切動作是個什麼情形。以上要時常靜下心來，細細的想想。

（注：此一九七三年八月廿六日練功夫的條子，貼座之右手牆上。）

● 說尚武的精神

1. 班侯之打劉德寬之雄壯氣勢，大可學也，夠個英雄！
2. 馬英圖之打朱國祿，勇猛之氣勢可取也，夠個英雄！
3. 高宗武之鬥佟忠義，這膽氣可取也，夠個英雄！
4. XXX找蘭柏溪之膽氣也算不錯了。

以上諸人有武術之氣概，可以學。

李雅軒一生心軟手善，不堪為武術家。（此師自評）

● 說用功夫

1. 你的功夫尚不夠個專家應有的功夫，所以尚須深求細找。
2. 滿足於現時的樣子，一旦遇見對手，那就丟臉不輕。
3. 那麼亡羊補牢尚未為晚。
4. 從明天起再下番功夫，硬要趕上楊老師為止。
5. 用功的方式，深究細研，直到找出拳中奧妙為止。

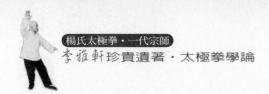

● 說如何為眞太極拳，何為假太極拳

1. 眞太極拳，是從練眞太極拳的老師那裡學來的，這就是眞太極拳。

2. 假太極拳，是練別家功夫的人，後又想學太極拳，而又不肯跟練太極拳的人學習，而買幾本太極拳本子看看，按著圖樣模仿比劃，編成一套拳套子，雖樣子上像太極拳，但其用勁用意仍然是別家的勁，這就是假太極拳。

● 說眞假太極拳練法的區別

1. 眞太極拳之練法是平淡無奇的，若軟弱無能，其精神是含而不露，以穩靜安舒以養心性之靈爲主。

   其推手是持以虛無之氣勢，以待其來，其來時審情度勢以應之，對方來力，以虛無之氣勢將其化掉，順勢而應，當如何則如何，不能以定勢應之。

   其發勁，是用丹田、用神氣、用意識、用心勁，其勁能入裡能透內，也能彈遠，平素練的是心意神氣，所以稱之爲內功。

2. 假太極拳之練法，其身勢是不鬆沉，不軟重，而是浮浮漂漂，不然就是拘緊不舒，其形式是神氣活現，花樣百出，精神外露。且探身突胯，縮背架肩，其表面上雖像太極拳，其用意用勁不是太極拳。

   其推手是又纏又裹，又抓又拿，又架又撥。

   其見發勁就頂，不怕痛，不怕碰，是硬打硬上。

   其發勁是硬拼，但他勁是拘緊的，可以打得人表皮痛，發不出人去，更不能入裡透內。其平素練的是筋骨皮上的力量（假力），此所以稱之爲外功。

● 說眞假太極拳的練法

1. 眞的太極拳的練法是如無形狀的、無聲無嗅的東西，應當是在老師指導之下混混沌沌的細心的摸索，久而久之，自有感覺，如心急圖快，是不行的。

2. 如是精神外露，神氣活現，練法都不對，練功夫的人對於這一點，要詳細的思悟。

3. 太極拳用功的方法，是要靜下心來，鬆開身勢，鬆軟沉著，細細的體會每手每勢身手上的感覺，慢慢的默念及心裡想著當先老師所教的一舉一動的神氣味道。

4. 這不同於練外功拳學會一套的動作，就算是會了。

5. 練太極拳功夫要特別注意這個鬆沉，凡推手發勁聽勁弄不好，這全在練功對於鬆沉的功夫未練對，凡練太極拳的人，一定要找著鬆沉的要領，否則一輩子瞎搞鬼。

6. 沉不是用力往下壓，而是全身鬆了，身勢氣意自然的下墜。這種意思有些人不懂，一定要弄清楚，否則十年八年白費了功夫。

7. 所謂沉，是全身鬆了之後，身勢氣意自然往下之沉，如往下壓力，這就不是沉了。

8. 或問將身勢氣意完全鬆下來，人不就癱在地下了嗎？如此和睡著一樣，還如何練拳呢？

   答：將全身氣勢完全鬆開之後，而又以氣勢、以思想意識將身勢精神鼓勵起，這就成眞正的太極拳身勢了，何至於如睡著覺一樣呢？

9. 如這樣子練功，一出手，一出勢就是全身的太極拳的味道。
   對各種姿勢的用法，也要時常的想想。

10. 對掤、捋、擠、按、採、挒、肘、靠、進、退、顧、盼、定也要時常想想，進步才能快。何為十三式，如何用法，要問明老師，以便思想。

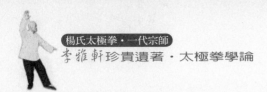
11. 此是拳的體會隨筆，不寫這些事。

12. 拳有幾種，肘有幾個，靠有幾個，拳、掌、肘、腕、肩、腰、胯、膝、腳上下九節勁的用法，也要本著老師所教的情形時常想想練練，如長久了不想不練，就生疏了，不能推手，不能打鬥，徒有練之名無練之實，那就無意思。

13. 凡是推手比不過別人，全是平素的練功不夠，鬆得不均不勻，走化得不巧妙，凡此還是要在盤架子上多下功夫。

14. 等於拉麵，拉出來粗細不勻不均，這全是麵未揉均勻的關係，如把麵揉均勻了，一拉，就自會粗細均勻了。

15. 又等於紡紗，須先把棉花梳鬆，紡出線來自均勻了。

16. 太極拳推手，必須在沾粘綿隨上、不丟不頂上多下功夫。

如一著手就用力把人家卡著不叫人家動，這謂之頂。如人家走而不想跟著去，這謂之丟。這不是太極拳的功夫，這是雜牌子太極拳外家拳改造的太極拳的辦法。

● 說比鬥

1. 無論是拳劍刀槍，要動手就變，變中有變，虛實奧妙，忽隱忽現。

2. 傳授高，功夫大，又有聰明，則所向無敵必矣。

● 說練架子

1. 要心氣一橫，氣勢一沉，脊背一拔，頭部一頂，肩肘一垂，身勢一鬆，精神一提，心神氣意一致，佈滿撐圓。

2. 若如此用功而不功夫大進者，未之有也。

3. 這就是真傳一張紙，假傳萬卷書。

4. 就照這幾句話去用功，就足夠了。

（一九七四年二月九日悟）

● 說比鬥能勝利的原因

1. 以上四條雖好，我以為這總是初步的練法。若上級的練法，還是以練柔軟鬆彈為上。
2. 練拳目的有二：一者為了健身，二者是為了自衛。總要能自衛有效為高。
3. 若想達到自衛有效這個目的，只是有那四條練架子的練法還不夠，只是再添上鬆軟柔彈功還不夠。
4. 最要緊的還是人的胸中之豪氣膽氣，如無此就你有天大的功夫，到要緊關頭時候，你心中一怕就失敗了。
5. 但也不是一味的蠻橫鬥狠，總要遇事能有理有智的判斷，當如何則如何！
6. 憑平素的幻想不行，憑嘴巴會說不行，總要上手試驗為準，這是唯物論，而不是江湖上把式賣膏藥。

（一九七四年二月九日）

● 保身防身應當如下練法

1. 一旦有事，就要馬上提起神來。
2. 兩眼銳利的盯著對方的眼睛。這樣子如對方一有舉動，我已察覺，可以隨機變動而且很迅速；如眼神一走，就要吃虧。
3. 將身勢放鬆，使其輕快靈利，如對方稍有舉動，我以神快動作走在前頭，如身勢鬆不下來，遇事動作就慢了，那一定要吃大虧。
4. 如我先出手時，就必須出手就變，變中有變，打一個機變難測，神鬼難見，如老老實實的去手，那一定吃虧。
5. 如此想來，形意拳規矩，出手抓、切、靠，很有道理，言其快也。如不這樣，一定吃虧。
6. 形意又說：好友不動手，動手就下手，決不讓手，若讓就鬆骨頭。言其非戰勝對手不可也，也很有道理，如不這樣一定吃虧。

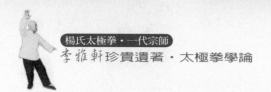

蓋他想打你，你如和我一樣心軟手善就定會被壞人打傷，後悔不及也。

7. 粘連綿隨的規矩，這是好的，但這是說的練功夫宜這樣練，才出好的動作。如遇到真打真幹之事，也要以此練功夫呆板的去對付，那一定吃大虧。

8. 凡在緊要時，要爭分奪妙功夫，如呆板的動作，一定要吃大虧。但在練功夫時，非慢不可，如緩緩的、慢慢的練以體會其中的味道，那就會練出用時之神快無比，神出鬼沒的快來。練出來之不知，去之不覺，打人於不知不覺之中功夫來。

● 說為了延年益壽而練功的練法

心神穩靜，心存修拳，使身體肌肉筋骨統統放鬆，呼吸要自然順隨。

● 說每天練功

1. 一天的時間，大部分是理家或會客及做做瑣事，一天時間就過去了，如此就無練拳的時間。

2. 練拳最好是晚上客人走了，夜靜的時間無擾亂為好。

3. 如此每晚九時練半小時為最好，夜靜清醒，便於思悟。

4. 以全心全意的思想如何使心裡靜，如何使心裡鬆。

5. 如使身體叫它沉重，要鬆得兩臂如掉下來一樣，又好似兩臂抬不起來的一樣，這樣子才算是有基礎。

6. 要練得兩臂沉甸甸的重砣砣的，才是正常的感覺。

7. 我的鬆沉功夫還遠遠不夠，還要狠下功夫。

● 悟老論上規矩

1. 我雖練了幾十年拳功，對老論上說的由腳而腿而腰必須完整一氣的道理，而今始有點悟覺。

這是說的勁由腳跟起點，上升到腿到腰到脊背，通過項部到達頂顛，這是豎的方面。在橫的方面來說，是由腳到腿到脊背，到通肩、臂、腕到達拳掌指的出勁，最後貫到對方的身上。

2. 在發勁的時候，心裡一作想，就可把勁送到對方的身上去，並且能入到對方的肉裡去，這全是節節貫注的，而不是哪一局部哪一節單單的作用可以作到的。

3. 這種意思是今日由某某在無意之中把這種味提醒的。

4. 但我雖然發覺了，惜太晚了，然也是我的幸福，蓋有些老師糊裡糊塗練一輩子，還體會不出這種意思。

● 說太極拳須日久吃苦鍛鍊，方能成功

1. 要不怕吃苦，經過長期鍛鍊，如怕累怕苦，練不成。

2. 古人之成名，未有不是由苦修苦練成的。

3. 古來的吃苦求學，有囊螢、映雪，有懸樑刺股、有臥薪嚐膽，此吃苦之情形可想而知也，吾們應效法之。

4. 如不知用功，徒有空名，是可恥也。

　今後當發奮用功。

● 說志

　我要練成高深的技術本事。

　陸行不避猛虎，水行不避蛟龍的本領，才不愧爲是練太極拳的專家。

（一九七四年三月卅一日）

● 說練太極拳各部門的神化功夫

1. 要用精神氣意，練虛無巧妙的神化功夫。不用筋骨肌肉上的實質力量，因爲這是一般的拳術俗手的功夫，無什麼學頭。

2. 用神、用意、用氣、用虛無能練出奇快無比、冷彈絕倫、神出鬼

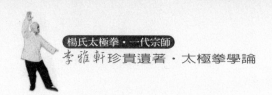

沒，能打人於不知不覺之中的功夫。

如練筋骨肌肉上的剛柔功夫，則一生練不快。因為這是初步，功夫有之後，不要注意這些了。

● 回憶當年與我師推手的情況

1. 與我師推手時，老師每一收勁，我便不知不覺的被其吸過去了，這個什麼勁？老師每一吐勁時，我便不知不覺的耳朵梢子上如風聲一響，我便脫手而出，如放箭樣摔出丈外了。老師每一沉勁時，我的五臟六腑便被其震動，我如紙紮人一樣，有被來勁透過了一樣，好似這條小命自己沒有保障了。

2. 老師每發勁時，我感覺到我如紙紮人一樣，我這幾根肋條不能保護我的五臟六腑，而有被打垮打透熟爛的可能，又感覺我的這條小命無有保障。

3. 老師這樣的功夫，說是要鬆著勁練，功夫久了，可以練得出來。

（一九七四年六月五日悟）

● 說太極拳是無形的

1. 無論是練拳推手都應是無形的。

2. 無形非無形，是言其動作微妙，在外形上若看不出也。

3. 凡是有明顯的形勢的技術，都沒有什麼深奧的學問。

4. 別家拳術功夫是講究多着多法，會的越多越好。

5. 太極拳的功夫不然，它不是研究多着多法為能，而是研究懂勁，因為多着多法是外面的操作，懂勁才是內裡的悟覺。所以前者謂之外功，後者才謂之內功。

6. 外功者尚力大、力硬，內功者尚虛無、尚靈感，尚動轉於無形之中。

● 拳功的身法

1. 要身勢俊美，又有英雄的姿態。
2. 要有「柔曲百折若無骨，撒去全身皆是手」的巧妙，如打出這種神態來，才是好手。

● 說鬥打之中的身勢

1. 動作要有英俊，姿態要好看，五官面孔美俏表現。
2. 有哼有哈，有呼有吸，有喜有怒，有笑容可掬，有冷峻難犯，令人難以形容。

   要如關夫子斬顏良文醜之精神，令人驚心動魄，亡魂喪膽，如萬丈懸崖失腳，筋軟骨酥者也。

   其神態如關夫子之神勇，睜眼時人頭已落地，其英雄神勇之勢，可想而知之。

● 前人的功夫

1. 祿禪——善用虛無所有神妙的功夫。
2. 班侯——善用猛打丹田沉勁的功夫。
3. 健侯——善用虛無所有粘連的功夫。
4. 少侯——冷快小巧的功夫。
5. 吾師澄甫公——包括以上各種功夫兼而有之，而且又有高深的發展，有虛無奧妙而又有冷快絕倫，有沉著勇猛的發勁，而又有輕妙的粘手，所以是當今太極拳聖手也，惜我等天資不夠，直到現在我八十一歲了，尚未悟到。
6. 祿禪可以令對方捕空捉影，英雄無用武之地。

   班侯可以令人骨斷筋折，五臟熟爛，亡魂喪膽，驚心動魄。

   健侯可以令人東倒西歪，前後跌撲，如立冰上，有時眼神一動，將人抖出丈外。

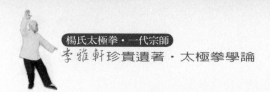

少侯可以令人萬分驚懼，感到全命無有保障，蓋其手快，又多取人要害，如眼、喉、陰、肋、太陽、心口等等是也。

我師澄甫公，對以上四功兼而有之，而且又往高深處發展了。

● 說董英傑推手的功夫

1. 出手就以兩手貼著對方，以柔扭之勁向對方揉挫逼進，順其輕重，找其缺點，無人敵得過，就這種手法在滬連比九場都把對方推倒，因其勁是腳下升上來的，也很有些道理。
2. 若比起楊師的虛無冷變功夫，那還是相差很遠。
3. 千萬記著在打鬥時，不可與對方擠在一起去糾纏，更不可鬥硬力，凡此皆是俗手，不算高級。
4. 高級的功夫，每出手以虛無的氣勢，對方如來，使其捕空捉影，英雄無用武之地。

（一九七四年六月十九日晚上十時悟）

● 說高深的練法

1. 靜下心來，鬆開身勢，形如半睡，慢慢的一手一勢的暈這個太極拳的味道。
2. 如上練法，日子久了，智慧會澄清，拳的道理就會發現，以及萬事萬物自然的演變，也會慢慢的瞭解。

● 說練功夫要鬆軟

1. 要鬆得丁零噹啷，好像掉下來一樣。
2. 這樣鬆的功夫如練好了，發勁很快，能打出冷彈脆快的勁來。

此勁發出去，人不及走化，蠅蟲不能起飛，能打人於不知不覺之中，其快如電，被打者有如一驚而崩出，勁已入裡透內了。

● 各種的練軟拳的拳家

1. 少侯雖是太極拳，但其功夫尚輕靈，動作上來得小巧，講究在鬆軟靈動中討消息。

2. 張秀林之通臂拳，是尚摔打劈砸掛打。

3. 馬英圖之劈掛，打的是丹田心勁，勇猛無比，真是一條好漢。

4. 山東有長袖拳，在浙江比武時，山東代表團楊某之徒說，其拳是專門以軟臂打人。

5. 以我看，練軟拳都比練硬拳好。

6. 清朝咸豐年間，河北深縣有個形意拳專家李洛能者，本來就好，又專門在用意上下功夫，走的是輕靈用意的門路。以我看他算是形意拳空前絕後的人了。但到了以後他的徒子徒孫如某某、某某練錯了路子，他們這些人專門在發勁努力上下功夫，以致把形意拳的形意二字弄錯了，專門用硬勁。

   此所以在民國初年，有個馬良鎮守使主持的濟南比武會上，某某失敗於練查拳的楊某之手，回家生氣而病死。

   某某曾以努力用勁的練法教壞了他的兒子及幾個學徒，得了吐血病而死去。這是在民國初年在保定一個師範學院裡的事，是我於解放初期，聽見一個河北省人某某說的。

7. 總的說來，是太極拳好，因為太極拳不只是講鬆軟，還有動機意識的搶先，又有發勁入裡透內的擅長，這是他家拳不及的。

8. 形意拳本來是很好的，但被某些人練錯了，由輕妙的功夫練成了硬拳功。

9. 太極拳本來很好，由於某某父子專門在發勁打人上下功夫，就練硬了，弄得簡直不像太極拳了。

10. 形意拳練錯了，以致某某失敗而死，太極拳練錯了，以致某某還不到七十歲就中風而死。

11. 由此看來，可見練功夫當以老論為本，如在功夫尚未徹底瞭解

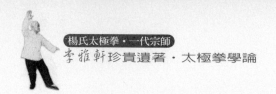

之前，妄加自己的意識練功，那是很危險的，甚至於誤己誤人，叫他的徒子徒孫也走了錯路，以誤傳誤，影響後代子孫，不可不慎也。

（一九七四年七月十四日）

● 說神氣的功能

神和氣的作用，是非常神妙的，拳術家最高手，全是因為會運用神和氣。如果會運用神和氣了，攻擊發勁或是退守含化就會做到神乎其神的境界。

但是要想學會運用神和氣，非有夙慧的人不能學得會，如果是粗笨的人是難以學會的。這種運用神和氣的本事，拳術家是應當學會的，如只是會用些笨拙的力量，就不是好手也。

（一九七四年七月十六日）

● 檢查自己前幾年功夫的欠缺

在未動第二次手術之前的功夫還差得太遠，若與牟祖綬、宜子宜、黃星橋、陳龍驤等推手情形，現在回憶起來，那真是不像話，那都是些冒失手、慌張手，不細緻、不切實、不巧妙、不冷脆，無變化，心氣不夠沉著。幸而動二次手術後，因天天回想楊師在時練拳推手的情形，這才長了些功夫，否則的話，簡直不像當老師的樣子。

（一九七四年八月七日悟）

● 說練功

只專門把太極拳的深奧巧妙的作用練出來，其他拳術無論其手法如何，吾們一概不想，否則就影響太極拳的進步。

（一九七四年八月九日）

● 說練功夫

1. 練太極拳功夫無他，只虛靈頂勁，氣沉丹田，穩靜安舒而已。最要緊的是一個靜字，務要作到，否則功夫不進步。

2. 如動作慌張，忙動妄動了，就一輩子練不出太極拳味來。

3. 其他雜門的太極拳為什麼練拳沒有味？就是因為他們犯這個毛病。

4. 無論是練拳或推手，未從出勢，胸中要先有這種莊嚴正氣。
   要有如關夫子之白馬坡，趙子龍的長阪坡，以及黃天霸、武松等的英雄氣勢才行，否則一輩子瞎糊鬼也

   　　　　　　　　　　　　　　　　（一九七四年八月十二日）

● 說要有豪橫的氣魄

　　為人要有豪橫的氣魄，不這樣，敵人壞人要欺壓你。要與人鬥、與天鬥、與地鬥，同時也要有仁義和平思想。

　　與壞人壞事作鬥爭，這種精神，活一天存在一天。

　　要學關雲長大無畏精神，不然受一輩子的氣。

● 關於打拳用功

1. 一切外家功夫的東西，不特不應學，連看也不應看，想也不應想，以免影響進步。

2. 那些外功的東西，大多是無巧妙、無靈感、妄動盲動，不細緻，不切實。

3. 應著意太極拳的內功心勁，狠下功夫，要緊要緊。

   　　　　　　　　　　　　　　　　（一九七四年九月四日）

● 默想楊師練拳神態

　　要天天想著、默著楊師在練功夫時各種的動作、神氣、味道，

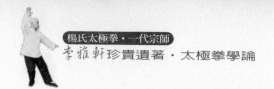

是怎樣的情形，這樣子才進步快。

● 楊師發勁的情形

1. 打田兆麟之偏擠於杭州國術館教務長室內，輕輕一找就跑不了，稍一縱勁，打一個四體朝天，仰在床上。
2. 打牛春明之正擠，只見眼睛一看，打進了桌子底下出不來，這是個什麼勁，於民國廿二年在上海。
3. 打董英傑之側面掌，身勢一沉一彈，將董彈出丈外，於南京旅館內。
4. 打崔毅士之單拳，輕輕一點，崔感覺如個軟塞進入脾內，於北京。
5. 打楊開儒之按，只見意思一動，楊則跑出丈外，簡直未看見什麼動作，這是個什麼勁，於杭州老師公館內。

● 說練功夫

1. 要靜下以來，鬆開身勢，緩緩的一手一式、穩穩的將一趟架子形容出來。

    若是粗心浮氣、愴愴忙忙、毛毛躁躁的盲動妄動，冒冒失失的亂動，一輩子進不了步。

    王某就是這樣的人。

2. 要靜得來身上的氣血流行動盪，若有所感覺，命脈的跳動似都明白，這樣子才算是真靜，如只是拘束著身體不動，不是真靜也。

    蓋不軟則不能自然的沉下，不靜則內心不會清醒明白，不會感應靈感，故練太極拳主要在穩靜清醒上狠下功夫，否則一切的一切感悟出不來。

3. 對於靜穩的情形，鮮于富有點，最差是王某。

（一九七四年九月廿八晚十一時悟）

● 說用功夫

　　功夫在於多想多練，熟能生巧，自然大進步，否則空想不練是無用的，到時不管用。

● 試手

1. 今天與某某試手，各種的鬆軟發勁情形尚可，要好好記著。
2. 功夫要天天想、天天試，天天練習，天天對打才進步。
3. 功夫如逆水行舟，不進則退。
4. 打一個來不知、去不覺，冷快絕倫，迅雷不及掩耳。
　　打一個落花流水，如摧枯拉朽。
　　打一個傻眉瞪目、莫名其妙，不知應當如何。
　　打一個入裡透內、筋斷骨折、五臟熟爛，這才是太極拳，否則是兒戲也。

　　　　　　（一九七四年十月十一日同某某研究的結果感想）

● 勤練拳

　　拳不離手，歌不離口，算盤子要撥拉，拳腳要踢打，三天不摸就手生，何況長久不練也。

● 說神和氣的功能應當知道

1. 神和氣的作用，是非常神妙。
2. 拳術家最高手，全是因為會運用神和氣。
3. 如果會運用神和氣了，在攻擊發勁或是退守含化，全會作到神乎其神的境界。
4. 但是要想學會運用神和氣，須有夙慧的人，才能學得會，如是粗笨的人，難以學會。

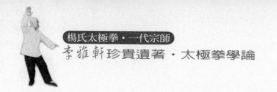

5.這種運用神和氣的本事，拳術家應當學會，如只是會用些笨拙的力量，就不是好手也。

（一九七四年十月八日悟）

● 說心守丹田

1.無論練拳或靜坐，都要心守丹田。
2.其他事不想，心要靜。
3.靜坐可以兼著作。
4.靜坐主要心靜，練拳主要也是心靜。靜坐心守丹田，氣要調順，練拳也是心守丹田，氣也要調順。

● 說在比鬥時對敵人的看法

1.對方有一身的堅強肌肉，有兇惡的面孔、又狠又毒的心腸，如同猛獸要吃人的樣子，並不可怕。
我有一身的靈感精神，有巧妙的動作，神智的變化，
有打人於不知不覺的、來去不覺的發勁，一定可以戰勝他。
2.出手就變，變中有變。打一個冷快絕倫神鬼難見，哪怕你鐵打的金剛，管叫你捕空捉影，英雄無用武之地。
3.有力有猛不可怕，有神智有靈機才可怕。

（一九七四年十一月六日）

● 應敵

1.總要心氣沉著，不能慌張。
2.無論在任何情勢之下，先接觸之後再說，總要見了再說，不能冒失，無的放矢是不對的。

（一九七四年十二月十一日悟）

● 說各人的功夫

1. 某某不過狠毒敢下手，應以太極拳嚴密的手法粘之，以太極拳的內勁打之，他必垮無疑也。
2. 某某不過以奸詐手進取，應以太極拳穩靜的功夫以待之，出巧妙的勁以打之，必勝。
3. 某某那就更好辦，他憑膽大力猛敢進攻，我以冷快的手法、聲東擊西的手法擊之，必一擊就垮也。

● 說太極拳名稱

沾粘綿隨，當是這個，而不是粘連也。

● 練法按太極拳道理

不要東想西想，只要按規矩，按太極拳規則，按太極拳的道理就行了，全有了。

（一九七五年五月廿二日）

● 說太極拳道理

太極拳講沾粘綿隨是最好的優點，外功拳不懂這個道理是個缺點。老子說：「以天下之至柔，能克制天下之至剛」是很好的道理，應好好的研究。

五月三十一日，教李耀源打手，我以為他懂些道理，可以用柔的方法將我勁化掉，他卻用硬的手法又撥又勾的，所以他一手也化不掉。他這種化法是練雜拳的太極拳手法，所以化不了，然而這種練又勾又撥手法，近來鋪天蓋地皆是，直弄得真太極拳的提倡非常困難。

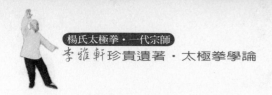

● 說練拳功夫不可間斷

1. 我幾天未練拳，拳意就不上手了，可見練功不可間斷也。
2. 拳意不上手，只是弄些動作，有何意思！

● 說神的妙處

1. 無論打拳或寫字或其他事，要想作到神妙最好處，都必須以神以氣，別無第二法門也。
2. 神是人身上的電，神最快無比，無論何事，都純是用神用電，才能作到最好處。

（一九七五年六月卅日悟）

● 說聽勁全靠一鬆百鬆

　　我這一向練功夫又忽略了我以前想的鬆軟、一鬆百鬆的要領了，所以兩年來不進步也。推手之要領是要有精細的聽勁。如果聽勁不細微，不知對方之來力，那就絕對發不出人去。聽勁細微全靠一鬆百鬆，如稍有力在身上就絕對聽不出對方之勁來，此所以練功時一鬆百鬆。養出這種鬆來，在推手時才能聽對方之勁，去手時，對方不知不覺，化對方之手也使對方不知覺，能打人於不知不覺之中，全在於鬆軟耳。發冷快絕倫之勁，發入裡透內之勁皆須一鬆百鬆。如對方用大力來攻，硬手來攻，其來必慢，我以鬆軟冷快之手法將其打出，必百發百中也。

（一九七五年十月廿七日夜）

● 太極拳悟解隨筆

　　以後作書，內容要本此：
1. 關於學的次序方面。
2. 關於修煉架子功夫方面。

3. 關於學推手規矩方面：

　①身勢。②掤攦擠按須認眞。③沾粘不丟不頂。④身勢鬆軟圓轉

　自如。

4. 關於推手找勁方面。

5. 關於發長勁方面。

6. 關於發短勁方面。

7. 關於比手方面：

　①虛實。②變化。③出奇。④蓄勁。⑤冷快絕倫，迅雷不及掩

　耳。

8. 關於勁之入裡透內方面如何發法。

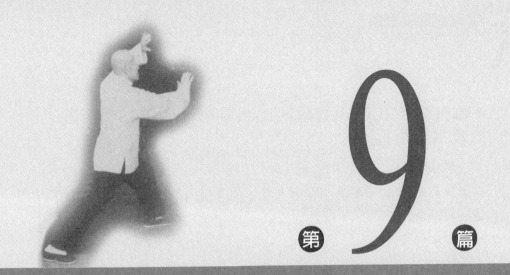

第**9**篇

太極拳書信論談

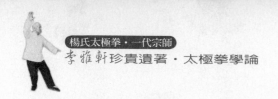
● 雅軒先生在四川省政治協商會第一屆第二次全體 會議上之提案

案由 爲了保存太極拳眞面目，以免失傳，計成立太極拳專修班，以造就太極拳專門師資人才，而使推廣到各機關、學校、工廠、以及農村、部隊、療養院中去。

理由一，見於當時之太極拳教師大都練硬拳出身，以致用意、用勁混雜不純，長此以往，必致以誤傳誤，不到數十年，就有將幾千年來先民長期經驗發明創造出來的太極拳體育的眞味失傳之可能。

二、太極拳是一種輕妙柔軟、緩慢而又有虛靈感應的一種運動，愈練愈感覺身體輕鬆愉快，故能延年益壽。硬拳是一種剛猛激烈之運動，其練法和勁道和太極拳迥異，如以這樣的人教太極拳的功夫，就不容易將全身放鬆，教的人放不鬆，學的人就無從捉摸太極拳的味道，所以太極拳必須辦專修班以造就專門人才，方好擔任太極拳的教師任務。

三、太極拳是穩靜的功夫，可以清大腦以養靈覺，其練法是用意不用力、以心行氣、以氣運身、以促進血液迴圈，除強筋健骨肌肉之外且有健康內部修養腦力之功能，這是硬功夫拳與太極拳不同的地方。其情形既不相同，所以說硬功拳與太極拳不可以兼行並練，以免用勁混雜不清，誤人誤己。

四、太極拳所以異於其他拳術者，主要是穩靜、其動作如抽絲、邁步如貓行、如行雲流水、似抽絲掛線、穩靜安舒、緩緩而動、穩靜以平心性、安舒以養腦力、運行和緩以調氣血，外而筋骨皮肉的鍛鍊、內而臟腑神經的修養、以及性情的陶冶，無不是面面俱到，不獨有外形而已。

五、它有以上之特點，所以有療養疾病之效，延年益壽之功，

已經各方面證明。尤其是對於已穩定著的肺結核，有良好的效果，以及心臟、腸胃病、神經衰弱、失眠、關節炎、高血壓、貧血、神經遲鈍或過敏等等慢性病都有著良好的效果。

六、太極拳與他家拳有剛柔緩急之不等，輕重靈滯之不同，又有明勁、暗勁、用意用力之區別，又有穩靜忙亂不等，故硬拳不宜同太極拳兼行並練也，否則必致穩靜亦穩靜不下來，鬆軟亦鬆不到好處，安舒亦安舒不了，則更不知和平氣血、修養腦力、清醒神經、以意導氣、陶冶性情爲何物，將太極拳弄成二種混合勁的運動，以表面看之好像是太極拳，如在內容上體會則無太極拳滋味，如以這樣學太極拳的人去擔任太極拳教師，那樣必定以誤傳誤，收不到太極拳的效果。此非太極拳之過，乃太極拳教師的條件不夠，不知者以爲是太極拳已大量的推廣了，但有心人正恐其教人愈多而太極拳失傳性亦就愈大，恐不到數十年，吾們的先民幾千年來苦心發明創造出來的太極拳體育就要經吾們的手將它失掉了，豈不可惜！

以上是我個人的體會，並非標奇立異，排斥任何一家的拳術。爲了國家的建設，各人拿出各人的智慧來，抱知無不言，言無不盡的態度以貢獻給人民。故不容許有所隱瞞或客氣，假如有人以爲我這種體會不對時，那又是他的一種見解，是否正確，只有大眾的批評，幸勿以我個人意見爲準。

辦法　不論性別，挑選聰明而無疾病青年若干人，成立太極拳專修班，以造就專門人才畢業之後，分派各機關、學校、工廠、礦廠、農村、部隊、以及各個療養院中分別擔任教員，務使每一個人民都能得著太極拳增強體質的好處，以響應毛主席的號召而增加工作效率，而又保存了我先民遺留下來的太極拳體育不失傳，實爲兩全之道，故望黨和政府採納之。

（一九五六年三月）

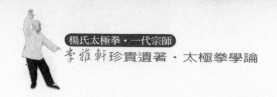

● 李雅軒先生談太極拳的書信之一

給國家體委毛伯浩同志的覆信

伯浩同志：

　　頃接來信，聆悉各節。但我對太極拳研究尚不夠深刻，然既承下問，只得勉爲覆命。今將學習的過程分條寫之如下：

　　(一)在初入手時，先學動作，然後將每手每式姿勢重心方向弄正確，動作的形式弄適當。當動時不能不動，不能遲動；不當動時，不能妄動，不能多動。因爲太極拳是一種武術體育，每手每式有每式的作用，不如此就養不出作用來。

　　(二)將周身各節練習柔軟，使其動作配合均勻，上下內外相合。

　　(三)練習用意用氣的功夫，每動要有神意的嚮往，呼吸的相隨，使動作藉呼吸的力量以開合，呼吸又藉開合的動作以鼓盪。如此則內外相應，相互爲用，使身體與精神氣氛統統完整一氣，使身心內外俱得著平均的鍛鍊。如此則氣血的迴圈得著了幫助，而並未將氣血循環的正常規律步驟打散弄亂。太極拳所以稱爲內功者在於此，所以導於外功拳及其他體育也在於此，所以對於一些病症的療養有很好的效果者也在於此。假如教太極拳的人不是正宗傳授，姿勢練法完全弄不正確，空有太極拳名，收不到太極拳的效果。

　　(四)體會穩靜安舒的功夫。未從初勢先將身勢立穩，重心放正，身心放鬆。身鬆則不留絲毫拘束之力，心鬆則思想雜念屏除，如此稍停，以俟身心穩靜下來，而後出動，在出動時要仍保持其靜，如此一手一式穩穩靜靜下來、舒舒適適的，勢如長江大海，滔滔不絕，行雲流水，綿綿不斷的，將一趟太極拳形容出來。練完之後，感覺心神愉快，有一種說不出的舒服，此時口中已生滿甜液。

到此境界，有何病不癒（蓋大腦神經能得到清醒的修養，氣血循環得到適當的幫助）！如練時心慌意亂，沒有一點穩靜鬆軟舒適的滋味，練後必面青氣喘，口乾舌燥，這是暴露他未受過真正太極拳老師的傳授，則無論他自己說會四趟太極拳或五趟太極拳，那仍是等於零的。

(五)到此階段，身體方面已有柔軟的功夫，筋骨方面已增長了力量，腦力方面也起了一種靈覺沉厚的氣勢。在這種情形下，身上出來的作用，在術語來說謂之「勁」。有了這種勁，而後可以練習各種推手，以研究懂勁的功夫。

(六)按懂勁，其說有二：一是指認識對方來力而言，二是運用己身之力量而言。前者是以我之視覺、聽覺、理覺、觸覺四者配合起來，以判斷對方之來力的剛柔、遲速、浮沉、大小、長短、方面、面積、企圖而言。後者是體會己身拳掌肘腕、肩腰胯膝腳、頭頂、脊背各部之配合以後神意心氣之嚮往而言。

(七)研究單推手、雙推手、參差推手、活步推手、步行推手、大履推手、散手等等，久而久之，便可神而明之，一切之運用不難豁然貫通焉。

(八)貫通之後，隨便一動，身手腰腿，神氣意思，無不配合恰當。在推手時，無論對方如何來力，我均可以四兩撥千斤之方法化之於無形，做到不丟不頂，隨心所欲，使對方捕風捉影，東倒西歪，無用武之地的地步。這就算是懂勁之後，而階及神明（拳論術語，即登上階梯通往之意）的水準了。至於「非用力之久不能豁然貫通焉」之句，無非是說要想作到如此境界不是一朝一夕之功，而非用功很久不可得也。

以上練拳的過程，亦可說是練拳的經過階段。今再將「着」與「勁」的分別解釋如下：

1. 「着」，是一種術語，拳術中一腿一腳，一掌一拳，皆可說是一着，亦可說是一法。着術動作純熟之後，便可慢慢的練習各種推

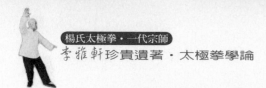

手，以求懂勁的功夫。懂勁之後，對於對方來力的意向企圖一粘手，即可瞭解。所以，太極拳的功夫，以着術爲入的初步，其注意的是懂勁的功夫。

2. 它的步驟先練「着」，着熟了再學推手，推手日久，才可能漸悟懂勁。懂勁之後，才可能愈練愈精，進而達到神而明之的境界，隨便一動，無不恰到好處。

3. 太極拳是一種武術體育，其內容不但有健康身體的好處，而且有技擊的作用。今爲了答覆「由着熟而漸悟懂勁，而階及神明，非用力之久不能豁然貫通焉」幾句話，不能不涉及推手致用上去。這是我對太極拳老論中這幾句話的一些體會。是否適當，望便中來信指教爲盼。

李椿年雅軒

一九五六年二月五日

附：中央體委民族形式體育負責人毛伯浩同志來信

雅軒同志：

　你好！

　近來我們在研究太極拳，但同志們都有一定經驗，而我在開始學，有一個問題，希望你能幫助我弄通。「由着熟而漸悟懂勁而階及神明，非用力之久不能豁然貫通焉」，這句話對我來說，從字意上可以粗知大端，但在太極拳的鍛鍊過程中能夠達到這程度和水準，一般的是以什麼樣的現象可以作爲達到的標幟，或者是通過些什麼階段才能夠漸悟懂勁。我想你總知道得多些，希望暇時回信指教。

　　此致！

　　敬禮！

毛伯浩

一九五六年二月四日

● 李雅軒先生談太極拳的書信之二

給國家體委武術司司長毛伯浩的覆信

伯浩同志：

　　前為了簡化太極拳將要重新編纂，因而想起了幾點意見，但寫是寫出來了，因為怕有不妥當之處，故未敢擲郵。

　　今五月十三日，又奉到來信，敬悉重編的簡化太極拳已經付印了，事已成為過去，當然我的意見作為罷論，但是為了此事，我曾費了些腦筋，所以又不願意丟掉，願貢獻給知己，所以亦一同寄來，以供一笑。

　　太極拳的推手，我也遵命寫了單推手及雙推手兩種，寄來給你看看，但是只有文字說明沒有圖照，因為我不會畫圖，只有缺如。

　　除此單推手、雙推手兩種外，尚有行步、活步、大捋、散手各種推法，如需要時，來信亦當寫去。

　　簡化太極拳推行時，是否由各省調人去受訓而後再回各省推廣，若是各省調人受訓時，我願去當個小學生到中央學習如何？

　　我現在每早在體育場練習拳術，有郭、何兩位主任以及各幹部在一起練習，內有李瑞林者說同你是朋友。順告、此上。

李椿年

一九五六年五月十五日

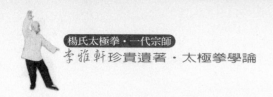

● 李雅軒先生談太極拳的書信之三

給國家體委武術司司長毛伯浩同志的信

聞體總有將以前出版的簡化太極拳從新改編之說，特寫了幾點意見寄體總民族形式負責人毛伯浩同志。一九五六年五月十四日發出。

伯浩同志：

前覆一信諒已收到，內談太極拳的問題有錯誤否？還望你來信指點爲盼！三月間我奉邀列席四川省政協會議第二次全體會議，關於推廣武術體育的問題，我曾先後發了兩次言，又向大會提了一個短的提案，尙不知採納否？聞體總有將以前的簡化太極拳重新編纂之說可確否？若果如此，我想起了幾點意見，今本泰山不厭坯土的意思，特爲貢獻出來，以供參考：

一、關於擇取太極拳趟子（注：套路）的問題，可否以全國各地風行練習人數較多者爲標準，因爲練習它的人數既多，就已證明這一家的拳趟子是已受到廣大人民的歡迎了。那就採取這一家的拳趟子爲主體。不過仍須經過中央太極拳組的各位老師，拿來細加審核一番，去其糟粕，留其精華加以增減而後編輯成書，再行分發各地推廣，這樣子才比較容易受到群眾歡迎。

二、不必在各個太極拳趟子中選擇材料，因爲各種太極拳的招式既不同，其勁道亦就不一樣，如用一家的拳中勁道、操練各家拳的招式，那練就不順勁。若某家拳的着術仍用某家拳的勁，那就必須常常變換其勁道，這樣一來，那就不能以一貫的勁道，將一趟拳貫徹到底了，如此，則與太極的運動如抽絲、綿綿不斷的規則也不相符了。

　　三、各家拳歷史，有遠近之不同，其創造者有造詣深淺之不同，又有功夫大小，領會多少之差別，有些人研究太極拳一輩子，到了老年來才敢作本書，尤恐思想不夠周到，有誤己誤人之處，有些人只練了一、二年太極拳，才認識了點皮毛，因爲有點文化的關係，東翻西閱看了幾本太極拳書籍，竟而作起書來，試問這樣的太極拳書的趟子對太極拳理論有什麼闡述，對於後學的人有什麼啓蒙，不過胡鬧而已，那就不值得吾們採取。

　　四、太極拳的勁道是運動如抽絲，邁步如貓行，呼吸順隨而深長，穩靜安舒要自然，所以有強健筋骨之效，又有調活氣血之功，修養大腦之力，療養疾病有補於針砭醫藥之不及。並且有精妙的技擊方法。假如練之不得法，非但收不到太極拳的效果，且恐以誤傳誤，不數十年，有將吾們的先民長期經驗創造遺留下來的太極拳體育眞味失傳之可能，這是值得吾們注意的。

　　五、太極拳所以異於其他拳者，不但是表面招式之不同，其主要在於有穩靜心神之功夫，其動是靜中之動，雖動仍保持其靜，無斷續、無凸凹、無缺陷，如抽絲掛線一氣完成，若在一趟拳架子中數斷其勁道，那就對穩靜心神方面大有妨礙了，亦就收不到太極拳的效果，這是值得吾們愼重的。

　　六、假如爲了愼重起見，以爲以上辦法仍恐不妥，那麼還有一個辦法可以試試，由中央體總命令各省體委，凡有太極拳聲名者，每省派一人至二人到體總去開會討論。

1. 任其自由發言，使其將個人心得和認識講出來，由大家互相研究和批評，由主席聽聽他的理論是否與太極拳的道理相合。

2. 令其各人表演一番，看看他的動作是否合於太極拳的規則，與他所說的理論是否相結合，他練出來的樣子，是否有開展亦有圓滿，是否能將拳意佈滿全身，是否有很自然的舒適，是否有沉厚的氣勢，是否有虛靈的神氣，是否有上下相隨，是否動態穩靜，是否身勢中正，是否是由腰脊的主動，抑是

四肢的自動。若是他雖有鬆軟而不開展，雖有開展而不圓滿，或是零零當當，或是輕浮無味，或是筋肉不順，身勢傾斜，或是無沉著之動，上無虛靈之氣，練出來的神氣，不是零斷，便是重滯，有這些暗藏著的毛病者，這種太極拳的架式就不可採取。

3. 令其推手，聽聽其勁道，是否有粘連綿隨，不丟不頂的味道，是否有順勢借力的巧妙，其發勁是否有鬆軟沉彈之勁道。

4. 令其對打對練，亮亮散手，走走步法，是否出步輕靈而迅速，是否心氣沉著而穩靜，有沒有穩若山嶽，動若驚鴻之神氣，是否能進退合一，有高深的技擊作用。

假如這四步考驗均能面面作到，能說得出來，練得出來，推得出來，打得出來，有這些武術體育的風格，而且能強身療疾，內外兼修者便可採取其架式趟子為主體，但仍須由中央太極拳組的各位老師細加審查，詳為增減而後整理成書，自行推行全國。如對以上條件不能面面作到者，那就無論其口頭說得如何動聽，亦絕不可以採取。蓋今日之事是為了將吾祖國幾千年來，先民長期經驗創造發明遺留下來的太極拳武術體育整理出來，使其永久保存而不變質味，並且更好的往其優良處發展，所以值得吾們詳加審慎。

因為中央的太極拳趟子一出，必定風行全國，而其他的太極拳趟子即將無形消除，所以吾們不得不慎重其事。並希望如整理其他武術體育如形意、八卦、長拳等等，亦採取這樣考驗的辦法。完了，是否有錯，尚悉聽鈞裁。

　　此致
敬禮！

李雅軒
一九五六年五月十四日

附：中央國家體委武術司負責人毛伯浩的覆信

雅軒同志：

　　蒙時來信，介紹張英振先生的長拳技術，非常感謝，如果能將動員本人把所會的東西寫一較詳細的目條來，這裡就好計畫如何發揮他的所長。

　　據說這裡編的簡化太極拳你已看見過，但就是沒有看到你對這個專案的批評，因為今年要徵集進行這方面的編寫工作，過去的東西帶有試驗性質，希望能提出意見。

　　今年北京冬季特別冷，四川總比這裡好些吧？你近來忙吧？

　　　　此致

敬禮！

毛伯浩

一九五七年二月十二日

● 牟祖綬來信（牟為李師弟子）

　　老師尊前，老師寄來有關剛柔相濟論解之長信，及詳解附鑒，老師的這些理論精闢深透，是已出版的國內拳書上所看不到的，也是當代各派名家所講不出來的東西。務望各師兄弟們仔細閱讀記錄以作平時練拳之方向，其用意是提醒大家注意重視，認真鍛鍊，庶不負老師一片教導之苦心。

● 吳聲遠、袁盛熙兩位師兄來信（吳、袁為李師弟子）

　　有關這方面的表示節略照抄，以供查閱。

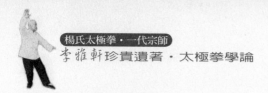
一、吳聲遠來信

接讀你的來信，盡悉一切，我給袁盛熙信已有回信，三日後又接他轉來老師長信，此信我讀後及時轉寄仲橋勿念。

正如你說的老師此信關於剛柔相濟之解釋太詳，且有別於其他拳種之剛柔，給我們有很多的啓發，在身勢方面又不厭其煩的教導一次，可見老師對我們關心之切也。

二、袁盛熙來信

老師的長信我已讀了好幾遍並作了抄錄，這對我確如大旱而降甘露也，老師對拳論述精闢，且比喻生動易懂。老師對練拳之批評，不僅一針見血，還諄諄教誨再三，對今後的方向也指點很明，今後一定按照老師所教導去努力練習。

根據以上所述，足見大家對老師的所教導的論述，均能專心重視，認眞體會，不負老師一片苦心。雖有些師兄未來信表示，我想也不會例外，但願成都師兄弟們更能深刻體會勤奮的實踐云云。

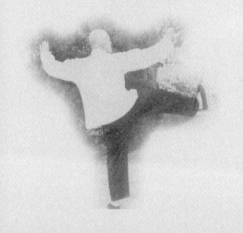

第 10 篇

太極拳歌訣

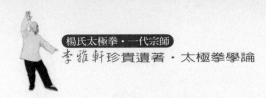
● 太極拳修煉歌

心要清 慧要澄 良知良能藏胸中，
身心悟覺如明鏡 體察事物有智明，
神清骨爽無限美 修身致用妙無窮，
世人不知其中樂 道在有爲無爲中。
以心行氣氣運身，久經鍛鍊始知眞，
腰爲主宰分兩極，陰陽運動不欺人。
一片熱火燒丹田，縮爲一團任呼喚，
督任前後走熟路，上通天宮下地泉。
自從有了它，神足內勁加，
發人不覺累，拿人也堪誇，
惜未經師正，何人指缺差。
太極拳術妙無窮，深沉大雅氣勢雄。
穩靜安舒無限美，奇特動作在無形。
輕妙絕倫虛無勢，柔曲百折氣化功。
兩臂鬆軟多沉重，神氣透頂有虛靈。
全憑無爲有妙用，奇特變化無形中。
陡然丹田神氣動，勢如強弩透其胸。
是有心雄豪橫氣，出手方能望成功。

● 打手歌

退圈容易進圈難，不離腰腿肩肘間。
腳踏黃泉神貫頂，全憑腳根尾閭端。
要有胸中豪橫勁，所向無敵非等閒。
要如水磨摧急緩，風虎雲龍象自全。
氣勢虛無，變化神奇，大門敞開，毫不拒擋，才是太極拳。
蓄勁如開弓，發勁似放箭。

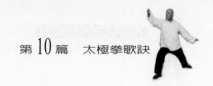

陡然放出去，使人看不見。

● 打手歌

出手就變，神鬼難辨，想要抵抗，千難萬難。
冷快絕倫，神鬼難見，奧妙無窮，打上如電。

● 推手圓轉歌

退圈容易進圈難，不離腰頂後與前。
所難中土不離位，進退功夫仔細研。
動靜參半非固定，隨其進退並比肩。
勢如水磨摧急緩，風虎雲龍像自全。
天盤地盤如一線，天長日久出自然。

● 仲橋推手歌（仲橋為李雅軒弟子）

掤捋擠按鬆沉定，粘連綿隨化無窮。
兩腳如踏沙灘地，氣沉丹田腰胯鬆。
前進後退要輕靈，左顧右盼神氣充。
切忌丟頂斷浮硬，長短冷截如開弓。（原著云：此歌不太好）

● 身法歌

頭頂身腰手眼步，每手每式有虛靈。
上下相隨如一線，心神意氣相配成。
要想發勁神經動，丹田氣鼓透其胸。

● 身法歌

（一）

上盤神不頂，一身難輕靈，
中盤沒有腰，攻守不得著，

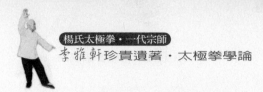
下盤無身換，進退如拌蒜，

三盤成一體，龍虎像自全，

勢如驚鴻起，江河動無邊，

若有此功夫，方不愧眞傳。

（二）

龍行虎步風雲動，腳下沉穩不倒翁，

出手輕妙有試探，虛實動作奧妙通，

發勁冷快陡然到，奇特變化無形中，

神氣貫注捕兔鶻，吸住吃緊莫放鬆。

● 身法歌

上盤頭不頂，神氣不虛靈，中盤沒有腰，攻防不得著。

下盤不轉換，進退如拌蒜，三盤能合一，才算太極拳。

● 楊家拳歌

楊家太極妙多端，虛靈透頂奧妙多。

攻勢借力來得巧，全在氣意無形間。

空虛好似無所有，無窮變化在其間。

陡然丹田神氣動，勢如觸電對手翻。

● 楊家拳歌

楊家太極拳，虛無奧妙玄。

全憑無形變，勁去不覺然。

來去無所見，使其命歸天。

奇妙手法到，驚然動心弦。

一命保不著，去見閻羅天。

● 練功歌

全憑苦功練，得來不費難。
切忌空談論，有負先師傳。
寄語通道者，拳意仔細研。
久而豁然通，胸中若神仙。

● 用法歌

一鬆百鬆周身鬆，靈機透頂妙無窮。
神經感應絕倫快，任何衝擊使落空。
持身好似無所有，動作輕妙像清風。
勁去使人似觸電，妙在不知不覺中。

● 用法歌

一變再變，變變變，虛虛實實看不見，
冷冷冷，快如箭，動作神奇如觸電，
變化玄妙真可怕，不由心中膽戰顫，
用虛無，用奧妙，氣化一切，神化一切。

● 用法歌（以上是上乘功夫）

冷冷冷，變變變，鬼懼神愁難看見，
驚心動魄嚇魂膽，打在身上如觸電。
有的手到刮掉皮，有的採捌千斤牽，
有時勁去胳膊斷，有的拳掌透胸穿。
上指下打要了命，左右偏找跟鬥翻，
還有左右分腿式，偏踹側踢奔敵面。
最怕摔打迎面掌，皮開肉綻鮮血濺，
還有左右雙貫耳，都可令敵命歸天。

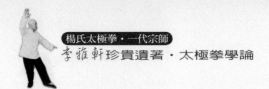
掤捋擠按通俗手，用得好了非等閒，
要看有無丹田勁，手手可把敵打翻。

● 說比鬥歌

拳打人不知，人知不算拳，身勢動無形，
有形拳怎成，來之人不知，去之人不覺，才算太極拳。
來無影，去無蹤，主心雷，暴發在五衷。
要用神經戰，發勁如放箭，使人無從防，
挨著如觸電，勁去驚人膽，打中還嫌慢，
全憑心作想，意念隨心變。
虛無妙無窮，神懼鬼膽寒。
拳要苦功練，得來不費難，若無苦功夫，臨時不對現。
一要意念專，二要明師傳，勢勢揆用意，沾粘功夫專。
逆來要順受，自有妙多端。發勁如放電，一發命歸天。

● 說推手及發勁

用神用意用虛無，不丟不頂妙無窮。
發勁要以腰脊去，心氣意念往上沖。
接觸點上不鼓硬，全憑腰腿去供應。
身勢氣意要完整，好似炮彈攻其胸。

● 推手及發勁歌

意氣跟隨如心願，精神吸著莫放寬。
若問應用如何辦，沾連粘隨奧妙玄。
走化虛實無著落，得機進取若佔先。
不怕他是野蠻漢，要想用武難上難。
陡然一變敵喪膽，一手成功神氣專。

● 說修身

心平氣和少生病，延年益壽有效能。
知足能夠心常樂，能忍自會身安寧。

● 發冷勁歌

來無形，動無蹤，急雷暴發在五中。
勢如觸電人難見，要想抵抗萬不能。

● 冷勁歌

入裡透內來得猛，驚心動魄嚇魂靈，
全憑丹田神經動，一手解決大功成。
若問此勁如何練，楊氏太極多用功。

● 冷勁歌

神經動，似電通，勁到敵倒如回應，
全憑心中豪橫勁，無堅不摧百煉功。

● 斷勁歌

心裡發狠兩臂鬆，全憑丹田氣口功。
運用腰腿周身力，打出勁去神鬼驚。

● 推手歌

粘連跟隨非等閒，隨其進退並比肩，
勢若水磨催急緩，風虎雲龍像自全。

● 說練與用法歌

腳踏黃泉頭頂天，心勁豪橫氣丹田。

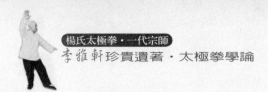
虛實變化人難見，巧妙虛無奧妙玄。
發勁全憑意念動，打人不知不覺間。
冷快絕倫來得冷，要想防守難上難。
莫道鬆軟怎致用，它能入裡透心肝。
想推用意終何在，健身自衛保平安。

● 練功歌

1. 神舒體泰一身鬆，呼吸自然任意行。
2. 神舒骨爽無限美，能察細微妙無窮。

● 說功夫 老年應當的練法

老年應練太極拳，寫字應學麻姑壇。
修心養性真玄妙，神清骨爽心放寬。
隨遇而安只樂道，萬事不爭聽自然。
光陰應是不虛度，益壽延年不老仙。

● 太極拳推手歌

太極拳是輕妙功，出手虛無感應靈。
神舒體若最要緊，一切動作順敵情。
千變萬化隨機用，不丟不頂方法雄。
必要時機心意動，勁到意到震其胸。
外部不紅也不腫，使其內部五臟痛。
內功外功分別處，兩樣道理大不同。

● 比手歌

冷快絕倫急如電，穩準脆狠看不見。
心要沉，力要彈，內勁足，隨心變。
眼要銳利意要堅，手法巧妙有真傳。

腰如龍能盤旋，微妙變化奧妙玄，

被打之人如觸電，一個跟頭往外翻。

又歌曰：冷快絕倫，出手難見，打一個措手不及暈頭脹腦然。

又歌曰：冷冷冷，變變變，打上還嫌慢。來不知，去不見，被打

如觸電。

● 比手歌

楊氏太極拳，出手人難見。

輕妙無所有，靈機真奇玄。

敵無用武處，捕空捉影然。

累得一身汗，氣喘何時完。

● 比手歌

心膽精氣豪橫勢，身法閃戰變化玄，

冷快絕倫難看見，打人不知不覺間，

筋斷骨折五臟爛，亡魂喪膽命不全。

● 比手歌

忽隱忽現，神氣萬變，氣勢沉著，馬上就幹，

驚手之出，嚇爾魂膽，入裡透內，莫此為先。

● 比手歌

腳踢手打腦胸腰，肩肘膝胯並不怕。

聚精會神察動機，冷狠脆準摧毀他。

若無如此真精神，紙上談兵是空話。

一朝失敗千古恨，徒叫敵人笑哈哈。

這個道理時常想，可保一生名譽誇。

（一九七一年三月十二日悟）

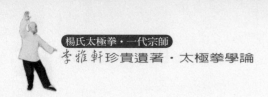

● 太極拳歌

太極之法無有形，無形養成真虛靈。
太極之法無有法，無法之法是真法。
有法法非法，無法才是法。
若問對敵如何用，虛靈跟隨順勢應。
太極拳高手不著相，有相非高手。
此真佛不露相，大智若愚，大勇若拙之理也。

● 練拳歌

一鬆百鬆全身鬆，動作輕妙虛靈，
妙虛全在不用力，動於不知不覺中。

● 太極拳歌

太極長拳頭一家，無窮變化泃非誇。
妙處全在能借力，當場著意莫輕拿。

● 太極拳歌

太極長拳是個寶，如不細找練不好。
一切變化皆因彼，順勢借力要精巧。

● 太極拳歌

太極長拳獨一家，無窮變化泃非誇。
若不向此推求去，練一輩子如傻瓜。

● 練拳歌

進圈容易退圈難，上下左右皆如然。
要如水磨推急緩，進退自如並比肩。

● 太極拳使用歌

太極長拳獨一家，虛實變化洵非誇。
若問應敵如何辦，出手就是一滑拉。
全憑靈機感應快，絲毫無有半分差。
順勢借力來得準，縱手發勁就一下。
不怕他是鐵打漢，叫他膽顫心驚怕。

● 健身歌

太極長拳無限好，延年益壽春不老。
呼吸開合要順隨，行運深隨氣滔滔。

● 太極拳發勁歌

打得鬆，打得重，神氣動，要了命。
打得巧，打得妙，神氣動，嚇一跳。
打巧妙，令人難以覺察，
走虛實，使人無法走脫，
打變化，令人莫知所以。
打冷快，叫他喪膽亡魂。

（李師註：行運深隨。行指行氣，運指運身，故以深隨二字連之）

● 推手發勁歌

神舒體泰一身鬆，下盤沉穩不倒翁，
行氣九曲無所至，妙在心意無形中。
精巧化掉千斤力，因敵變化顯奇能，
蓄而後發如放箭，鬆軟冷彈透其胸。

（李師註：練太極拳如練不出神鬼莫測的勁來，不算好手。）

（以上一九六二年悟）

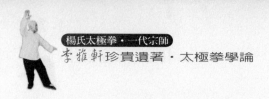
● **推手發勁歌**

身胸到處空，兩手有虛靈。

腰身隨意轉，腳下不倒翁。

上身頭要頂，氣意換法靈。

陡然丹田勁，氣鼓透其胸。

● **散手發勁歌**

楊家太極拳，神機妙多端。

精析細微處，不同一般拳。

穩似泰山重，快如閃電般。

驚心動魄處，使敵氣息斷。

此勁如何有，楊家傳給咱。

尚須朝夕練，刻刻在心間

（一九六三年十月）

● **發勁歌**

虛無巧妙把勁蓄，身勢含虛藏妙機。

陡然鼓動丹田勁，摧毀敵人一瞬間。

（一九六三年十月）

● **發勁歌**

神舒體靜一身鬆，腳下穩固不倒翁。

行氣九曲無不至，妙在心意動無形。

精巧化掉千鈞力，因敵變化顯奇能。

蓄而後發如放箭，鬆沉冷快透內層。

● **發勁歌**

　　空肩軟臂一身鬆，神氣貫頂虛靈中。
　　全憑腹中丹田氣，鬆沉之勁透其胸。
　　冷快絕倫神鬼怕，來在不知不覺中。
　　心膽精氣豪橫勁，入裡透內太極功。

● **發勁歌**

　　心裡發狠一身鬆，打出勁去神鬼驚。
　　哪怕你是鐵打漢，一手使其性命傾。
　　全憑身鬆勁一致，心氣豪橫膽氣雄。
　　行氣能夠使用穩，勁去無他正當胸。

● **發勁歌**

　　心氣沉著丹田勁，身足氣飽無不摧。
　　全憑心中浩然氣，能使對方一命傾。

● **發勁歌**

　　來無形，動無蹤，一絲不掛輕如風，
　　冷然丹田神氣動，急雷爆發在其中。
　　驚心動魄來得猛，要想躲避萬不能。
　　大喊一聲其五臟爛，鮮血噴出把命傾。

● **發勁歌**

　　神舒體若一身鬆，下盤沉穩不倒翁，
　　行氣九曲無不至，妙在心意無形中。
　　精巧化掉千斤力，因敵變化顯奇能，
　　蓄而後發如放箭，鬆軟冷彈透其胸。

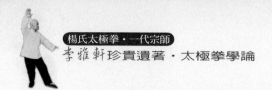

心裡發狠全身鬆，腳下沉穩不倒翁，
陡然丹田豪氣動，能使敵人一命傾。
蓄勁如不弓，腳下沉又鬆；發勁似放箭，陡然透其胸。

● **發勁歌**

意念一動，勁如強弩，
鬆沉冷快，力能透鼓，
人身好似紙箇物，不任我勁輕輕吐。
五臟六腑頃刻爛，筋斷骨折難救撫。

（一九六九年七月十日）

● **發勁歌**

意多動，勁前沖，強弓硬弩向其崩，
全憑丹田一口氣，要想抵抗萬不能。
打壞五臟和六腑，骨斷筋折如拉朽。
被打之人如觸電，不知不覺勁透胸。

● **發勁歌**

虛虛虛，靈靈靈，千變萬化妙無窮。
若是有人來侵犯，叫他捕虛捉影到處空。
陡然神氣動，叫他小命當時傾，
若問此勁如何放，急雷暴發在五中。

● **發勁歌**

力由脊發往上縱，入裡透內壞其胸，
妙處全在神意動，陡然之間即成功。

● 發勁歌

心內發狠兩臂鬆，一縱勁到把人傾；
全憑內部丹田勁，要想逃脫萬不能。

● 太極拳發勁歌

心裡發狠身勢鬆，丹田氣鼓勁前沖。
突然全憑神經動，勇敢皆從膽中生。
驚心動魄來的冷，勢如強弩透其胸。
陡然一震五臟爛，方是太極眞功夫。

● 發勁歌

心裡發狠兩臂鬆，打出勁去神鬼驚，
冷快絕倫難覺見，要想防守萬不能。
神神神，怪怪怪，千變萬化，奇特無比，
冷冷冷，快快快，鬼懼神愁，玄妙無邊。

● 推手發勁歌

心勁沉著一身鬆，氣勢下沉不倒翁。
全憑腰軸靈變動，任其勁來俱落空。
我順人背摸缺點，縱手放勁透其胸。
妙處全在如電快，就算禽鳥難飛沖。
輕則靈變無形跡，虛空之中妙無窮。
要想逃躲走不了，神奇奧妙太極功。

（一九七五年六月十四日）

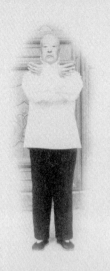

第 11 篇

李雅軒楊氏太極拳
43式珍貴拳照

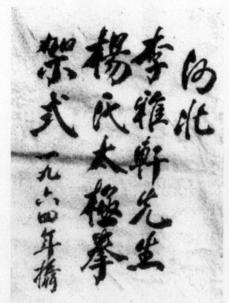

河北
李雅軒先生
楊氏太極拳
架式 一九六四年攝

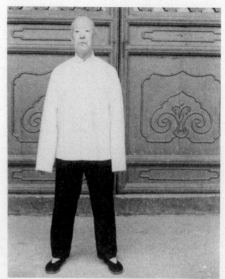

▲預備式

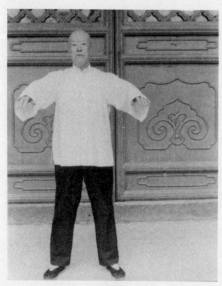

▲起勢-1

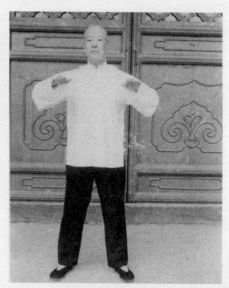

▲起勢-2

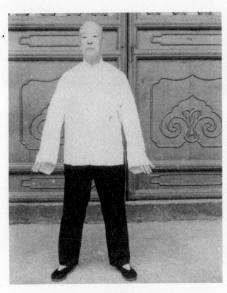

▲起勢-3

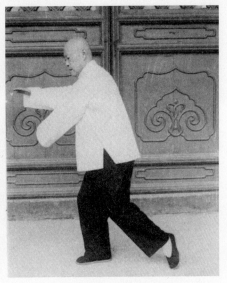

▲手上勢-1

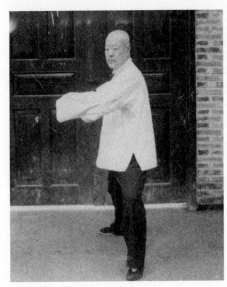

▲手上勢-2

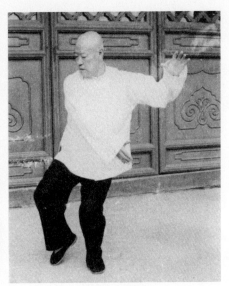

▲手上勢-3

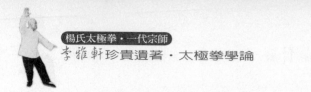
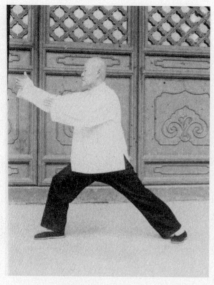

▲手上勢-4

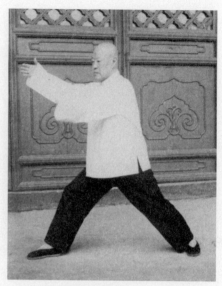

▲攬雀尾-1

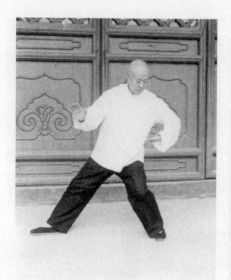

▲攬雀尾-2

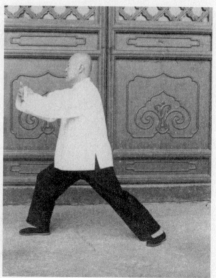

▲攬雀尾-3

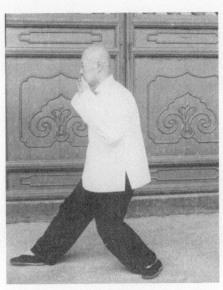

▲攬雀尾-4

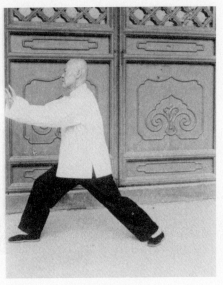

▲攬雀尾-5

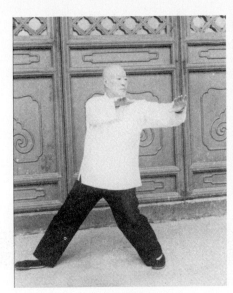

▲單鞭掌-1

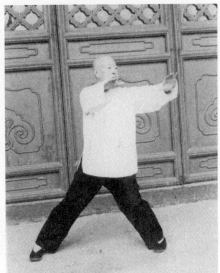

▲單鞭掌-2

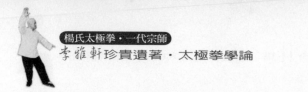
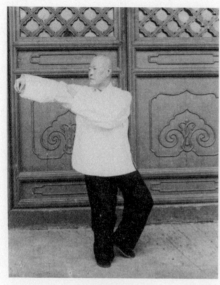

▲單鞭掌-3

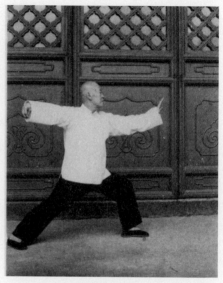

▲單鞭掌-4

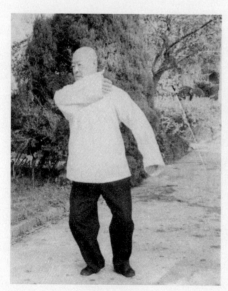

▲右雲手

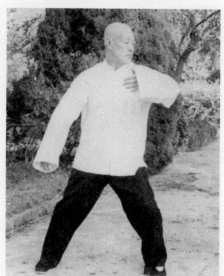

▲左雲手

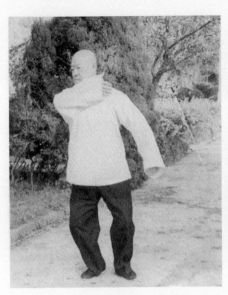

▲右雲手

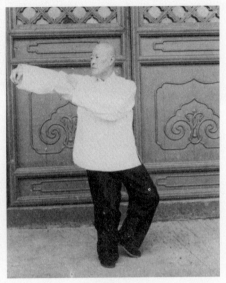

▲單鞭掌-1

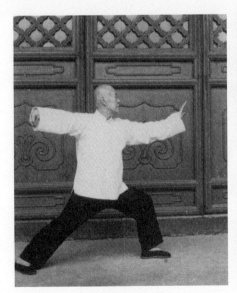

▲單鞭掌-2

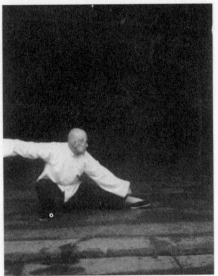

▲抽身下勢

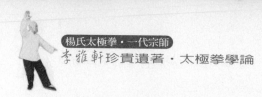

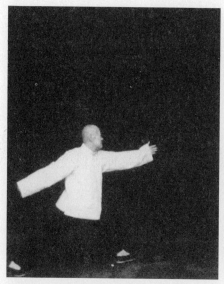

▲右金雞獨立-1

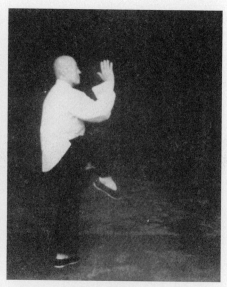

▲右金雞獨立-2

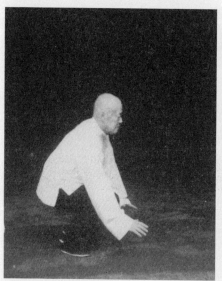

▲左金雞獨立-1

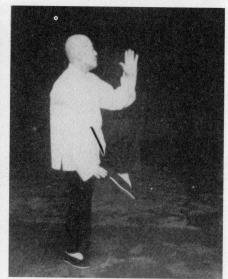

▲左金雞獨立-2

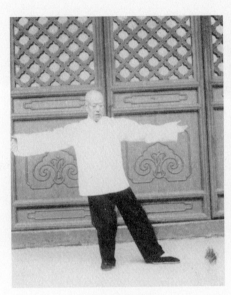

▲右倒攆猴-1

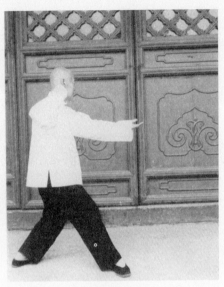

▲右倒攆猴-2

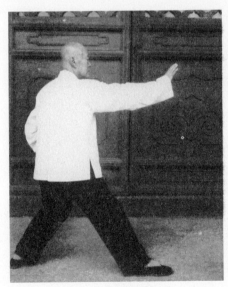

▲右倒攆猴-3

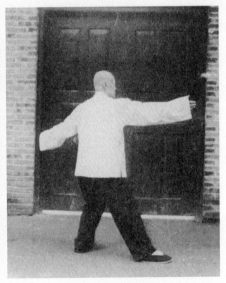

▲左倒攆猴-1

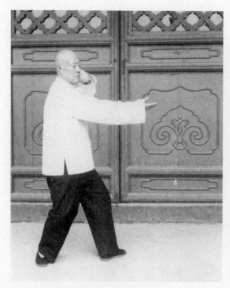

▲左倒攆猴-2

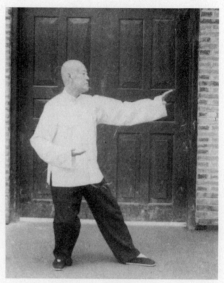

▲左倒攆猴-3

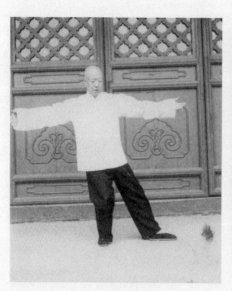

▲右倒攆猴-1

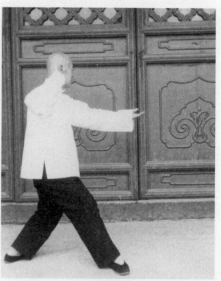

▲右倒攆猴-2

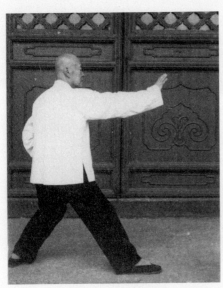

▲右倒攆猴-3

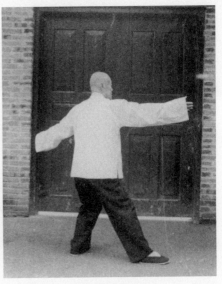

▲斜飛勢-1

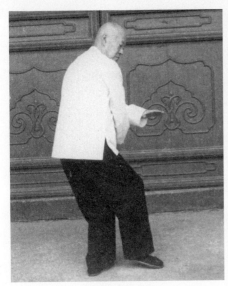

▲斜飛勢-2

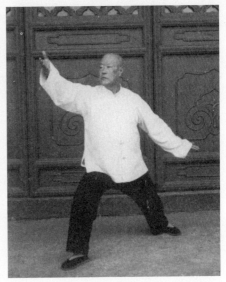

▲斜飛勢-3

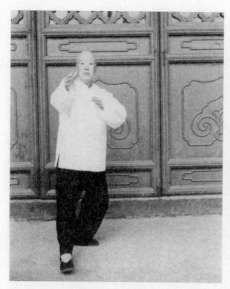

▲提手上勢-1

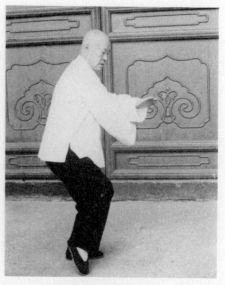

▲白鶴亮勢-1

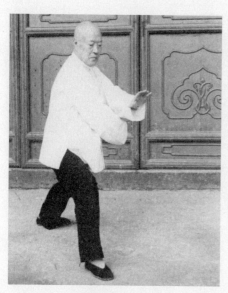

▲白鶴亮翅-2

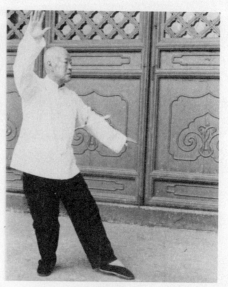

▲白鶴亮翅-3

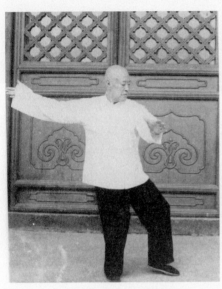

▲左摟膝拗步掌-1

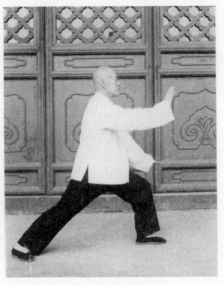

▲左摟膝拗步掌-2

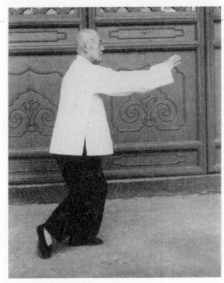

▲手揮琵琶-1

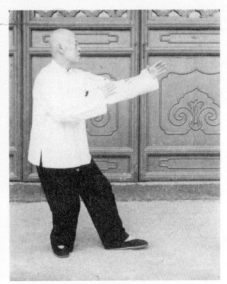

▲手揮琵琶-2

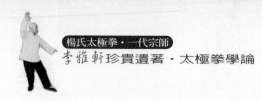
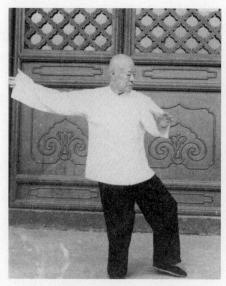

▲左摟膝拗步掌-1

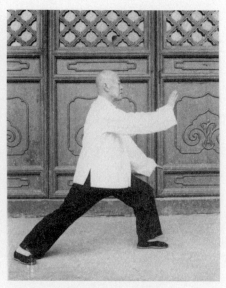

▲左摟膝拗步掌-2

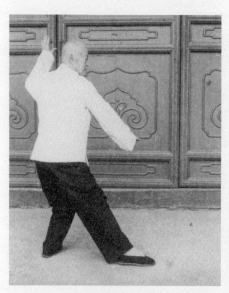

▲右摟膝拗步掌-1

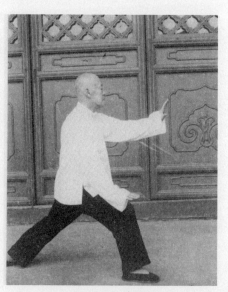

▲右摟膝拗步掌-2

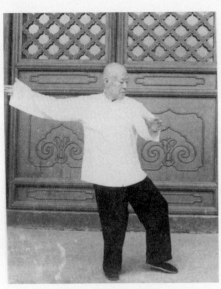

▲左摟膝拗步掌-1

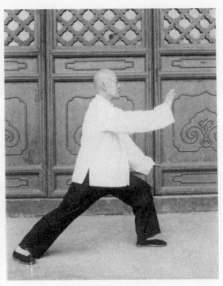

▲左摟膝拗步掌-2

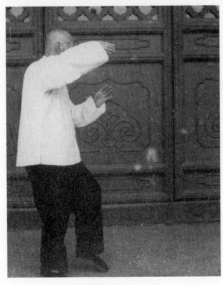

▲海底針-1

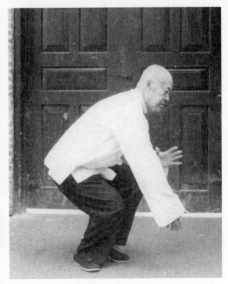

▲海底針-2

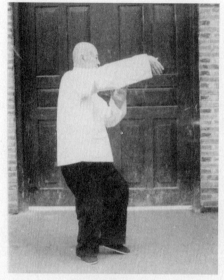

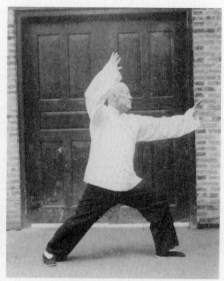

▲扇通臂-1

▲肩通臂-2

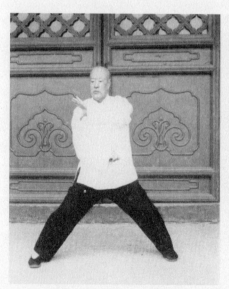

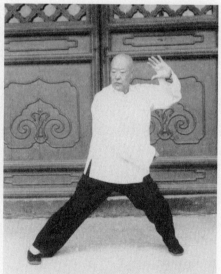

▲翻身撇身捶-1

▲翻身撇身捶-2

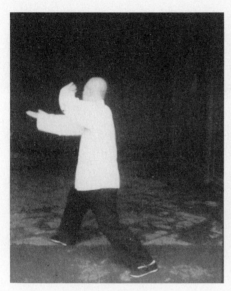

▲翻身撇身捶-3

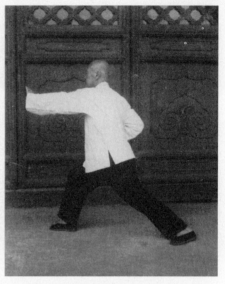

▲翻身撇身捶-4

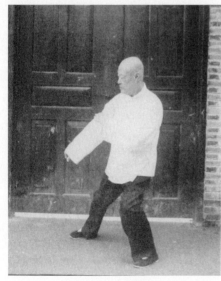

▲卸步搬攔捶-1

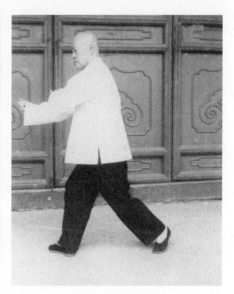

▲卸步搬攔捶-2

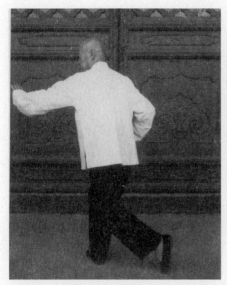

▲卸步搬攔捶-3

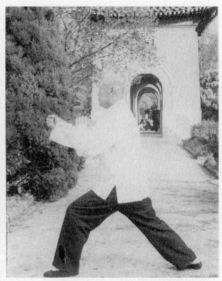

▲卸步搬攔捶-4

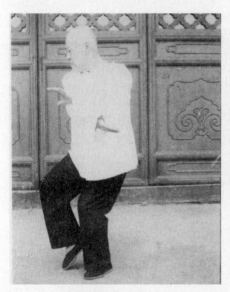

▲右野馬分鬃-1

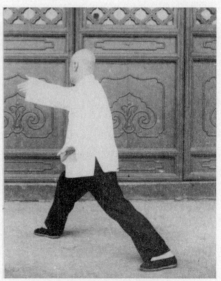

▲右野馬分鬃-2

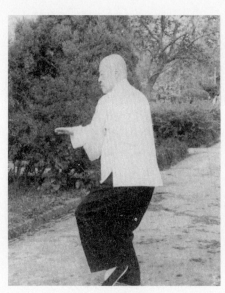

▲左野馬分鬃-1

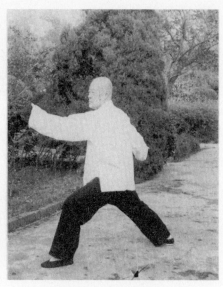

▲左野馬分鬃-2

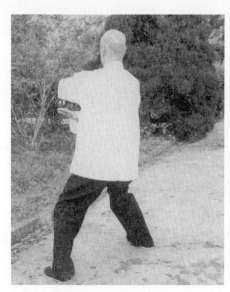

▲轉身左玉女穿梭-1

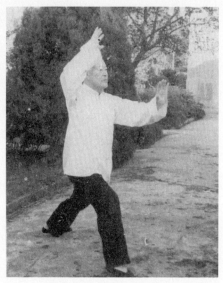

▲轉身左玉女穿梭-2

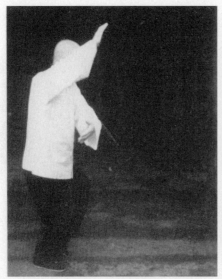

▲右玉女穿梭-1

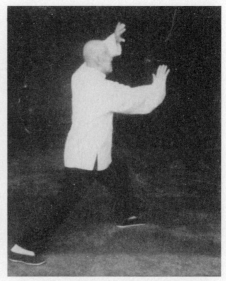

▲右玉女穿梭-2

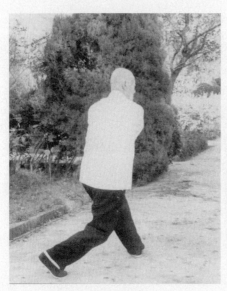

▲右蹬腳-1

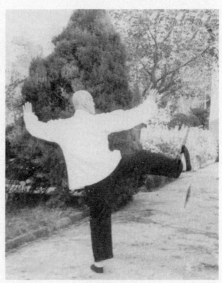

▲右蹬腳-2

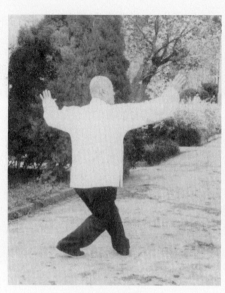

▲左打虎勢-1

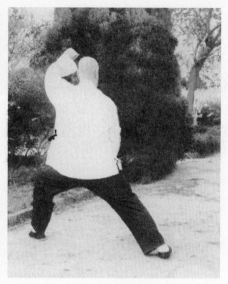

▲左打虎勢-2

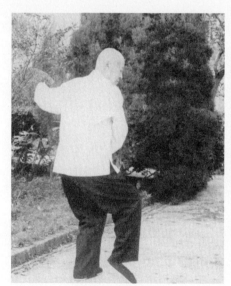

▲右打虎勢-1

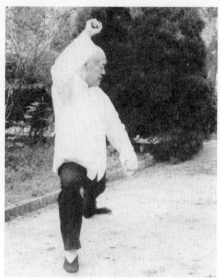

▲右打虎勢-2

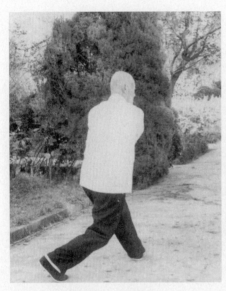

▲轉身右蹬腳-1

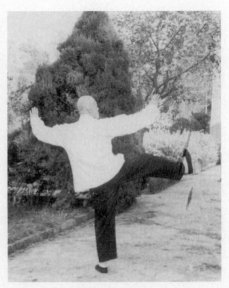

▲轉身右蹬腳-2

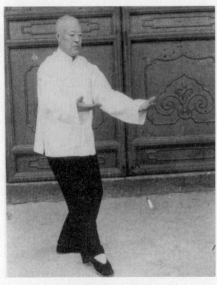

▲雙峰貫耳-1

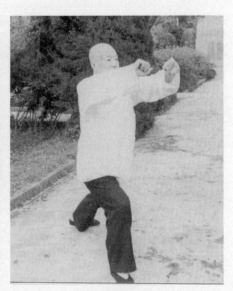

▲雙峰貫耳-2

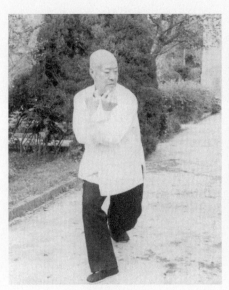

▲披身左踢腳-1

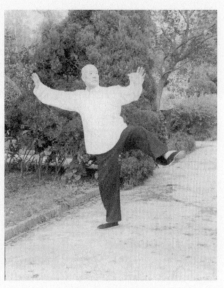

▲披身左踢腳-2

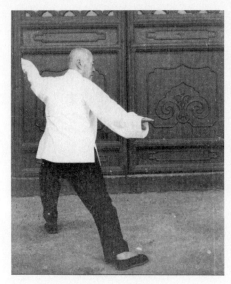

▲轉身擺蓮腳-1

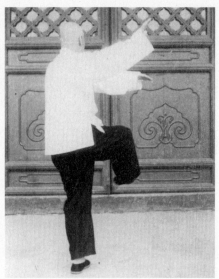

▲轉身擺蓮腳-2

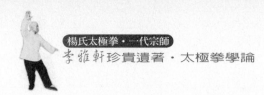
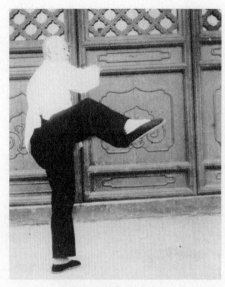

▲轉身擺蓮腳-3

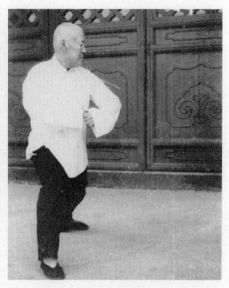

▲彎弓射虎勢-1

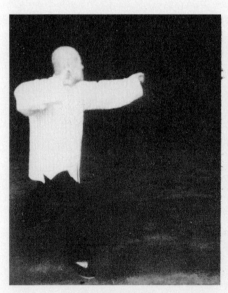

▲彎弓射虎勢-2

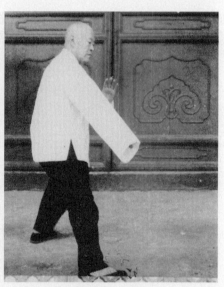

▲卸步搬攔捶-1

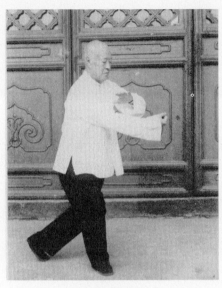

▲卸步搬攔捶-2

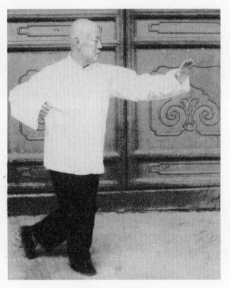

▲卸步搬攔捶-3

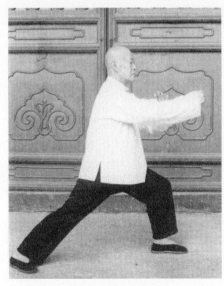

▲卸步搬攔捶-4

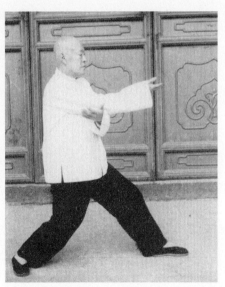

▲如封似閉-1

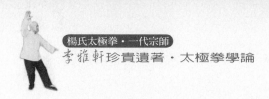
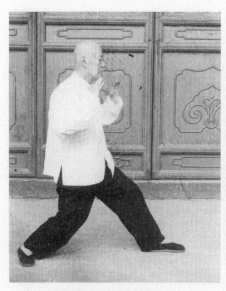

▲如封似閉-2

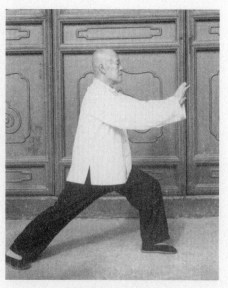

▲如封似閉-3

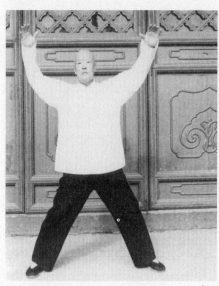

▲十字手-1

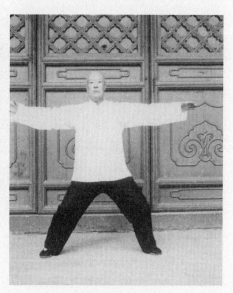

▲十字手-2

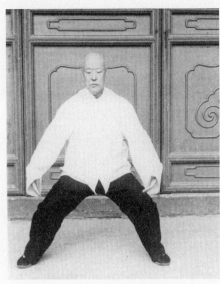

▲十字手-3

▲十字手-4

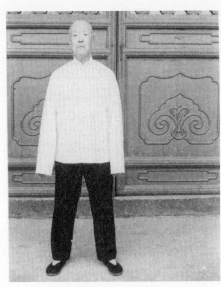

▲收勢合太極

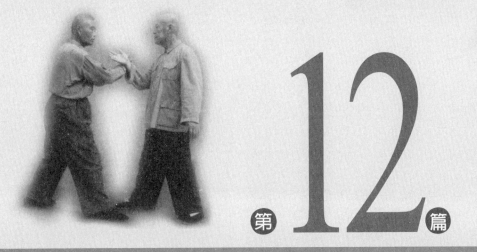

第 **12** 篇

李雅軒推手珍貴拳照

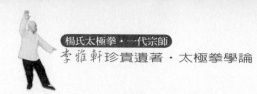

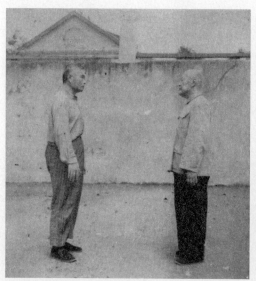

▲推手1

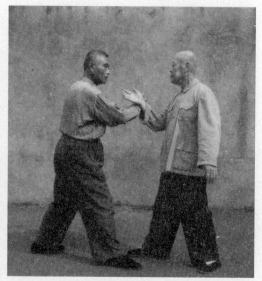

▲推手2

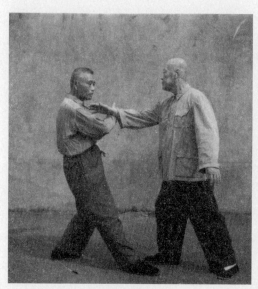

▲推手3

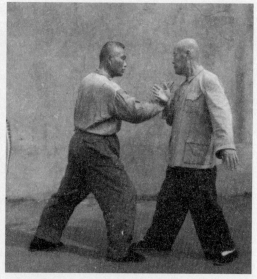

▲推手4

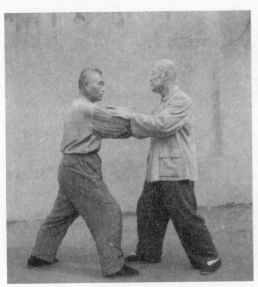

▲推手5

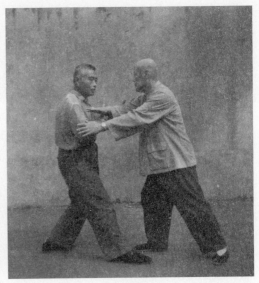

▲推手6

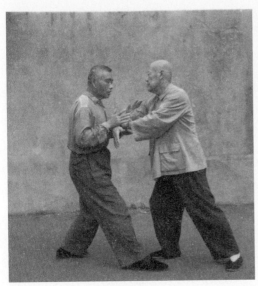

▲推手7

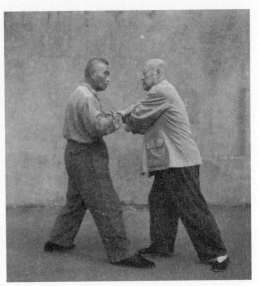

▲推手8

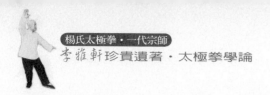
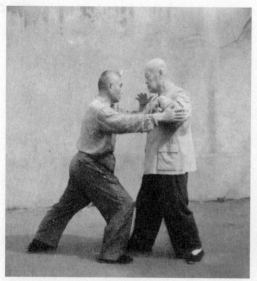

▲推手9

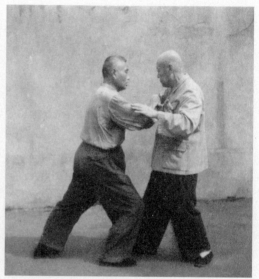

▲推手10

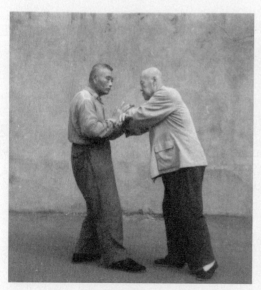

▲推手11

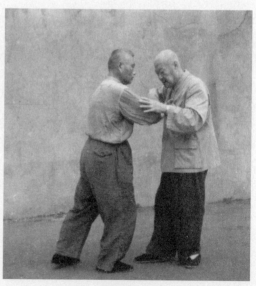

▲推手12

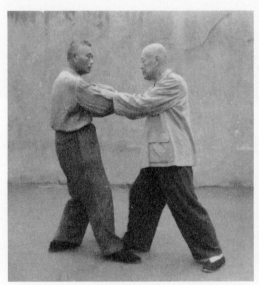

▲推手13

▲推手14

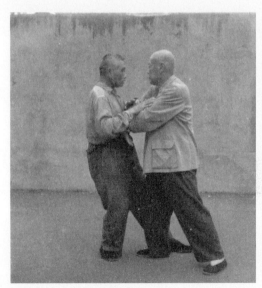

▲推手15

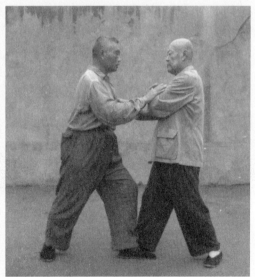

▲推手16

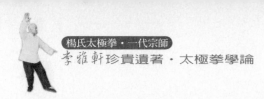
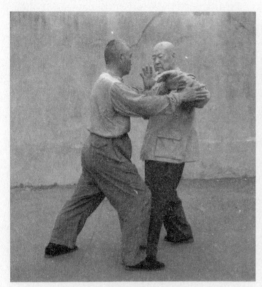

▲推手17

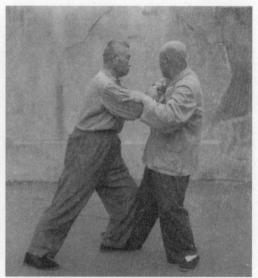

▲推手18

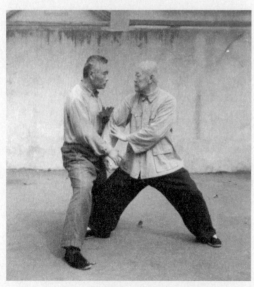

▲推手19

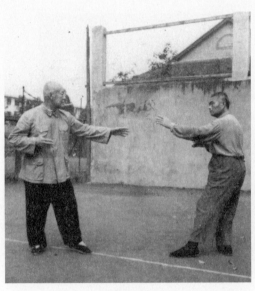

▲散手1

▲散手2

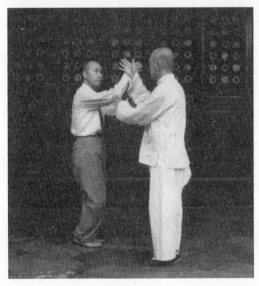

▲散手3

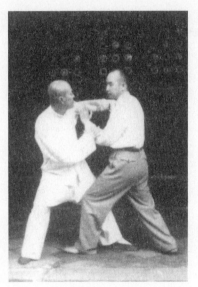

▲散手4

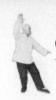

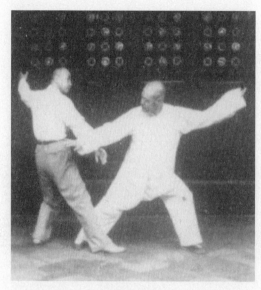

▲散手5

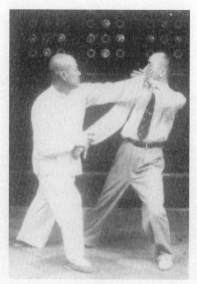

▲散手6

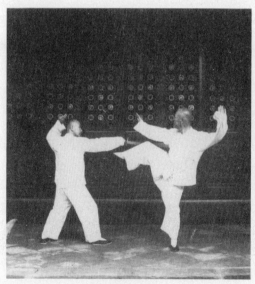

▲散手7

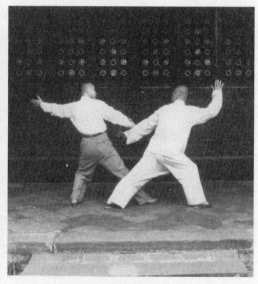

▲散手8

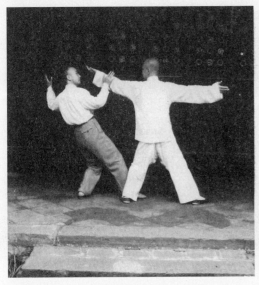

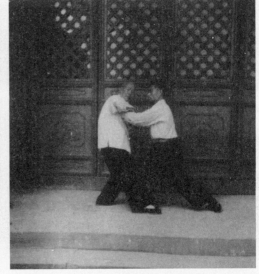

▲散手9　　　　　　　　　行步推手

金大鼎系列叢書

<健康管理叢書>

1	中國健康養生要訣	申子玄人/著	190 元
2	心靈藝術治病強身	申子玄人/著	190 元
3	規劃一輩子的健康	林若水/著	180 元
5	創造天使的臉孔	楊志賢/著	180 元
7	漂亮不求人	余秋慧/著	200 元
8	太極拳一代宗師李雅軒修煉心法	陳龍驤・李敏弟・陳驪珠/著	320 元
9	楊氏太極刀槍劍修煉心法	陳龍驤・李敏弟/著	320 元

<投資理財叢書>

1	大陸投資祕笈	陳豐明/著	360 元
2	魔鬼兵團推銷要訣	李幸模/著	250 元
3	企業再造(新世紀觀教育訓練)	劉俊宏/編著	200 元
4	上海・買房聖經	吳燦煌/編著	250 元
5	年輕人如何完成購屋大夢	林鳳英/編著	250 元
7	20 年房屋代銷戰爭與法律	曾文龍/著	450 元
8	台商接班問題之突破	陳明璋/著	250 元
9	台股投資暴富密碼	黃賢明/著	300 元
10	教導孩子正確理財觀念	唐潔如/著	270 元
11	中國房地產常用法規	曾文龍/編著	450 元
12	全球投資大師創富金鑰	黃賢明/編著	300 元
13	金融投資技術關鍵密碼	黃賢明/著	300 元
14	掌握大陸房地產兼習簡體字	曾文龍博士/編著	300 元

<全面成長叢書>

1	讀書會創造命運	曾文龍/著	200 元
2	新兵入伍自救手冊	楊明智/著	200 元
3	Game 到耶魯	蔡靜馨/著	380 元

<人相統御學>

2	看手相規劃人生	洪躍通博士/著	200 元
3	看面相透視人心	洪躍通博士/著	200 元
8	商店風水致富	盧 尚/著	250 元
9	八字與九星命理要訣	陳育群/著	390 元
10	看姓名論一生	洪躍通博士/著	250 元
11	揭開面相之生命密碼	洪躍通博士/著	250 元
12	快樂學紫微	江青川/著	250 元

<高普考系列>

A8	土地稅法規及實務解析表解	黃志偉/編著	350 元
A9	如何考上估價師？重要法規 V.S 考古題	曾文龍/編著	700 元

金大鼎文化出版有限公司

住 址：台北市忠孝東路四段 60 號 10 樓 / 電 話：(02) 2721-9527 / 傳 真：(02) 2781-3202
網 址：http://www.bigsun.com.tw　帳號：101-001-0014623-9　戶 名：金大鼎文化出版有限公司

大日系列叢書

<房地產系列>

書號	書　　名	作　者	定　價
1	房地產過去、現在、未來	曾文龍/著	350 元
2	誰來征服房地產	曾文龍/著	250 元
6	探索地價漲落之謎	洪寶川/編著	250 元
8	房地法律防身術	楊金順律師/著	200 元
9	公平交易法 vs.房地產	陳怡成律師/編著	200 元
10	陽宅致勝寶典	盧　尙/著	250 元
11	台灣土地炒作內幕與療方	馮先勉/著	300 元
12	房地產經營致富寶典	馮先勉/著	300 元
13	中外不動產投資理財	楊肇鋒/著	290 元
15	掌握台灣房地產系列(一)	住商不動產/編著	250 元
17	掌握台灣房地產系列(三)	住商不動產/編著	250 元
20	台灣省房地產市場分析（上）	住商不動產/編著	250 元
21	台灣省房地產市場分析（下）	住商不動產編著	250 元
22	突破房地產交易陷阱	陳國雄律師/編著	250 元
23	宏觀海峽兩岸房地產	許慶修/編著	150 元
24	30 天輕鬆購屋	陳義豐/著	250 元
25	掌握大陸不動產投資決策	謝潮儀/著	250 元
26	人與房地產的戰爭	吳家昌/著	290 元
30	掌握地政脈動	趙達文/著	250 元
31	房地產復活手冊	汪儒毅/著	280 元
32	大陸房地產解釋名詞	田懷親/著	300 元
33	建築經營實務	程添旺/著	390 元
34	掌握全方位不動產	王應傑/著	250 元
35	節稅致富妙方	曾文龍/編著	250 元
36	房屋買賣實務寶典	周茂春/著	270 元
37	預售屋疑難信箱	張義權‧田懷親/合著	230 元
43	房地法律保護傘	楊金順/編著	300 元
49	不動產銷售祕笈	謝爲智/編著	220 元
50	房屋推銷王秘訣大公開	曾文龍/主編	250 元
57	房地產與建築產業網路行銷策略	曾定祁/編著	250 元

<房地致富系列>

1	46 位房屋金仲獎得主推銷秘訣	曾文龍/編著	300 元

<中華知識經濟協會系列>

1	知識名人的成功祕笈	陳啓明‧王穎珍/編著	350 元

<高普考系列>

46	不動產經紀人重要法規	曾文龍/主編	590 元

51	土地登記實務	陳銘福/編著	500 元
52	地政士各科法規暨考古題	曾文龍/主編	590 元
53	不動產估價概要	黃國保/編著	450 元
54	民法概要突破	大日出版社/編著	550 元
56	不動產估價理論與實務考古題解析	游適銘/編著	320 元
58	不動產投資&不動產經濟學考古題解析	游適銘・陳柏廷/合著	280 元
59	不動產經紀人選擇題 100 分	曾文龍/編著	500 元
60	不動產經紀人歷屆考題解析	曾文龍/編著	500 元
61	不動產經紀法規要論	曾文龍/編著	500 元
62	土地法規與稅法	曾文龍/編著	500 元
63	不動產稅法 VS.節稅實務	黃志偉/編著	550 元
64	如何考上地政士?重要法規 VS.考古題	曾文龍/編著	700 元
65	土地登記實務突破	大日出版社/編著	400 元

＜突破系列＞

1	房地產突破速捷法	曾文龍/著	200 元
2	房地風水致富	盧　尚/著	250 元
3	透視公平交易法	周德旺/著	300 元
4	公平法對房地產的衝擊	陳國雄/著	200 元
5	大陸房地產展望暨重要法令	曾文龍/著	260 元
6	房地產營業實戰與策略	住商不動產/編著	250 元
7	房地產開發與銷售訣竅	許旭明/著	270 元
8	住家、風水、搖錢樹	陳勝雄/編著	250 元
9	前進上海教戰守策	吳璨煌/編著	250 元
10	人間天堂	曾文龍/著	180 元
11	購屋、消保法、建商	陳國雄律師/著	250 元

＜五術天地＞

2	輕輕鬆鬆學算命	錢思吾/著	250 元
3	輕輕鬆鬆學易卦	錢思吾/著	250 元
5	接待中心風水致富指南	汪儒毅/著	280 元
6	八字真學一柱論命訣竅	鍾一鳴/著	350 元
7	測字知錢途	申子玄人/著	250 元

大日出版有限公司

臺北市大安區忠孝東路四段 60 號 10 樓

◎電話：(02) 2721-9527　　◎傳真：(02) 2781-3202

◎銀行匯款：永豐銀行 忠孝東路分行（代碼：807）

　戶　名：大日出版有限公司　帳　號：101-001-0050329-5

◎網址：　http://www.bigsun.com.tw

★ 訂購 1000 元以下者另加郵資 55 元，1000 元~2000 元者另加郵資 80 元。2000 元以上免運

★ 匯款完成後，請傳真收據！（附上 寄件地址/收件人/聯絡電話/購買書名，以便寄書）

中國房地產進修 VS. 考照班

中國中央建設部和人事部主辦的房地產執業資格考試所取得的證照，才能向中央註冊，才能進入合法公司正式擔任「經紀人」，及成立房地產公司之必要條件（需要 1~3 名以上經紀人）。

中國房地產經紀人、估價師採滾動考試兩年內通過即可!

1. 中國房地產經紀人考試科目
   * 房地產基本制度與政策
   * 房地產經紀概論
   * 房地產經紀實務
   * 房地產經紀相關知識
   （全部考選擇題）

2. 中國房地產估價師考試科目
   * 房地產基本制度與政策
   * 房地產開發與經營管理
   * 房地產估價理論與方法
   * 房地產估價案例與分析
   （大部分考選擇題）

本班是瞭解與深入中國房地產的最佳途徑！

◎ 班主任　曾文龍　博士

❀簡歷❀
- 已考取中國房地產經紀人國家級證照
- 房地產資深權威，進出大陸 20 餘年
- 中國權威雜誌「南方房地產」專欄作家
- 主編與發行大陸房地產著作多本
- 海峽兩岸房地產考照權威，學員數萬人

免費學習
簡體字

即日起 完成報名並繳費者，可先領書閱讀！提前準備喔！

國家級考試證照
各大都市暢通無阻

◆上課時間：週六 上午 9：10～12：00

輔導到考上 ！！

◆上課地點：台北市忠孝東路四段 60 號 8 樓
-板南線忠孝復興捷運站 3 號出口(SOGO 百貨斜對面)

大日不動產研究中心・大日明企管顧問有限公司
◆電話：02-2721-9527　　◆傳真：02-2781-3202
◆網址：http://www.bigsun.com.tw

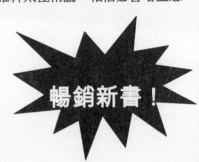

國家圖書館出版品預行編目資料

楊氏太極拳‧一代宗師：李雅軒珍貴遺著：太極拳學
論／李雅軒作, -- 第1版. -- 臺北市：金大鼎文化,
2014.01
面；　公分. --（健康管理：10）

ISBN 978-986-87015-7-1（平裝）

1. 太極拳

528.972　　　　　　　　　　　　　　　102012646

健康管理 10

楊氏太極拳‧一代宗師

李雅軒珍貴遺著—太極拳學論

作　　者／李雅軒
編　　者／陳龍驤　李敏弟　陳驪珠
社　　長／曾文龍
編　　輯／黃　萱
出 版 者／金大鼎文化出版有限公司
　　　　　台北市 106 大安區忠孝東路 4 段 60 號 10 樓
　　　　　網　址：http://www.bigsun.com.tw
　　　　　出版登記：行政院新聞局局版北市業字第 200 號
　　　　　郵政劃撥：18856448 號／金大鼎文化出版有限公司
　　　　　電　話：(02)2721-9527　傳　真：(02)2781-3202
排　　版／浩瀚電腦排版股份有限公司
製版印刷／松霖彩色印刷有限公司
總 經 銷／旭昇圖書有限公司
　　　　　地址：新北市中和區中山路 2 段 352 號 2 樓
　　　　　電話：(02)2245-1480

定　　　價／平裝 590 元

2014 年 1 月第 1 版